U0325021

重建

强制阐释争鸣集

中国社会科学出版社重大项目出版中心 编

中国社会科学出版社

目　录

第一编　文学理论的未来

文学理论的未来 …………………………………… 张　江(3)
开创中西人文交流和对话的新时代 ………… 张　江　西奥·德汉(18)
关于"强制阐释"的追问和重建文论的思考
　　——张江教授和王齐洲教授对话实录 ……………… 李晓华(28)

第二编　文论重建的理论资源

理论转场与转场的本土化、当下化
　　——构建当代美学理论话语体系的基本路径 ………… 张政文(41)
伽达默尔与贝蒂：两种现代阐释学理论之历史比较
　　——从当代中国文论建设借鉴的思想资源
　　　谈起(上) ……………………………………… 朱立元(56)
伽达默尔与贝蒂：两种现代阐释学理论之历史比较
　　——从当代中国文论建设借鉴的思想资源
　　　谈起(下) ……………………………………… 朱立元(84)
当代中国文论面临的问题及其理论反思 ……………… 赖大仁(110)
中国的文学理论往何处去 …………………………… 聂珍钊(122)
走向中西会通的中国文论
　　——兼论张江教授"强制阐释论" ………………… 吴子林(129)

目　录

用自己的眼光看西方文论
　　——张江的"强制阐释论"与中国文论建设 ………… 王学谦（152）
强制阐释论与中国文艺理论建构 ………………………… 杨　杰（159）
强制阐释与文论异化症 …………………………………… 朱　斌（170）
文学思想的两种阐释路径 ………………………………… 夏　静（179）

第三编　中国古代文论的理论自觉

中国古代诗文评的思维与方法举隅
　　——走出"强制阐释"的启示 ………………… 党圣元　陈民镇（191）
反思与求变
　　——关于中国古代文论研究方法的再思考 ……… 蒋述卓（210）
双重强制阐释：中国古代文论的现代困境及其超越 …… 刘方喜（219）
汉字批评：文论阐释的中国路径 ………………………… 李建中（234）
真理与方法：古代文论现代研究再反思 ………………… 高文强（249）
中国古代文论阐释的多元向度与价值判断 ……………… 张　晶（257）
中国古代文论的理论自觉与阐释学重构 ………… 韩　伟　李　楠（268）

第四编　重建中国文论的可能路径

"中国经验"与当代中国文论话语体系构建 ……………… 段吉方（287）
强制阐释批判与中国文论重建 …………………………… 毛宣国（300）
"局域"的阐释力空间
　　——发现中国当代文论话语生长点的一种途径 …… 黄肖嘉（320）
返道·立本·致用·诗性
　　——中国文论建构的四个关键词思考 ……………… 潘链钰（334）
论"强制阐释"之后的当代中国文论重建 ………………… 李自雄（344）
问题导向与"强制阐释"之后的文论突围路径 …………… 李圣传（358）
符号的本体意义与文论扩容
　　——兼谈"强制阐释"与"本体阐释" ………… 王　坤　喻　言（374）
反对"强制阐释"与"中国审美阅读学"的兴起 …………… 范永康（390）

目 录

中国文论的当代性反思与本土性建构
　　——兼及对当下文学批评存在问题的思考 ………… 庄伟杰(402)
"后理论"时代文学理论建构方式的思考 ………………… 郄智毅(413)

第一编

文学理论的未来

文学理论的未来*

张 江**

对于文学理论的发展,如下判断应该能够得到大多数学者的认同:曾经风光无限的大写的"理论"已经走到终点。"理论已死""理论之后"等提法,可以被视作这种判断的另一种表达。当然,这并不意味着"理论"本身已经退出历史舞台。相反,这种大写的"理论"仍然在当下的理论话语中占据着显要的位置。与"理论"联系在一起的一系列大名鼎鼎名字:雅克·德里达、米歇尔·福柯、爱德华·萨义德、皮埃尔·布迪厄……依然频频出现在众多学术论文的"注释"和"参考文献"中。之所以出现这种令人稍感尴尬的现象,相当大程度上是由于我们还没有找到能够与之相提并论进而能够完成替代的另一批学者及其理论。

这直接造就了当下文学理论界世界范围内的迷茫和困惑。"理论向何处去"的追问不绝于耳,以此为论题的文章更是不计其数,但是,迷茫依然,困惑依旧。在我看来,对文学理论未来的探求,必须放置在文学理论发展的历史中进行,也就是说,要跳出此时此地的狭隘思维,摒弃毫无根据的凭空想象,从历史中总结规律,发现端倪,预测未来,这不失为解决问题的有效路径。为此,我提出了"历史分期论"观点,并撰写了一系列文章予以论证。[①] 在此,我想从另一个

---

* 本文原刊于《社会科学辑刊》2015 年第 6 期。
** 作者单位:中国社会科学院。
① 张江:《关于西方文论分期问题的讨论——历史分期的标准及意义》《关于西方文论分期问题的讨论——当代西方文论基本定位》《关于西方文论历史分期问题的讨论——当代西方文论的基本走向》,《外国文学研究》2015 年第 2 期、第 3 期、第 4 期。

角度,即从文学理论的生成机制和存在形态的角度,对未来的文学理论做一预测和展望。

一 解构——当代西方文论的生成机制

严格意义上的解构主义,虽然迟至20世纪60年代才出现——解构主义的鼻祖雅克·德里达在1967年一年之内出版了《语音与现象》《论文字学》《文字与差异》三部著作,分别对胡塞尔、卢梭、索绪尔、弗洛伊德、列维-施特劳斯的理论进行解读,初步确立了自己解构主义的基本立场,标志着解构主义的诞生——到20世纪80年代后半期就已开始逐渐退潮,前后不过20年左右的时间。但是,解构主义的客观影响绝对不容小觑。这种影响,几乎超出所有与德里达同时代的思想家的预期。20世纪70年代,正当德里达开启的解构主义风靡欧美之际,美国批评家乔纳森·卡勒在一篇文章中这样质疑之:"尽管雅克·德里达的论著近年来已经成为文学界和哲学界争论的一股主要力量,但是现在预言他做出的最重要的理论贡献是什么,还显得为时过早。倘若我们在二十年,五十年,甚至一百年后再回过头来看德里达,时间还会证明他在哲学史中曾经开辟了一个新时代吗?还会认为他参与创立了一个新的阅读方式和解释方式,以及与之相关的文本理论吗?那个时候人们还会把他看作是一场思想运动的发展和调整过程中的关键人物吗?"[①] 事实证明,卡勒当初还真低估了德里达的作用和影响力。如今,对于卡勒的所有提问,历史都做出了肯定的回答。德里达的确在哲学史上开辟了一个新的时代,德里达本人也的确是这场思想运动的关键人物。

对于德里达《论文字学》《丧钟》这类十分艰涩的理论著作,其实很少有人真正通读,更遑论理解。但这并没有阻碍德里达和解构主义影响的扩展。这一学说确立以来,其影响已经波及哲学、艺术、神学等几乎所有文化领域,文学所受影响尤大。如果说解构主义阵营也

---

① [美]乔纳森·卡勒:《雅克·德里达》,载 [英]约翰·斯特罗克编《结构主义以来:从列维-斯特劳斯到德里达》,渠东等译,辽宁教育出版社1998年版,第181页。

存在诸多歧见和差异，那么在反权威、反成规、反理性、反传统这些方面，则具有相当大的一致性。

在此，我想指出的是，德里达和解构主义的出现，在一百多年的当代西方文论史上并非偶然。事实上，在此之前，解构主义的思维方式早已存在，并深刻影响着当代西方文论的发展。德里达所做的，只不过是将这一思维方式明确为一种学说并推向极致。换言之，在当代西方文论发展史上，解构，已经成为一种基本的理论生成机制。

概括地说，当代西方文论每一种学说的提出，几乎都是或明或暗地通过对前一种学说的否定来实现的。比如俄国形式主义。形式主义一般被认为是当代西方文论的起点，它不仅在理论观念上率先跨入了"当代"，而且影响深远，后来的英美新批评、结构主义、符号学、叙事学等等，均与其存在精神上的血脉联系。形式主义的诞生，直接来源于对传统文学研究方式的反叛。在形式主义者看来，传统的文学研究理路，即将研究重点放在对作者、创作背景、作品内容等社会历史维度内，也就是韦勒克所谓的"外部研究"，没有把握住文学之为文学的根本。他们认为，既然文学可以表现各种各样的题材内容，文学作品的特殊性就不在内容，而在语言的运用和修辞技巧的安排组织，形式主义为此专门提出一个"文学性"的概念，并宣称，文学批评的任务是要研究文学之所以成为文学的内部规律，即"文学性"。形式主义的研究理路由此奠定。形式主义之后，通过解构达到建构成为文学理论生长的常态。接受美学来源于对作者中心的反叛，解构主义来源于对结构主义的否定，精神分析批评来源于对理性精神的颠覆，伽达默尔为代表的本体论解释学来源于对方法论解释学的反叛，等等。

需要注意的是，如果说解构主义出现之前当代西方文论是不断解构又不断建构，先解构再建构，在解构中实现建构，解构仅仅是一种手段和方式，那么到了解构主义出现，情势则发生了变化，解构主义是只有解构，没有建构，解构本身由手段和方式上升成了目的。当然，也可以狡辩称解构本身就是建构，但它建构的结果是什么？没有。这也是解构主义面世以来屡遭诟病之处。

解构，解构，再解构，结果是什么？

第一，理论的发展始终在横向漂移，而不是纵向叠加，导致以往的成果得不到有效地整合和继承。应该承认，20世纪以来当代西方文论中涌现出的每一种学说，都有它的合理之处，也都有其存在的价值。但同时也需要意识到，被其打翻在地的那些学说有没有价值？当然有。不过，由于新的学说大多是通过对此前的学说的解构来达到自身的建构，为了凸显自己的理论主张，新学说的倡导者们往往采取一种决绝的姿态，以前的成果于是被彻底推翻。比如，公允来讲，形式主义着力发掘文艺作品中形式的独特价值，并运用语言学的分析方法对文学作品的语言、结构等方面进行深入探讨，其价值不容否定。但是，一旦它以否定内容为前提，用形式来规定文艺的本质，把文学发展规律同形式发展规律等同起来，其荒谬之处就显而易见。诸如此类先解构再建构的发展逻辑，导致当代西方文论虽然在视角和视域上多有开拓，但频繁地另起炉灶，也失去了吸纳既往合理要素、向纵深发展的可能。

第二，理论成为一地碎片，理论存在的基础和价值不复存在。一种学科的建立和持续发展，必须有一个基本前提，那就是一定范围内的稳定共识的存在。这种稳定的共识也许是阶段性的，也许会被历史证伪，但是它的存在是必要的，也是有价值的。没有这种共识，对话的前提和基础就丧失了，学科也无从发展。当代西方文论经历了一百多年的发展，为什么如今会落得个茫然四顾、不知所措的结果？一个重要原因就是，当一切业已建立起来的共识都被拆解殆尽、沦为一地碎片的时候，文学理论作为一个学科的合法性和价值意义，也同时碎片化了。

在我看来，质疑、否定、解构在一切科学研究中都是必要的，文学理论也概莫能外。但是，如果解构发展为一种惯性，甚至演变为一种机制，它就会转变为一种破坏力。反观百年当代西方文论，从尼采的"上帝死了""重新估价一切价值"以来，否定理性、怀疑真理、颠覆秩序的强大思潮一直波涛汹涌，不曾间断，并且愈演愈烈。最终的结果，只能是落入虚无和迷茫。

二　理论的统合是否必要

一个时代的理论，应不应该有自己的总结、概括且不断趋向统合，或者说，可不可以产生代表一个时代理论水准的导向性旗帜。我认为，一定会有。如果没有，那就可以判断，这个时代的理论仍处于震荡和调整的危机时期。理论的冲突和混乱，当然可能孕育出伟大的创新。但这种冲突和混乱只是过程，最终还要走上自己不同于以往的崭新道路和境界。必须有所准备，因为一个时代的震荡和调整，可能是很长的历史时期。在这个历史时期里，各种流派、思潮纷争四起，但在长期的争辩和较量中，大量分歧和异见逐渐磨合，不成熟、不完备的理论被淘汰，日渐明晰的一致趋向形成共识。更重要的是，一定的经济、政治、社会和文化的生动发展，会对反映时代要求的理论，给予划时代的结论。尽管这个结论可能只是阶段性的。

我们同意，一个时代的理论不是唯一的，也不主张用一种绝对的理论统合一个时代的全部理论。多种理论的争锋是理论前进的动力，企图用某种理论限制其他理论的成长是荒谬的。但是，这是不是意味着，在理论前进的全部过程中，就不会和不应该有一种或几种能够真切反映时代需要、组合多种要素、引领发展潮流的理论产生？历史地看，在文学理论的发展进程中，从理论生产的早期开始，无论理论生成如何复杂多变，无论有多少理论大家砥砺争鸣，但每一个时代都会留下自己的指向性结论，或以伟大思想家的重要学说为旗帜，或以各种论说的归纳总结为标志，当然亦可以以诸多合理要素为骨干，构建一个总的发展体系和理论图谱，标志那个时代的贡献和水准。古希腊时期尽管是一个多种学说并起的时代，优秀学说和人物如满天繁星，但最终是以柏拉图和亚里士多德的理论为代表，赋予古希腊文化以鲜明标志。19世纪的文学批评虽然纷纭复杂，但其前期，浪漫主义的兴起和高涨，划分了新的理论界线，华兹华斯、柯勒律治的批评文献，为此后近半个世纪的英国文学批评构架奠定了基础；其后期，尽管各种主义相互冲突，无数学说纷争不已，文学理论和批评的纷乱局面由此开启，但是，英、法、德、俄等各国理论代表依然清晰可辨，不仅有现实主义、唯美主义、象征和印象主义，可以作为文论主潮传之后世，也有尼采、叔本华这样在20世纪西方文艺理论领域激起巨大反响的美学"超人"，强力引领着那个时代的理论走向，开创了彻底颠覆传统、颠覆"上帝"的纷乱格局。

当代西方文论的图景却完全不同。从理性到非理性，从结构到解构，从反历史主义到新历史主义，各种文学场外的理论侵入文学场内，文学的理论变异为理论，政治的、经济的、社会的、文化的理论破解成为"后理论"或者"理论后"，没有主题，没有主体，没有主义，一切都是碎片和碎片的否定，相互否定就是最好的理论。有人说，这恰恰是当今西方理论的特点、优势、长处。而且一些大师和巨匠追求的就是否定和碎片，并不想去缔造什么体系。正如伊格尔顿所说："对于某些后现代主义思想来说，意见一致就是专横残暴，团结不过是死气沉沉的一统局面。"①

事实果真这样吗？其实不是。翻检20世纪各种学说的底牌，我们可以说，没有哪一种理论不想站在理论高峰，成为统合一切理论的最终理论。没有哪一位大的思想家和理论家不想走在时代的前列，成为理论场内的最高代表。理论的野心从未停止它的扩张与膨胀。非理性意图打倒理性，目的是否定几千年人类认识的基本历史和基本经验，另外确定一个理论甚至认识的基点，制定与理性科学方法完全不同的精神科学的方法论。尼采的所谓"上帝死了"，所谓"一切价值的重估"就表达了这个意图。弗洛伊德更加宏大，他说他有两个发现"足以触怒全人类"②。解构主义从结构主义脱胎而来，进而要打倒结构主义，德里达在他的著名讲演中热情欢呼一个"失去中心，自由游戏的"世界，在这个世界里"既无绝对可言，也找不到任何固定参照点，这就推翻了一系列以往被认为是亘古不变之核心的观念，相对性成为世界的本质"③。这就引起我们的疑问：解构主义彻底否定传

---

① [英] 特里·伊格尔顿：《理论之后》，商正译，商务印书馆2009年版，第14页。
② [奥] 弗洛伊德：《精神分析引论》，高觉敷译，商务印书馆1984年版，第8页。
③ [英] 彼得·巴里：《理论入门》，杨建国译，南京大学出版社2014年版，第64页。

统，构建新的理论高地，使解构成为思维和方法的新锐，这场浩荡的运动不是也在创造一统的宏大声音？只是这种声音没有久远。弗莱写道："我建议，现在应该将文学批评推进到一个新的领域了，到了那里，我们方能发现批评的观念框架中具有哪些结构的或包含的形式。批评看来非常需要有个整合原则，即一种中心的假设，能够像生物学中的进化论一样，把自己所研究的现象都视为某个整体的一部分。"①弗莱的想法看起来幼稚，似乎早已被各种解构的潮流所湮灭，但是，其中的合理成分，符合人类真理性追求的取向，是应该肯定的。

三 统合就是要回到一元吗

理论的统合，很容易遭到一些人的反对，认为这是要让文学理论回到一元时代。

必须承认，一个时代的文学理论如果只有一个声音、一种学说，无疑是非常糟糕的事情——无论这种声音如何响亮宏大，这种学说如何权威正确。历史上，无论西方还是中国，都曾经历过这样的时期。学界对此抱有警惕是可以理解的。包括文学理论在内的任何学科的发展，都需要不同学说之间相互砥砺、彼此碰撞，没有砥砺和碰撞，学科发展必然失去生机和活力。

当代西方文论百年多的发展，的确形成了流派迭现、思潮迭涌的局面。不同学说、不同流派的出现，极大地开拓了文学理论的视野，丰富了文学理论的内涵。但是，承认这一点并不等于认为这种多元并存的格局没有问题。在我看来，当代西方文论的多元并存，最大的问题就在于众多学说之间对峙大于融合，排斥大于吸纳。具体说来就是，虽然学派林立，"主义"丛生，在总体上形成了多元并存的格局，但是，每一种学术，无论在纵向的历时维度，还是横向的共时维度，多是对峙有余，融合不足，排斥有余，吸纳不足。"19世纪后期的文学批评呈现了一种前所未有的多元化格局。还从未有过以往哪个

---

① ［加］诺思罗普·弗莱：《批评的解剖》，陈慧等译，百花文艺出版社2006年版，第22页。

时代，像这一时期的文坛那样派别林立，意见纷呈；也从未有过以往哪个时代，像这一时期的批评那样充满对峙，争执不已。现实主义、自然主义、唯美主义、象征主义、科学主义、印象主义……各种文学思潮和批评方法在一时间纷纷登场，而且每一种见解都被推向了极端，使19世纪后期文学批评成了一个人声鼎沸的争论场所，一个行情动荡的证券交易市场。"① 这是一位中国学者在描述和评价19世纪后期西方文论状况时写下的一段话。事实上，这仅仅是当代西方文论的一个序曲，在此后一个多世纪的时间内，当代西方文论纷乱复杂的局面远超于此。正如有学者总结的那样，"当今西方的各种文学理论和批评不仅呈现出碎片化、杂糅、拼贴的特征，而且都极力表明自身与众不同的特色，力图成为'马赛克'中的一种色彩，既不愿意吸纳他者，也不愿意被他者吸纳。这种各自为政的'马赛克'局面，正是极力追求'多元化'的后现代的典型特征，也是当今西方思想和文化的基本面貌"②。刻意追求与众不同，甚至不惜抱残守缺，"既不愿意吸纳他者，也不愿意被他者吸纳"，这已经背离了文学理论的本义和初衷，沦为为多元化而多元化。

理论的统合不是要用一元取代多元。从目标上讲，理论统合的结果，不是要让所有流派、学说都趋向统一。统合不是统一，不是合并。理论统合的前提是捍卫各种学说的独特性，维护多元并存的生态格局。从过程上讲，对现有的理论和学说，统合不是替代而是充盈，即通过有机的系统发育③，让各种流派、理论、思潮都能在捍卫自身

---

① 杨冬：《文学理论：从柏拉图到德里达》第2版，北京大学出版社2012年版，第220页。
② 阎嘉：《21世纪西方文学理论和批评的走向与问题》，载阎嘉主编《文学理论精粹读本·导论》，中国人民大学出版社2006年版，第2页。
③ 总体上说，系统发育是指：（1）一个成熟学科的理论，大体上应该是一个完整有序的系统，在这个系统中，各个方向的专业分工相对明确，配套整齐，互证互补。（2）在理论生成和发展的整个过程中，某个方向的理论可能走得超前一点，快一点，具有开拓和引领的作用。但是，随之而来的，其他方向的配套理论必须接续上来，逐步构成一个能够解决本学科基本问题的完整体系。（3）同时，系统内不同方向的研究，其水平和深度应该大抵相当。某一方向的单兵突进，各方向之间的相互隔绝，会使整个系统处于不健全、不完整、不稳定的发育状态。参见张江《关于西方文论历史分期问题的讨论——当代西方文论的基本走向》，《外国文学研究》2015年第4期。

的前提下彼此借鉴、吸纳，最终更好地发展自己。

不妨以接受美学为例来说明这个问题。以姚斯和伊瑟尔为代表的接受美学，最基本的理论特征是打破了此前文学研究的"作者中心"和"文本中心"，转而投向"读者中心"。接受美学的理论基点来源于本体论解释学：第一，文学作品不是一个摆在那儿恒定不变的客体，而是向未来的理解无限开放的意义显现过程或效果史，因此，对文学文本的阐释不是寻求文本原意或作者本意。文学史不是别的，就是作品的接受史；第二，文学作品的历史性存在取决于读者的理解，读者的理解是作品历史性存在的关键。事实果真如此吗？读者参与了文本意义的建构，这当然没有问题。但是，在这种意义建构的过程中，文本和作者丝毫不起作用？如果这样，那为什么一部作品会在不同的读者中间产生共鸣？甚至穿越时间隧道在古今读者中间产生共鸣？即便用姚斯的期待视域理论恐怕也难以做出令人满意的回答。在我看来，问题的关键就在于，所谓的接受美学，到底应该是整个文学活动中接受环节的研究，还是绝对化地用"接受"裁量整个文学活动或全部文学史。两者的区别就在于，前者虽然也是接受维度内的研究，但它为以往理论成果的吸纳提供了可能，而后者则不具备这一条件。这可以说明，进行理论的统合，吸纳以往的理论成果，并不一定取消理论自身的独特性，更不是让理论回到一元。

在人文社会科学领域，没有任何一种理论是十全十美的，无论这种理论诞生于哪位大师之手。打破狭隘的单一视角，从横向和纵向的更广阔领域汲取智慧，这是理论自我完善、自我发展的必由之路。多元固然优于一元，但是，当下文学理论的多元并存徒有其多，多而无序。多元并存应有的彼此砥砺、相互促动效应并没有真正发挥出来。引入系统发育的思想，进行必要的理论统合，不但不会将多元扼杀为一元，相反，还会更加有利于多元的发展，从而在整体上推进文学理论的繁荣。

当代西方文论发展到今天，已经在多元化的道路上走到了极致。在急于打破一元格局、营造多元共生局面的过程中，各种学说为了标榜自身的与众不同从而凸显自己的理论主张，极力与历史上的相关学说和同时代的其他学说划清界限，这是可以理解的，但必须承认，这只是理论发展的初级阶段。接下来的发展，必然是回归理性，由激烈的冲突和对峙转向沉静的融合与吸纳。我相信，这是未来理论发展的必然。也只有这样，多元并存才有意义、有价值。

四　系统的批评方法如何产生

　　成熟的理论是在长期的砥砺和碰撞中成长的。它遵循否定之否定的历史规律，在多种力量的筛选和组合中展开自己。一个时代理论的统合，必须汇集多种理论的优长和精华而实现，单一的、偏执的、割裂传统和相邻理论的学说，很难成为旗帜。这是一个相互淘汰的留存的过程。无论多优秀和完整的理论也会有瑕疵和漏洞，也要在学习和借鉴其他理论的进程中完善自己。单方面的理论和学说，要在整体理论语境中保存自己并持续发挥作用，才可能被接受。对当代文艺理论而言，从形式主义对社会历史批评的否定，到结构主义对新批评碎片细读的反驳；从解构主义对结构主义的瓦解，到后现代文化批评对解构主义的反思批判；从作者论到作品论的转移，到读者论对作品论的抛弃；从纯文学坚持的对意识形态论的破解，到新历史主义、后殖民主义以及女权主义、霸权理论及其反思的意识形态的强大回归，历史的轮回，否定再否定的上升，在震荡和调整中新的整合思路渐次清晰。各方向理论的长处、优势将被保留和吸收，其缺陷和弱点将被淘汰和抛弃，核心取向的选择是，归纳整理出更完整、更全面、更有普遍意义的一般结论和实用方法，梳理历史留下的复杂疑难课题，解决当下面临的重大实践问题，为后人留下可继承的知识性遗产。从这个角度说，当代西方文论整合方向应该是将作者、作品、受众理论的优长集合起来，构造能够对文本和文学作更透彻、更系统的全面解读和阐释，将理论和批评实践紧密结合起来的一个相对稳定完整的理论体系和方法。

　　应该指出，这个方向就是西方文论近百年一直努力的方向。我们可以梳理一下这个线索。学界公认，形式主义是把文学研究从外部引向内部的开始。形式主义反对称霸多年的社会历史批评，反对把文学当作社会生活读本和指南的倾向，坚决地把文学内部规律即所谓的

"文学性"的研究作为文学理论的唯一方向。雅各布森声称,现代文艺学必须让形式从内容中解放出来,使词语从意义中解放出来。文艺是形式的文艺。① 形式主义的创举具有理论式的意义。它开创了一个新的方向。它的意义是,把社会历史批评从其理论端点上拉了下来,从相反的方向努力填补传统文学理论的空隙。同方向的新批评理论,紧紧抓住传统批评理论的薄弱环节加以突破,并创造了一整套具体、实用、操作性极强的批评方法,对文学艺术作品展开语义学分析,取得极大成功,称霸理论批评界半个世纪。此后,深受形式主义影响的结构主义把文本自身的独立性推向了极端。符号学,特别是叙事学,其文本分析技术和技巧,在当代文论史上矗立起一座高峰,作为一种基本的文本阐释方式延续至今。但是,这种形式主义的路数由此也逐步衰落。单纯立足于文本而不及其他,终究是片面的、狭隘的,不可能作为文学理论的全部内容而独自存在下去。解释学与接受理论以及后来兴起的解构主义,排山倒海地冲垮了从形式主义起步、以结构主义为顶点的纯文本批评。文学理论的新的重大转向宣告了理论自身的回归。这个回归就是,从所谓的对文学本身的研究,从有关文本及作品的孤立研究,回归到对文学与历史、与社会、与文本生产的文化语境及其他诸多文本外因素的研究。当今的文化诗学,以及女性批评、后殖民理论,包括后现代主义的主流话语,都是对形式主义、结构主义的彻底否定,书写了新的理论层次上的社会政治和历史话语。当然,这些理论的极端性和片面性也伤害了自身的理论企求和品质,它们从一个极端走向另一个极端,从自身的起步开始,就开辟了一条自我否定的道路。

特别应该指出,在以上叙述的历史过程中,另外一条所谓再否定的线索始终贯穿其中。从时间上说,形式主义之后的精神分析学说就是文本外的社会历史批评。弗莱的神话原型批评更是鲜明地对西方文学的发展进行了整体性研究,给文学批评提供一个整体的原型"概念框架",建立起一种整体性的批评体系。马克思主义批评家杰姆逊的辩证批评理论,强调了整体性或总体性概念,企求从艺

---

① 转引自朱立元《当代西方文艺理论》,华东师范大学出版社1997年版,第50页。

术作品的整体中,从艺术作品与社会的政治、经济、文化等方面的总体联系中展开批评。他指出文化应该是个整体,文学艺术属于这一整体,同时从属于整个社会生活这个整体。只有从整个文化、整个社会生活中观察文艺作品,才有可能准确地分析其价值。① 就是在形式主义、新批评、结构主义这类似乎是纯粹的文本技术批评理论中,自我挣扎和否定也是贯穿其中的。对新批评以深刻影响的语义学批评,引进类型学和词源学,通过对文学作品的类型研究和语词分析,实现对作品各部分相互关系的了解,并进一步理解作品的整体。② 倡导意识批评的乔治·布莱认为,作品是一种充满了作家意识的意向性客体或准主体,阅读就是在读者头脑中重现作品中的作家意识,如此显现了回归作者论的倾向。结构主义本身的整体性更是突出且强烈。让·皮亚杰对结构的三个基本概括,第一条就是整体性。这个整体性是指,结构整体中的各元素之间存在着有机联系,各元素在整体中的性质,不同于它在单独时或在其他结构内时的性质。结构主义本身就是在寻求批评的恒定模式,强调文学研究的整体观。结构主义文论把文学看成一个整体,突出文学系统和外在于文学的文化系统对具体作品解读的重要性,要求对语段甚至语句的细读与整体的参照结合起来,这可以是对作品整体而言,也可以是对更大范围的文化背景而言。这样的理论诉求,无疑已大大超越了结构主义的本来目的。解构主义是号称无中心、无主体的。它的全部努力都在消解中心,消解确定意义,主张含混与差异。巴特嘲讽结构主义者企图寻求作品普遍性结构的幻想:"他们以为,我们应从每个故事中抽象出它的模式,然后经由这些模式,得出一个庞大的叙事结构,(为了验证)再把这个结构应用于任何叙事。这是一个令人殚精竭虑的苦差事……最终让人生厌,因为这使得文本丧失了自身的差异性。"③ 米勒把解构批评喻作"拆散的手表",以此打碎"逻各斯中心主义的梦想"。他说:"形而上的假设存在于文

---

① 朱立元:《当代西方文艺理论》,华东师范大学出版社1997年版,第379页。
② 同上书,第91页。
③ [法]罗兰·巴特:《S/Z》,屠友祥译,上海人民出版社2000年版,第50页。

本本身中，但同时又为文本本身所暗中破坏。它们被文本所玩弄的比喻游戏所破坏，使文本不再被视为围绕'逻各斯'而构成的'有机统一整体'。"① 可是，令人疑惑的是，就是这位米勒，他影响深广的解构主义文本《小说与重复》，却是从重复现象入手，把重复作为一种叙事模式，并"应用于任何叙事"的。米勒如此评价"重复"的意义："它们组成了作品的内在结构，同时这些重复还决定了作品与外部因素的多样化关系，这些新因素包括：作者的精神或他的生活，同一作者的其他作品，心理、社会或历史的真实情形，其他作家的其他作品，取自神话或传说中的过去的种种主题，作品中人物或他们祖先意味深长的往事，全书开场前的种种事件。"② 这段话里哪还有解构的意思？这是不是企图在"重复"这个小小"蚕豆"中找到叙事的大格局，在单一结构里见出全世界的"任何叙事"？我们来做一个有趣的比较——米勒与纳博科夫的色彩阐释的比较。米勒解析《德伯家的苔丝》，对小说中多次重复出现的"红色"给以特别的观照。从"苔丝头发上的红丝带"，到"煤火的红焰"映照苔丝的面庞；从"一块带血迹的纸"，到"充满阳刚之所的太阳"，他列举了十几处有关红色的描写，"所有这些红色的事物都是潜藏在事件背后创造性与毁灭性兼具的力量所作的标记"，这些红色作为一种主题，贯穿于文本之中，"扩散到所有那些繁衍、伤害，或在交媾、肉体暴力"之类的行为系列中去。③ 这种集纳性的概括，把散乱的、因为情节和情绪需要甚至是作者无意识的信笔涂抹，连缀到一起，表达一种自觉的主题性探索。无独有偶，新批评大师纳博科夫也有同样的分析。在对《包法利夫人》的解读中，纳博科夫对"蓝色"给予关注。"我们特别要留意爱玛的蓝面纱——它像蛇一样蜿蜒柔软，成了故事中一独立的角色。"④ 他列举了多处

---

① ［美］J. 希利斯·米勒：《小说与重复：七部英国小说》，王宏图译，天津人民出版社2008年版，"前言"第6—7页。
② 同上书，"前言"第7页。
③ 同上书，"前言"第141页。
④ ［美］弗拉基米尔·纳博科夫：《文学讲稿》，上海三联书店2005年版，第140页。

有关蓝色的描写，爱玛"镶了三道花边的蓝袍"①，"冷却的灰烬映成淡蓝颜色"②，"她戴着一顶男人的帽子，面纱拖下来，斜搭在臂部，如同碧波下游泳一样，隔着透明的浅蓝色，他依稀认出她的面容"。就在爱玛得意于自己的人生乐趣的时候，纳博科夫突然警告："请不要忘记，后来那毒药是装在蓝罐里的；出殡的时候田野里也笼罩着蓝色的雾霭。"在作品的色彩中找到主题——如果说有主题的话——结构与解构，水火不相容的两个主义，相互碰撞消融。在从作品中流淌的色彩中找到主题，或者是作者的倾向，两位大师不谋而合，殊途同归。这不是偶然的。

我们回到这个问题的起始。多种理论的比较、碰撞、冲突，终究会遵照文学发展的规律，淘汰错误、落后的东西，留下并不断完善正确的理论和方法。无论是什么"主义"还是"大师"，规律是不以人的意志为转移的。规律的力量无所不在。哪怕你不赞成、不喜欢，它也要左右你，无法逃脱。在文学批评上，自形式主义起，否定社会历史方法，否定作者研究，否定传统研究是主流，解构主义尤甚，所谓"作者死了"就是最响亮的口号。然而，我们看米勒对"重复"的评价，"作品与外部因素的多样化关系"；"作者的精神或他的生活"；同一作者的"心理、社会或历史的真实情形"；"取自神话和传说中的种种主题"；"全书开场前的种种事件"……完全深入的作者研究、社会研究、传统研究，特别是作品产生的历史动因的必要考察，这不是在整合以往盛行并证明是必要的、不可或缺的各种文学批评的方法吗？米勒违背了自己的意志，解构了解构主义，在具体的文本批评中，集中运用种种合理的科学方法，实现着方法上的融合整一，而这些方法和理论曾经以至当下，是那样的繁杂不堪。《小说与重复》为什么如此经典？因为融合。解构主义的取向，新批评的方法，历史社会学批评的影响，原型神话理论的浸透，以至标准的精神分析批评，都在这里糅和展现，发挥各自的作用。这是一个范本，一个融合各种理论和方法，对经典文本做现代文学批评的范本。在这里我们看见当

---

① [美]弗拉基米尔·纳博科夫：《文学讲稿》，上海三联书店2005年版，第119页。
② 同上书，第120页。

代优秀理论的相互融合和整一的巨大希望。从解构主义者的立场,米勒不应该如此作为。

由此,我想起恩格斯对巴尔扎克的经典评语:"巴尔扎克是一个政治上的正统派;他的伟大作品是对上流社会无可阻挡的衰落的一曲无尽的挽歌","巴尔扎克就不得不违背自己的阶级同情和政治偏见:他看到了他心爱的贵族们灭亡的必然性"。① 从批评方法上说,这里没有阶级和政治倾向问题,但是,米勒这位解构主义的批评家,在具体文本的批评上背离了他所热心的主义,与巴尔扎克背叛他贵族的偏见,是不是有异曲同工之妙?这个例子回答了系统的批评方法如何产生的问题。从形式主义开始的当代批评方法,都是有其生成和存在道理的。作者、作品、读者,对文本的阐释同样重要,偏废哪一个方面都是错误的。阐释者可能根据自己的爱好和选择集中研究某个方向,对一个具体的文本,也应该有某个方向的深入诠释。但作为整体的批评方法,作为科学的批评理论系统,应该是它们的组合和互补。就如上面列举的米勒的话那样,每一个方面都是必要的,都要给予充分的注意和挖掘。

事实上,当代西方文论存在的这些问题,在当下的中国文论发展中也同样存在,只是程度不同而已。毕竟,与当代西方文论的百年历史相比,中国当代文论的历史要短得多,很多问题还没有集中呈现出来。但端倪已经出现,需要引起警惕。同样,我们对当代西方文论未来走向的期待和预测,也适用于中国未来文学理论的发展。中国的文学理论建设,不能步西方后尘,而应该从中吸取教训,防患于未然。

诚然,当下的文学理论发展正面临着困境,也可以说是陷入危机。从积极的方面看,这正是文学理论寻求转变、重新出发的时机。如果能在这样的困境和危机中深刻反思,从而校正方向,积蓄力量,文学理论必将迎来一个光明的未来。

---

① [德] 恩格斯:《致玛格丽特·哈克奈斯》,《马克思恩格斯选集》第 4 卷,人民出版社 2012 年版,第 591 页。

开创中西人文交流和对话的新时代*

张　江　西奥·德汉**

一　"文化追随贸易"：中西学术交流逆差巨大

张江：如果就文学理论而言，我有两方面的感受。一个是西方的学者非常关注中国。中国的人文学科在20世纪80年代之后得到很大的发展，特别是对于西方当下的各种人文学科的理论开展了大量的翻译、传播和借鉴工作。但比较而言，我们切实地感觉到，中国学术界对西方的了解和把握，比西方对中国学术的了解和把握要全面和深刻得多，这个落差非常大。就人文学科来讲，在各个领域、各个学科，只要是西方或国际著名学者的重要著作出版，或者重要的观点一出现，中国几乎是同步译介过来，中国各种媒体也会有迅速的反应。在中国，几乎所有的人文学科都充斥着各种各样的西方理论、学说和观点。到了国外之后，我们也感到，国际学术界对中国的兴趣越来越浓，但对中国的学术研究成果、著名学者的成就及其本人，则了解得非常之少。

德汉：是的，情况确实是这样的。

---

* 本文原刊于《探索与争鸣》2016年第1期，为张江教授与西奥·德汉教授关于中西学术交流的对话。

** 作者单位：张江，中国社会科学院；西奥·德汉，比利时鲁汶大学。译者生安锋，单位：清华大学。

张江： 对于这一点，我们的体会很深。中国学界和学者也为此做出了很大的努力。许多优秀学者不断地把中国的学术成就，包括他们本人的学术成就介绍到国外去。但是，与中国学界接受西方学说和理论的情况相比，几乎不可同日而语，差别实在太大。从中国历史上说，包括与一些学者所鼓吹的民国时期和当下学术的宽松度和开放程度相比较，中国历史上从没有像现在这么宽松、这么开放的环境，但是我们学术上的"输入"和"输出"，前者远远大于后者，几乎不成比例。

德汉： 是的，那时也是北京大学和清华大学创立的时期。

张江： 毫无疑问，我们以一个非常开放的心态来接受西方各种理论中的优质的、合理的资源，我们也用它们确确实实地推动了中国的学术事业的巨大进步。如果说现在我们有什么焦虑的话，或者说有什么期望的话，首先是要在这个基础上进一步开放，在开放的过程中，希望中国的学术成就和学术事业的进步，中国学者所创造的重要思想，能够更多更好地传播到国外去，从而与国外的学者进行平等的对话和交流。

德汉： 我想对这种不平衡有着各种不同的解释。其中之一就是语言问题。中文是一种很难的语言。对外国人而言，汉语的书写系统尤为困难，这大概是一个障碍。因此我认为，我们所需要做的事情之一就是将汉语翻译成外语，首先是英语。其次，我也看到，中西方之间的学术交流正在增长。20世纪80年代开始开放，到现在开放力度更为空前。当然，从20世纪80年代到现在，时间也是很短暂的，不过30多年。所以说，如果我可以做个比较的话，美国的文学理论当下处于主导地位，但它花了150年的时间才取得了这种主导性地位。当然，这种比较并不是完全奏效的，因为中国是一个文明古国，而美国是个新兴的国家。就经济主宰方面而言，在一定程度上也包括政治主宰和军事主宰，在美国20世纪的发展和中国近年来的发展方面，可以找到一种相似的关系。因此我想，如果中国在经济上、政治上和军事上变得越来越强大，那么中国的思想和理论也将能够在世界上产生更大的影响力。

这里我想指出两点。首先，西方理论并不是同质性的，它不仅仅是一种理论。譬如说,恰恰是由于美国的主宰地位,西方内部也存在不平衡。大量的法国理论、德国理论以及其他国家的理论只有被翻译成英语后才为世界所知。因此,在西方内部也存在不均衡的现象。很多来自欧洲小国的文化理论成就在西方也不为人知,因为它们没有被翻译成英语。第二点,这种现象就像托马斯·库恩《科学革命的结构》所写的那样,如果你想要改变这种理论,只有当你改变了它的基础时,变化才能发生。在西方,我们倾向于在某种公理或者范式的基础上进行思考,这些范式包括科学如何发挥功用、文学理论如何发挥功用等。我想,到目前为止,在中国这种情况(但也不仅仅在中国,世界上一些其他地方也是如此)也是这样的,为了让西方听到你的声音,你就不得不遵守西方的理论原则。为了改变这种局面,很有必要建立起中国的理论基础和哲学基础,也不仅仅是中国的理论如此,其他如印度或者非洲等任何地方的理论也都是这样的。你大概知道"文化追随贸易"这种说法吧?我想这里的情形也是如此。美国的文化和理论以及其他东西之所以变得如此强大,就是因为美国从第二次世界大战之后变得十分强大的缘故。在第二次世界大战之前,没人去理会美国的理论,甚至美国文学都少有人问津。美国理论变得如此强大是晚近发生的事情,是因为美国变成了一个强大的国家。如果中国变得更加强大一些,如果它再次成为"中央之国",就像过去那样成为世界的中心的话,那么大家都会追随你们的。

二 中国学术走出去:建立中国的理论和哲学基础

张江: 这一点我还是相信的。过去中国处于经济上的弱势地位,在世界交流的各个方面都处于弱势地位,中国想走出去也是不容易的。而且在没有开放的大环境下,理论更没有对话的可能性。随着中国经济的不断强大、中国国力的不断增强,中国在国际舞台上的声音也不断强大,我们的理论也会更好地走出去。这一点毫无疑问。刚才您说的我都同意,一有语言的障碍,二有国力的问题,但我想强调第三条,一个根本的重要障碍是,我们都深刻地体会到,在西方政治、经济、文化都很强势的情况下,经常有一些人总是要把西方的理论作为评价事物的标准,把这个标准强加给别人。比如说经济上,应该说,在中国这样一个初级阶段的发展水平上,中国政府大胆地搞了社会主义市场经济,是非常不容易的。在这么大的一个国家推行全方位的经济改革,要克服许多难以想象的困难,付出非常艰苦的努力。中国有自己的历史和国情,完全彻底开放的市场经济在中国是行不通的。尽管所谓"华盛顿共识"已经被实践反复证明是失败的,但是很多人还是非要把它强加到中国来。另一方面,一些中国的理论家也比较糊涂,不讲国情,不讲社会制度的本质差别,硬要跟着西方理论跑,这样就使得我们在处理许多问题时遇到障碍,在两方面交流的时候,就不可避免地要发生一些意识形态方面的争执。这种理论上的争执慢慢剧烈起来,中国常常会被抹黑、被误解,甚至是被西方媒体丑化。我这次出去就很深刻地感觉到,许多西方学者并不了解中国,不知道中国的实际情况,却要对中国说三道四,提出一些非常幼稚的问题。我们提出的一些想法,他们也感觉很不理解。在这种情况下,有一些中国学者愿意把这些理论简单地硬搬到中国来,把它作为一种先验的标准来衡量中国的实践和经验。这种现象值得我们认真反思。

德汉: 这与我之前说过的很有关系。只要是中国,或者任何一个其他国家,将西方的理论拿去当作一种尺度或者标准,那么情况就不会有所改观,因为你在用别人的语言说话。你们或许应该建立起自己的理论,使其与西方理论并肩而立。我给你举一个文学上的例子,就是文学史研究。从西方的观点来看,我们常常说文学最早的形式是希腊古典文学中的史诗,例如荷马的《伊利亚特》和《奥德赛》,以及戏剧等。我们知道,在有些文学传统中,并不总是这样的;对西方理论而言——至少有一段时间——以此来证明这些文学传统没有像西方文学那样得到充分的发展,这是不对的。没有理由认为事情总是按照西方的模式来发展,它也可以按照其他路径来发展,只不过显得不一样罢了。为了让世人认可这一点,那些来自其他文学传统的学者应该就文学如何发展及如何运作发展出自己的思想观点,然后将其与西方的理论并置。我想你们会发现很多人,包括西方人,将会对此感兴趣并将对其进行研究。不过,这也不仅仅是西方或者中国的问题,它也是世界上其他地方的一个普遍问题,因为他们也会关注西方理论和中国的理论，或许也关注印度的理论，然后决定在某个特定的时刻，什么理论对他们而言是最有用的。

张江：我非常赞同你的观点。但是我们必须注意到一个历史背景，中国近代史开始的标志就是鸦片战争。当时西方列强的侵略使得中国的知识分子在对待西方强势的意识形态时变得非常软弱，以至于失去了自信。所以一些中国学者自觉或者不自觉地把西方的理论当作标准和尺度，削足适履——削掉自己实践和经验的脚，去适应西方理论的鞋，这种现象在中国学界近30年来表现仍旧是很突出的。

德汉：我知道这一点。这诚然是真的。这就是我为什么说中国必须要做的或许就是要回到自己的路子上去，回到自己的理论上去，因为我确信中国有自己的文学理论、文学发展的理论和文学发展史的理论。或许还有其他一些我所不知道的理论，因为我对中国文学了解不多。或许在中国有截然不同的文学分类方式。我在清华大学上的第一堂课上首先做的一件事，就是讨论文学是如何被研究的。在西方是三种文类：诗歌、戏剧和散文以及它们是如何发生作用的。虽然我不知道，但我假设：在中国这些都是不同的。但它在中国发生的方式，与在西方相比而言，或许更有可能发生在其他地方。因此，对世界上其他地方的文学而言，或许中国模式以及中国的文类实际上是比西方模式更好的一种模式。但在目前，正如你所说的，西方模式是更加强大一些，正像在鸦片战争中英国军队和英国舰队更加强大一样。因为几乎所有的，至少是大多数的学术工具基本上都掌握在西方手中。譬如说学术期刊、科学出版以及科学的通用语言——英语等。但这只是一个理性的注脚，即使在西方我们也能看到情况的变化。将事情简化，回到200年前，大多数理论都是法国的，或者至少也是用法文出版的。如果我们回到100年前的话，大多数的理论是法国的或者德国的。现在我们则发现大多数理论是英语的。甚至法国和德国的理论要想成为西方理论，也必须要首先翻译成英语；要是它们还保持为法语或者德语，那它们就没法触及到整个西方，主要被局限于自己的国家范围内。因此可以这样说，即使在西方内部也存在着一场争夺可见度和认可度的斗争。我想我们太容易理所当然地以为，当前最有影响的国家和最有影响的语言将会一直如此而不发生变化。中国在14—15

世纪曾经是世界上最强大的国家。在唐朝，唐朝文明和穆斯林文明在世界上最强大，文化科技最发达。那时的欧洲是落后的，理所当然，唐诗、唐朝的音乐以及唐朝的整个文化，都是世界的巅峰。穆斯林世界那时也是如此。如果你看看那时候巴格达、开罗和大马士革的情形，其文学、音乐以及所有文化的各个方面也都达到了巅峰状态。但我的意思是这种说法只是过于简化了。

  在过去50年间，我们已经看到世界各地的青年学生都跑到美国去接受教育。中国也派留学生和青年学者去美国或者欧洲其他国家学习，在那里接受西方理论和西方思维模式的训练。但我认为，现在的风向开始变了，因为就我所看到的而言，很多外国学生现在也来到中国学习，而他们也将学习中国的理论和思维方式，当他们回国之后也会把中国的知识理论和思维方式带回他们的祖国去。因此，我想随着时间的推移，西方和中国之间的那种不平衡或许会得以改观。而在西方，情况也在发生变化。50年前，我在美国读比较文学专业的研究生，那时极少有人去学习中国文学或者西方文学之外的任何其他文学。人们学的总是英国文学、法国文学、德国文学、西班牙文学和意大利文学。但现在当我再去美国，以及英国、法国和德国的时候，我发现很多学生、研究生在做比较文学时，他们都在学习中国文学，而且我认为更多的西方学者也在撰写关于中国文学的著述。我想到的是美国的宇文所安、韩瑞、苏源熙等人。这些人在美国学术体制中都是举足轻重的著名学者。50年前，也有人做中国文学，但其地位是微不足道的，现在他们却处于核心地带，因为中国正变得越来越重要，尤其是美国与中国的关系变得至关重要了。这不仅是对中国而言，对美国也是如此。所以我认为，对中国的兴趣在不断增长，而这些人在研究中国时，也并不总是从严格意义上的西方角度来研究的，他们也试图学习中国人看待事物的方式，然后再将其介绍给西方的读者。因此我认为，交流在不断地增加。我对中国文学所知不多，但我已经比之前了解的多一些了，因为我对它发生了兴趣，而这恰恰是因为中国的经济、政治和文化等方面在世界舞台上地位日益显著。简单地回想一下我在过去五到十年间的所见所历，我已经注意到，很多华裔学者在美国开始介绍中国的文学学者和理论家的著作到西方去，譬如说在比较文学领域，19世纪90年代和20世纪早期的成就，以及你前面提到过的"五四"时期或者20世纪10—20年代的理论等。他们向西方展示了这些时期的理论家和学者的成就，告诉人们那个时期的中国所发生的事情。因此我想，让世界上其他地方了解中国的进程正在进行，但这当然需要一些时间。

三　超越汉学圈子：直击中国当下文学、理论及现实问题

张江：我还有一个感觉，就是西方汉学家对于中国文学的研究，主要的精力和力量还是集中在古代文学上。对当下特别是我们所说的20世纪80年代改革开放以后文学的变化和进步了解和介绍比较少。比如说，过去中国的文学家想得诺贝尔文学奖几乎是不可能的。但就是在2012年，中国当代作家莫言却获得了诺贝尔奖，这自然在世界上扩大了影响。但实际情况是，就在这一代作家群体中，比莫言更好的，或者说与莫言同样水平的，中国大概也有十几个。这个作家群，大体上能够代表当代文学创作的最高水平。但是我感觉，许多汉学家的研究还是关注中国古代的唐诗、宋词和元曲，而对当代中国文学了解甚少。如果想介绍中国当代文学理论的代表人物的话，我不知道外国人是怎么看的。要想很好地介绍当代中国文学理论的成就，大概是需要花很大功夫的，因为这方面的学说很多，成就很大，各方面的新观点、新认识也越来越多，特别是对中国古代优秀文学理论的研究，成就很大，要想把它全面地介绍到外国去还要花很大的功夫。在您看来，中国文学理论的代表性作品和代表人物都有哪些呢？

德汉：我真的不知道。我必须承认我不知道。我知道王宁和张隆溪的著作。但这就是我所知道的所有的中国文学理论家了。早些时候，我还读过乐黛云和孟华的著作，因为我们以前作为国际比较文学协会的委员一起共事过。但我不能说我对在中国所发生的事情有什么系统的了解。我的意思是我不懂汉语，所以很难跟进。我想这是西方学者应该承担的一个任务，也包括我自己，如果我能年轻二三十岁的话，我肯定会学习汉语。不过，在此我想说两件事。第一，我认为莫

言获得诺贝尔奖肯定会使得西方产生更多的兴趣去翻译更多的当代中国文学作品。事情总是这样的。我们同样也看到 50 年前，当加西亚·马尔克斯以及其他魔幻现实主义作家崛起的时候，拉丁美洲文学所发生的一切为世人所知。因此我认为将有更多的中国文学作品会被翻译成外文。第二，当然就是中国政府本身也在鼓励将中国文学翻译成西方语言，我猜大多是英语吧。莫言的作品如果不翻译成英语和瑞典语，他是不会获得诺贝尔奖的。因此情况常常是这样的，我们需要一个十分投入的译者来翻译和传播一部好的作品，然后想方设法引起评奖委员会的关注。但就我所看到的而言，有关中国文学的研究都是比较老的，像是《红楼梦》《西游记》《水浒传》等。但我想已经开始有更多的研究著作问世了。上周我去了一家北京的外文书店，我看到一些当代中国作家的作品的译本，有长篇小说也有短篇小说等。情况或许正在开始改变。但话又说回来，就像我一直认为的那样，这需要时间。这一过程或许需要一到两代人的努力，而不只是一两年。

张江：为了让世界更多更好地了解中国，让中国在国际学术舞台上发出自己的声音，我们一直在寻求国际合作。过去基本上是个别学者之间的合作和交流。我们现在的总想法是特别希望和国外的，尤其是像欧洲科学院这样有着很大学术影响和声望的机构进行合作，把中国的理论、经验和其他现代化成就介绍到国外去。也特别希望能够和欧洲的学者一起，共同研究中国当代的文学和理论。我们非常希望能有一些具体的合作方式，比如说我们一起建立起一个中国当代文学的研究平台、中国问题研究中心等。但不仅仅是和汉学家一起做研究，也是想和西方那些主流的、占据学术前沿的高水平学者进行合作。其间，当然会有语言上的障碍，但是我们会慢慢克服。我们研究的方向和重点将是当下的中国文学和理论以及中国的现实问题。这就是我们的希望。对此，我强调两点：一是，一定要超越汉学圈子，要和学界主流学者进行合作与交流；二是，一定是当代的文学研究，我们可以考虑共同开展各方面的实质性合作，聘请中国一流的学者和作家从事研究。也可以搭建一些方便的平台，中外学者一起来研究中国问题或者欧洲问题。

德汉：我觉着这个计划十分有意思而且会富有成效。我完全同意不能仅仅与汉学家合作，因为他们还是局限于同一个圈子里。研究的队伍应该更壮大一些，应该包括整个文学领域和比较文学方面的学者，当然也不仅仅是在人文学科和社会科学等领域。目前在科学、工程、医学以及数学等纯科学领域，已经展开很多合作了，但在人文科学和社会科学方面我们还有点儿落后，这是因为这两个领域更受具体文化的限制，在语言和文化方面更加具体；而科学、数学和工程等领域则基本上不需要某种具体语言上的精确，这是因为它们所使用的语言主要是技术性语言。

张江：当然，一下子展开全面的人文方面的合作是有些困难的，因此我们可以考虑先搞当下的中国文学和文艺理论的研究。从这个方面切入，也许可以更快一点取得效果。我再问一个问题，现在有些学者对谈论文学与政治的关系问题非常敏感，所以人们不喜欢把文学和政治联系起来。一说文学就是所谓"纯文学"，一定要远离政治。您对这个问题怎么看呢？

德汉：在美国过去25年间，确实有很多文学研究领域的人变得十分政治化的，至少在某种程度上是这样。你不得不遵守所谓的政治正确的规则，其基本意思就是自由主义、多元文化主义、赞同所有的解放等，在欧洲则没有这么厉害。但从传统来看，欧洲和美国的文人学者都倾向于表明自己的政治立场。只要想想萨特、加缪或者诺曼·梅勒等人就足以说明问题了。当然，他们的政治立场也并不总是左倾，譬如伊兹拉·庞德或者佛迪南·塞利那等就是如此。

张江：另外一个问题，当下中国有人非常推崇一种理论，叫作"没有文学的文学理论"，您是怎么看的呢？

德汉：20世纪70年代我还在美国读研究生的时候情况是这样的。人们经常只读理论，不读文学作品。我想这是不好的。我认为人们应该首先阅读文学，然后再读理论。

张江：有没有这样一个问题，譬如说某一位著名理论家，他想用自己的立场和意图去阐释一个文本，他只能阐释一个经典的文本，因为这个文本的作者已经不在世了，那就可以对文本做随意阐释；他要是阐释一个活着的作家，可能他就要顾忌作者本人对他这种阐释的反应了。

德汉：我认为这不是原因。书籍一旦出版了，作者的工作就完成了。一个经典作家，会对其作品积累起大量的评论来，新的批评家可以在此基础上展开新的讨论，并在此基础上尝试提出他们自己的新观点。经典作家或者古典作家通常会在社会中扮演着一定的角色，因为对于他们的文学，对于他们的国家、民族或者他们所归属的人民而言，他们代表着某种东西。因此，如果你要研究经典作家的话，就不应仅仅研究文学，而是要同时研究很多其他的东西。

张江：我明白您的意思了，我会认真考虑您的意见。

德汉：多谢！

关于"强制阐释"的追问和
重建文论的思考

——张江教授和王齐洲教授对话实录*

李晓华**

2015年10月23日下午,中国社会科学院副院长、中国文学批评研究会会长、博士生导师张江教授借来湖北大学参加中外文论研究会年会之机,亲临华中师范大学文学院,与古代文学博士生导师王齐洲教授展开了一次关于"强制阐释"和中国文论重建问题的深度对话。张教授对当代西方文论有深入细致的观察和研究,近年来发表了一系列对当代西方文论进行总结批判的高水平论文,他不赞成西方文论的"强制阐释",力图构建中国"本体阐释"的文论体系。而王教授一直从中国古代文论和文学作品入手重新发掘和言说中国古代文学思想,努力改变中国学术界长期以来用西方文学标准来规范中国古代文学的局面。下面是两位学者的对话实录。

张江:我的《强制阐释论》①是针对许多中国学者盲目照搬、盲目使用、简单裁剪西方文论这种现状,感到不满意而提出的。我的本意并不是要否定西方文论,打倒西方文论,只是对西方文论在中国的传播方式和生存方式有些意见,特别是当下。王先生,我觉得我们的文艺理论好像走进了一个死胡同,过去是以作品为主题,以作者为主

---

* 本文原刊于《江汉论坛》2016年第4期。
** 作者单位:张江,中国社会科学院;王齐洲,华中师范大学文学院;李晓华,华中师范大学文学院。
① 张江:《强制阐释论》,《文学评论》2014年第6期。

题，以文本为主题，以读者为主题。现在是以理论为主题，理论自己生成自己，理论自己阐释自己，理论自己检验自己，这种理论的发展方式会有前途吗？

西方理论走的是这样一条道路，更重要的是，我们中国学者在西方文论强大的侵蚀面前无所适从，说不出自己的话，结果出现两种状态：一种是研究中国文论的老先生带着自己的学生在中国文论的圈子里转，对西方文论从总体上说非常排斥，这是一支很庞大的队伍。另一方面，研究西方文论的学者也很难进入中国古代文论的语境中去，并且排斥中国古代文论。现当代学者无所适从，主要还是用西方文论阐释中国当代文学，使得中国当代文艺理论建设处于一种让人忧虑的状态。

如果说对西方文论有什么更深刻的想法和更深入的分析，我可能不如有些博士生，但是我看这种状态、这种局面的眼光可能比他们更敏锐些，反应激烈些，所以我写了《强制阐释论》。但我在学术上的功力和影响方面还比不上王先生，所以今天特向您请教对这个问题的看法。

王齐洲：张先生的这番话使我顿开茅塞。原来我读张先生的文章，以为张先生是以一个学者的身份对西方文论进行思考和总结，现在听到您的这番话，觉得您的本意可能不仅仅是如此，而且还希望改变中国文论界的这种现状。这是一个更宏大的志向。因此，您的"强制阐释论"就不仅是个"理论话题"，更是一个"理论事件"。为什么呢？因为它不仅把西方文论、中国文论的现状当作一个问题进行学理探讨，关键是通过这个问题还让我们思考了它对社会、对生活、对文学产生的影响。比如，大学文学专业如何培养硕士生和博士生，当前文学是怎么发展的，文学与生活究竟是什么关系，文艺理论怎么指导文学界、怎么回应文学创作，等等。而我们的理论与创作常常是脱节的，现在大学里讲的文学理论不仅不能指导文学创作，而且人家作家也不认同，最后是各做各的。

张江：对。不仅文学理论不能指导创作，理论研究者和创作者各做各的，而且研究文学理论的学者也是各做各的。基本上是理论独白，写了厚厚的理论著作，结果对我们的社会、生活、实践几乎没有影响。

王齐洲：是的。您的"强制阐释论"在学术界、在社会上、在媒体上引起了很大反响，对西方文论界也有促动。但我觉得这种反响可能一时还不能到位，过一段时间再来看它对中国当代文论的推动，对整个高校文学理论教育的影响和改变，其价值和意义才能显现。如果达到了这些目标，这才是真正到位了。所以我认为它是一个"理论事件"，而不仅仅是一个"理论话题"。

张江：对，如果有一点这样的效果，我当然很高兴。我无意提出什么重要的理论观点，更不会去想创造什么体系，我只是想努力做一点有思想的学问。习近平总书记指出："如果'以洋为尊'、'以洋为美'、'唯洋是从'，把作品在国外获奖作为最高追求，跟在别人后面亦步亦趋、东施效颦，热衷于'去思想化'、'去价值化'、'去历史化'、'去中国化'、'去主流化'那一套，绝对是没有前途的！"① 这个严肃的批评切中要害。应该引起文艺理论研究者的自省。

王齐洲：我是在研究中国古代文学观念发生史时思考过西方文论的一些问题，并把它作为挖掘和阐释中国古代文论的基本参照，这在《中国古代文学观念发生史》② 中有所反映。对您在《强制阐释论》等文章中归纳的西方文论的几点基本特征我非常赞同。我的学生看了您的文章后对我说，王老师，您和张江教授的思路差不多。我说是的，我们是殊途同归。我是从中国古代文论、古代文学的角度切入，您是从西方文论的角度切入，共同地观察到一个问题：中国现在的文论不能解决文学的现实问题，也不能解释文学的历史问题。不过，西方文论在中国的影响既深且广，人们还很难跳出西方文论的樊笼。比如，我随手翻到这个星期的《中国社会科学报》上的一篇文章——《文学史研究何需"回归本位"？》③，里面写道，我们中国古代早就划分了诗歌、小说、戏剧、散文这几种文体，明末清初的金圣叹就有诗

---

① 习近平：《在文艺工作座谈会上的讲话》（2014年10月15日），《人民日报》2015年10月15日第2版。
② 王齐洲：《中国古代文学观念发生史》，人民文学出版社2014年版。
③ 张倩倩：《文学史研究何需"回归本位"？》，《中国社会科学报》2015年10月13日。

歌、散文、戏曲、小说"四分法",因此不存在也不需要"回归本位"。"回归本位"是北京语言大学的方铭教授提出的,后来还和王锺陵先生在《光明日报》"文学遗产"栏目展开过专题辩论①,尽管二人对如何回归看法各异,但他们其实都承认中国古代文学是有与西方文学不一样的"本位"的。在这点上,他们的看法是一样的,那就是中国文化原来的本位和西方以及中国当下文学是不一样的,只是在如何回归上两人有意见分歧。

可以说,我们现有文学体系的建构并不适合中国古代文学实际。比如,赋是属于诗还是属于文,20世纪30年代很多人参与过讨论。说它是诗吧,它明明运用了铺陈手法,而铺陈是文章的写作特点;说它是文吧,它又是押韵的,特别是律赋,押很严格的韵,而且赋是由楚辞发展而来的,楚辞又被归入诗的范畴,怎么能说它是文呢?所以至今为止也没有一个定论。

再如散文,其实散文作为一种文体概念,在中国古代文论中是没有的。这个词最早出现于南宋罗大经的《鹤林玉露》中,意为散体文,是与骈体文相对而言的。散体文不是文体概念,不是西方的散文(美文)的意思。所以今天的散文界没有一个合乎中国实际的散文概念,没有办法来规范和定义我们中国的散文指的是什么。一提到散文,大家就举唐代的韩、柳,宋代的欧、苏,我们的文学史都是这样写的。那么请问,韩、柳是何时的作家?回答是中唐。那初唐、盛唐的代表性文章呢?其实不是散文,是王勃、"燕许大手笔"(张说、苏颋等)的骈文。晚唐是李商隐的天下,李商隐的诗歌作得好,文章也写得好,他的文章总集就是《樊南四六》,是骈文不是散文。他的影响不仅在晚唐,宋初的影响仍然很大,"西昆派"就是学李商隐的。而且,即使是韩、柳、欧、苏的散文,文学史里提到的名篇有不少是应用文,也并非西方的散文(美文)。

我们中国现在的一套文学体系基本上都是借用西方文论来谈中国文学,合乎西方文论的保留,不合乎西方文论的去掉,要么就是重新

---

① 《我们该不该回去?——"文学史研究是否应该回归中国文学本位立场"对话实录》,《光明日报》2015年6月25日。

包装、重新整理塞进西方文论的框架中去。比如中国的小说，二十五史《艺文（经籍）志》及补志共著录小说1000多部，但是我们今天讨论的小说只有几十部，这是因为绝大多数小说按西方小说概念来说根本对不上，所以不被承认。按西方观点，小说是要讲故事并且是虚构的。如刘义庆的《世说新语》是志人小说的代表，从鲁迅先生开始就是这么认为的。可我们要问，它是虚构的吗？刘义庆自称它是真实的，而且把裴启《语林》因为虚构而书不传作为鉴戒。再说志怪小说《搜神记》，记录鬼神，应该是虚构的吧，但当时的人认为它是真实的，作者干宝本来是史学家，并被人称为"鬼之董狐"。董狐是春秋时期著名的史官，人们认为他记录的东西真实可靠。所以《搜神记》长期被收录在史部，《隋志》、《旧唐志》都在史部著录。《晋书》是唐太宗亲自主持编撰的，《晋书》就把《搜神记》里的许多故事采写进人物传记里去。郭沫若就说《晋书》是一部好看的小说，这当然是今人的观念。所以说，我们用西方这一套理论解释中国古代文学时，出现不搭界的地方太多了。

现在我们看到，西方这一套理论既不能用来指导中国文学实践，也不能用来解释中国文学的历史，大家都感受到了这种困惑。当然，也不能说所有西方文论都是"强制阐释"，但至少，"强制阐释"作为西方文论的基本形态和主流话语是客观存在的。所以我读到张先生的文章时击节叫好，认为总结得非常到位，真正抓住了要害。现在我想追问的是：西方文论为什么会有这种"强制阐释"？或者说"强制阐释"为什么会有如此顽强的生命力？这种"强制阐释"可以说是西方文论的一个特征，我在想，它到底是一种方法还是一种观念——如果只是一种方法，它就不是根本性的，可以改；如果它是一种观念，那么到底是一种什么观念导致了这种"强制阐释"不断发生？

张江：我讲"强制阐释"理论的初衷是源于中国学者对西方文论的取舍，甚至是以讹传讹地把西方文论拿到中国来，一代代在我们学生中间传下去，中国文论在它的强势面前失去了话语权，我对这种状态不满意。而且我的本意还不仅是在文论，我们看，中国现在把西方的理论作为一种标准、一种方法、一种模式，用来"强制阐释"中国革命和建设的经验、中国的实践，在许多领域都是如此。如文学、史学、法学、政治学、新闻学，等等。特别是历史，例如马克思主义历史观或者说我们能接受的、恰当的、正确的历史观都被西方理论颠覆了。还有文学理论，中国传统文学理论资源丰富、博大精深，应该是我们建构和发展当代中国文艺理论的"本体"。我认真琢磨习总书记的一个提法，对中国古代文艺批评理论优秀遗产，是"继承创新"；对现代西方文艺理论是"批评借鉴"。这是值得深思的。但现在我们的课堂上到处都是西方的标准，我们习惯于用西方的理论作为标准来衡量我们自己的实践，这好像成为一种司空见惯、见怪不怪的现象。讲堂、论坛、课堂上到处都是这样，我想讲这么一句话，让大家惊醒起来：中国人有30多年改革开放的实践，难道还不能讲我们自己的话吗？

我讲了"强制阐释"后，其它领域的许多学者也反映，在他们的领域里也存在着削足适履的现象，将中国的经验和实践的脚砍了以适合西方的鞋子，能穿进鞋子的，认为是好的，穿不进鞋子的，就认为是不好的。

但是我们应该看到另一面，它为什么会有生命力呢？我觉得可以这样看它："强制阐释"用它自己的方式去阐释文本、阐释历史的时候，目前来看还是站在方法的立场上讲话的。这种方法是有自己的语境和历史渊源的。

从文论这个角度来讲，我个人认为，从形式主义开始，这是大家都认可的西方文论的开端。形式主义是对浪漫主义以来以作者为中心来研究文学这种社会学研究方法的一种反抗。这种对单纯从作者出发来研究文学的反抗是有道理的，因为文学有它独立的特征，即它的文学性，过去我们忽视了，而形式主义对文学的文学性作了深刻研究。但从那开始，这条道慢慢走偏了，一条最基本的线索就是，西方的文艺理论家是站在一种社会批判的立场上讲话的。许多当代西方文论的流派、思潮和大师不是专门研究文学的，用我的语言来说是文学的场外理论，它是对社会现象的一种反抗，一种分析，一种认识。西方的知识分子就是从这样的立场出发，跑到文学领域来，找到并借用文学理论来证明自己理论的正确。这不像中国古代文论，从文本出发，牢牢依靠文本，得出有关文学的各种概念和理论。它是从文学外面搬用理论来阐释文学,"强制阐释"于是作为一种方式不可避免。如德里达想表达他的解构思想,他本来是位哲学家,他的哲学思想是对自亚里士多德以来那种本质主义二元对立思想的反抗,他想用文学文本来证明自己的这种思想,可文学大多数情况下和他的理论是不一致的,为了证明自己,就必须想办法让文学和自己的理论一致起来,这样"强制阐释"就不可避免地发生。比如,我曾和学生讲,我念书的时候读过两本书,一本是复旦大学朱立元先生的《当代西方文艺理论》①,里面大约有十八九种学派。一本是刘放桐先生的《现代西方哲学》②,里面大约有二十几种流派。你把两本书的目录对比来看,大概有十一二种流派是重合的,两本书都讲德里达、萨特、海德格尔、伽达默尔等。可见,在西方文论领域里,西方的哲学、社会学、心理学,还有社会实践中遇见的诸多先锋问题成为他们手里的武器,拿来生硬地、勉强地阐释文学,而且重要的目的是要阐释自己的理论。有这么个来龙去脉,"强制阐释"就是必然的。

还有一个重要背景就是,20世纪60年代法国学生的五月革命对西方文论的影响是非常深刻的。在五月革命以前,形式主义、新批评等理论占据的很长时间内还是很注重文学研究,基本上是从文本出发的。等到五月革命后,学者们对法国五月革命最后消退的那种状态感到失望和绝望,就躲进书斋,不再注重实践了,彻底进行理论研究,以此来和社会对抗。

至于"强制阐释"是方法还是观念,这是一个复杂的问题,方法上升为方法论,就与观念有关。我们说马克思主义世界观和方法论,就是紧密联系的。还是想听听王先生的意见。

王齐洲: 的确,在我们看来,20世纪西方文论走马灯式地变换,而且各学派和前后学派之间出现间隔、断裂,他们的理论也都是自足的,不去考虑能不能解决文学问题。我想,根本性的问题可能还是中国和西方文学观念上的不同。西方认为文学是艺术,我们现在接受的

---

① 朱立元主编:《当代西方文艺理论》,华东师范大学出版社1997年版。
② 刘放桐:《现代西方哲学》,人民出版社1980年版;1990年修订版改名《新编现代西方哲学》,2000年出版新版。

就是这种观点，认为文学是语言的艺术。但是，中国古代却不是这样看的，至少儒家不是这样认为的。儒家不否认文学是艺术，孔子开私学教授六艺，即《诗》、《书》、《礼》、《乐》、《易》、《春秋》。但他更认为文学是生活，孔子有关论述是很多的，如"弟子入则孝，出则弟，谨而信，泛爱众，而亲仁，行有余力，则以学文"①。他指出人首先要生活，去遵守一些相关的道德规范，然后有余力则去学文。孔子还讲过"志于道，据于德，依于仁，游于艺"②，可见，他也是承认"艺"是有一定地位的。但是"游于艺"，所谓游，就是不能将它作为立身之本，作为归属，其地位是有限的，是要受约束的。关于这点，宋代许多理学家作过讨论，有人认为"有之不害为小人，无之不害为君子"，把文学看得很轻；像二程等理学家甚至认为作文是"害道"的，重要的还是要回到"道"上来。这当然不是孔子的初衷。孔子认为"艺"是需要的，但若只"游"到此，便还没有进入做人的最根本的境界里去。在孔子看来，先要"志于道，据于德，依于仁"，才可以"游于艺"，所以，"艺"是用来辅"道"的，是反映人的道德观念和生活态度的。

西方认为文学是艺术，艺术创造美，而追求美、欣赏美和感动于美就是艺术最后要达到的效果或目标。我们中国古人也讲美，但美是有条件制约的，如孔子讲"《武》，尽美矣，未尽善也"；"《韶》，尽美矣，又尽善也"③。他认为尽美的同时要尽善，美要有善来约束，没有善的美在中国古代是不被承认的，至少是有所保留的。楚国伍举就"不闻以土木之崇高、彤镂为美"，而是认为："夫美也者，上下、内外、大小、远近皆无害焉，故曰美。"④ 也就是说，在伍举心中，美不美的要害是善不善。西方认为艺术可以只为美而存在，你可以在

---

① （魏）何晏集解、（宋）邢昺疏：《论语注疏》卷1《学而》，《十三经注疏》，中华书局1980年版，第2458页。
② （魏）何晏集解、（宋）邢昺疏：《论语注疏》卷7《述而》，《十三经注疏》，中华书局1980年版，第2481页。
③ （魏）何晏集解、（宋）邢昺疏：《论语注疏》卷3《八佾》，《十三经注疏》，中华书局1980年版，第2469页。
④ 徐元诰：《国语集解·楚语上》，中华书局2002年版，第493—494页。

艺术世界里自足，结果就是，欣赏作品就是作品本身，与作者的人品无关，甚至与社会生活无关，最后形成为艺术而艺术、为美而美的艺术价值观。在中国古代则不同，看一个作品好不好，美不美，首先要看作者善不善，人品好不好。作者人品好，作品才有价值，如果作者人品有问题，作品再好，也不被承认。例如，宋代"书法四大家"苏、黄、米、蔡，蔡本来先是指蔡京，但因为他人品不好，最后大家只承认蔡是蔡襄。再如明代严嵩，写青词无人能及，其实他的文章写得很漂亮，字也写得好，但是因人品问题，他的文集后世不传。相反，虽然杜甫的诗有许多人并不喜欢，但杜甫一直被尊为"诗圣"，因为他有那种"安得广厦千万间，大庇天下寒士俱欢颜"的忧国忧民的情怀。所以说，中国古代文论强调的是"文如其人"，要想文章美，先做有德之人，否则文章再好，社会也是不会承认的。

张江：所以从这个思想来看，西方文论与我们中国文学传统其实是格格不入的。如西方非常著名的"作者死了"，作者只要完成作品就与文本无关了，作品一旦进入社会，作者的人品我们不讨论。最重要的是，连作者的写作意图和灌输的情感统统都死了，作品就由阐释者和读者任意理解和阐释。这和您刚才讲的中国古代美与善的问题是相关联的，看作品先看人品与这些文论是对抗的，格格不入的。

王齐洲：对，是格格不入的。您刚才说的西方文论，讲作者与作品是可以相互独立的，可在中国，自古以来强调的就是"知人论世"，所以有时用西方文论简直没有办法来阐释中国文学。

张江：中国文学是"知人论世"观，而西方的解构主义理论则要求，彻底地割断作者与作品的关系，不仅是作者的人品不谈，就连作者的意图都不能谈。但实际情况是，他们解释文本时很难避开"知人论世"，如作家和批评家伍尔夫，在讲到她时，一定会谈到她因精神病跳河死亡，这种精神病经历对她的作品是有影响的。可以说只要是认真去解读文本，作者的经历和社会因素你就无法不联系起来，你就难以逃脱"知人论世"。

现在有一种很奇怪的观念，比如说，作家想写部作品，事先肯定要想好：准备写什么内容，我的态度是赞是骂，我的喜怒哀乐都包含在作品里，这些还有什么含糊的吗？可是，你的作品写出来后，有人说，你想写的那些内容，你的喜怒哀乐都无所谓，我也不承认，对我理解和阐释没有任何意义。我觉得，这不是连常识都没有吗？所以我真想写一篇文章《回到常识》。作品是从作者的脑袋里出来的，是自觉的意识行为，想逃避、消解是不可能的。正是这种意识行为生产了作品、决定了作品面貌。有一次我和莫言、陈晓明一起吃饭，在关于作者的写作意图灌不灌注在作品中这个问题上，我们轻松地聊了几句。我问莫言，你写作时，事先有没有想好要写什么，他答，当然得想好。莫言接着说，但有时我想好了，结果写好后发现，我写的不是事先想好的，就像俄国学者说的，有时你想进这间屋，结果却进了另一间屋，可能另一间屋子比这个更好。我就再问莫言，你可能是会出现本来想进这间屋子，结果却进了另一间屋子的情况，但你知不知道，你进了哪间屋子？你把作品写出来后交给我的时候，你知不知道，你自己写的是什么？他说，我当然知道。我想这就是一个看法。作者不能否定自己的意图。当然，这个意图可以由别人解释。

所以说，中国古代文论和西方当代文论在一些范畴和观念上是相对立的。要想把中国当代文艺理论体系构建好，构建得有中国特色，还得从中国传统出发，符合中国经验和中国实际，同时也吸收当代西方文论中那些优秀成果，将这两者融合起来，而不是简单地相加起来。所以我们即将着手进行一个项目：当代东西方文论关键词比较。我请詹福瑞和王逢振两位先生各拟出若干关键词，力求涵盖、打通中西古今，然后再请各方面的专家对有关概念做系统清理，看能否找到对接中西古今的有生命力、有解释力的概念，从而形成中国自己的当代文论。通过这个项目，将各自为营的两个庞大的队伍融合起来，努力实现两个目标：一是构建从中国传统出发，充分吸纳西方优点和长处的中国自己的文艺理论体系；二是将两个庞大队伍各说各话的局面作些根本性的改变。具体事宜我们可再详谈。

第二编

文论重建的理论资源

第二篇

文昌鱼的生物学

理论转场与转场的本土化、当下化

——构建当代美学理论话语体系的基本路径*

张政文**

当代美学用非美学理论话语扫荡审美共同经验和文艺实践活动,造成当代美学疏离中国审美现场,对活生生的文艺生活失聪、哑语,美学已从20世纪80年代中国最具普遍性、最富时代性、最有能指性的思想理论交往的公共话语,矮化为少数专家学者的"理论"独白。一句话,当代美学话语正在慢慢失去其社会实践性。当代美学失聪、哑语症状的主要病因,既源于多年来美学撤离中国火热的文艺现实生活,严重气血乏匮;又根于当代美学与中国本土美学传统自断血脉,美学的民族精神先天不足;还与误读西方理论,食洋不化所造成的后天不良直接相关。要言之,在于古今中外的场外理论未能真正进入当代现实的审美文化与文艺实践的场中,关键话语与主要表达功能没有实现真正的理论转场,而是处于当代审美共同经验和文艺实践的场外。同时,西方美学话语没有中国化、中国传统美学概念没有现代化、20世纪50年代以来形成的当代中国主流文艺理论没有当下化。可以说,当代美学理论的主要话语和关键表达功能并没有现实地转进中国本土当代审美经验中,尚在中国当代文艺实践场外踯躅。因此,构建当代中国美学理论话语体系,最重要的路径就是自觉地对古今中外的场外理论进行理论转场,并在理论转场过程中使之本土化、当下化,使之成为面对当代中国审美文化、置身当代中国审美生活、言说

---

* 本文原刊于《天津社会科学》2016年第4期。
** 作者单位:中国社会科学院。

与表达当代中国审美共同经验和文艺实践活动，并具有广泛话语影响力与巨大社会参与度的当代美学理论话语体系。

一　场外理论转场是构建美学话语体系的合理性路径

在人们的日常生活中，审美活动通常是一种感性的愉乐活动，个体化与感觉化是其基本特性。而在人们的精神世界中，文艺实践活动是一种典型的情感观照活动，感性形象性和情感体验性是文艺活动的根本规定性。美学作为关于社会生活中审美经验和文艺活动的逻辑建构与理性表达，其理论发生与发展的根本路径，是对感性的审美共同经验和文艺实践活动的普遍性归纳和概念性总结。感性的现象不能自主转换为理性的本质，普遍性归纳和概念性总结的手段、方法、观念，通常从审美活动和文艺实践场外的其他场域理论中借用或沿用。如经典马克思主义美学的基本原理、方法，来源于辩证唯物主义、历史唯物主义和政治经济学；中国古代美学的主要观念，来源于中国古代哲学、伦理学；西方美学的概念范畴大多源于西方哲学、社会学、政治学。可以说，各种场外理论为美学提供了丰富的思想资源、理论观念和方法手段，这既是美学构造其话语体系的不争事实，又是美学发展的一般规律。问题的关键在于，场外的理论必须能够面向审美活动，能够走进文艺实践，能够有效地言说文艺文本和审美行为，能够合理地昭示审美与文艺的本质与普遍真理，这就需要理论转场，即各种场外理论从他场转进审美经验与文艺实践的在场，成为关于言说审美经验和文艺实践的美学理论。理论转场是理论成为美学理论的合理性所在。凡不能走进审美世界言说文艺文本与活动，揭示关于审美活动、文艺实践本质与普遍真理的理论，也许是关于其他场域的理论和学说，但决不是真正的美学理论。如其自诩为美学理论，那只能是张江教授所说的"场外征用"，是对审美活动与文艺实践的"强制阐释"[①]。

---

① 张江：《强制阐释论》，《文学评论》2014年第6期。

经典马克思主义美学中社会意识是对社会存在的反映,社会意识形态、阶级与阶级斗争、资本的生产与消费、把握世界的方式、历史的发展动力与评价标准等核心观念、关键范畴,源自辩证唯物主义、历史唯物主义和政治经济学。然而,这些来自审美活动、文艺实践场外的关于世界、历史和现代资本主义社会的理论观念,面向审美活动,深入文艺实践,以欧洲具体文艺文本和共同审美经验为阐释对象,揭示了西欧现代资本主义社会艺术生产与消费的特殊规律性,昭明了西欧现代资本主义社会审美异化与复归的必然性,披露了西欧现代资本主义社会审美文化和文艺生活中的资产阶级意识形态与工人阶级解放的现实性,解释了古希腊艺术高峰不可企及和不可重复的社会发展客观根据,阐发了悲剧与喜剧戏剧冲突的历史客观性,描述了现代资本主义社会世界历史进程中的世界文学,评价了英法现实主义作家通过在典型环境中塑造典型人物来透视现代资本主义社会本质,肯定了审美活动和文艺实践对日常生活的批判和超越,通过这种理论的转场,来自辩证唯物主义、历史唯物主义和政治经济学的场外理论成为真正场内的美学理论话语。

中国古代美学博大精深,绵延不断。在中国古代美学发展进程中,中国古代的伦理学思想、哲学思想始终为其提供着理论观念和思想方法的支持。在中国古代思学行一体化的文化生活方式与文史哲不分家的学理传统中,中国古代伦理学、哲学思想观念浸润在中国古代审美活动和文艺实践中,在某种意义上,成为中国古代审美活动和文艺实践的直接理性表达。中国古代"和而不同"的哲学观念,同时也是关于审美本质的美学关键词。而中国古代"天人合一"的哲学本体论观念,也是中国古代审美理想的最高定位。自秦、汉以降,儒家"仁爱""中庸"的伦理学范畴成为诠释文艺文本,评价文艺活动的基本概念,构成了中国古代美学的主导风貌。先秦孔子的"诗无邪""尽善尽美""兴、观、群、怨",孟子的"以言养气""以意逆志""知人论事";两汉司马迁的"发愤以抒情",《乐记》的"声音之道与政通",《毛诗序》的"诗言志";魏晋曹丕的文章"经国之大业,不朽之盛事";南北朝陆机的"诗缘情",刘勰的"文之为德也大矣""风骨";唐陈子昂的"兴寄",韩愈的"气盛言宜""不平则鸣"，白居易的"为事"，杜甫的"不薄今人爱古人"，皎然的"诗教"；宋代欧阳修的"兴于怨刺"，王安石的"文者，礼教治政云尔"；明代叶燮的"理事情""才胆识力"，谢榛的"体志气韵"，李贽的"童心"，袁宏道的"性灵"；清代王士禛的"神韵"，沈德潜的"格调"，袁枚的"性灵"等种种中国古代美学概念范畴，皆蕴涵着深远的中国传统伦理精神，但又是对中国古代审美活动和文艺实践最地道的经验言说和理性概括，是真正的古代中国本土美学话语。

西方美学的理论话语主要源自西方哲学对审美活动和文艺实践的转场。罗素认为，当古希腊人对古希腊神话传说和荷马史诗"提出了一个普遍性问题时，哲学就产生了"①，同时，美学也就产生了。古希腊人对普遍性问题发问的直接背景是宇宙起源诗。在古希腊神话传说中有许多片断以诗的方式叙述着客观世界的故事，表达着古希腊人以一种万物恒变又不变的观念对客观世界的理解。在这一过程中，个人阐释发挥得愈自由、愈富于个性，神话传说和荷马史诗中与时间相关联的具体因素便丧失得愈多，由此出现了关于超越时间变化的万物始基是什么、万物始基如何变成特殊事物、特殊事物又何以成为万物始基等哲学本体论的普遍性问题。可以说，西方哲学发端于对古希腊神话传说和荷马史诗的解释，在对具体文本进行普遍性提问与回答过程中，转进于哲学场中，生产了最早的哲学话语。古希腊哲学话语出现后，又再次转场进入古希腊神话传说和荷马史诗、悲剧的审美、文艺场中，古希腊人用哲学的概念、方法、话语，对神话传说、诗歌、戏剧文本进行理解和阐释，这就产生了苏格拉底"美即有用说"、柏拉图"双重摹仿说"、亚里士多德《诗学》等著名的美学理论。古希腊罗马之后，西方美学成为西方哲学的有机部分。如普洛丁"分享论"之于"太一哲学"，奥古斯丁"适合论"之于"教父哲学"，阿奎那"美愉论"之于"经院哲学"，培根的"虚构论"、霍布斯的"观念联想论"、洛克的"反思论"、夏夫兹别里的"内在感官论"、哈奇生的"趣味论"、休谟的"同情论"之于"经验主义哲学"，笛卡尔的"身心对应论"、莱布尼兹的"预定和谐论"、伍尔夫的"完

---

① ［英］罗素：《西方的智慧》上，崔权醴译，文化艺术出版社1997年版，第6页。

善论"、鲍姆伽顿的"感性论"、莱辛的"动作论"之于"理性主义哲学",伏尔泰的"规则论"、卢梭的"自然论"、狄德罗的"关系论"之于"人性论哲学",等等。

可以说,无论是马克思主义美学,还是中国古代美学,抑或是西方美学,其生成、发展、流变的基本规定性都是场外理论向审美活动和文艺实践的转场。用场外理论的观念、方法,去发现、诠释审美的共同经验,总结、提升文艺的特殊本质,建造、言说关于审美和文艺的话语,是构建美学话语体系的基本路径。同时,美学的发展史也证明了一种场外理论越深入到审美活动的内部、越准确地阐释具体的文艺活动,就越能成为科学意义上的美学。一种场外理论越有成功,就越是能在学科的意义上成为美学。因而,更多的场外理论转入审美活动和文艺实践,成为在场的美学,是审美活动、文艺实践和美学自身不断发展的需要。场外理论转场为美学理论,是构建当代中国美学话语体系的基本路径,具有理论构建的合理性。

二 理论转场的本土化是构建当代美学话语体系的合法性路径

如果说场外理论走进审美活动和文艺实践,成为关于审美与文艺场内的美学,是构建当代美学话语体系的合理性路径的话,那么,理论转场的本土化则是构建当代美学话语体系的合法性的必由之路。美学作为对特定审美活动和文艺实践的一种思想话语和理论的表达,本土性、民族性是其拥有普遍性的内因。只有本土的、民族的美学才可能是全球的、世界的美学。西方美学的关键词大多来自于西方本土话语。如古希腊美学中的悲剧概念来自于古希腊古老的戏剧形式——"山羊剧",苏格拉底美学的辩证概念来自于古希腊社会交往中的"诡辩"一词,亚里士多德的摹仿一词来自生活中"发现后的学习"。康德美学核心概念审美判断来自于中世纪北方方言中的"味道",17世纪的法国沙龙话语将其改造为"品味"这一文化用语,而18世纪英国美学家哈奇生又将"品味"转化为美学概念"趣味",最后再转场为康德的"审美判断"。席勒美学中重要关键词显现就来自于德语方言"发光""发热",等等。在这方面,德国古典美学的理论转场是本土化的典范。

德国古典美学的基本观念、核心概念、主导方法,皆从德国古典哲学转场而来,其研究对象、问题导向、话题设计、立场观点、逻辑思路、思维方式、言语风格和理论结论,都具有启蒙运动以来德意志社会生活的独特性,鲜明地表现出德意志本土情境和民族情致。德国古典哲学开创者康德,对启蒙时代德意志本土审美活动和文艺实践中不断生长的审美现代性,有着敏锐的发现与深刻理解,他亲身参与德意志本土和西欧大陆文化界关于新旧审美趣味优效地发现审美活动和文艺实践的内在情状,它对审美活动和文艺实践的阐释与表达越能得到人们共同经验的确认和社会普遍诉求的肯定,它的转场就越劣、古今文艺水平高低的大争论。他批判守旧的文艺观,倡导新兴审美理想,力求通过审美活动和文艺实践,消解启蒙时代西欧、特别是德意志现代社会生活中出现的现象与本体、自然与人性、认识与实践、必然与自由的现代性分裂。康德认为,人的主体性中有一种被称为反思判断力的能力能够弥合这种现代性分裂。反思判断力在主体与世界发生对象性关系时,"只将客体的表象与主体联系在一起,不让我们注意到对象的性质,而只让我们注意到那决定与对象有关的表象能力的合目的形式"①,以此来调节现象与本体、认知与理念、感性与理性的背反。这种被称为反思判断力的感性能力就是人的审美能力。审美能力是感性的,它源于自然生命,符合自然天性,且能沟通知性、顺从信仰,天然的感性承载着理性认同,个体的能力获得社会的确证。正因如此,审美是感性的却涵纳着理性,是自然的却拥抱着自由,是个体的却又顺随着社会,无功利却又暗合于最普遍的利益,无目的却又指向人类最高的目的。

在康德阐述审美判断理论时,他为审美判断设置了两个极富德意志本土文化特质的规定性:(1)审美判断是感性的,它拒绝理性一统天下,反对工具化。这个规定性本源于德意志民族的浪漫主义传统

---

① Immanuel Kant, "Critique of the Power of Judgment", in Paul Guyer et al. (eds.), *The Cambridge Edition of the Works of Immanuel Kant*, Oxford University Press, 1952, p. 70.

文化。（2）审美判断是自律的，不受外在概念、功利、目的规范，只受自身内部规定和要求约束。这个规定性又来自德意志本土新教文化因信称义的民族传统。康德之后的德国古典哲学家费希特，则从德意志力求主客体统一的哲学传统出发，认为"自我的本质既不是主观东西，也不是客观东西，而是一种同一性"①，具体表现为自我设定自我，自我设定非我，自我在自身中设定一个可分割的非我与一个可分割的自我相对立。自我设定自我就是自我创造自我，自我即存在。自我设定非我意味着人不仅是普遍的存在，而且也是具体的存在，只有非我才能证实自我的对象性活动。如此，在费希特那里，审美活动便是感理性是思维中的感性。因此，谢林对自然山水与自然人性充满着诗意化的尊敬。其实，尊敬感性的自然是德意志文化不同于英法文化的传统所在，格劳秀斯、莱布尼兹、莱辛、歌德、康德、赫尔德这些德国启蒙大师无不对自然充满敬意。谢林一再强调，自然与诗一样，既是创造者，又是创造物，自然成为无意识的诗，诗成为有意识的自然。

德国古典哲学大师黑格尔面对德意志社会经济、政治、文化等各方面取得重大进步而人们却更深切地感受到社会冲突、生活不幸、精神分裂的本土状况，将消解德意志的社会冲突、和解文化对立确立为其哲学主题。黑格尔要"在思想上把统一与和解作为真实来了解，并且在艺术里实现这种统一与和解"②，如此就须把握美与艺术的本质与根源。黑格尔将美与艺术的本质界定为绝对理念的感性显现，绝对理念则是一切存在的共同本质和最初原因，而将美与艺术的根源描述为绝对理念在精神发展时期的感性阶段。绝对理念在思维中通过逻辑的否定之否定外化为感性的自然世界。感性的自然世界历经机械的、物理的、有机的否定之否定又发展为以精神为存在方式的人类社会。而在以精神为存在方式的人类社会中，主观精神被客观精神否定后，就进到绝对精神阶段。在绝对精神阶段，绝对理念以感性直观的形式

---

① ［德］费希特：《伦理学体系》，梁志学、李理译，商务印书馆 2007 年版，第 47 页。

② ［德］黑格尔：《美学》第 1 卷，朱光潜译，商务印书馆 1997 年版，第 76 页。

认识绝对精神便产生了美、艺术,以知性表象形式认识绝对理念就生成了宗教,以理性思想形式认识绝对理念则造就了哲学。所以黑格尔说,美、艺术是绝对理念的感性显现。在关于绝对理念层层递进的逻辑动态结构中,黑格尔为美与艺术设计构造了一个极具德意志文化特性的本质,赋予审美活动和文艺实践强大的精神力量与客观历史力量,以此来消解德意志现代社会中主体性的内在冲突,和解德意志现实生活内部中的种种矛盾。由此可见,德国古典美学立足于德国近代资本主义社会的本土现实,凭借着德意志民族特有的哲学理路与方法,造性对理性的直观,是精神中普遍性的个体化,也是生活中个体性的普遍化。而富有诗人情怀的德国古典哲学家谢林,则禀承德意志民族思与诗同一的文化观念,在物质与精神统一的高度上界定审美本质。在谢林看来,物质与精神本来就是绝对同一的两方面,物质是可见的精神,精神是不可见的物质,感性是感觉到的理性,就了德国美学的高峰。正是这种德意志的本土性、民族性,成就了德国古典美学的全球性、世界性。

德国古典美学和马克思主义美学是迄今所公认的史上最有思想深度和理论力度的美学,它们的理论生命力和思想引领力,肯定了理论转场为美学的一个真谛,那就是审美活动和文艺实践场外的理论,在转场进入审美活动和文艺实践的过程中,必须置身特定文化生存场中,成为特定审美活动的本土话语、具体文学实践的民族表达。理论转场只有实现了本土化,当代美学话语体系的构建路径才真正具有了合法性。

三 理论转场的当下性是构建当代美学话语体系的现实性路径

美学的生命在于其理论的社会实践现实性,以及对现实审美活动和文艺实践进行直接言谈与指引的当下性。

中国古代文论在中国古代审美活动和文艺实践中就具有很强的当下性,如先秦两汉的儒家理论以德言诗、以礼说乐,使先秦两汉的美学获得强大的现实性。魏晋南北朝以来,以道家理论诠释诗歌和书画,以性情论诗词、以心性话书画,使中国古代美学对历代诗词书画的创作与欣赏赢得当下的文化话语权。

当马克思主义辩证唯物主义、历史唯物主义和政治经济学转场进入审美活动与文艺实践之时,马克思面对的是欧洲工人阶级刚刚走上历史舞台的现实。马克思指出:"人们的存在就是他们的现实生活过程"①,就是他们的实践活动过程,"不是人们的意识决定人们的存在,相反,是人们的社会存在决定人们的意识"②。应该"把感性世界理解为构成这一世界的个人的全部活生生的感性活动"③,在马克思看来,感性物质实践活动是社会生活存在的最基本方式。他断言要解决人的内在矛盾、感性生活与理性生活的对立、物质世界与精神世界的冲突、人类历史与人类现实的断裂等危机,只能依靠人的感性的实践活动改造现实社会,并通过工人阶级解放全人类,最终解放自己才能真正地实现。人的感性的实践活动展开在人与自然的社会关系中,造就了人的属人的本质全面对象化和人对一切属人的对象的全面占有,这也就是人的彻底解放,最终的标志是"作为完成了的自然主义,等于人道主义,而作为完成了的人道主义,等于自然主义"④。

马克思将审美活动理解为人类生存、发展、解放的一种特殊实践活动。审美活动成为人类对自然的改造、对社会的革新、对精神的变更的社会力量,是"不仅为主体生产对象,而且也为对象生产主体"⑤的客观历史过程。马克思认为,一旦将感性的审美活动理解为一种社会实践活动,这就意味着人类将从自然界中分离出来,"人只有凭借现实的、感性的对象才能表现自己的生命"⑥。超越单一肉体欲望需求的审美活动使人意识到与自然界的不同,自觉地将自然作为主体实践的对象,形成了生产与消费的社会关系,"物质生活的这样或那样的形式,每次都取决于已经发达的需求,而这些需求的产生,

---

① 《马克思恩格斯文集》第1卷,人民出版社2009年版,第525页。
② 《马克思恩格斯文集》第2卷,人民出版社2009年版,第591页。
③ 《马克思恩格斯文集》第1卷,人民出版社2009年版,第530页。
④ 同上书,第185页。
⑤ 《马克思恩格斯文集》第8卷,人民出版社2009年版,第16页。
⑥ 《马克思恩格斯文集》第1卷,人民出版社2009年版,第210页。

也像它们的满足一样,本身是一个历史过程"①。在这样一个感性的、实践的历史过程中,人类按照物种的尺度和人的内在尺度的统一来改造世界、塑造自己,即"按照美的规律来构造"②。由此可见,马克思将审美活动确认为物质与精神相统一、主体与客体相统一、感性与理性相统一的当下现实的社会实践。马克思相信只有在客观现实的社会生活中才能真正揭示审美的感性本质,他明言"从前的一切唯物主义(包括费尔巴哈的唯物主义)"的主要缺点是:"对对象、现实、感性,只是从客体的或者直观的形式去理解,而不是把它们当做感性的人的活动,当做实践去理解,不是从主体方面去理解。"③

从人的实践活动去理解审美活动,马克思将审美置于整个人类社会有序多层的现实社会结构关系中。在马克思看来,"人们在自己生活的社会生产中发生一定的、必然的、不以他们的意志为转移的关系,即同他们的物质生产力的一定发展阶段相适合的生产关系。这些生产关系的总和构成社会的经济结构,即有法律的和政治的上层建筑竖立其上并有一定的社会意识形式与之相适应的现实基础"④。人类社会的基本结构是生产力与生产关系构成的社会物质系统,这个系统是社会存在的物质基础,是社会发展、历史前进的根本动力。生产力与生产关系的矛盾运动不仅现实地推动着社会前进,而且以不同的内容与形式,多形态、多方式地决定着其他社会结构的存在,并为其他社会构成的发生、发展规定了基本轨迹。在生产力与生产关系的社会物质存在结构上生长着源于社会物质存在结构却又具有特殊社会功能的上层建筑和意识形态社会结构系统。上层建筑是社会法律、政治等制度体系和管理机构,而意识形态则是一切社会存在的文化意识。经济基础、上层建筑和意识形态共同组建了人类社会的总体结构。经济基础决定上层建筑、意识形态,"物质生活的生产方式制约着整个社会生活、政治生活和精神生活的过程"⑤。同时,三者相互依存、相

---

① 《马克思恩格斯文集》第1卷,人民出版社2009年版,第575页。
② 同上书,第163页。
③ 同上书,第499页。
④ 《马克思恩格斯文集》第2卷,人民出版社2009年版,第591页。
⑤ 同上。

对独立,各有其不可取代的作用并互相渗透、作用、转化。

审美作为现代生活的文化意识活动属于意识形态这个大结构中的一部分,是人们把握世界的一种特殊方式,"整体,当它在头脑中作为思想整体而出现时,是思维着的头脑的产物,这个头脑用它所专有的方式掌握世界,而这种方式是不同于对于世界的艺术精神的,宗教精神的,实践精神的掌握的"①。审美活动以其感性的特有方式把握着真实人生与现实世界的丰富性、真理性,在文化意识中建构自然,塑造主体,创生世界,"人的感觉、激情等等不仅是〔本来〕意义上的人本学规定,而且是对本质(自然)的真正本体论的肯定"②。所以马克思说:"植物、动物、石头、空气、光等等,一方面作为自然科学的对象,一方面作为艺术的对象,都是人的意识的一部分,是人的精神的无机界,是人必须事先进行加工以便享用和消化的精神食粮;同样,从实践领域说来,这些东西也是人的生活和人的活动的一部分。"③ 在自我,从而实现将自然的人化和人的本质对象化确立为审美活动的社会文化规定性,使得文学艺术这种形象的意识形态成为推动历史发展的社会力量。马克思还进一步从社会生产与消费方面探究文艺自律的实践性内因。在马克思看来,艺术是一种感性的社会精神生产活动,不过这种感性的社会生产活动中的生产主体、生产过程、生产结果和对结果的消费,确实不同于现代资本主义社会物质生产活动,也不同于其他精神生产活动。艺术生产活动的生产主体是富有感性的想象力的艺术家,生产过程限定在审美领域,生产的产品是以感性形象为形态、以审美为特质的一种特殊意识形态文本,而对艺术产品的消费,则是对艺术文本中人类本质力量的感知、确证和占有,鉴赏的本质正在于此,"生产直接是消费,消费直接是生产。每一方直接是它的对方。可是同时在两者之间存在着一种中介运动。生产中介着消费,它创造出消费的材料,没有生产,消费就没有对象。但是消费也中介着

---

① 《马克思恩格斯文集》第8卷,人民出版社2009年版,第25页。
② 《马克思恩格斯文集》第1卷,人民出版社2009年版,第242页。
③ 同上书,第161页。

生产，因为正是消费替产品创造了主体，产品对这个主体才是产品"①。所以，在马克思看来，审美活动与文艺实践没有现代资本主义社会中一般生产过程与产品、产品与消费对立、断裂的现象。正因如此，艺术"生产不仅为主体生产对象，而且也为对象生产主体"②，且直接塑造了人的主体能力，"艺术对象创造出懂得艺术和具有审美能力的大众"③，艺术生产使非人的感觉成为属人的审美感觉，非人的情感成为属人的审美情感，非人的被动的占有变成了属人的创造性享受。艺术生产的这种自律性又生成了艺术消费的自律性，"肯定方式决不是同样的，相反，不同的肯定方式构成它们的存在的、它们的生命的特殊性；对象对它们的存在方式，就是它们的享受的特有方式"④。具体艺术的生产与消费产生了具体主体的审美能力，而人的审美能力的每一次形成与增长都是人的自由本质的审美活动中，自然通过文学艺术活动成为显现人的本质、表达人的情感的载体，凝聚着创作主体作为社会存在方式的特殊历史性和现实性。而人对文学艺术的鉴赏也成为对自我本质的直观与占有，表现为把握了对象与自身之后的喜悦和在喜悦中对自我与对象的再创造。换句话说，作为特殊的实践活动，马克思将以文学艺术的方式反映生活、把握现实、直观一次获得，是人的真正解放的一次实现。

艺术生产与艺术消费的自律性还使艺术发展具有了特殊性。马克思说："关于艺术，大家知道，它的一定的繁荣时期决不是同社会的一般发展成比例的，因而也决不是同仿佛是社会组织的骨骼的物质基础的一般发展成比例的。例如，拿希腊人或莎士比亚同现代人相比。就某些艺术形式，例如史诗来说，甚至谁都承认：当艺术生产一旦作为艺术生产出现，它们就再不能以那种在世界史上划时代的、古典的形式创造出来；因此，在艺术本身的领域内，某些有重大意义的艺术

---

① 《马克思恩格斯文集》第8卷，人民出版社2009年版，第15页。
② 同上书，第16页。
③ 同上。
④ 《马克思恩格斯文集》第1卷，人民出版社2009年版，第242页。

形式只有在艺术发展的不发达阶段上才是可能的。"① 艺术生产与艺术消费的自律性也解释了古希腊文学艺术为何在当今仍具有巨大魅力的问题。在马克思看来，古希腊伟大的文学艺术作品作为人类发展中的正常儿童，充满了令人愉快的天真，饱含着人类实践的历史真实性，展现着人类生活的某种完美性。对它的欣赏是现代人对人类自然天性的观照，也是现代人对人类自由本质的一种复归与创新，古希腊伟大文艺作品的永久魅力正在于此。基于对艺术生产与消费活动自律性的坚信，马克思对现代资本主义社会背离审美本质、否定艺术自律的社会根源进行了彻底批判。马克思说："资本来到世间，从头到脚，每个毛孔都滴着血和肮脏的东西。"② 在现代资本主义社会，由于极端的私有化和剩余价值剥削，异化劳动也发展到顶点：劳动者同自己生产的产品分离，劳动者生产的产品越强大，劳动者就越渺小；劳动者与劳动过程分离，劳动过程成为奴役劳动者的活动；劳动者与自己的自由本质相分离，劳动成为对人的本质的否定。严重的异化劳动导致人与自然的对立、人与人的对抗，这使得现代资本主义社会成为严重异化的社会。在现代资本主义社会中，人与人的一切关系都蜕变为物与物的关系，一切生产与消费都成为金钱的生产与交换，文学艺术也不能幸免。马克思尖锐地指出，在资本主义社会中，"作家所以是生产劳动者，并不是因为他生产出观念，而是因为他使出版他著作的书商发财，也就是说，只有在他作为某一资本家的雇佣劳动者的时候，他才是生产的"③。

在对资本主义社会深刻地揭露与批判的同时，马克思又赋予文学艺术以伟大的使命，一方面，他希望文学艺术不断确立着人的自由本质，使真善美"不仅作为工人所应有的直接需要"，而且成为工人阶级"作为人所应有的各种需要"④，成为工人阶级作为获得人的存在与权利的有力动因。另一方面，他又要求文学艺术成为强大的社会批

---

① 《马克思恩格斯文集》第8卷，人民出版社2009年版，第34页。
② ［德］马克思：《资本论》第1卷，人民出版社2004年版，第871页。
③ 《马克思恩格斯全集》第26卷第1册，人民出版社1972年版，第149页。
④ 《马克思恩格斯全集》第2卷，人民出版社1957年版，第66页。

判武器,在艺术的生产与消费中揭露与否定丑恶现实和人性异化。正是在这一点上,马克思对英法批判现实主义极为推崇:"现代英国的一批杰出的小说家,他们在自己的卓越的、描写生动的书籍中向世界揭示的政治和社会真理,比一切职业政客、政论家和道德家加在一起所揭示的还要多。他们对资产阶级的各个阶层,从'最高尚的'食利者和认为从事任何工作都是庸俗不堪的资本家到小商贩和律师事务所的小职员,都进行了剖析。狄更斯、沙克莱、白朗特女士和加斯克耳夫人把他们描绘成怎样的人呢?把他们描绘成一些骄傲自负、口是心非、横行霸道和粗鲁无知的人;而文明世界用一针见血的讽刺诗印证了这一判决。"① 马克思认为英法批判现实主义作品对现实的关注、对黑暗的揭露、对异化的批判以及对美好的希望都对认识与改造现代资本主义社会起着积极作用,具有重大的现实意义与历史价值。可见,马克思通过对审美活动和文艺实践本质与规律的揭示,使马克思主义美学迄今具有强大的现实活力,成为理论转场具有当下性的光辉典范。

在美学的发展历史中,也有美学理论因未能面对社会审美经验的转型与文艺实践的发展而即时转场,使其理论话语失去理论的思想表达有效性和文本阐释的当下性而最终解构的教训。20世纪60年代,以蔡仪、以群等为代表的文艺理论家以马克思主义、毛泽东文艺思想为指导,借鉴苏俄现实主义和社会主义文学理论,汲取中国古代文学的现实主义经验,总结"五四"以来中国现代文学和新中国当代文学的成就,以文学是一种社会意识形态,文学用形象反映社会生活这两个核心概念为轴心,在文学本质论、发生发展论、作家论、创作论、作品论、鉴赏论、批评论等方面构建了中国当代文学理论话语体系。这一话语体系对中外现实主义文学实践,尤其对中国现代主流文学、名家名作和新中国当代社会主义文学实践做出了当下极有说服力的阐释,在那个时代具有巨大的深刻性和影响力,被认为是新中国成立以来我国当代最系统、最权威的教科书式的文学理论话语体系。随着20世纪80年代以来中国审美活动中先后出现伤痕文学、反思文

---

① 《马克思恩格斯全集》第10卷,人民出版社1962年版,第686页。

学、寻根文学、现代主义文学、后现代文学、网络文学等一系列全新的文学实践，盛行于20世纪60年代的文学理论却没有实现理论转场的当下化，没有即时调整、改进、提升自己的话语意涵和方式，当它走进当代中国新时期文学实践活动中，参与新时期的文学实践、解释新时期的文学文本、指引新时期的文学发展，就失去了理论的当下有效性，理论话语逐渐哑化。这一20世纪60年代形成的曾经最富中国化、最具时代性的主流文学理论的社会实践功能逐渐边缘化了。历史的正反两方面的经验教训都生动地证明了一个事实，那就是理论转场的当下性是构建当代美学话语体系的现实路径。

综上所述，理论转场是构建当代美学理论话语体系的基本路径，其内在要求在于场外理论必须身处当下审美文艺场中，面向现实审美活动，以其话语的本土化、当下化为其话语的合法性、现实性，才能真正建构能够总结中国审美经验、阐发中国文艺实践、具有强大信服力和现实影响力的当代美学理论话语体系。

伽达默尔与贝蒂：两种现代阐释学理论之历史比较

——从当代中国文论建设借鉴的思想资源谈起（上）*

朱立元**

一

新时期以来，在中国当代文论建设和发展过程中，借鉴和吸收西方阐释学（Hermeneutics，亦译为诠释学、解释学）理论是一个不可忽视的、极为重要的方面。而且，在这种借鉴过程中，学界出现了梳理、吸纳中国传统阐释学思想资源，建立、建构中国自己的阐释学的呼吁和探讨。较早的有潘德荣《诠释学的中国化研究述评》[①]；影响最大的是，汤一介连续发表了三篇主张创建中国解释学的文章：《能否创建中国的解释学？》《再论创建中国解释学问题》《三论创建中国解释学问题》[②]；其他不少学者也先后发表了呼应、支持和多方面展

---

* 本文原刊于《当代文坛》2018 年第 3 期。
** 作者单位：复旦大学中文系。
① 潘德荣：《诠释学的中国化研究述评》，《哲学动态》1993 年第 10 期。
② 汤一介：《能否创建中国的解释学？》，《学人》第 13 期，1998 年 3 月出版；《再论创建中国解释学问题》，《中国社会科学》2000 年第 1 期；《三论创建中国解释学问题》，《中国文化研究》2000 年夏之卷。

开的文章①。最近几年,随着张江《强制阐释论》②《公共阐释论纲》③等一系列论文的发表,文艺理论界及哲学界、史学界对阐释学理论的关注、思考和探讨也与日俱增,"中国阐释学的理论建构"的呼声又一次高涨。④

只要简单回顾一下新时期以来中国文艺理论的发展,就可以发现,它始终伴随着对西方现代阐释学理论(主要是从海德格尔、伽达默尔到接受美学一脉)的借鉴、接受和吸收的过程。这可以从20世纪80年代迄今关于阐释学和接受理论的译介、引进和研究情况得到证实。⑤

---

① 如景海峰《中国哲学的诠释学境遇及其维度》,《天津社会科学》2001年第6期;景海峰《中国诠释学的几种思路》,《光明日报》2002年9月26日;洪汉鼎《诠释学与中国》,《文史哲》2003年第1期;康宇《论中西古典解释学的言说范式差异》,《天津社会科学》2012年第3期;黄晚《比较与汇通——"中国经学诠释学与西方诠释学的比较研究"学术前沿工作坊综述》,《中国比较文学》2014年第3期;洪汉鼎等《如何理解和筹建中国现代诠释学》,《湖南大学学报社会科学版》2015年第5期;杨乃乔《中国经学诠释学及其释经的自解原则——论孔子"述而不作,信而好古"的独断论诠释学思想》,《中国比较文学》2015年第2期;洪汉鼎《横跨中外通达古今——诠释学与中国传统哲学现代转型的反思》,《文史哲》2016年第2期;潘德荣《何谓中国诠释学?》,《中国社会科学报》2016年4月12日;等等。

② 张江:《强制阐释论》,《文学评论》2014年第6期。

③ 张江:《公共阐释论纲》,《学术研究》2017年第6期。

④ 如《学术研究》编辑部2017年8月就主办了"公共阐释:中国阐释学的理论建构"的学术研讨会。

⑤ 据我们在 CNKI 中检索的不完全统计:(1)从1979年到2015年,以"解释学"为关键词搜索,篇名中出现"解释学"的文章有1780篇,最早的是《哲学译丛》1979年第5期翻译文章《何谓"解释学"》(伯耶尔著,燕宏远译)。以"诠释学"为关键词搜索,篇名中出现"诠释学"的文章有1156篇。最早的是《国外社会科学》1981年第1期翻译文章《哲学诠释学与经历的交流》(M. 海德著,朱小红译)。以"解释学"为名的译文数量63篇,以"诠释学"为名的译文数量15篇,主要集中在80、90年代;文章篇名中直接出现"伽达默尔"的有131篇,直接出现"海德格尔"的24篇。两种译文、研究论文共计2942篇。(2)从1983年到现2015年,以"接受美学"为关键词搜索,篇名中出现"接受美学"的文章有2297篇。最早出现的是张黎发表在《文学评论》1983年第6期《"接受美学"笔记》。把接受美学作为一种视角或理论资源来解读文学、审美现象的文章最多。(1)(2)共计5000余篇,数量巨大。另外,以海德格尔为关键词查询,文章中含有"海德格尔"的数量为3137篇,当然不完全是阐释学的研究文章;以"伽达默尔"为关键词查询,文章数量为814篇,主题全部为阐释学研究。而关于贝蒂和其他西方重要阐释学家的翻译和研究则极为罕见。另外,关于诠释学译介和研究的许多重要著作,如译著《真理与方法》,(伽达默尔著)《理解与解释——诠释学经典文丛》、《伽达默尔:诠释学、传统和理性》,(乔治娅·沃恩克著)、《诠释学》(理查德·E. 帕尔默著)、《哲学诠释学与文学理论》

第二编　文论重建的理论资源

我国新时期以来文艺理论的大发展，不是从天上掉下来的，是在百年来中西方文论的对话与互动中逐步建构、生成起来的一个现代新传统的基础上，进一步与西方文论的交流（包括局部矛盾冲突）、互鉴、吸收、融合的产物。这种互鉴、交流与对话，是全方位的，即使就文论而言，也涉及人文社会科学各个领域、各种思潮流派。然而，对西方现代阐释学理论的参照和借鉴无疑是其中最重要、时间最长、影响最大之一。在某种意义上，阐释学理论在不同时期直接或间接参与了中国当代文论的创新建构。这与新时期以来中国文学和文论发展的时代需要和现实语境直接相关：20世纪80年代初学术界思想解放运动引发了文论界、美学界"文学是人学"命题的重提和人道主义大讨论，以及随后刘再复"文学主体论"的提出及讨论的展开；20世纪90年代人文精神的大讨论也是上述讨论在新形势下的发展与深化。正是这种不断生成的思想文化新语境，构成了对西方文论、哲学有选择性地接受的现实状况，构成了对西方阐释学重点关注和借鉴的文化、学术需求。而20世纪90年代中期以后，借鉴的自觉性、选择性有所增强，范围逐渐集中，重点有所突出。回顾起来，近三十年，我国学界（包括文论、美学界）关注度最高、持续时间最长的西方学术思潮之一，就是胡塞尔开启的，海德格尔、梅洛－庞蒂、萨特等推进的现象学和存在主义理论，以及后继者伽达默尔开创的哲学阐释学。这是一个我们亲身经历过的客观的、历史的事实。

（约埃尔·魏因斯海默著）、杨慧林主编《诠释学与当代世界书系》（5种）、《诠释与过度诠释》（艾柯等著）；重要的研究著作如洪汉鼎的《理解的真理——真理与方法解读》和《诠释——它的历史与当代的发展》、章启群的《意义的本体论——哲学诠释学》、张汝伦的《意义的探究——当代西方释义学》、殷鼎的《理解的命运——解释学初论》、严平的《走向解释学的真理——伽达默尔哲学述评》、俞吾金的《实践诠释学》、何伟平的《通向诠释学之途》、金元浦的《文学解释学》、李建盛的《理解事件与文本意义——文学诠释学》，韩震、孟鸣歧的《历史、理解、意义——历史诠释学》、杨慧林的《圣言、人言——神学诠释学》、朱立元的《接受美学导论》等等；值得注意的是潘德荣的《西方诠释学史》，比较客观、全面、系统地梳理、评介西方诠释学的发展历史；近年一些青年学者出版的诠释学美学研究专著也主要集中于伽达默尔一脉，如张震的《理解的真理及其限度——西方现代诠释学的艺术哲学向度的考察与批判》、孙丽君的《伽达默尔的诠释学美学思想研究》等。

伽达默尔与贝蒂：两种现代阐释学理论之历史比较

对西方现代阐释学理论的借鉴同样有选择性。20世纪中期以来，西方阐释学开始了超越施莱尔马赫、狄尔泰一脉的一般方法论诠释学，形成了两个具有现代性的重要理论思潮：一是从海德格尔到伽达默尔的哲学本体论（Ontology，亦译存在论）阐释学，二是以意大利哲学家贝蒂为代表的"作为精神科学一般方法论的诠释学"。两者虽然在基本理论取向、哲学基础、阐释目标、方法论原则等方面都根本对立，但实际上他们对施莱尔马赫、狄尔泰的传统阐释学都有所继承，也有所突破，在继承中有突破、突破中有继承。相比较而言，伽达默尔哲学阐释学的突破大于继承，贝蒂的阐释学则继承大于突破。两者都对施莱尔马赫、狄尔泰的传统阐释学从两个不同方向加以推进和发展，具有互补性。然而，由于种种历史和现实的复杂原因，强势的伽达默尔哲学阐释学上升为西方学术的主流话语，而贝蒂的阐释学则始终处于边缘地位。这一西方学术的历史状况也必然决定了当代中国文论偏重于接受前者而忽视后者的理论格局。不过，在笔者看来，贝蒂的"一般方法论诠释学"。

在现代西方阐释学史上独树一帜，他对阐释学的理论贡献是巨大的，超出同时代许多阐释学家的水平。但其阐释学思想似乎至今还没有受到西方学术界的充分重视、阐发和肯定，其在思想史、学术史上地位和评价或许也应该受到更高的重估。为了比较深入地阐发贝蒂的阐释学的卓越成就，也为了中国当代文论的建设能够更加全面、辩证地借鉴西方现代阐释学思想资源，本文拟对伽达默尔与贝蒂二人的阐释学理论从历史渊源、本质特性、标识性概念、文本意义来源等多个方面加以比较研究和理论评析，以期揭示两者各自的哲学基础、思维方式、思想倾向和理论特色。

二

我们知道，伽达默尔与贝蒂是在继承、突破施莱尔马赫、狄尔泰的传统阐释学理论过程中分道扬镳，走出两条不同的道路，形成了两种各具特色的现代性阐释学理论的。施莱尔马赫和狄尔泰的阐释学思想是他们二人建构自己阐释学理论的共同出发点。因此，我们有必要先梳理一下施莱尔马赫、狄尔泰的传统阐释学的理论要点。

学界一般认为,施莱尔马赫的"一般阐释学"是现代阐释学形成的标志,是此前具有现代性因素的浪漫主义阐释学思想的提升。① 狄尔泰的体验阐释学则是施莱尔马赫阐释学思想的进一步深化和心理学化。而伽达默尔和贝蒂的阐释学理论则在理论形态、概念系统、基本框架上与前二者发生较大的变革,是现代阐释学的成熟形态。为了凸现阐释学向现代转型时期和趋于成熟形态的区别,本文还是把施莱尔马赫和狄尔泰的阐释学称为传统阐释学(不排斥其具有现代性),而把伽达默尔和贝蒂的阐释学称为现代阐释学。

施莱尔马赫的阐释学还保留着某些古典因素,它只是作为哲学的辅助性、技术性工具;但同时它又从解释《圣经》的狭小范围扩展到对一切文本的理解和解释,从而成为"一般阐释学"。它涉及理解他人和他人的作品(文本)的人性基础、理解时整体与部分的循环关系、作者与解释者的关系、理解和解释的目的和标准、解释的方法与技术等具有普遍性的阐释学问题。下面试对其阐释学思想的要义作一概述。

第一,关于解释的必要性。施莱尔马赫认同人通过具有共同性的语言进行思维、表达和交流的看法,他认为,"话语(Reden)是思维共同性的中介(Vermittlung),……话语当然也是个体之间思想的中介。思想只是通过内在的讲话而完成,并且就此而言,话语只是已形成的思想本身(dergewordeneGedanke)";但他进而指出,"凡思想者认为必须固定思想本身的地方,那里就存在讲话艺术,即把原始的思想表达出来(Umwandlung),并随之而需要解释(Auslegung)"。② 这是说,凡是有思想者(个体)的话语表达,而他人(其他不同的个体)想要了解、理解其思想的意义,就必然需要解释。这也就是对人类普遍的解释现象进行理论考察的阐释学产生的根据。

第二,理解和解释之所以可能,是根源于共同的人性基础。施莱

---

① 参阅潘德荣《西方诠释学史》,北京大学出版社2013年版,第246—247页。
② 参阅《理解与解释——诠释学经典文选》,洪汉鼎主编,东方出版社2001年版,第48—49。

尔马赫认为，一切理解和解释都是面对他人及其作品的，解释者之所以能够理解它们，乃是因为他们之间存在着某种同一性即共同人性，作者通过作品敞开其人性，而读者（解释者）也敞开自己的人性，通过作品，解释者进入作者及其生命活动，达到人性的沟通，从而理解作者及其作品，同时通过理解作者而理解自己。这就是理解和解释的实质。①

第三，从认识论、方法论原则出发，揭示"解释的循环"这一阐释学的重要规则，并提出整体主义的解决思路。施莱尔马赫认为，一切理解本质上都归结为整体和部分之间的循环，即部分只能置于整体之中才能被理解，而对部分的理解反过来可以加深对整体的理解。根据这一解释的循环规则，他把理解作为一种认识和获取知识的过程，指出"这种完全的知识被包含在一个明显的循环之内，以致每一特殊（个别）只能由它是其部分的普遍（整体）而被理解，反之亦然。一种知识只有当它是如此形成的，才是科学的"。② 这样，他就把解释作为获取科学认识的途径，同时也就把阐释学纳入认识论的范围和框架。施莱尔马赫还从方法论角度阐述解释的循环规则，他提出阐释学拥有两种基本方法（语法学的和心理学的），他对其中"心理学解释任务"从解释的循环方面加以解析，指出："一方面是理解一个作品的整个基本思想；另一方面是由作者的生活去把握作品的个别部分。作品的整个基本思想是作品所有个别部分由之发展的东西，而作品的个别部分则是作品内最具偶然的东西。"③ 其实，语法学的解释方法同样不可避免解释的循环，他在其他地方有所说明。④ 换言之，在他看来，解释的循环是理解和解释的普遍规则。问题是，如何在理解中跳出"恶的循环"。施莱尔马赫给出的答案是整体主义的思路，即在整体与部分的关系中着重维护和强调整体的决定作用。在论及理解过程中作者个体（个别）与作品整体的循环关系时，他说，"规则具有

---

① 参阅潘德荣《西方诠释学史》，北京大学出版社2013年版，第260页。
② 参阅《理解与解释——诠释学经典文选》，洪汉鼎主编，东方出版社2001年版，第62页。
③ 同上书，第72页。
④ 同上书，第50—51页。

这种形式:为了精确地理解前者,我们必须已经接受整体。整体当然不等于个别的总和,而是作为结构、概要,如我们用个别的过渡所能把握的那样",① 显然,整体处于理解的主导地位,只有首先把握(统一)整体,才能精确理解(作者)个体。所以,他强调,在理解作品时,"首要的任务是把作品的统一理解为它的作者的生命事实,它探问作者是如何来到这种整个作品是由之而发展的基本思想,即这种思想与作者的整个生命有怎样的关系,以及肇始环节与作者所有其它生命环节的联系"。② 正是基于这个整体主义思路,他才能发现任何作者的思想归根结底是由他的时代决定的,他说:"每一话语总只是通过它所属的整体生命而理解,这就是说,因为每一话语作为讲话者的生命环节只有通过他的一切生命环节才是可认识的,而这只是由他的环境整体而来,他的发展和他的进展是由他的环境所决定的,所以每一讲话者只有通过他的民族性(Nationalit)和他的时代才是可理解。"③ 无疑,这一见解是十分精辟的。但是,毋庸置疑,对于解释的循环这一理论难题,施莱尔马赫并没能给予辩证的解答,这个任务只能留待后人了。

第四,解释的目的是还原作者原始意义。施莱尔马赫与古典阐述理论相衔接的一个重要论点是,把解释的目的归结为对文本及其作者原初意义的寻求和重建。基于重建作者意义这个目标,他把避免误解、消除距离确立为理解和解释的基本任务,他明确地以"否定的方式来表述整个任务:——在任何地方避免误解"。④ 他分析理解中误解产生的主要原因,认为"误解或者是轻率的结果,或者是偏颇的结果。前者是一个别因素,后者却是很深的错误。它是片面地偏爱那种近于个别心灵东西,和排斥那种外于这个别心灵的东西。所以人们在解释中加进了和混入了作者并没有的东西",⑤ 显然,他认为误解根

---

① 参阅《理解与解释——诠释学经典文选》,洪汉鼎主编,东方出版社2001年版,第65页。
② 同上书,第72—73页。
③ 同上书,第51页。
④ 同上书,第65页。
⑤ 同上书,第60页。

源于偏离了作者原意，加入了解释者自己的东西，所以，"误解应当被避免（Missverständnissoll vermieden werden）"。① 他强调，"严肃的实践出自于这样一种观点，即误解是自行产生的，且在每一点上我们都必须追求和寻找精确的理解。……这得自于它一开始关于什么是意义的假定，即意义只应当以语言和意图表现它的方式被发现"。② 这句话实际上是要求解释者寻求对"以语言和意图表现它的方式"即作者所表达的原来意义"精确的理解"。所谓精确，精细准确也，不可粗略，更不可偏离。

第五，关于在理解中寻求作者意义的途径，施莱尔马赫提出了"历史的和预期的，客观的和主观的重构（Nachkonstruieren）"的主张，努力从语言学和心理学两方面还原或设身处地地进入作者（讲话者）创作文本时的语境和心境。如他所说，"我们必须首先通过客观的和主观的重构使自身与作者等同"③。换言之，解释者在双重重构中回归到作者创作文本时的情境关联之中，"使自身置于作者的位置上"，甚至"与作者等同"。他强调说，在理解语言文本时，"由于客观的重构，我们对语言具有像作者所使用的那种知识，这种知识甚至必须比原来的读者所具有的知识还更精确，……由于主观的重构，我们具有作者内心生活和外在生活的知识"，特别是"主观的历史的重构是认识话语如何是精神的事实（灵魂的产物）"，"因为我们对讲话者内心的东西没有任何直接的知识，所以我们必须力求对他无意识保持的许多东西能进行意识"，④ 即深入作者的心灵，对其"无意识保持的许多东西"进行"主观的重构"。

这种重构还包括解释者"历史的""预期的"意义。施莱尔马赫认为，"解释只开始于成功地认同文本的原始意义之后"，这是"重

---

① 参阅《理解与解释——诠释学经典文选》，洪汉鼎主编，东方出版社2001年版，第59页。

② 见《理解与解释——诠释学经典文选》，第59页，这里"严肃的"（strengeren）可译为"严格的"，据潘德荣《西方诠释学史》，北京大学出版社2013年版，第260页。

③ 参阅《理解与解释——诠释学经典文选》，洪汉鼎主编，东方出版社2001年版，第61页。

④ 同上。

构"的起点。但是,对于历史上作者和文本,由于"他们与我们之间的差别"成为接近作者原始意义的障碍,所以,"这种差别首先必须通过语言知识和历史知识被消除"。① 只有消除这种差别,才能开始主客观重构的进程。

同时,开始解释和重构时总是带有解释者对意义的预期。他说:"艺术的解释开始于关于文本意义的预期,这种意义不断被更正和修改;不严肃的(按:可译为"不严格的")解释开始于关于文本意义的前见,它迫使文本去支持这种意义。"② 这里"艺术的解释"指"严格的"、符合阐释学规则的解释,它虽然必定带有解释者的某种意义预期,但是随着对文本理解的进行,这种预期会"不断被更正和修改";然而不严格的解释则把解释者这种预期作为预定的前见,强迫文本解释符合这种预期意义,这就必然远离作者的原初意义了。后者颇有点像当今某些西方文论"强制阐释"的味道。

第六,从方法论的高度提出"解释是一门艺术"。施莱尔马赫明确指出,"解释(Auslegen)是艺术(Kunst)"③,进而认为,"诠释学的整个工作可以看作艺术工作(Kunstwerk)"。④ 力图把阐释学建构"成为一种完美的艺术",⑤ 他对艺术的和非艺术的解释的区分"既不依赖于对象是熟悉的还是陌生的,也不依赖于对象是话语还是文本,而只是依赖于我们是否想精确地还是不精确地理解某些事物"。⑥ 这里"艺术的"解释关键在于追求"精确地理解"作者的原始意义。所以,只有艺术的解释才是有可能重建、接近作者意义的"好的解释"。施莱尔马赫指出,"好的解释的目只可以通过接近而达到"。但在他看来,好的解释并非轻易可以达到的,"个别考察作品不仅永不能穷尽作品的意义,而且也不能修正这种意义。甚至最好的只是接

---

① 参阅《理解与解释——诠释学经典文选》,洪汉鼎主编,东方出版社2001年版,第58页。
② 同上书,第59页注1"释义"。
③ 同上书,第52页。
④ 同上书,第53页。
⑤ 同上书,第67页。
⑥ 同上书,第58页。

近意义",而不是完全达到作者意义。他清醒地看到作为学科的阐释学还远没有成熟,"即使看到诠释学理论的一切发展,我们仍不能使它成为一种完美的艺术",他从大量古今的解释实践意识到,"因为解释如此少的成功,因为即使高级的评论也会发生错误,所以我们认为,我们仍距离使诠释学成为完美艺术这一目的很远"。① 施莱尔马赫对阐释学方法论有这么高的追求,表明他不愧为现代阐释学之父。

施莱尔马赫在方法论上重点强调了两个方面。

一是语言学和心理学方法的结合。他指出,"心理学(技术)解释和语法解释的共同开端是把握作品统一和创作主要特征的概观","这里作品的统一,即主题,被看作激发作者的原则,而创作的基础则被看作是作者表现在每一动机里的特殊本性"。② 具体操作方法是,"在开始心理学的(技术的)解释之前,我们必须知道创作者怎样想到主题的,他如何获得他的语言,以及其他我们关于他的特有方式所能知道的东西"。③ 而"纯心理学的解释有两个要素。作者的组合方式(Kombinationsweise)和解释者的组合方式之间类似愈多,对作者的观念材料的认识愈精确,那么这种解释就愈容易和愈确切"。④

二是预期方法与比较方法的结合。施莱尔马赫明确地说:"对于整个事业(按:指阐释学事业)来说,我们从一开始就需要使用两种方法,即预期的(divinatorisch)方法和比较的(comparative)方法,但是因为这两种方法经常相互回指,所以必须是不分开的。使用预期的方法,我们试图直接地理解作者,以致我们使自身成为另一个人。使用比较的方法,我们试图理解作品为一普遍类型,换句话说,通过与其他类型的著作的比较而发现该作品的特征。一个是人类认识的阴性力量,另一个是人类认识的阳性力量。"⑤

以上六点,可以看出施莱尔马赫阐释学理论的概貌。他主张读者

---

① 参阅《理解与解释——诠释学经典文选》,洪汉鼎主编,东方出版社2001年版,第67页。
② 同上书,第65页。
③ 同上书,第67页。
④ 同上书,第72页。
⑤ 同上书,第68页。

（解释者）通过对作品的语言媒介的把握深入作者写作时的内心世界，而达到对作者和作品原初意义的理解；即运用语言学和心理学方法，设身处地地还原、重构作者（讲话者）创作文本时的语境和心境，与作者一起感受最初的意义构成。显然，在施莱尔马赫那里，作品的原初意义只能来自于作者，阐释的目标是接近和揭示作者的意图和意义。它的核心理念是把解释的目标和方法全部指向文本的作者及其原始意义。因此，其阐释学在意义理论上无疑属于作者中心论。对此，伽达默尔给予了准确的概括和评论，指出，施莱尔马赫"完全关注于在理解中重建（wiederherstellen）一部作品原本规定"，① 认为"艺术作品的真实意义只有从这个'世界'、首先是从它的起源和发祥地出发才能被理解。对艺术作品所属的'世界'的重建，对原本艺术家所'意指'的原来状况的重建"，才能揭示其"真正意义"，"并阻止对它的误解和错误的引申——这实际上就是施莱尔马赫的思想，他的整个诠释学就是暗暗地以这种思想为前提"，目的就是"努力复制作者的原本创作过程"，② 以获取文本及其作者的原初意义。但是，伽达默尔对这种意义观予以了根本的否定，指出，"鉴于我们存在的历史性，对原来条件的重建乃是一项无效的工作。被重建的、从疏异化唤回的生命，并不是原来的生命"，"这样一种视理解对原本东西的重建的诠释学工作无非是对一种僵死的意义的传达"。③

我们接下来概述狄尔泰的阐释学思想。首先，从精神科学的高度给阐释学定位。

一般认为，狄尔泰是"精神科学"（Geisteswissenschaften）的创立者。精神科学是相对于自然科学而言的，它相当于全部人文学科和社会科学之和。而阐释学，在狄尔泰看来，乃是整个精神科学的核心部分。他从人类社会交往行为关系（包括对过去时代他人及其创造的个别存在物的关系）的历史必然性出发，把理解和解释提升到精神科

---

① ［德］伽达默尔：《真理与方法——哲学诠释学的基本特征》上卷，洪汉鼎译，上海译文出版社1999年版，第217页。
② 同上书，第218页。
③ 同上书，第219页。

学的高度来定位，指出，"我们的行动总是以对他人的理解为前提；人类大部分幸福都产生于对陌生的心理状态的再感觉（Nachfühlen）；整个语文科学和历史科学都是建基于这一前提之上，即这种对个别物的重新理解（Nachverständnis）可以被提高到客观性。由此而建立的历史意识使现代人有可能重新把握人类的整个过去：他们超出自己时代的一切界限而极目于已经过去了的文化；他们吸取了这种过去文化的力量并追享着它们的魅力：极大幸福增长就这样对他们产生出来。如果系统的精神科学由这种对个别物的客观把握中推出普遍的合规则的关系和包罗万象的联系，那么理解（Verständnis）和阐释（Auslegung）的过程对于这种精神科学就总是其基础"。① 可见，在狄尔泰那里，阐释学的地位高于施莱尔马赫，理解和解释成为社会的人（及其行为）相互交流、认识历史、吸收传统文化，进而获取人类幸福的前提，成为精神科学的基础。

其次，狄尔泰对施莱尔马赫的阐释学理论给予高度评价和多方面的阐发。主要有以下几个方面：

（1）认为施莱尔马赫推进了阐释学的科学化。他吸收了温克尔曼、赫尔德等人体现的时代和民族精神，按照一种新美学观点进行语文学研究，并与从康德到黑格尔的德国先验哲学相结合，"即让意识中所给予的东西返回到一种创造性的能力，我们这种起统一作用而又毫无觉察的能力产生了世界的整个形式，正是通过这两种因素的结合才产生了施莱尔马赫特有的解释技术并确立了一种科学的诠释学"。②

（2）认为施氏改造和深化了此前的古典阐释学，因为它们"最多只是这样一种规则的体系，其各个部分即个别规则是为了达到一种普遍有效解释的目的而结合在一起"，即把解释分为语法的、历史的、审美——修辞学的和事实的诸多功能，从长期解释实践中归纳出必须遵循的若干具体规则，因而还是停留在比较外在、浅表的层次。而"现在施莱尔马赫深入到这些规则的背后而指向对理解的分析，即指

---

① 参阅《理解与解释——诠释学经典文选》，洪汉鼎主编，东方出版社2001年版，第74—75页。

② 同上书，第86—87页。

向对这种目的行为本身的认识,并从这种认识推出普遍有效解释的可能性,它的辅助工具、界限和规则"。比如他通过对文学创过程本身的生动关系深入把握,"把理解分析成再创造(Nachbilden)、再构造(Nachkonstruieren,亦译"重构")。在对富有生命力的文学作品创造过程生动直观中,施莱尔马赫认识到了另一种过程的条件,这另一过程是由文字符号理解一部整体作品并由此进而理解其作者的目的精神气质"。① 这就把解释深入到作家创作文学作品时的心灵深处。

(3)对施氏的阐释学思想从理论上作出了新的概括和阐发。他认为施氏创立了"一种新的心理学——历史学的观点",② 在理解和解释文学作品时主张"运用完全新的概念。这里是一种起统一和创造性作用的能力,这种能力虽然对自己的作用和塑造毫无意识,但为作品接受了第一推动并发展这一推动,在这种能力中,感受性和自我创造性是密不可分的",因此,"理解和解释始终是这样活跃和活动于生命本身之中,只有通过对富有生命力的作品以及这些作品在其作者的精神中的联系的合乎技术的解释,理解和解释才达到其完成"。狄尔泰进而认定"这就是一种施莱尔马赫心灵深处所采纳的特殊形式的新观点"③。显然,这并不是是施氏自己明确的论述,而是狄尔泰对施氏思想的独特阐发和发挥。

(4)专门提出施氏处理语言文字文本阐释的规则问题,指出在施氏看来,"关于文字著作的一切阐释只是理解过程的合乎技术的造就(Ausbildung),这种理解过程伸延至整个生命并与任何一种言语文字相关",提出"对理解的分析乃是阐释系统规则化(Regelgebung)的基础。但只有在与对著作家作品的创作过程的分析相联中,这种理解的分析才能被实现;规定阐释的手段和界限的规则只能建立在理解和创作的关系之上"④;指出施氏把这种阐释过程看作"我们通过语言符号而对一种精神创造的认识",肯定阐释属于认识论范畴;施氏把

---

① 参阅《理解与解释——诠释学经典文选》,洪汉鼎主编,东方出版社2001年版,第87页。
② 同上。
③ 同上书,第87—88页。
④ 同上书,第88—89页。

阐释分为语法和心理学两个方面，"语法的阐释在本文中从词组到词组直到作品整体的最高组合。心理学的阐释从设身于创造的内在过程开始，进而不断地进入作品的外部和内部形式，但从这两种形式再继续到把握所与作品在作者的精神气息和发展中的统一"。①

（5）认为施氏揭示出普遍人性是"理解的本性"和解释的普遍有效性的基础，它决定了"普遍有效解释的可能性"，"在这种理解中，阐释者的个性和他的作者的个性不是作为两个不可比较的事实相对而存在的：两者都是在普遍的人性基础上形成的，并且这普遍的人性使得人们彼此间讲话和理解的共同性有可能"。②狄尔泰完全赞同和肯定这一观点。

（6）肯定施氏看到了阐释的界限和相对性问题，他认为"从理论上说，我们在这里处在一切阐释的界限上，阐释总在一定程度上完成它的任务：所以一切理解总只是相对的，永远不可能被完成"，因为无论是作者还是解释者，"个体是无法表达的（individuum est ineffabile）"。这是说个体的内在生命和无意识心灵是无法充分表达，作者不能、解释者同样不能，所以阐释一定是有限的、相对的。

狄尔泰还对施氏阐释学宗旨做了概括，指出其"诠释学程序的最终目的就是比作者理解他自己还更好地理解作者"，因为"这个陈述是无意识创作理论的必然结论"③。他的意思一是阐释的目的是理解作者；二是作者往往是无意识地进行创作，但作为读者和解释者，却能在掌握许多历史的和现实的材料基础上，通过语言的和心理的双重体验，重构其内外在形式，可能比作者自己意识到的更丰富，因而能比作者自己还更好地理解作者。从上我们可以看到，狄尔泰是自觉地继承、发挥和借鉴施莱尔马赫的阐释学理论的。

再次，狄尔泰当然不只是继承施莱尔马赫，而是加以创造性发展和创新。下面也略作概述。

---

① 参阅《理解与解释——诠释学经典文选》，洪汉鼎主编，东方出版社2001年版，第91页。
② 同上书，第90页。
③ 同上书，第91页。

（1）从精神科学的高度阐述阐释学的理论基础，特别是首次提出"精神客观化"的思想。他强调了"客观精神对精神科学认识的可能性的意义"，而所谓"客观精神"包括许多"不同的形式"，在其中，"存在于个人之间的共同性已将自身客观化在感觉世界中"，就是说，个人之间共同的精神形式的客观化构成客观精神。从纵向看，由于个人都处在历史中，所以"在这种客观精神中，过去对我们来说是不断持续的现在"，它处于时间的动态演进中；而从横向看，"客观精神的范围从共同体建立的生活方式、交往形式以及目的性关系到道德、法律、宗教、艺术、科学和哲学"，（注意！这里已出现人类共同体的思想）实际上覆盖了人类"共同体"的全部精神生活领域，可以说十分广大。狄尔泰认为所有个人都生长在这个客观精神的世界中，"从我们呱呱坠地，我们就从这个客观精神世界获取营养。这个世界也是一个中介，通过它我们才得以理解他人及其生命表现。因为，精神客观化于其中的一切东西都包含着对于你和我来说是共同性的东西"，"个人就是这样在客观精神世界中进行理解的"。[①] 这个"精神客观化"的世界，是个人之间的共同体，他们之间存在着共同性，构成了相互理解的基础，也构成了阐释学的理论结构。狄尔泰在此就"为基本理解构造一个逻辑的框架"，因为那样，"我们就可以个别事件中把表达与被表达者的这种关系从这种关系存在于其中的共同性中推论出来。生命表现通过这种共同性被断言为一种精神性的东西的表达。因此，有一种类比推理，即通过存在于共同性中的一系列有限的情况，谓语可能被主语陈述出来"。[②] 换言之，通过精神客观化的人类共同体世界，具有精神共同性的诸主体（主语）的内在生命和心灵活动（谓语）就有可能被陈述（表达）出来。这就为理解和解释、为阐释学建构起理论框架。其"精神客观化"的思想对贝蒂产生了重要影响。

（2）指出阐释和理解的对象极为广泛。狄尔泰声称，"这种理解

---

① 参阅《理解与解释——诠释学经典文选》，洪汉鼎主编，东方出版社2001年版，第97页。

② 同上书，第98—99页。

所囊括的可以从对孩童喃喃口语的把握一直到对《哈姆雷特》和《纯粹理性批判》的理解。同样的人类精神从石头、大理石、乐声,从手势、话语和文字,从行为、经济体制和宪法对我们诉说,并且需要解释"。这样,从历史到现实,从视觉到听觉,从语言文字到社会制度、行为活动、经济法律道德等,无所不包地都可以成为理解和阐释的文本(对象)。这就在施莱尔马赫基础上进一步拓展了阐释学的范围,同时也提升了阐释学作为精神科学重要组成部分的学科地位。

在上述对象中,狄尔泰特别强调了文学作为语言文本对阐释学的特殊重要性。他说,"文学之所以对我们理解精神生活和历史具有不可估量的意义正在于:只有在语言里,人的内在性才找到其完全的、无所不包的客观可理解的表达。因此,理解艺术的中心点在于对包含在著作中的人类此在留存物进行阐释或解释"。[①] 在他看来,文学作为语言艺术,精神性、内在性最强,应该成为阐释学、语文学研究的重点。这一点显然受到黑格尔把诗(文学)放在一切艺术的最高位置的观点的影响。狄尔泰严格区分语言和非语言文本及其作者,因为"只有在语言中,精神生命才能得到完全、彻底的表达,而这种表达使一种客观的理解成为可能"[②];他还强调语言文本的真实性和可解释性,认为,对于非语言历史遗迹、历史流传物、历史流传下来的行为动机等等进行解释,"我们可能犯错误,行动的个人本身也可能对于他们的动机传播一种欺骗之光。但是,伟大诗人或发明家,宗教天才或真正哲学家的作品永远只能是他们灵魂生活的真实表现;在这个充满谎言的人类社会里只有这种作品才远是真实的。与任何其他固定符号的表达不同,它们本身就能完全地和客观地被解释,而且只有它们才有助于对其他时代的其他艺术性的文物和同时代人的历史行为进行阐明"。[③] 这里,狄尔泰揭示出,对语言文本特别是文学文本的解

---

① 参阅《理解与解释——诠释学经典文选》,洪汉鼎主编,东方出版社2001年版,第76—77页。
② 同上书,第106页。
③ 同上书,第77—78页。

释，对于一切其他语言和非语言文本的解释具有典型性和示范意义。

（3）重申理解基于人性的共同性。狄尔泰对施莱尔马赫的这个观点进一步展开论述。他认为，阐释总是面对个人和个别事物，应该"根据个人间的相似性和共同性理解个人"；理解过程"以全人类的共性和个体化之间的关系为前提。在这个关系的基础上，个体化在精神存在的多样性中展开自身"，而作为理解对象的"每一个所与物都包含了这样一个因素，使得对整体的个别规定性的理解成为可能"。这里，个体之间的共同性即普遍人性就成为有效理解个体的内在根据和规律，"如同客观精神自身中包含着一些分为不同类型的规则，人类似乎也包含一个规则系统，这个系统把人性的规律性和结构分为不同的类型，而理解正是通过这些类型来把握个体的"。[①] 狄尔泰仍然以文学作品为范例，指出，"个体性在这里起非常的作用，甚至直到每一个别的词都凝结着个体性。个体性的最高表现就是文学作品的外部内部形式。对于这种作品，读者永不满足地要求通过直观他人个体性来补充自己的个体性"。[②] 读者是通过阅读（实际上也是解释）过程中普遍人性的作用来达成这种以他人的个体性补充自己的个体性的目的。狄尔泰在此比施氏更多肯定了理解者的个体性、主观性，实际上也承认这必然造成理解的多义性；但是，他仍然肯定多义理解中存在一定的客观性，也即承认作品文本中的作者原意具有一定的客观自在性，其根据就在于作者与理解者同样作为"人"，对生命体验和阐释具有共同性。

（4）狄尔泰最早从认识论角度对理解作出符号学的界定。他说，"我们把这种我们由外在感官所给予的符号而去认识内在思想的过程称之为理解（Verstehen）。这是一种语言术语，只有当每一个已经牢固铸造了的、清楚而有用地被界定了的表达式被所有著作家稳定地掌握时，一种我们急需的固定的心理学术语才能建立起来"；又说，"我们把我们由感性上所给予的符号而认识一种心理状态——符号就

[①] 参阅《理解与解释——诠释学经典文选》，洪汉鼎主编，东方出版社2001年版，第102页。

[②] 同上书，第87—88页。

是心理状态的表现的过程称之为理解"①。这里，狄尔泰一是把理解看作通过外在感性形式（符号）对内在精神和心理状态的一种认识，是符号学的认识论界定；二是把作品看成作者内心世界用感官符号作出的表达的固定化，而把理解看作相反过程即通过作品的感官符号进入作者内心的生命表现，对其心理状态作出解释。所以，"这种对一直固定了的生命表现（Lebensäuβerungen）的合乎技术的理解，我们称之为阐释（Auslegung）或解释（Interpretation）"②。当然，符号表达不局限于语言文本（流传物），也包括其他一切形式的文本，即"其他固定符号的表达"③。狄尔泰实际上初步建构了现代符号学的理论框架，这是他的一大贡献。

（5）重点解析高级理解的内涵、实质和过程。狄尔泰将理解分为基本的和高级的两部分，重点阐述了高级理解。他认为高级理解"植根于表达与被表者的关系之中。在很多情况下，对精神作品的理解只指向这种关系：在这种关系中，一部作品的各部分先后被理解并构成一个整体"，认为"这种理解形式的独立性就具有头等重要的意义"。④ 他以观赏戏剧演出的实践为例，指出无论有无文学修养的观众都全置身于情节、人物关系中，根本不会想到剧本作者，因此，"他的理解指向决定命运转变的情节关系、人物性格和各要素之间的相互影响"，而实际上"只有在这种情况下，他才能享受所描述的生活片断的完整现实。只有这时，一个理解和重新经历的过程才会完全地在他身上实现出来"。⑤ 观众这种观赏中的理解，不是理性推论，而是"始终以个别的东西为对象"，但"在理解的高级形式中，理解从对同时存在于一部作品或生命中的东西的归纳性概括，推出一部作品、一个人、一个生命关系中的关系"，于是，"由生命表现之总体与其所表现的东之间的关系支配的理解才转化为这样一种理解：其

---

① 参阅《理解与解释——诠释学经典文选》，洪汉鼎主编，东方出版社2001年版，第76页。
② 同上书，第77页。
③ 同上书，第78页。
④ 同上书，第100页。
⑤ 同上书，第100—101页。

中,一部作品和作者间的关系居主导地位"。① 最终,这种理解的落脚点是作者与作品的关系,观众或解释者的"高级理解"重点在通过作品的外在感性形式(如一个戏剧的演出)去重构、揭示作者的内在生命和精神世界。狄尔泰把理解"作品和作者间的关系"确定为"居主导地位"理解目标。这一点也与施莱尔马赫以追寻作者原义为解释目标的观点一脉相承。

（6）建立体验阐释学,重点阐述解释的体验特性。

狄尔泰阐释学的最主要特点和独创性就是从心理学角度论述阐释的体验性。他继承了施莱尔马赫阐释学对心理学方法的倚重,并加以发展,认为心理学是一种"经验科学",在阐释学中运用心理学解释作者的内心世界,就必须将"体验"放在核心位置上。所以,有学者就将狄尔泰的阐释学命名为"体验诠释学"。②

狄尔泰认为,"高级理解对其对象所采取的态度,是由它在所与物中寻求生命关系这一任务来决定的",其意思是,要通过"所与物"(各种阐释对象)的感性符号,"去深入到说话人(按:作者)的内心世界"③,这就需要解释者去体验作者创作时的生命律动,"只有当存在于自己的体验中而又在无数情况中被经验到的那种生命关系连同存在于这种关系中的一切可能性都始终在场并已有所准备时,上述情况才是可能的"。他将存在于理解中的这种体验状态称为"移入","可能是移入一个人,也可是移入一部作品。因此,每一行诗都通过那使诗得以产生的体验内部关系被复原为生命"。④ "如果从对理解任务的态度中产生了自己体验到的精神关系,那么,人们也将此称为从本己的自我向某种生命表现之总的转移。"⑤ 特别重要的是,他把这种移入和转换,看成"形成了理解的最高方式"的基础,认为在这种最高理解方式中,"精神生命的整体参与到理解之中。这种

---

① 参阅《理解与解释——诠释学经典文选》,洪汉鼎主编,东方出版社2001年版,第100—101页。
② 同上书,第76页。
③ 同上书,第103页。
④ 同上。
⑤ 同上。

方式就是模仿或重新体验"。而且，他重点指出"重新体验"的"理解本身是一个与作用过程本身相反的活动"，即解释者回复到作者的体验过程中去，追随作者"沿事件本身的路线前进"，与作者的"生命进程本身一起前进"。然而，狄尔泰并不认为重新体验只是对作者生命进程的简单重复，而是有扩展，有创造，"重新体验是沿着事件的路线的创造"。① 正因为重新体验是创造，所以他肯定了施莱尔马赫关于解释者能比作者自己还更好地理解作者的观点，他说，"根据这种关系，体验表达所包含的东西比诗人或艺术家意识中存在的东西更多，从而也会呼唤出多的东西"。② 狄尔泰以欣赏抒情诗前后相继的诗行、戏剧演出中的一系列场面和从登台者生命经历的片断、以及小说家历史学家们跟踪历史进程的叙述等等为例，描述重新体验的心理历程，指出，"新体验的胜利就是：在这种体验中我们使一个过程的各个片断完整化，我们相信，在我们面前有一种连续性"。③ 他强调，"我们关注的是这重新体验对于我们对精神世界之把握的重大作用"，"对精神事情的把握的相当大的一部分存在于这种重新体验之中"，一句话，"理解建立在一种特殊的个人的创造性之上"，建立在"对他人和过去模仿和重新体验中"。④ 由此可见，在狄尔泰看来，重新体验成为理解的关键，成为阐释学的根基。

狄尔泰的阐释学全面继承了施莱尔马赫的一般阐释学思想，又做出了创造性的重大拓展和推进。首先，坚持了施氏阐释学的认识论、方法论的理论取向，对理解的本质作出了认识论、方法论的界定；其次，将施氏附属于哲学的工具性阐释学提升到作为精神科学基础部分的新高度，成为哲学阐释学的创始人；再次，进一步强化了施氏阐释学的心理学运用，将其理解"重构"论发展为心理体验论，建构起比较系统的"体验阐释学"；深化了施氏阐释学的意义理论，维护了施氏把理解的目标归结为重建作者原义的基本路向。所以，其阐释学

---

① 参阅《理解与解释——诠释学经典文选》，洪汉鼎主编，东方出版社2001年版，第103页。
② 同上书，第103—104页。
③ 同上书，第104页。
④ 同上书，第110页。

在意义理论上与施氏一样,属于作者中心论。

三

前面已经提到,20世纪中期西方形成了两大现代阐释学理论即:以伽达默尔为代表的哲学本体论(存在论)阐释学和以贝蒂为代表的"作为精神科学一般方法论的诠释学"。然而,我国新时期以来在介绍和借鉴西方阐释学理论时,基本上忽视了贝蒂这一脉。但现在看来,这种介绍和借鉴存在片面性。事实上,贝蒂的阐释学思想以其独到、深刻、辩证而闻名于世,在某些方面可与伽达默尔并驾齐驱。所以,美国著名阐释学家帕尔默在其《诠释学》一书中用"关于诠释学的当代争论:贝蒂与伽达默尔的对峙"的鲜明标题加以概括,指出,"在今日存在着一种清晰的两极化。一边是施莱尔马赫和狄尔泰传统,其拥护者们将诠释学视为奠定诠释的方法论原则之普遍性的主干部分。而海德格尔的追随者们,则将诠释学看作对于所有的理解之特征和必要条件的一种哲学探索",而"两种基本立场在今日的杰出代表,是讨论诠释理论的著作之作者埃米利奥·贝蒂以及汉斯—格奥尔格·伽达默尔"。[①] 他还指出,"贝蒂和伽达默尔之间根本的对立是清楚的。我们面对的是在诠释学的范围和目的、适合于它的方法和思维类型以及这门学科作为一个研究领域的本质特性等诸方面都全然不同的两类观念。根据建立在不同的哲学基础之上的两种全然不同的定义,这两位思想家对诠释学进行了系统表达,以满足全然不同的目的"。[②] 这是十分精当之论。

下面,我们试从根本性质、阐释的目标和前提条件以及文本的意义来源等三个方面对伽达默尔和贝蒂两种现代阐释学理论加以比较和探讨。

首先,从两种阐释学的根本性质的不同加以比较。伽达默尔继

[①] [美]理查德·E.帕尔默:《诠释学》,潘德荣译,商务印书馆2012年版,第66页。

[②] 同上书,第84页。

承、发展了海德格尔现象学本体论（Ontology）的阐释学，即"关于实存性的诠释学"（Hermeneutik der Faktizität）①，将此前施莱尔马赫、狄尔泰的认识论、方法论阐释学转型为本体论阐释学，其性质发生了向现代性的根本改变。

海德格尔是从其基本本体论（存在论）即"此在在世"出发论证阐释学的核心范畴"理解"的。他说，"理解同境缘性（Befindlichkeit）一样源始地构成此之在。……理解总是带有境缘性的理解"，因此，应该将"理解""这种现象被理解为此在存在的基本样式"。②他进而指出，"理解是此在本身的本己能在的生存论意义上的存在，其情形是：这个于其本身的存在展开着随它本身一道存在的何所在（Woran）"③，"作为展开活动，理解始终关涉到'在世存在'的整个基本状况"；原因是，"理解于它本身就具有我们称之为筹划（Entwurf）的那种生存论结构"④，"理解作为筹划是这样一种此在的存在方式，在这种方式中此在就是它的作为种种可能性的可能性"⑤，而"作为实际的此在一向已经把它的能在置于理解的一种可能性中"⑥；"'此'在理解中的展开状态本身就是此在能在的一种方式"⑦，而此在"在向可能性作筹之际，已经先行设定了存在理解（Seinsverständnis）⑧。很清楚，此在生存论意义上的在世存在，与理解是同步、同构地展开的，或者更准确地说，理解就是此在的存在方式。

伽达默尔直接继承了海德格尔阐释学的上述本体论（存在论）思路，认为理解不是读者（解释者，主体）通过某种具体（如语言学、

---

① ［德］伽达默尔：《诠释学》（1974），载《理解与解释——诠释学经典文选》，洪汉鼎主编，东方出版社2001年版，第484页。

② 参阅《理解与解释——诠释学经典文选》，洪汉鼎主编，东方出版社2001年版，第112—113页。

③ 同上书，第113—114页。

④ 同上书，第115页。

⑤ 同上书，第116页。

⑥ 同上。

⑦ 同上。

⑧ 同上书，第131页。

心理学的）方法对外在于他的一切文本（客体）及其作者原初意义的寻求和解释（认识），而是此在（人）本身的存在方式。他在《真理与方法》中说："我认为海德格尔对人类此在（Dasein）的时间性分析已经令人信服地表明：理解不属于主体的行为方式，而是此在本身的存在方式。本书中的'诠释学'概念正是在这个意义上使用的。它标志着此在的根本运动性，这种运动性构成此在的有限性和历史性，因而也包括此在的全部世界经验。既不是随心所欲，也不是片面夸大，而是事情的本性使得理解运动成为无所不包和无所不在。"①这样，传统作为认识论、方法论的"理解"概念就深化为一种人（此在）的范畴的基本规定。伽达默尔据此颠覆了把"理解"的主客体看成是先在、固定、二分的传统观念，而认为理解的主体和客体都是在理解活动中被同时建构起来的。在此生成论意义上，一方面，此在（人）作为主体，是在理解活动中被建构、生成和呈现出来的；另一方面，作为理解对象的（广义）文本，也不仅仅是某个在人之外的、由语言构成的固定不变的文本或者成品（Endprodukt），而同样是在理解活动中被建构和生成的，从解释学的立场出发，"文本只是一个半成品，是理解过程中的一个阶段"②。这样一来，文本的意义就不是外在于人（此在）的某个认识对象的现成意义，更不仅是由文本作者所赋予的固定意义，而是在理解活动即文本与此在（人）双重建构过程中生成的。理解的运动性及意义的生成性、流动性正是由此在的根本运动性所决定的。

伽达默尔在这里强调了作为此在的存在方式，理解活动的对象（客体、文本、给定之物）与解释者（主体）的解释的不可分割和双向建构、生成的特性，指出，"对海德格尔来说，解释不是一个额外的或附加的知的步骤，而是在世存在的原始结构"③。具体说来，"某物只有通过解释才能成为一个事实，只有在解释中，一个见解才是可

---

① ［德］伽达默尔：《真理与方法》第2版序言（1965），载《理解与解释——诠释学经典文选》，洪汉鼎主编，东方出版社2001年版，第172页。
② ［德］伽达默尔：《文本与解释》，载《伽达默尔集》，严平编选，邓安庆等翻译，上海远东出版社2003年版，第60页。
③ 同上书，第59页。

以表达的",这种情况不限于人文学科、社会科学领域,而具有普遍性,"甚至在自然科学的领域,科学知识的基础不能回避所谓给定之物无法同解释分开这一事实性的解释学的结果"。①他据此归纳道,"文本与解释密切相关这一点完全是显而易见的",并专门强调"这里的'文本'必须作为解释学的概念来理解","就是说,不把它看成是一件成品",而是看成读者解释参与其中的"半成品",是理解过程的一个阶段。②

贝蒂则不同意海德格尔、伽达默尔的本体论阐释学,对他们抛弃包括施莱尔马赫、狄尔泰在内的浪漫主义阐释学传统,深感不满,哀叹"丰富的诠释学遗产在今日德国似乎大多被遗忘了,并且那种对伟大的浪漫主义传统的继承也近乎被中断了(我们很难估计这已经发生的范围)"③。他自觉地维护和坚持施莱尔马赫、狄尔泰阐释学的认识论、方法论传统,同时做了根本性改造和发展,提出了与本体论阐释学对立、对抗的方法论阐释学,通过理论创新同样实现了阐释学的现代转型。他早于伽达默尔的《真理与方法》(1960)于1954年就发表了其被称为"诠释学宣言"的《一般解释理论之基础》(*Zur Grundleg ung einer allgemeinen Auslegungslehre*),1955又出版了用意大利文写的两卷本的《诠释的一般理论》,篇幅也大于《真理与方法》,当时没有能在本体论阐释学占主流地位的德国产生明显影响,正如美国学者帕尔默所指出,"贝蒂在他自己较早时期的百科全书式著作《诠释的一般理论》(*Teoria generale della interpretazione*)中,曾力图重建这种较古老却有着丰富意蕴的德国传统"④,当然不是完全退回到施、狄的传统中去。直到1962年他的《作为精神科学一般方法论的诠释学》(1962)用德文出版,并公开批评《真理与方法》,与伽

---

① [德]伽达默尔:《文本与解释》,载《伽达默尔集》,严平编选,邓安庆等译,上海远东出版社2003年版,第58页。

② 同上书,第60页。

③ [意]埃米里奥·贝蒂:《作为精神科学一般方法论的诠释学》(1962),载《理解与解释——诠释学经典文选》,洪汉鼎主编,东方出版社2001年版,第124—125页。

④ [美]理查德·E. 帕尔默:《诠释学》,潘德荣译,商务印书馆2012年版,第78页。

达默尔发生论争之后,才引起德国学界的关注和了解。

贝蒂的"作为精神科学一般方法论的诠释学",首先是承续了狄尔泰把阐释学作为确立精神科学基础的理路;其次是否定伽达默尔阐释学作为此在存在方式的本体论思路,而认定阐释学提供认识、解释一切类型的文本的、具有普遍意义的方法论。

贝蒂的阐释学是建立在人类相互之间理解、交流的极端重要性和必要性的基础上的。他说:"对于人类来说,再没有任何东西有比与他们的同胞生存于相理解之中更为重要的了。对于人类理解来说,再没有任何东西有比失去那个再次来到光亮中并对他诉说的人的踪迹更多呼吁了。"人类的相互理解、交流是人类得以不断发展、不断文明化的前提和必要条件,要相互理解,就需要解释。这就是阐释学存在必然性和必要性所在。

贝蒂的方法论阐释学的核心概念是"精神的客观化物"。这个概念如前所述来自狄尔泰。它的意思是指阐释学的对象(客体)来自作者,是作者创造精神的客观化(对象化)的产物,是"富有意义的形式(sinnhaltige Formen)"。他把一切过去人们(他人)的"精神的客观化物"都看成解释的对象,并对这一无比广大的对象做了描述:"从迅速流逝的讲话到固定的文献和无言留存物,从文字到密码数字和艺术的象征,发音清晰的语言到形象的或音乐的表象,从说明解释到主动的行为,从面部表情到举止方式和性格类型"①,如此等等。法国著名阐释学家利科尔在《文本诠释学》中一方面赞同贝蒂致力于对客观化的精神物的阐释提供适用而周密的规则,但又批评贝蒂的阐释规则体系仅仅适用于对语言文字性的"文本"阐释,而未顾及其他种种精神的客观物,即在人类社会的文明和文化中呈现的所有形式。② 笔者认为,这个批评不完全妥当,虽然贝蒂在提出其阐释规则时以语言文字文本为主要例证,但是,从上述引文可见,他心目中的精神客观物是极其广泛多样、甚至是无所不包的,就是说,他的

---

① [意]埃米里奥·贝蒂:《作为精神科学一般方法论的诠释学》(1962),载《理解与解释——诠释学经典文选》,洪汉鼎主编,东方出版社2001年版,第125页。
② 参阅潘德荣《西方诠释学史》,北京大学出版社2013年版,第385—586页。

阐释学对象决不限于文字性文本，其阐释学规则同样是普遍适用的。

贝蒂进而把所有这一切"精神的客观化物"统统称之为"富有意义的形式"（sinnhaltige Formen），认为"通过这些形式他人心灵向我们诉说"，而我们的理解和解释就是发现和展示他人"这些形式里所包含的意义"。① 这就是阐释学的根本任务。这里有一点需要强调，贝蒂把理解和解释的可能性落脚在这种"富有意义的形式"上，他说，"我们主张解释之所以可能仅仅由于富有意义的形式"。何以这么说？笔者认为，他心目中的"形式"，在此似乎可广义地理解为一种我们（理解和解释者）与他人（作者）同质的知觉心理结构，这种结构适合于保存那个创造形式或体现于形式之中的（他人、作者）精神的特质；由于这种富有意义的形式，我们（理解者）通过相应的知觉元素在其概念宇宙链内的重复流动，"在其心理工具上拨动同样的心弦去产生符合于讲话者（按：指他人、作者）思想的思想"。② 这里的关键是，贝蒂不同意伽达默尔把解释对象（客体）与解释（主体）混为一谈的本体论思路，而是明确肯定他人（作者）的思想和精神可以客观化为"精神的客观化物"即"富有意义的形式"，成为解释者的解释对象，它具有外在于解释者的客观自在性。他制定的规则中第一个就是"诠释学的对象自主（Autonomie）规则"，他强调对象即"富有意义的形式必须被认为是独立自主的，并且必须按照它们自身的发展逻辑，它们所具有的联系，并在它们的必然性、融贯性和结论性里被理解"，它们绝不能按照解释者的主观意图来强制理解，"它们一定不能根据它们迎合于似乎与解释者相关的任何其他外在目的来被判断"。③ 所以，伽达默尔也认为贝蒂"表述了诠释学的整个规则体系，在其顶端是文本的意义自主（Sinnautonomie）"。④ 不仅如

---

① ［意］埃米里奥·贝蒂：《作为精神科学一般方法论的诠释学》（1962），载《理解与解释——诠释学经典文选》，洪汉鼎主编，东方出版社2001年版，第125—126页。
② 同上书，第126—127页。
③ 参阅《理解与解释——诠释学经典文选》，洪汉鼎主编，东方出版社2001年版，第131—132页。
④ ［德］伽达默尔：《诠释学与历史主义》，载《理解与解释——诠释学经典文选》，洪汉鼎主编，东方出版社2001年版，第189页。

此，贝蒂还认为这种具有客观自主性的他人（作者）的精神客观化物是能够被解释者重新认识的。所以他说："我们应当认识在上述情况里的解释对象总是一种客观的思想活动，这种思想活动可以在实践行为中重被认识。"① 概而言之，既承认他人（作者）"精神的客观化物"即文本在阐释活动中的客观自在性，同时又承认他人（作者）的思想、精神在一定程度上可以被解释者重新把握和认识。这是贝蒂认识论、方法论诠释学与伽达默尔本体论诠释学最大的不同。

贝蒂坚持认识论、方法论思路主要表现在两个方面：第一，他不是从本体论而是从认识论角度来阐述理解和解释活动的，他指出，"解释过程注定是要解决理解的认识论问题"。② 与伽达默尔相似，他也把理解看成基于语言的活动，只是伽氏坚持的是语言本体论，而贝蒂则"把理解是通过语言的中介而实现的视为理解的基本现象"，是一种语言中介论。贝蒂认为，"我们同胞"（他人、作者、创作主体）"所产生的讲话"（语言文本）"是一种指向我们悟性想重新转换所知觉的东西或内部重新构造它的意义的刺激的物质源泉，以致在所讲话里出现的论证线索可以借助我们思想范畴重新在一个创造的赋与形式的过程中被带到表达"。③ 就是说，作者创造的语言文本可以被作为解释者的"我们"（接受主体）的心灵重新创造、赋予形式而得到表达，即我们通过对语言文本的理解、解释和重新创造，可以在某种程度上与作者的意义逻辑（论证线索）相一致，或者说，作者的精神客观化物可以在某种程度上被我们认识和理解。第二，贝蒂的阐释学立足于方法论，他制定的全部阐释规则本质上都是为了达到理解和认识精神的客观化物的方法和途径。正如伽达默尔所概括的："提供一种关于解释的一般理论和一种关于解释方法的独特的学说，有如 E. 贝蒂卓越地做过的那样。"④ 据此，贝蒂不同于伽达默尔把理解活动

---

① ［意］埃米里奥·贝蒂：《作为精神科学一般方法论的诠释学》（1962），载《理解与解释——诠释学经典文选》，洪汉鼎主编，东方出版社 2001 年版，第 127 页。
② 同上书，第 128 页。
③ 同上。
④ ［德］伽达默尔：《真理与方法》第 2 版序言（1965），载《理解与解释——诠释学经典文选》，洪汉鼎主编，东方出版社 2001 年版，第 174 页。

看成解释者参与其中、与对象互动、融合的过程的观点，明确区分了作为理解对象（客体）的文本与作为理解主体的解释者及其解释，把理解互动看成解释者通过合适的解释方法去接近、认识具有客观自主性的文本及其作者的意义的过程。

伽达默尔与贝蒂：两种现代阐释学理论之历史比较
——从当代中国文论建设借鉴的思想资源谈起（下）*

朱立元**

四

其次，从阐释学目标和前提条件的不同加以比较。

上面已经提到，贝蒂的阐释学目标与施莱尔马赫、狄尔泰比较接近，就是解释者要按照具有客观自主性的解释对象（作者精神的客观化物）的内在逻辑去重新认识、理解它。而伽达默尔明确不同意贝蒂这种认识论的解释目标，相反，提出其本体论阐释学的目标"是要探寻一切理解方式的共同点，并要表明理解（Verstehen）从来就不是对于某个被给定的'对象'的主观行为，……理解是属于被理解东西的存在（Sein）"。① 也就是说，阐释学旨在发现、探寻一切理解活动和方式的共同规律，它拒绝把"被给定"对象与解释者的解释行为人为地、先在地分为固定的客体（客观）和主体（主观）两个极端，认定"理解是属于被理解东西的存在"。阐释学就要阐明这个理解的

---

* 本文原刊于《当代文坛》2018年第4期。
** 作者单位：复旦大学中文系。
① ［德］伽达默尔：《真理与方法》第2版序言（1965），载《理解与解释——诠释学经典文选》，洪汉鼎主编，东方出版社2001年版，第174页。

条件、过程和规律。

不同的目标,引出对理解的前提和条件的不同观点。海德格尔在本体论(存在论)视域下率先提出了理解活动得以展开的前提条件是"前理解"及其所属的系列概念。正如伽达默尔所说,"海德格尔诠释学的成功首先在于他的前理解(Vorverständnisse)概念"[①]。海德格尔从"作为"(Als)结构入手论述"前理解",他把"作为"看成是"理解的先天存在论机制"。[②] 比如当我们在问某个对象是什么时,我们往往已经把对象"作为"某物来称呼或把握了。所以海氏说,"解释并不是要对理解的东西有所认识,而是把理解中所筹划的可能性加以整理。理解中展开的东西,即被理解的东西,总已经是这样可达到的,即在它身上可以明确地提出它的'作为什么'(als was)。这种'作为'构成了某种被理解东西的明确性的结构;'作为'构成解释"。[③] 他进而反复指出,"这种解释一向奠基在一种先有(Vorhabe,亦译"前有")之中","解释向来奠基于先见(Vorsicht,亦译"前识")之中,这种先见从某种可解释状态出发对先有中所获得的东西进行'切割'。保持在先有中的并'先见地'被瞄准了的被理解的东西通过解释而成为可把握的"。[④] 这里,先有、先见,还有先(前)把握等一系列概念都是海氏"前理解"的派生概念,或者从属于"前理解"这个总概念。有时这些概念在使用时可以交替互用。海德格尔进而确定无误地强调,"解释从来不是对先行给定的东西所作的无前提的把握。如果按照正确的本文解释的意义,解释的特殊具体化固然喜欢援引'有典可稽'(dasteht)的东西,然而最先的'有典可稽'的东西只不过是解释者的不言自明的无可争议的先入之见(Vormeinung)。任何解释工作之初都必然有这种先入之见,作为随着解释就已经'设定了的'东西是先行给定了的,这就是说,是

---

① [德]伽达默尔:《诠释学》(1974),载《理解与解释——诠释学经典文选》,洪汉鼎主编,东方出版社2001年版,第483页。
② [德]海德格尔:《理解与解释》(1927),载《理解与解释——诠释学经典文选》,洪汉鼎主编,东方出版社2001年版,第119页。
③ 同上书,第118页。
④ 同上书,第119页。

在先有、先见、先把握中先行给定了的"①。海德格尔的上述思想，显然与传统阐释学针锋相对。施莱尔马赫、狄尔泰的传统阐释学把目标设定为寻求历史文本及其作者的原初意义，就必然要排除解释者的任何先入之见，消除解释者的一切误解，不允许"前理解"作为解释活动的前提条件。海德格尔对解释前提的上述发现和设置，的确是对传统阐释学的重大变革。

伽达默尔本体论阐释学直接继承、发展了海德格尔有关前理解的一系列重要概念和思想。他首先批判了传统阐释学、特别是力图"消除一切前见这一启蒙运动的总要求"。如施莱尔马赫曾把阐释学定义为"避免误解的技艺"，他强调说，"我们也可将其全部任务以一种否定方式表达出来：——避免每一误解"，显而易见，他的阐释学的目标就是要消除前见、避免误解、寻觅"原义"。②

伽达默尔认为在理解中前见（Vorurteil）的存在是无法否定、也无须克服和消除的，那种"消除一切前见"的主张本身就是一种前见。与此同时，他旗帜鲜明地肯定前见在理解中的合理性、合法性，强调"如果我们想正确地对待人类的有限的历史的存在方式，那么我们就必须为前见概念根本恢复名誉，并承认有合理的前见存在"。③"合理的前见"成为伽达默尔阐释学的基本前提和标识性概念。"前见"于是成为理解和解释的基础。这一点对于阐释学意义观的现代转型至关重要。由此，前见、前理解不但不像传统阐释学认为的那样是理解活动需要克服、消除的东西，反而成为一切理解无法摆脱的必要前提和出发点。任何理解活动，理解者总是不可避免地带着某种自己的前理解、前见进入理解的。因此，"一切诠释学条件中最首要的条件总是前理解，这种前理解来自于与同一事情相关联的存在（im Zu-tun-ha-ben mit dergleichen Sache）。正是这种前理解规定了什么可以作

---

① ［德］海德格尔：《理解与解释》（1927），载《理解与解释——诠释学经典文选》，洪汉鼎主编，东方出版社2001年版，第120页。

② ［德］施莱尔马赫：《诠释学与批判》，第99页，转引自潘德荣《文字·诠释·传统》，上海译文出版社2003年版，第89页注［2］。

③ ［德］伽达默尔：《真理与方法——哲学诠释学的基本特征》上卷，洪汉鼎译，上海译文出版社1999年版，第355页。

为统一的意义被实现，并从而规定了对完全性的前把握的应用"。①由于本体论阐释学目标的这一根本改变，传统阐释学将一切前见当作误解而要求绝对排除的观点也转变为肯定前见（哪怕是成见、偏见）的合理性，并名正言顺地成为一切理解活动的必然和必要前提。

关于前见（Vorurteil）的含义，伽达默尔曾说："实际上前见就是一种判断，它是在一切对于事情具有决定性作用的要素被最后考察之前被给予的。"② 在他看来，前见（如前判断、前假设等）不仅在理解的开始阶段发生作用，而且延伸到整个理解过程中，是在对被理解对象理解的过程中不断被给予，并参与理解、发生作用的。因而"只有理解者顺利地带进了他自己的假设，理解才是可能的。解释的生产性的贡献永远属于理解的内容本身"。③ 后面这句话实际上还提出了前见的参与促成了理解的生产性即创造性的问题。

与传统阐释学把解释归结为寻找、还原文本和作者的原初意义不同，伽达默尔突出了解释者解释的创造性，他说："解释在某种特定的意义上就是再创造（Nachschaffen），但是这种再创造所根据的不是一个先行的创造行为，而是所创造的作品的形象（Figur），解释者按照他在其中所发现的意义使这形象达到表现。"④ 按笔者理解，这里"先行的创造行为"，是指文本作者的创造行为，它不应成为解释者解读、再创造的依据；作者创造行为所创造的文本中的形象才是解释者理解的依据或出发点；但是，这种文本提供的形象不能看成是已经完成、固定不变的现成品，而是在解释者再创造的过程中其意义被不断发现、更新，形象才一步步得到展示和表现的。显然，在伽氏那里，文本的意义主要不能到作者创造活动、行为中去寻觅，而只有通过读者、解释者在其前见指引下的不断再创造，文本（作品）的形象及其意义才能逐步得到展示和表现。由此可见，前见不仅在限制和在

---

① ［德］伽达默尔：《真理与方法——哲学诠释学的基本特征》上卷，洪汉鼎译，上海译文出版社1999年版，第378页。
② 同上书，第347页。
③ ［德］伽达默尔：《诠释学》（1974），载《理解与解释——诠释学经典文选》，洪汉鼎主编，东方出版社2001年版，第489页。
④ 同上书，第177页。

某种程度上规定了读者、解释者理解的方向、范围、重点，使理解带有某种倾向性，而且，有助于激发理解的生产性和创造性，这正是造成解释的多义性的根源。这是伽氏哲学阐释学不同于并超越传统阐释学的一个根本点，是对海德格尔本体论阐释学思路的直接接续。

关于前见在理解中如何发生作用、建构意义的问题，伽氏通过对海德格尔从前见（特定的"前筹划""前把握""意义预期"等概念）出发在理解中生成意义的过程的描述作了精辟的阐述："谁想理解某个文本，谁总是在进行一种筹划。一旦某个最初的意义在文本中出现了，那么解释者就为整个文本预先筹划了某种意义。一种这样的最初意义之所以又出现，只是因为我们带着对某种特定意义的期待去读文本。作出这样一种预先的筹划——这当然不断地根据继续进入意义而出现的东西被修改——就是对这里存在的东西的理解。……海德格尔所描述的过程是：对前筹划（Vorentwurf）的每一次修正是能够预先作出一种新的意义筹划；在意义的统一体被明确地确定之前，各种相互竞争的筹划可以彼此同时出现；解释开始于前把握（Vorbegreifen），而前把握可以被更合适的把握所代替：正是这种不断进行的新筹划过程构成了理解和解释的意义运动。"① 这里，前见（"前筹划""前把握""意义预期""意义筹划"等）不是固定的、单一的，而是在理解过程中，在与文本内容的互动中多样竞争、不断选择、修正、更新的，由此促成整个理解、解释的意义运动。可见，理解者的前见、意义预期等，在理解中对意义不断创造、建构、生产有着举足轻重的作用和地位。但是，伽达默尔并没有走到把理解的意义生产完全归于读者前见的再创造这个极端。他指出，关键在于理解时的前见（前把握、意义预期等）"是不能脱离对文本的内容理解的。因而，这种支配我们一切理解的完全性的前把握本身在内容上每次总是特定的。它不仅预先假定了一种内在的意义统一性来指导读者，而且读者的理解也是经常地由先验的意义预期所引导，而这种先验的意义预期来自于与被意指东西的真理的关系。……我们根据从我们自己的先行

---

① ［德］伽达默尔：《真理与方法——哲学诠释学的基本特征》上卷，洪汉鼎译，上海译文出版社1999年版，第343页。

实际关系中所获得的意义预期理解了传承下来的文本"①。这段话包含三层意思：（一）前见只是一种意义预期，它引导、指导甚至支配着读者对文本（历史传承物）的理解过程和意义生成过程，没有前见，不可能有理解，也不可能有对文本意义的解释；（二）理解中读者的意义预期本身并没有确定的内容，它是以文本的内容为依据，在理解中才一次次从内容待定状态转向确定的，文本的内容是意义生成的根源；（三）引导读者理解的意义预期，其内容既来自历史传承物（文本），也来自读者自己的历史性处境（先行实际关系），来自于这两方面的互动和结合，"它既不是主观的，又不是客观的，而是把理解活动描述为流传物的运动和解释者的运动的一种内在相互作用（Ineinanderspiel）。支配我们对某个文本理解的那种意义预期，并不是一种主观性的活动，而是由那种把我们与流传物联系在一起的共同性（Gemeinsamkeit）所规定的"②。据此，伽达默尔总结道："所以，与传统相联系的意义，亦即在我们的历史的——诠释学的行为中的传统因素，是通过共有基本的主要的前见（Vorurteile）而得以实现的。"③ 在此，历史的、集体的、共有的前见获得了现代阐释学的基础性地位。

　　上面这个观点，实际上涉及伽达默尔创造性地提出的另一个更加重要的思想，即效果历史意识的观念。他指出，"理解（Verstehen）从来都不是一种对于某个给定的'对象'之主观（按：亦可译'主体的'）行为，而是属于效果历史（Wirkungsgeschichte），这就是说，理解是属于被理解东西的存在（Sein）"④。这主要是针对历史现象、历史流传物的理解和解释。在他看来，呈现在人们面前的"历史"（无论以什么形式出现），不可能是纯客观的历史事实（实在），而总是包含着对解释者产生的效果或者解释者自己的理解因素在内的历

---

　　① ［德］伽达默尔：《真理与方法——哲学诠释学的基本特征》上卷，洪汉鼎译，上海译文出版社 1999 年版，第 377 页。
　　② 同上书，第 376 页。
　　③ 同上书，第 378 页。
　　④ ［德］伽达默尔：《真理与方法》第 2 版序言（1965），载《理解与解释——诠释学经典文选》，洪汉鼎主编，东方出版社 2001 年版，第 174 页。

史,是历史实在与解释者的互动统一过程(事件),所以他说:"真正的历史对象根本就不是对象,而是自己和他者的统一体,或一种关系,在这种关系中同时存在着历史的实在以及历史理解的实在。一种名副其实的诠释学必须在理解本身中显示历史的实在性。因此我就把所需要的这样一种东西称之为'效果历史'。理解按其本性乃是一种效果历史事件。"① 换言之,这种效果历史本质上就是理解活动,正是在理解中具有历史性的此在(自己)与历史实在(他者)达到融合和统一,历史的实在性就在这种理解即两者的融合统一中展现、显示出来。据此,伽达默尔呼吁解释者"要有一种更好地进行理解的历史思维"即"效果历史意识"的思维,这种"真正的历史思维必须同时想到它自己的历史性。只有这样,它才不会追求某个历史对象(历史对象乃是我们不断研究的对象)的幽灵,而将学会在对象中认识它自己的他者,并因而认识自己和他者"②。

效果历史原则承认当下的此在与历史实在之间的时间距离,但它不像传统阐释学那样要求此在(解释者)消除或者抹平这个时间距离以回到历史对象的原初状态中。伽达默尔这种对传统阐释学的反拨和转变,同样根源于伽达默尔对海德格尔本体论思路的继承和发展。他明确指出,"这种新的根本转变主要是海德格尔激发起来的。因为只有当海德格尔赋予理解以'生存论的'(Existenzial)这种本体论转向之后,只有当海德格尔对此在的存在方式作出时间性的解释之后,时间距离的诠释学创新意蕴才能够被设想";当我们面对历史实在或者历史留存物时,"现在,时间不再主要是一种由于其分开和远离而必须被沟通的鸿沟,时间其实乃是现在植根于其中的事件的根本基础。因此,时间距离并不是某种必须被克服的东西"③。因为不但历史实在和留存物是历史性的,我们(此在)也都是置身于历史中的,具有时间性、历史性,"我们必须置身于时代的精神中",想要消除、

---

① [德]伽达默尔:《真理与方法——哲学诠释学的基本特征》上卷,洪汉鼎译,上海译文出版社1999年版,第384—385页。
② 同上书,第384页。
③ 同上书,第381页。

伽达默尔与贝蒂：两种现代阐释学理论之历史比较

克服历史、时间的距离，"是历史主义的幼稚界定"①。同"前见"一样，历史的时间距离也是理解的必要前提和条件。或者换言之，按照效果历史意识，我们总是在承认时间距离的前提下，带着自己当下的视域（前见）进入对历史实在（他者的历史视域）的理解的，"时间距离不是一个张着大口的鸿沟"；而是相反，它也激发理解的创造性，"事实上，重要的问题在把时间距离看成是理解的一种积极的创造性的可能性"②，"它可以使存在于事情里的真正意义充分地显露出来"；当然，在时间距离下，理解"对一个本文或一部艺术作品里的真正意义的汲舀（Aus-schopfung）是永无止境的，它实际上是一种无限的过程"③。

伽达默尔进一步阐述了效果历史意识下的理解，实质上是作为处在历史性中的此在与历史实在（他者）二者的融合，是一种视域融合的方式，它要求我们在历史之中理解历史，要求我们把处在历史性里的自己置入到其他历史的视域（处境）之中，但不是要求我们完全丢弃自我，相反，自我总是必然已经具有一种现在的视域，所谓的"自身置入（Sichversetzen）"是说"必须也把自身一起带到这个其他的处境中。只有这样，才实现了自我置入的意义。……这样一种自身置入，既不是一个个性移入另一个个性中，也不是使另一个人受制于我们自己的标准，而总是意味着向一个更高的普遍性的提升，这种普遍性不仅克服了我们自己的个别性，而且也克服了那个他人的个别性。'视域'这一概念本身就表示了这一点"④。一句话，效果历史意识对历史实在的理解，要求理解者将自我的现在视域置入特定的历史（他者）视域，既不是以自我的现在视域强制同化特定的历史视域，也不是使自我的现在视域完全丢弃、消融在历史视域中，而是达到两个视域的融合，形成一个同时克服了两者的个别性、而上升到"更高的普遍性"的理解。效果历史本质上是这两个视域融合的理解过程。伽达默尔在另一处有相近表述："当我们的历史意识置身于各种历史视域

---

① [德]伽达默尔：《真理与方法——哲学诠释学的基本特征》上卷，洪汉鼎译，上海译文出版社1999年版，第381页。
② 同上。
③ 同上书，第383页。
④ 同上书，第391—392页。

中，这并不意味着走进了一个与我们自身世界毫无关系的异己世界，而是说这些视域共同地形成了一个自内而运动的大视域，这个大视域超出现在的界限而包容着我们自我意识的历史深度。"① 需要说明的是，这种视域融合表明，效果始终是人们所理解的历史的效果，而人们在理解历史过程中，置入了其现在视域并与历史视域一起发挥作用建构了效果历史，所以，也在一定意义上重新规定、生产了历史。就此而言，"效果历史意识不是探究一部作品所具有的效果历史，即不是探究一种仿佛是作品遗留在后面的痕迹"，因为这种观点失之于表面、肤浅，深入地看，"历史意识其实是作品本身的一种意识，因此是它本身产生效果。我们关于境域形成（Horizontbildung）和视域融合（Horizontverschmelzung）的全部说明旨在描述效果历史意识的作用方式（Vollzugsweise）"。据此，伽达默尔强调说："效果历史意识仿佛就包含在效果本身之内。效果历史意识既然作为意识，它在本质上似乎就能够使自己超越它是其意识的东西。"② 这里，我们绝不能认为效果历史是因被我们意识到才存在的，相反，"应当承认，在一切理解中，不管我们是否明确意识到，这种效果历史的影响总是在起作用。……从整个情况来看，效果历史的力量并不依赖于对它的承认。历史高于有限人类意识的力量正在于：凡在人们由于信仰方法而否认自己的历史性的地方，效果历史就在那里获得认可"。③ 笔者认为，效果历史意识观念构成了伽达默尔现代阐释学的理论核心。

　　再来看一下贝蒂的方法论阐释学在这些问题上与伽达默尔的异同。

　　贝蒂在阐释学的目标设定上，与伽达默尔取消文本（阐释对象）及其作者原义的观念大异其趣，而更多继承了施莱尔马赫、狄尔泰的传统，把解释的目标定在尽可能回到作者的原义。他制定的阐释学第一规则就是强调"对象自主性"，其基本精神是，"富有意义的形式必须被认为是独立自主的"，因此，解释者"必须按照它们自身的发

---

　　① ［德］伽达默尔：《真理与方法——哲学诠释学的基本特征》上卷，洪汉鼎译，上海译文出版社1999年版，第391页。
　　② 同上书，第438—439页。
　　③ 同上书，第386—387页。

展逻辑,它们所具有的联系,并在它们的必然性、融贯性和结论性里被理解",解释的目标是,"它们应当相对于原来意向里所具有的标准被判断:这个原来的就是被创造的形式应当符合的意向即从作者的观点和他在创造过程中的构造冲动来看的意向",解释就是要尽可能符合作者的原来意向,而不能屈从于解释者的主观判断,"它们一定不能根据它们迎合于似乎与解释者相关的任何其他外在目的来被判断"①。这样一种目标的设定,就极大限制了解释者离开文本及作者意向作随心所欲的解释。

由此出发,贝蒂提出了第三规则"理解的现实性规则(Kanon der Aktualit t des Verstehens)",主要指向的是解释者的主体性即主体的解释能力。贝蒂首先规定"解释者的任务是回溯创造过程,在自身之内重构创造过程,重新转换外来的他人思想,过去的一部分、一个记忆的事件于我们自己生活的现实存在之中;这就是说,通过一种转换调整和综合它们于我们自己经验框架内的理智视域里,这种转换是基于一种有如我们能重新认识和重新构造那个思想的同样的综合"②。这里对解释者的任务和目标说得很明白,就是要回溯、重构文本作者的创造过程,这是最基本的。据此,他批评了有些人(包括伽达默尔)完全罔顾文本(有意义的形式)及其包含的作者意义的客观自主性的观点,指出"这一点在有些情况里是走得太远"③,明确"主张认识主体和他的对象之间有明确的区分",即解释者和他的解释对象之间的明显区别,而拒绝那种批评"历史现象的'自在性'(in-itself)无非只是客观化思想的幻觉"的观点④;同时,也是对伽达默尔主张"在艺术的经验里应用却是与理解和解释根本不可能分开的"⑤直接回应。当然,贝蒂并没有否定理解活动中解释者必然具有的主

---

① [德]伽达默尔:《真理与方法——哲学诠释学的基本特征》上卷,洪汉鼎译,上海译文出版社1999年版,第131页。

② 同上书,第135页。

③ 同上。

④ 同上书,第136页。

⑤ [德]伽达默尔:《诠释学》(1974),载《理解与解释——诠释学经典文选》,洪汉鼎主编,东方出版社2001年版,第488页。

观能动性，他明确承认理解的主体性及其合法性、必然性，认同"解释者的态度不能是单纯被动地接受态度，而必须是主动的重构态度"，并没有回到传统阐释学力主克服解释者主体性的主张。他只是强调，解释者主体性的作用是，主体立足于当下现实性语境，凭借自己经验框架内的理智视域，来开展对作者创造过程的重新转换、调整和综合，即展开解释主体的个体性，重新认识、构造文本及其作者的意义，使之在解释者自己的心灵（另一个主体）中得到实现。这里，贝蒂又注意到理解中解释者参与意义重构的作用，实际上包含着解释主体立足当下、与解释对象之间的某种对话和沟通的意思。这一点与伽达默尔不无相通之处。与此相关，在论及历史文本的意义在解释之链中不断重生（这一点与伽达默尔也有相似之处）时，贝蒂强调："诠释学任务永远不能被完成这一事实推出本文、碑记或残篇所包含的意义永远是随生命而重生的并在重生之链中不断变化的；但这不排除客观化了的意义内容保留他人创造力的客观化这一事实，而解释者不应以任意的而应是借助可控制的指导原则去接近这种意义内容。"① 贝蒂在此一方面鲜明地表达了维护文本意义的客观性以及理解应该努力"接近"这一客观意义的主张；同时，也肯定了解释者主体性、个体性在理解活动中不可或缺的作用，肯定历史文本的意义随着解释的重生之链而不断变化、永不完成。这个观点是辩证的，其后面这个看法与伽达默尔有一致之处。所以，伽氏也不得不肯定"贝蒂在一切理解的客观因素和主观因素之间寻找一种中介"，而没有纯粹偏于理解的客体性，他一方面强调阐释中文本的意义自主性，"意义，亦即作者的意见是从文本中获得的"，但"他也以同样的坚决性强调了理解的现实性原则，……这就是说，他发现解释者的立场束缚性（Standortgebundenheit）是诠释学真理的综合因素"②。这里解释者的立场对理解和解释是有束缚（约束）的能动作用的。所以伽氏肯定贝蒂既"完全

---

① ［德］伽达默尔：《真理与方法——哲学诠释学的基本特征》上卷，洪汉鼎译，上海译文出版社1999年版，第142页。
② 同上书，第189—190页。

伽达默尔与贝蒂：两种现代阐释学理论之历史比较

避免了天真的历史客观主义的危险"①，"同样也避免过高估价主观意见"②的片面性。

据此，贝蒂对伽达默尔等人主观主义的前见、前理解理论给予了尖锐批评。《真理与方法》一出版，贝蒂就敏锐地发现了伽氏本体论阐释学否定阐释客观性的主观主义倾向，表示坚决反对，他说："主观主义立场依赖于一种意义的改变，这种改变把历史解释的诠释学过程与一种受具体境遇所规定的意义推论……加以等同"，"其结果是，诠释学的对象自主性基本规则完全从历史学的工作里被排除出来了"；他特别对伽氏的"前见""前理解""前结构"等核心概念加以批评，指出，"对这种观点的反驳显然是：这些以意义推论'前理解'（Vorverständnis）接近的本文不可用来肯定已经主张的意见；我们反而必须假定它们有某种我们靠自身不能知道并不依赖于我们意义推论而存在的东西要说"，并一针见血地认定"这里的主观主义立场""有问题"③。贝蒂还进一步揭露"前见""前理解"说"显然受当代生存论哲学的影响并势必把解释与意义推论加以混淆，以及以一种对一切人文科学（精神科学）解释程序结果的客观性加以怀疑的结论排除对象的自主性规则"④。这就使伽氏阐释学怀疑和否定解释对象客观自主性的主观主义立场暴露无遗了；他同时也剖析了其中所受的海德格尔生存论的影响，指出伽氏"从海德格尔关于所谓理解前结构的说明中推出的积极的出发点，他利用这一出发点把理解的历史性（即解释过程的历史条件）提升为诠释学原则——这使他陷入必须把成见认为是'理解的条件'这一悖论中"⑤。这个批评揭露出伽氏前见理论的内在矛盾，是一针见血的，而且暗含着对它相对主义倾向的批评。伽达默尔对贝蒂的批评作了回应，并反批评贝蒂陷入施莱尔马赫、狄尔泰的心理主义泥潭。本文限于篇幅无法讨论二人的理论争

---

① ［德］伽达默尔：《真理与方法——哲学诠释学的基本特征》上卷，洪汉鼎译，上海译文出版社1999年版，第189页。
② 同上书，第190页。
③ 同上书，第147—148页。
④ 同上。
⑤ 同上书，第151页。

鸣，但是应该指出，他们二人理论分歧的实质确实在于是否承认解释对象客观自主性的问题。帕尔默对此有比较客观的评论，他指出，贝蒂主张"根据客体自身来理解客体的因素"，而伽达默尔则主张理解的主体性原则，即"为了人们自己的生活和未来领会客体的存在意义的因素"，一句话，"'客观'诠释的特性则为贝蒂所关注"①。又指出，"无论如何，贝蒂认为近来的德国诠释学如此沉浸于意义赋予（Sinngebung，以意义的诠释者之功能）的现象，以至于'意义赋予'已开始等同于诠释了"，贝蒂宣称，"他的主要目的在于厘清解释（Auslegung）与意义赋予之间的本质区别。贝蒂认为，正因为这区别被忽视了，人文科学中客观有效之结果的完整整体解释结果的客观性（die Objektivitat der Auslegungsergebnisse）才受到挑战"。由此他强调"一切诠释之基础的与首要的规则，便是肯定客体在其本质上的自主性"②。此言确实一语中的。

贝蒂的方法论阐释学的"中介"思想集中体现在他把这个理解过程表述为三个要素（作者主体、富有意义的形式即语言文本、解释主体）的统一过程之中：

> 理解现象是一种三位一体的过程：在其对立两极我们发现作为主动的、能思的精神的解释者，以及被客观化富有意义形式里的精神。这两极并不直接联系和接触，而是通过这些富有意义形式的中介，在这些形式里，一个被客观化的精神面对一个作为不可改变的他在东西的解释者。解释过程中的主体和客体，即解释者和富有意义的形式，与任何认识过程中可以找到的主体和客体一样；只是在这里它们是被这样一些特征所刻画，这些特征来自这一事实，即我们并不研究任何客体，而只研究精神的客化物，所以进行认识的主体的任务就在于重新认识这些客观化里的激动人心的创造性的思想，重新思考这些客观化物里所蕴含的概念或重新捕捉这些客观化物所启示的直觉。由此推出，理解这里就是

---

① [美]理查德·E. 帕尔默：《诠释学》，潘德荣译，商务印书馆2012年版，第80页。
② 同上书，第80—81页。

伽达默尔与贝蒂：两种现代阐释学理论之历史比较

对意义的重新认识（re-cognition）和重新构造（re-construction）——而且是对那个通过其客观化形式而被认识的精神重新认识和重新构造——这个精神对一个与它同质的（由于其共同分享人性）能思的精神诉说：理解是一种弧形的沟通桥梁，一种把这些形式与那个曾经产生它们而它们又与之分离的内在整体重新结合统一的沟通桥梁；当然，正是这些形式的一种内在化（Internalization），这些形式的内容才在这内在化中转进入与原本具有的主观性相不同的主观性之中。①

这一段话将贝蒂对理解的本质和过程描述得非常清楚、精准。他一是明确肯定语言文本是作者主体创造的成果，是其精神的客观化物，是富有意义的形式，是解释者所面对的不可改变的他在的客观对象。二是同样明确肯定理解是一种没有解释者（另一个）主体主动参与就不能进行的活动，也就是说，他不但不否定读者、解释者在理解中的能动作用，而且肯定了解释者与作者具有同样不可替代的重要地位。三是指出语言文本作为精神客观化物是联系、沟通两个主体的中介，是理解、解释活动的出发点和直接对象，只有通过它解释者才能进入作者的心灵，达到对语言文本意义的沟通和理解。就此而言，他主张的是"文本中心"论，但不是结构主义、形式主义切断文本与作者主体联系的文本中心主义。四是将理解看成读者、解释者对文本意义、对文本作者内在精神的重新认识和重新构造的过程，这样，理解的重点就不单在解释者及其前见，而在文本语言及其背后的作者的精神和意义，当然，不是恢复到作者原意，而是有解释者参与、介入的重构，是两个主体之间的精神交流和交融，是一种主体间性。五是将这种相互理解的主体间性置于共同人性的根基之上。以上一、二、三点与伽达默尔偏重于理解主体性的理论划清了界限；而四、五两点则在继承施莱尔马赫、狄尔泰的传统阐释学思路基础上有重要突破和发展，集中体现在文本联接作者与解释者两个主体的中介性、主体间

---

① ［意］埃米里奥·贝蒂：《作为精神科学一般方法论的诠释学》（1962），载《理解与解释——诠释学经典文选》，洪汉鼎主编，东方出版社2001年版，第129页。

性。这同时避免了主观主义、相对主义和历史客观主义，使其阐释学更加全面和辩证。

五

再次，从对文本意义来源的不同看法加以比较。

以上我们看到，伽达默尔与贝蒂两种现代阐释学具有完全不同的理论形态，由此而产生、形成了完全不同的意义观。关于历史流传物、特别是文学作品的意义来自何处的问题，20世纪以来大致形成了三种回答：一是完全继承了施莱尔马赫、狄尔泰的"作者中心论"意义观，认为作品的意义来自作者，是作者通过文学语言表达了也赋予了作品以意义，因此对作品批评和阐释的主要目标是寻找、发现、猜测作者创作作品的真实意图或曰作者原义；二是随着学界"语言学转向"和形式主义、新批评、结构主义、符号学等理论的先后崛起，对作品意义来源的探寻从侧重作者转向侧重文本，形成了"文本中心论"，认为作品一旦完成，其意义就独立于作者而呈现在文本的语言构造中，文学批评和阐释只能从独立的文本本身（语言结构和形式）中寻找意义；三是海德格尔、伽达默尔的哲学阐释学、接受美学和后结构主义合流形成的"读者中心论"，认为作品的意义来源于读者，是在读者（包括批评家）阅读和阐释中产生的。这三种作品意义观，当然有它们各自的合理性，但同样，毋庸置疑，它们各自也都存在着需要反思的片面性和理论失误。贝蒂的阐释学意义观，在笔者看来，介于一、二两种之间，它既重视作者意义，又不陷于作者中心论；既肯定以文本为中心，又不同于形式主义、结构主义的文本语言中心主义；它肯定读者参与意义重构的主观能动性，却坚决反对读者中心论。

伽达默尔从上述前见和效果历史意识理论出发，总体上贬低理解中作者意义的作用和地位，基本上可归入读者中心论。

首先，他从艺术存在方式角度提高观赏者的地位，而把作者排除在外。在《真理与方法》一开始，伽达默尔就把艺术的存在方式看成是游戏方式。并对游戏方式作了阐释学的分析。他认为"游戏的存在方式就是自我表现（Selbstdarstellung）"，而"游戏的自我表现就这样导致游戏者仿佛是通过他游戏的某物而达到他自己特有的自我表现"①;"所有表现活动按其可能性都是一种为某人的表现活动。这一种可能性被意指出来,这就构成了艺术的游戏性质里特有东西"②;他明确指出,"这里一切表现活动所特有的这种指向活动"即指向观众的活动,"对于艺术的存在就成为决定性的东西"③,因为"只有观众才实现游戏作为游戏的东西"④。这样,"游戏本身却是由游戏者和观赏者所组成的整体";而且,在这个整体中,"事实上,最真实感受游戏的,……只是观赏游戏的人。在观赏者那里,游戏好像被提升到了它的理想性"⑤。他进而把这种观众决定论的游戏观应用到艺术存在方式上,论述艺术的游戏本质和游戏向艺术的转化,"把这种促使人类游戏真正完成其作为艺术的转化称之为构成物的转化(Verwandlung ins Gebilde)"⑥;他所谓的"向构成物的转化就是指,早先存在的东西不再存在。但这也是指,现在存在的东西,艺术游戏里表现的东西,乃是永远真实的东西……原先的游戏者就是不再存在的东西——这样,诗人或作曲家都可在游戏者之列"⑦。于是,艺术游戏的转化,导致"游戏者(或者诗人)都不再存在,所存在的仅仅是被他们所游戏的东西"⑧。概而言之,"艺术作品的存在就是那种需要被观赏者接受才能完成的游戏"⑨。伽达默尔就这么一步步推论出,在艺术游戏的存在方式中,诗人、作者(游戏者)竟然出局了,相反,观众倒成了主角。可见,从本体论即存在方式角度考察,艺术阐释学的中心不是诗人(作者),而是观众(读者)。这一点,在哲学阐释学的逻辑框架里,是一开始就被确定了的。

---

① [德]伽达默尔:《真理与方法——哲学诠释学的基本特征》上卷,洪汉鼎译,上海译文出版社1999年版,第139页。
② 同上书,第139—140页。
③ 同上书,第140页。
④ 同上书,第141页。
⑤ 同上。
⑥ 同上书,第142页。
⑦ 同上书,第144页。
⑧ 同上。
⑨ 同上书,第215页。

因此，伽达默尔强调指出，"只有从艺术作品的本体论出发……文学的艺术特征才能被把握"。他这里指的是，读者的阅读（实际上是理解、解释、再创造）活动应该被包括在文学的本质之中，"阅读正如朗诵或演出一样，乃是文学艺术作品的本质的一部分"，"阅读、朗诵或演出，所有这些东西都是我们一般称之为再创造的东西的阶段性部分，但这种再创造的东西实际上表现了一切流动性艺术（alle transitorische kunste）的原始存在方式，并且对于一般艺术存在方式的规定提供了典范证明"①。这也就从存在方式上确立了读者及其阅读活动在阐释学中的本体论地位："文学概念决不可能脱离接受者而存在。文学的此在并不是某种已疏异了的存在的死气沉沉的延续，好像这种存在可以作为同时发生的东西提供给后代体验实在的。文学其实是一种精神性保持和流传的功能，并且因此把它的隐匿的历史带进了每一个现时之中。"② 这种"精神性保持和流传的功能"是由接受者的阅读完成和实现的。他由此得出这样的结论，即"所有文学艺术作品都是在阅读过程中才可能完成"③。显而易见，在此，文学艺术作品阐释中的读者中心论已经呼之欲出了。

那么，在伽达默尔那里，文本作者创造时的原义占有什么位置呢？这从他对施莱尔马赫把解释定位在寻求和恢复作者原义的传统思路的犀利批评中可以见出一斑。他把施莱尔马赫的整个阐释学概括为："就是要重新获得艺术家精神中的'出发点'（Anknü pfungspunkt），这个出发点将使一部艺术作品的意义得以完全理解，正像诠释学通过努力复制作者的原本创作过程而对本文所做的工作一样"④，然后严肃责问和批评道："但是我们，须要追问，这里所获得的东西是否真正是我们作为艺术作品的意义（Bedeutung）所探求的东西，以及如果我们在理解中看了一种第二次创造，即对原来产品的再创造，理解是否就正确得以规定了？这样一种诠释学规定归根结底仍

---

① ［德］伽达默尔：《真理与方法——哲学诠释学的基本特征》上卷，洪汉鼎译，上海译文出版社1999年版，第211页。
② 同上。
③ 同上书，第215页。
④ 同上书，第218页。

伽达默尔与贝蒂：两种现代阐释学理论之历史比较

像所有那些对过去生活的修补和恢复一样是无意义的。正如所有的修复一样，鉴于我们存在的历史性，对原来条件的重建乃是一项无效的工作。"这里，关键是他强调了解释者自身存在所不可逾越的历史性，它决定了重建和恢复作者原义既是根本不可能的，也是毫无意义的。在他看来，"被重建的、从疏异化唤回的生命，并不是原来的生命。……这样一种视理解为对原本东西的重建的诠释学工作无非是对一种僵死的意义的传达"①。这种批评的用语是相当苛重和严厉的。

　　伽达默尔还"以子之矛，攻子之盾"，从施莱尔马赫关于"我们必须比作者理解他自己更好地理解作者"的主张中，引申出阐释学中解释者的作用和地位高于作者的观点。他强调，"事实上，这个命题包含了诠释的全部问题"②。施氏实际上承认解释者"再创造活动本质上总是与创造活动不同的"，他"把理解活动看成对某个创造所进行的重构（den rekonstruktiven Vollzug einer Produktion）"，这种重构实际上是不同于作者创造的再创造，它"必然使许多原作者尚未能意识到的东西被意识到"③。伽氏认为，"使解释者区别于作者的那种更好的理解，并不是指对本文所讲的对象的理解，而是只指对本文的理解，即对作者所意指的表现的东西的理解。这种理解之所以可以称为'更好的'，是因为对于某个陈述的明确的——因而也是突出的——理解包含比这个陈述的实际内容更多的知识"。据此，在文学中，"我们对诗人的理解必然比诗人对自己的理解更好，因为当诗人塑造他的本文创造物时，他就根本不'理解自己'"④。于是，在理解作品（文本）方面，解释者（接受者）就具有高于作者的权威地位。伽氏由此推论出一个阐释学的关键观念——"创造某个作品的艺术家并不是这个作品的理想解释者。艺术家作为解释者，并不比普通的接受者有更大的权威性。就他反思他自己的作品而言，他就是他自己的读者。他

---

　　① ［德］伽达默尔：《真理与方法——哲学诠释学的基本特征》上卷，洪汉鼎译，上海译文出版社1999年版，第218—219页。
　　② 同上书，第248页。
　　③ 同上书，第248—249页。
　　④ 同上书，第249页。

作为反思者所具有看法并不具有权威性"①。在此基础上，他提出了"解释的唯一标准就是他的作品的意蕴（Sinngehalt），即作品所'意指'的东西"②。需要注意的是，这一标准与施氏"把说话者的含意假设为理解的尺度"正好相反，它揭露了后者的"本体论误解"③，严格区分了作者"意指"的原义与作者并不能支配的作品（文本）所含的"意蕴"，指出作品意蕴大于作者原义，意蕴是在解释者参与理解过程中生成的。所以，伽氏称赞施氏的学说"完成了一项重要的理论成就，因为它取消了解释者和原作者之间的差别。它使这两者都处于同一层次，因为应当被理解的东西并不是原作者反思性的自我解释，而是原作者的无意识的意见"④。施氏原本严格区分解释者与原作者，把阐释学的任务归结为解释者放弃自己而追求原作者的原义，但是最终却被伽达默尔反其意而用之，走向了这一意图的反面。

其次，伽达默尔从效果历史原则出发，认为现实中的解释者和历史作品的原作者之间有一种历史距离所造成的、不可消除的差异，每一时代的解释者都必然按照它自己的时代和自己的方式来理解历史流传下来的本文，而一般说来，"后来的理解相对于原来的作品具有一种基本的优越性，因而可以说成是一种完善理解（ein Besserverstehen）"，某个历史本文的"真实意义并不依赖于作者及其最初的读者所表现的偶然性。至少这意义不是完全从这里得到的。因为这种意义总是同时由解释者的历史处境所规定的，因而也是由整个客观的历史进程所规定的"⑤。就是说，文本的意义来源更重要的是处于特定历史处境中的解释者的参与和再创造。"作者并不需要知道他所写的东西的真实意义，因而解释者常常能够而且必须比这作者理解得更多些"，而且，"这一点具有根本的重要性。本文的意义超越它的作者，这并不只是暂时的，而是永远如此的。因此，理解就不只是一种复制

---

① ［德］伽达默尔：《真理与方法——哲学诠释学的基本特征》上卷，洪汉鼎译，上海译文出版社1999年版，第249—250页。
② 同上书，第250页。
③ 同上书，第649页。
④ 同上书，第250页。
⑤ 同上书，第380页。

行为，而始终是一种创造性的行为"①。这样，在阐释学工作中，对作者的原义的寻求就降低到无足轻重的位置上，而读者（解释者）的再创造则成为文本意义的主要来源。

再次，伽达默尔就读者在阅读文学作品时的意义再创造作了本体论而不是认识论的辩证阐述。他指出，"一切阅读都会越出僵死的词迹而达到所说的意义本身，所以阅读既不是返回到人们理解为灵魂过程或表达事件的原本的创造过程，也不会把所指内容理解得完全不同于从僵死的词迹出发的理解。这就说明：当某人理解他者所说的内容时，这并不仅仅是一种意指（Gementes），而是一种参与（Geteiltes）、一种共同的活动（Gemeinsames）"，即作品历史内容与读者参与的再创造两者的"共同活动"，也就是前述两种视域的融合，并把侧重点放在读者的阅读活动上，强调"谁通过阅读把一个本文表达出来……，他就把该本文所具有意义指向置于他自己开辟的意义宇宙之中"，这就证明"所有的理解都已经是解释"②，"我们称阅读为理解的阅读。因此阅读本身已经是对所意指的东西的解释。这样阅读就是一切意义进程的共同基本结构。……尽管阅读决不是再现，但我们所阅读的一切本文都只有在理解中才能得到实现。而被阅读的本文也将经验到一种存在增长，正是这种存在增长才给予作品以完全的现在性（Gegenwartigkeit）"。③ 这一段话，再清楚不过地把读者"现在性"的阅读看成是意义生产和"增长"的主要来源。

理解文本既然是一种读者参与的创造性的意义生产活动，那么伽氏必然认为文本的意义超越作者的意义。比如他说："对艺术作品的经验从根本上说总是超越了任何主观的解释视域的，不管是艺术家的视域，还是接受者的视域。作者的思想决不是衡量一部艺术作品的意义的可能尺度，甚至对一部作品，如果脱离它不断更新的被经验的实

---

① ［德］伽达默尔：《真理与方法——哲学诠释学的基本特征》上卷，洪汉鼎译，上海译文出版社1999年版，第380页。
② 同上书，第649页。
③ 同上书，第650页。

在性而光从它本身去谈论,也包含某种抽象性。"① 表面上看,伽氏在此似乎对作者与读者在理解、解释中的作用等量齐观、平分秋色,但是,实际上他并不把对艺术作品的经验看作某个接受者个体的审美经验,而是看作一代代接受者欣赏、解释的无限延伸,作品的意义也就在它"不断更新的被经验"中得到越来越丰富的展现。"对所有本文来说,只有在理解过程中才能实现由无生气的意义痕迹向有生气的意义转换。"② 惟其如此,他才认为,在构成艺术作品存在方式的三个环节中,无论是作者的思想,还是作品文本本身,都不能充当"衡量一部艺术作品的意义的可能尺度",这个尺度只能来自第三个环节即接受者群体历史地展开的永无止境的欣赏、解释经验的总和。关于这一点,他从历史文本向不同时代读者公众的开放性角度予以论述。他说,"也许艺术品创作者所想的是自己时代的公众,但是,他作品的真正正存在却是它能够说的意义,这种存在从根本上超越了任何历史的限制。从这个意义上可以说,艺术品具有一种不受时间限够制的当下性","艺术品能被人理解,在这种可能性所具有的开放性和丰富性中,艺术品允许(实际上是要求)运用一种适当的标准",即"把艺术品看成永远向更新的理解开放"③。换言之,作品(文本)的意义是在向一代代读者阅读、解释永远开放的接受之链中不断生成的。

伽达默尔竭力提高理解、阐释中读者创造意义的地位,实际上极大地贬低了理解中作者原意(意义)的作用。其理由主要是不满意传统阐释学把阐释的目标局限于通过心理体验寻找作者原意的心理主义倾向,认为其"心理学基础证明是有问题的",并提出一系列反诘:"难道原文的意思真是只在于'作者的'意思(mens auctoris)吗?理解难道只是原先产物的再生产吗?……科学中的客观性概念要求坚持这种原则。但是这种原则真能是充分的吗?例如在艺术作品的解释

---

① [德] 伽达默尔:《真理与方法——哲学诠释学的基本特征》上卷,洪汉鼎译,上海译文出版社1999年版,第8页。
② 同上书,第215页。
③ [德] 伽达默尔:《美学和解释学》(1964),载《哲学解释学》,夏镇平、宋建平译,上海译文出版社2004年,第98页。

（这些艺术作品在导演、指挥甚至翻译家那里本身还有一种实际产品的形式）中，我们有什么理由把这种再生产的解释意思同科学的意思分开呢？一种这样的再生产是否会是梦游幻想而没有知识呢？这里再生产的意义内容确实是不能限制在那种由作者的有意识的意义赋予而产生的东西上。众所周知，艺术家的自我解释是很成问题的。他们的创作的意义仍然向解释提出了一个单义的接近任务。"[①] 这一系列反诘的核心观点是，从本体论阐释学立场出发，反对作者中心论的意义观，认为理解、阐释不为了要接近、恢复和再生产原先产物（文本）所谓的"客观"、单一的意义，而且原文的意义也不能只归结为作者赋予的意义，它应该大于和超越作者的意义，所以作者的自我解释往往靠不住，不足为凭；理解、解释作为再生产、再创造活动，乃是接受者的现在视域与文本的历史视域互动的融合过程，这样，作者原意就基本上被排除在理解过程之外。

　　以上这些理由对于把理解本体论化的意义观来说，是言之成理的。但是，对于从方法论、认识论角度维护解释的客观性的主张来说，确实暴露出伽达默尔阐释学理论的意义观的读者中心论实质，及其存在着某种程度的主观主义、相对主义倾向。伽氏自己也曾经明确地说过，其阐释学的基本立场"就是每一个读者的立场"[②]。诚然，如前所述，伽氏把解释的生产性、创造性看成理解的根本来源和动力，阐明了解释必然生成的多义性及其有效性、合理性，这相对于传统阐释学的确是巨大的推进。然而，按照其理论逻辑，一方面，这种多义性在为理解的差异性、相对性提供了合法存在的理由的同时，却实际上认同了不同的理解具有同等的合理性，存在着滑向相对主义的潜在可能性；另一方面，它是以读者的主观性为基础理解文本，而这种主观性是不可自我控制或限制的，解释的主观性如果发展为随心所欲的主观任性，同样会走向相对主义。虽然他对

---

　　① ［德］伽达默尔：《诠释学》（1974），载《理解与解释——诠释学经典文选》，洪汉鼎主编，东方出版社2001年版，第485页。
　　② ［德］伽达默尔：《文本与解释》，载《伽达默尔集》，严平编选，邓安庆等译，上海远东出版社2003年版，第60页。

此有所警觉，说"这倒不是使那种个人的和任意专横的主观偏见合法化，因为这里所说的事情有明确的责任界限"①。但是，这里没有明确提出解释的创造性、多义性中哪些解释具有合法性、合理性的明确界限和客观标准。这也为其走向读者中心论意义观的相对主义埋下了伏笔。

贝蒂不同意伽达默尔偏重解释者而轻视作者的意义观，在承认解释者之意义创造性的同时，他重新给予作者意义以基础性的地位。

如前所述，贝蒂在肯定阐释对象（文本）的独立自主性时，接续了施莱尔马赫、狄尔泰阐释学的传统，确立了阐释的客观性应以符合文本作者原来意向的标准，他说，"它们应当相对于原来意向里所具有的标准被判断：这个原来的就是被创造的形式应当符合的意向即从作者的观点和他在创造过程中的构造冲动来看的意向"，这就明确地将作者意义重新确立为解释的有效性的主要标杆；他同时强调，作者"精神的客观化"的文本，其意义"一定不能根据它们迎合于似乎与解释者相关的任何其他外在目的来被判断"②，从而否定了迎合解释者意向的"外在目的"，把读者（解释者）的意义创造排除在衡量解释有效性的尺度之外。贝蒂的这一观点显然与伽达默尔把读者（解释者）看成意义创造的主要来源，基本放弃和贬低作者原初意图、意义的作用的观点鲜明地对立了起来。

贝蒂还继承施莱尔马赫的传统理路，对理解中整体与部分的"阐释学循环"主要从客观性方面展开论述。这集中体现在他提出的第二个规则即"诠释学研究的整体规则和意义融贯（Kanon der Ganzheit）规则"中。所谓整体与部分的阐释学循环关系，指的是施莱尔马赫最初提出的对阐释对象（文本）意义的阐释，必然存在着从其整体出发才能理解其部分（个别），同时从其部分（个别）出发才能理解其整体的双向互动、相互阐释的辩证过程。这也就是贝蒂所说文本即"富

---

① ［德］伽达默尔：《诠释学》（1974），载《理解与解释——诠释学经典文选》，洪汉鼎主编，东方出版社2001年版，第489页。

② 同上书，第131页。

有意义形式在整体与其个别或个别与其整体的关系里得以相互阐明和解释",最终达到整体与部分的"意义融贯"和统一。① 这里,首先涉及对文本意义整体性的预设,同时,确认整体意义来自于个别(部分),贝蒂指出,"这一预先假定,即讲话的整体,如任何思想表现的整体,都是从统一的精神而来,并且移向一种统一的精神意义。从这里,并且根据已经援引的创造过程和解释过程的一致,我们达到这一指导原则:整体的意义必定是从它的个别元素而推出,并且个别元素必须通过它是其部分的无所不包和无所不进的整体来理解"②。这里有三点值得注意:一是基本上继承了施莱尔马赫的整体主义思路,在解决整体与部分关系中把整体作为首要原则,贝蒂也首先强调整体性意义预设,认为就作为理解对象的语言文本而言,其语词到语句的(个别)意义只能在更为宽泛的意义语境(整体)中才能得到理解,"正如一个语词的含义(signification)、意向(intensity)、字面意义只可以相对于它被说出的意义——语境而被理解,同样,一个语句以及与之相联系的诸语句的含义和意义只能相对于讲话意义——语境、有机的结构布局和结论性的相互融贯而被理解"③。二是这里强调的是说话者(作者)所说(创造)的意义,即"它被说出的意义""讲话意义",而不是解释者理解的意义。这实际上仍然坚持了寻求作者原义的阐释目标。三是重申"创造过程和解释过程的一致"的根本原则,来解决个别与整体的阐释学循环,其意一方面指解释者的解释根本上应该与作者的创造过程相一致,另一方面也指解释者的解释也包含一定的创造性,会延伸、拓展作者的原义,但仍保持两者基本的一致性。

贝蒂还从整体主义出发,对部分与整体相互阐明的原则作出了更富有历史感、时代感的阐发,指出"每一讲话和每一写下的作品都能统一被认为是一链条中的一环,而这链条在内通过它在更大意义语境

---

① 参阅《理解与解释——诠释学经典文选》,洪汉鼎主编,东方出版社 2001 年出版,第 131—132 页。

② [意] 埃米里奥·贝蒂:《作为精神科学一般方法论的诠释学》(1962),载《理解与解释——诠释学经典文选》,洪汉鼎主编,东方出版社 2001 年版,第 132 页。

③ 同上。

中的位置才能被完全理解"①，就是说，作者创造的文本只应该作为整个意义链条中的一个环节，只有在更为广大的时代、文化、文学的语境中才能得到更深广、全面的理解，因为"就客观方面而言，一个包罗万象的整体可以被设想为一个所要解释的作品所隶属的文化体系，因为该作品构成在具有相关意义内容和表达冲动的作品之间存在的意义连续之链中的一环"②。作为所隶属的文化体系中意义连续之链中的一环，作者创造的作品（文本）只有在整体意义中才能得到更充分的阐释。以上这些论述，贝蒂都是从文本客观自主性角度作出的，实际上坚持了包含作者意义在内的文本中心论意义观。

当然，这也离不开读者（解释者）的参与解释。因为无论文本意义具有怎样的客观性，其意义整体性及其来源于个别的预设必然来自解释者，这就必然导致在"更高层次上，理解在一开始保持它的暂时试探性质，并且只有在进一层解释程序过程中才被确证和拓宽"③。这一意义预设通过一步步的暂时试探和不断修正、拓宽，使解释者的理解逐渐接近包含作者意义在内的整个文本的丰富、宽广意义。这在贝蒂提出的第四个规则"理解的意义正确性规则或诠释学的意义符合规则（Kanonder hermeneutischen Sinn. entsprechung）"中得到明确阐述。这一条规则主要关涉解释者的主体性和能动性。贝蒂指出，"按照这一规则，解释者应当以这一方式把他自己生动的现实性带入与他从对象所接受的刺激紧密和谐一致之中，以致我们和他人以一种和谐一致的方式进行共鸣"，"我们这里所说的理解的和谐一致规则本身对于任何一种解释类型都具有普遍的重要性并且是至关重要的"④。这就体现为文本作者与解释者两个主体间的主观因素和文本意义表现的客观性相互符合，使阐释者主体当下的现实具体性与解释对象文本的客观化意义融为一体，以求理解的尽可能客观公正。贝蒂这个观点，超越了传统阐释学，与伽达默尔关于理解是现在视域与历史视域

---

① ［意］埃米里奥·贝蒂：《作为精神科学一般方法论的诠释学》（1962），载《理解与解释——诠释学经典文选》，洪汉鼎主编，东方出版社2001年版，第132页。
② 同上。
③ 同上。
④ 同上书，第161页。

相融合的过程的观点有相通和一致之处,但是仍有根本区别。他指出,"一旦我们承认每一理解行动都以一种倒转讲话和思想行动的形式出现,就我们试图把这种思想链提高到意识而言,那么我们显然就能从这种倒转过程推出存在于心灵产物创造过程和对它解释过程之间的意义符合的普遍原则"①。换言之,解释过程是有可能达到"意义符合"的。这与伽氏以读者意义为主的观点大相径庭。这里的"意义符合"明显以作者精神的客观化物(文本)的意义为基本尺度的,它最终仍然以文本意义的客观性(即与作者意义相符合)原则为依托。这也是对"创造过程和解释过程的一致"原则的深化、具体化。

总的说来,笔者认为,贝蒂的方法论诠释学的意义观,既不同于伽达默尔等人的读者中心论,也超越了浪漫主义传统阐释学的作者中心论,似可概括为融合作者与读者为一体的文本意义中心论。但它也不同于切断文本意义与作者内在联系的形式主义、结构主义的文本中心论,而是同时肯定作者意义与读者意义对于文本意义生成的重要性。

笔者所作的以上几方面比较,远远不足以对伽达默尔和贝蒂两种现代阐释学理论作出全面、系统的阐释和评价;尤其由于国内译介的薄弱,对贝蒂思想的研究更是比较肤浅,甚至可能存在错误和不妥。但是,作为新时期以来文艺理论研究的过来人,我深深感到,他们二位的阐释学理论已经而且必将继续为中国当代文论的创新和建设提供重要的思想资源和理论参照,值得我们进行批判性借鉴。本文偏重于理论实证,行文较为繁琐,不当之处在所难免,欢迎专家学者不吝批评指正。

---

① [意]埃米里奥·贝蒂:《作为精神科学一般方法论的诠释学》(1962),载《理解与解释——诠释学经典文选》,洪汉鼎主编,东方出版社2001年版,第163页。

当代中国文论面临的问题
及其理论反思*

赖大仁**

　　20世纪五四运动前后，中国文论在新文化运动和文学革命的背景下开始现代转型，到现在已经走过近百年发展历程。对这百年来中国文论的回顾与反思，就成为近一时期文论界的热门话题。在这种历史回顾与反思中，重心应该是改革开放以来近四十年的变革发展，尤其是当下中国文论所面临的现实境遇及其问题。在笔者看来，新时期以来我国文论的变革发展历程，大致可以划分为两个阶段来进行回顾和比较。通过这种回顾和比较，可以看出这两个阶段变革发展的不同特点，以及认识当代文论发展中所面临的现实问题，从而有助于推进当代文论的学科反思和理论重建。

一　新时期以来文论变革发展的两个阶段及其特点

　　回顾新时期以来近四十年我国文论的变革发展进程，也许可以划分为以下两个大的阶段来进行总结和反思。前一个二十年左右，也就是从新时期初到20世纪90年代中期，当代中国文论在破、引、建三者交织互动的作用下变革发展不断推进，多有与时俱进的理论创新和拓展。所谓"破"，就是努力破除过去"文艺为政治服务"之类比较单一僵化的理论模式，寻求文艺理论观念的变革。所谓"引"，就是

　　＊　本文原刊于《江西师范大学学报》（哲学社会科学版）2017年第4期。
　＊＊　作者单位：江西师范大学文学院。

积极引进国外特别是西方各种现代文论资源，努力拓宽理论视野获得启示借鉴。这既是破除旧的理论观念的需要，也是重建新的理论观念与范式的需要。所谓"建"，就是在破除过去旧的理论观念和模式的同时，寻求新的理论观念与范式的重建。也许可以说，新时期这二十年左右的变革发展，是当代中国文论最富于生机活力和创造性的时期，既打破了过去单一封闭的文论体系一统天下的局面，也重新提出和建构了具有新时代特点的新文论形态，如审美反映论、审美意识形态论、文学主体性理论、新人文精神文学论、新理性精神文学论等。从这些不断探索创构的理论学说中，可以看出这个时期文论界比较充分的理论自觉和理论自信。

后一个二十年左右，也就是从20世纪90年代中期以来到现在，我国市场经济改革不断推进渗透到社会生活的各个方面，全球化浪潮汹涌而来对本土经济社会带来极大冲击，后现代主义文化思潮的影响也越来越强劲深入。在这样的时代背景下，我国当代文学艺术呈现出更加开放多元发展的格局和趋向，当代中国文论又似乎进入新一轮破、引、建三者交织互动的循环运动之中。所谓"破"，就是把包括如上所述新时期以来重新建构起来的一些理论学说，也视为过时了的、陈旧的理论观念试图进一步加以破除；所谓"引"，就是极力引进和阐发西方后现代理论学说，特别是解构主义、文化研究和"后"理论学说等，以此作为质疑和破除前述文论形态的理论依据；所谓"建"，即试图推出一些新的理论命题或理论构想来对此前的理论形态取而代之。然而，在这新一轮的变革循环运动中，我们好像已经失去过去那样的理论自觉和自信了，恰恰相反，让人感觉到当代中国文论似乎陷入了空前的焦虑与困惑之中。

这样说并不是没有依据的，这种焦虑与困惑，可以从近二十年来几次影响甚大的学术论争当中看出来。如果说新时期初的二十年也存在着激烈的学术论争，但那是对于当代中国文论应当如何更好地建构的论争；而近二十年来的论争，则是出于对当代中国文论自身的质疑与反思的论争。要说它陷入了空前的焦虑与困惑之中，也正是根源于此。对于这几次论争的情况，我们不妨略加回顾。

一是 20 世纪 90 年代中期兴起的关于中国文论"失语症"问题的讨论。这场讨论的由来或所依据的基本事实，是中国文论近百年来的发展，很大程度上是在接受或移植外国文论的基础上建构起来的。前半个多世纪主要是受马克思主义文论、苏联文论和西方近现代文论影响，新时期以来则主要受西方现当代文论影响。对于这个基本事实学界并无多少争议，问题只在于对此如何认识和评价。有一种看法认为，这种横向移植式的文论发展是失大于得，所导致的严重后果是使中国文论患了"失语症"，既没有真正切实地讨论中国文学问题，也不能用中国文论自己的理论话语加以言说，因此无法对中国人自己的文学经验进行有效阐释，也难以对当下的文学实践形成有益的引导。有鉴于此，他们开出了"中国古代文论现代转换"的药方，试图通过复归和承传中国文论的既有传统，来疗救当代中国文论"失语"的病症。而另一种看法则认为，所谓"失语症"的判断是不能成立的，应当说近百年来对外国文论的引进和借鉴是有得有失，总体上是得大于失。如果没有这种理论借鉴，就不可能实现中国文论的现代转型，也不可能形成中国文论的现代传统。如果说当代中国文论确实存在某些弊端，不能适应当代文学实践发展的要求，除了对西方文论话语的生搬硬套之外，更重要的原因还在于，不能真正面对当代中国的社会和文学现实，不能针对这些现实问题给予切实有效的回答。对于这样的现实问题，仅仅在文论话语的层面上寻找原因，以及企望通过某种文论话语转换来寻求解决之道，恐怕是难以奏效的。时过境迁，如今看来，当年那场论争持续时间不短颇为热烈，确实反映了文艺理论界普遍存在的困惑与焦虑，但从理论探讨的成效来看，却并没有解决多少实际问题。在此后的文论发展中，有些问题反而显得更加突出，比如照抄照搬西方文论的问题，文论研究脱离当下社会和文学现实的问题等，都并没有得到根本改变。

二是 21 世纪之交关于当代文论"反本质主义"问题的讨论。可以说这个话题本身就是从当代西方学界直接引入的，只不过它所针对的是当代中国文论的现实。这里的核心问题是：当代中国文论是否陷入了"本质主义"误区？是否需要引入西方"反本质主义"的理论观念和思维方式来加以批判反思？有一种观点认为，当代中国文论最根本的弊端就是本质主义，不仅新时期之前的文论是本质主义的，而且新时期以来当代文论的变革重建，也仍然没有走出本质主义的理论误区，因此在根本上还是比较僵化封闭的，不能反映当代文学开放多元发展的事实，也不能回应当下现实变革的要求。他们所提出的应对之策，便是引入西方反本质主义的理论观念和思维方式，有针对性地加以批判反思，然后走向建构主义、关系主义抑或别种新思维的理论重建。与此同时，则是主张面对后现代文化蓬勃发展的现实，把过去模式化的文学研究引向开放性的文化研究，从而走出文论与文学研究的当下困境。也有另一种看法认为，所谓本质主义与反本质主义不过是人为构设的一种对立，随意把别人的某种理论学说宣布为"本质主义"加以讨伐，是颇为轻率和不负责任的。如果用有些学者所倡导的历史性、地方性和语境化、事件化的思想方法来看待，那么过去的一些文论形态，即便是一些被视为"本质主义"的理论学说，在一定历史条件下也并非没有一定的道理和历史合理性，理应去追问和分析它在那个历史阶段，何以会形成那样的理论，以及它的历史合理性和历史局限性何在，从中获得历史的借鉴和启示，而不是简单化地给它贴上"本质主义"标签，粗暴地把它完全否定掉。问题还在于，当今是否还有必要进行文学本质论研究？避开此类问题是否更有利于对文学活动的认识理解？如果要重新寻找和说明文学本质，又怎样才能不被后人当作"本质主义"来加以清算？还有，把文学研究引向文化研究之后，就能找到它应有的出路和前途吗？这些问题也仍然没有谁能给予确切的回答。[①] 如今人们普遍的感觉是，经过这样一场讨论之后，长久困扰学界的一些基本理论问题不仅没有得到澄清，反而被搅得更加迷糊了；文论界的困惑与焦虑不仅依然存在，而且比以往更加严重了。

[①] 赖大仁：《文艺学反本质主义：是什么与为什么——关于文艺学反本质主义论争的理论反思》，《华中师范大学学报》（人文社会科学版）2014年第3期。

三是近年来越来越引起关注的有关"强制阐释论"问题的讨论。这个问题看上去主要是针对当代西方文论的缺陷提出来的，但并非与当代中国文论无关。因为如前所说，当代中国文论一直是紧紧追随西方文论寻求新的发展，无论是得是失都无不与其本源休戚相关。在有些论者看来，长期以来我们文论界对当代西方文论过于迷信和盲从，似乎它总是最现代和最先进的理论形态，好像我们离开了西方文论的引领就找不到自己的方向，就不知道应该怎样进行文学研究。然而，当代西方文论本身实际上存在着根本缺陷，其中最突出的问题，就是脱离文学实践和文本实际，按照某种主观化的理论预设，或者场外征用其他学科的某些理论范式，对文学进行主观随意的"强制阐释"，根本无视文学本身的基本特性和意义价值。对于这种弊端理应要有清醒的认识，不应盲目追逐。① 实际上，当代西方文论中存在的这种缺陷，已经不可避免地对当代中国文论产生了相当程度的影响，问题只在于我们能否正视这种现实，并自觉进行理论反思。由此而来，需要进一步思考和探讨的问题是，我们还要不要继续引入和接受西方文论？究竟应当如何对待西方文论的影响？以及当代中国文论应当走什么样的发展道路？这也许可以说是一个比如何认识评价当代西方文论更为重要也更值得关注的问题。从当前学界讨论的情况来看，仅就如何认识评价当代西方文论而言，也仍存在各种不同的看法，而对于当代中国文论应当如何发展，可能就更是莫衷一是。从这些争论中仍然可以看出，当代文论界的困惑与焦虑依然存在，甚至可以说有增无减。

二 对当代中国文论面临问题的理论反思

倘若如上描述分析不无根据，那么值得进一步反思的问题就是，当代文论界的焦虑与困惑根源何在？或者说，这究竟是一种什么样的

---

① 参见张江《当代西方文论若干问题辨识——兼及中国文论重建》(《中国社会科学》2014 年第 5 期)、《强制阐释论》(《文学评论》2014 年第 6 期)。

焦虑和困惑？在哪些方面突出地表现出了这种焦虑和困惑？在笔者看来，问题的根源始终在于，究竟应当如何建立当代文论的理论自觉和理论自信，以及当代文论应当如何面对当代文学实践，建构能够呼应时代要求的文学观念和理论范式，能够对当代文学现实做出切实有效的理论阐释和评价分析，能够切实介入文学实践从而起到应有的价值导引的作用。

近年来，"当代中国文论话语体系重建"问题被再次提出来，无疑跟以上所说的理论背景有关，这的确是一个值得认真讨论的问题。然而，理论重建的前提，是应当对当代文论所面临的问题进行必要的理论反思，首先重建理论观念，并找到重建的理论基点。具体而言，联系上面所做的探讨，笔者以为目前值得着重反思和探讨的，主要有以下几个方面问题。

第一个问题："后理论"时代理论何为？理论的功能是重在解构还是建构？彼此构成怎样的互动关系？当今时代文学理论还有建构的必要与可能吗？美国文论家乔纳森·卡勒在《文学理论入门》中专章讨论了"理论是什么"的问题，他的简要回答概括了四点：第一，理论是跨学科的，是一种具有超出某一原始学科的作用的话语。第二，理论是分析和推测。它试图找出我们称为，或语言，或写作，或意义，或主体的东西中包含了些什么。第三，理论是对常识的批评，是对被认为自然的观念的批评。第四，理论具有自反性，是关于思维的思维，我们用它向文学和其他话语实践中创造意义的范畴提出质疑。① 在他看来，理论最重要的特质与功能是"自反性"或反思性，特别是对常识的批评。从他的一些具体论述来看，也可看出他所强调的更多是解构性反思。对于文学理论而言，这种解构性反思当然也是必要的。过去时代传承下来的各种文学理论，显然是那个时代的人们面对当时的社会现实和价值诉求建立起来的，肯定会有它的历史局限性，后人不可能全盘接收拿来就用，理应对它进行必要的怀疑乃至批

---

① ［美］乔纳森·卡勒：《文学理论入门》，李平译，译林出版社2013年版，第16页。

判性反思。然而问题在于，当今的文学理论是否也需要面对当代的社会和文学现实，以及当代人的价值诉求来进行建构，从而适应当今时代的发展要求？对于这个方面的问题，解构主义理论家们则似乎并不关心。毫无疑问，理论的解构与建构是相辅相成彼此互动的，缺少怀疑反思精神的理论建构很难说是真正自觉的；反过来说，没有建构性价值诉求的所谓解构反思也将是盲目和没有多少实质性意义的。解构过度而建构不足，很容易导致理论功能的迷失。当代文论无论如何也回避不了面对现实要求进行建构的问题，至于如何建构，站在什么样的理论基点上建构，则正是需要加以讨论的问题。比如，对于文学本质论问题的探讨，一方面有必要对过去时代的理论观念嬗变进行历史梳理和反思，另一方面也需要对此做出当代人的探讨和回答，建立当代人应有的文学观念、价值理念和审美理想。这种理论探讨与建构，确实如有些人所说，未必要一味去追问和解答文学的终极本质何在，但至少有必要回答当代人应该如何来理解和对待文学的问题。在这种探讨之中，实际上又无法回避文学的终极价值追求问题，否则就谈不上文学价值理念与审美理想的建构。从体、用合一的观点来理解，文学本质观念与文学价值观念之间的内在联系，也仍然是值得我们深入思考和探讨的基本理论问题。

第二个问题：当代文论所要面对的研究对象是什么？面对当代中国文论的现实进行反思，也许可以说，文论界普遍存在的焦虑与困惑，在很大程度上关乎文学研究的对象问题，或者说是根源于研究对象的迷失。有论者指出，从19世纪末到20世纪后期，西方文论的发展经历了从"以作者为中心"到"以文本为中心"再到"以读者为中心"三个重要阶段，此后以现代主义特别是解构主义的兴起为标志，当代西文论总体放弃了以作者—文本—读者为中心的追索，走上了一条理论为王、理论至上的道路，进入了以理论为中心的特殊时代。其基本标志是：放弃文学本来的对象；理论生成理论；理论对实践加以强制阐释，实践服从理论；理论成为文学存在的全部根据。这样一来，就成了一种没有文学的"文学理论"。[①] 这种情况不仅在西

---

① 张江：《理论中心论》，《文学评论》2016年第5期。

方文论中成为突出问题,而且受其影响,在当代中国文论中也同样比较严重。此外还有另一种情况,就是由于当今时代文学本身不断泛化发展,与各种大众消费文化包括图像文化、网络文化等混杂在一起,远不像过去的文学那样纯粹和引人注目。在这种情况下,加上受西方"文化研究"转向的影响,当代文论也往往转向研究各种泛文化现象或大众文化现象,对文学本身却并不怎么关注了,或者说对文学关注的热情大大降低了,这就在一定程度上带来了研究对象的迷失。其结果是文学理论变得不伦不类,变成某种泛文化理论,导致文学理论自身的"身份"迷失。或者也有研究者热衷于阐释某些边缘化的文学现象,把所谓便条改做的诗,车祸报道分行排列而成的诗,甚至列车时刻表之类,也都作为文学对象来进行所谓"文学性"的理论阐释。这种做法不仅无助于说明文学区别于其他事物的根本特性,反而更容易模糊对于文学性问题的认识理解,甚至有可能导向对于真正文学性的消解。① 笔者以为,文学理论应当以公认的经典或优秀的文学作为主要研究对象,在此基础上建立基本的文学观念,确立应有的文学价值导向,这样才有助于文学事业良性发展,使文学在当代社会文明进步中发挥应有的作用。

第三个问题:当代文论应当研究什么样的问题?是否需要重新梳理当代文论所要着重关注和研究的基本问题?一段时间以来文论界普遍存在的焦虑情绪,突出地表现为过度追求所谓"创新",过度强调所谓理论研究的"前沿性"。在有些人看来,过去文学理论着力研究的一些基本问题,如文学本质论、文学价值论、文学本体论、文学主体论、文学审美论,以及文学与政治、文学与道德、文学与意识形态,乃至曾经极为热烈讨论的"文学性"等问题,似乎都早已过时,没有什么可谈论的了。当代文论要追求创新,就要努力搬弄出一些前人没有谈论过的话题来,似乎这样才能体现学术研究的前沿性。如此盲目追逐的结果,恰恰容易导致当代文论所要研究问题的迷失。应当说,理论研究要注重创新和前沿性本身并没有错,而问题在于,什么

---

① 赖大仁:《反向性强制阐释与"文学性"的消解——兼对某些文学阐释之例的评析》,《文艺争鸣》2015 年第 4 期。

样的研究才是真正的理论创新和前沿性？在笔者看来，当代文论的创新探索主要有两种情况：一种情况是，当代文学实践得到新的发展，有许多新的问题需要提出来研究。比如，在市场经济和文化产业化条件下文学发展所面临的问题，大众文化潮流中文学发展所面临的问题，新媒体时代文学发展所面临的问题等。另一种情况是，当代文学实践的新发展，对一些文学理论基本问题提出了新的挑战，需要进行与时俱进的研究探讨，做出呼应当今时代要求的新的回答。对于如上所述一些文学理论基本问题，也许可以说，过去的理论研究所形成的一些理论观点或文学观念，或许存在某种历史局限性，可以认为已经过时了，但是这些问题本身仍然存在，并不过时。这些文学理论基本问题在新的时代条件下遇到挑战，也就成为前沿性问题；能够对这些问题做出呼应当今时代要求的新的回答，这也是一种理论创新。然而，当代中国文论界往往跟在西方文论后面，热衷于搬弄谈论一些新潮前沿的问题，如种族、性别、身份、身体、文化符号等，离文学问题相距很远甚至没有多少关系。主张文学理论的跨界或跨学科研究不能没有前提，这个前提就是以文学为本体，是着眼于对文学问题的研究，否则，对所要研究问题的迷失，也就必然导致文学理论的自我消解。当今提出"当代中国文论话语体系重建"，也理应对当代文论的基本问题进行系统梳理，确立所要研究的主要问题及相关问题，然后才谈得上有针对性的创新探索和理论重建。

第四个问题：当代文论研究的价值功能与价值目标何在？文学理论研究要向何处去？它又要将文学研究和文学实践引向何方？通常说"文学是人学"，是关乎人的生命意义和精神价值的审美活动。同样，对文学的研究包括文学理论在内，也应该是与文学的意义价值追求相一致的。当然也应该承认，文学还是一种语言艺术，它有艺术表达的文学性问题，同样，文学研究也要注重对文学性问题的研究，包括语言学、修辞学、叙事学、符号学的研究等。但是，从根本上来说，语言艺术是服从于人学与审美的，文学性也是服务于文学的生命意义和精神价值表达的，同样，对文学性问题的研究，包括语言学、修辞学、叙事学、符号学的研究在内，也应当是以阐释文学的人文意义和审美价值为前提、出发点和归宿的。然而，从西方形式主义文论研究转向开始，却把文本的"文学性"作为研究的中心，将注意力集中在语言学、修辞学、叙事学、符号学的研究上。这种偏向也在相当程度上影响了当代中国文论的走向。在一些人的观念中，文学创造就成了如何摆弄语言结构的一门"技术活"，文学研究也就主要是语言学、修辞学、叙事学、符号学的问题，文学理论成了某种专门化的"知识"，文学理论研究也被看成是一种"知识生产"，如此等等。在这种理论观念的转变中，文学的人文意义和审美价值，也就在不知不觉中被淡忘或者被遮蔽了。这不仅仅是文学研究问题的误置，更是文学价值目标的迷失。从文学理论的价值功能而言，它不只是理论本身的自说自话和自娱自乐，也不是在文论系统内部的自我循环式知识生产，而是要对文学实践发生影响的理论创造活动，它应当有利于促进文学实践的良性发展，导引文学在当代社会文明进步中发挥应有的作用。如果是这样，文学理论本身就需要有自己的价值信念、审美理想和文学信仰，否则，就会缺少理论应有的思想力量，也难以对文学实践起到积极促进和引导的作用。在当下文学实践本来就陷于多元混杂价值迷失的情况下，倘若文学理论不能进行积极的价值引导，反倒自身陷于价值迷误形成误导，那就是一种更大的失误。还有一个问题是，文学理论研究不只是要说明文学事实如何，更要回答文学应该如何。因此，就不能仅限于对当下文学事实做"实然"性的、"存在即合理"式的分析研究，而是还有必要引入"应然"的价值维度，进行更高层次的理论观照与价值评判，建立应有的符合时代要求的文学价值理念和审美理想。在这方面，新时期初至20世纪90年代中期这个阶段，在现实主义复归论、文学审美论、文学主体论、新人文精神论、新理性精神论等理论建构中，可以明显看到这种价值目标追求。然而在90年代中期以后，这种价值目标追求则是明显地弱化了。对此显然值得认真反思，并且理应在当代中国文论话语体系重建中得到重视和强化。

第五个问题：当代文论研究，特别是当代中国文论话语体系重建，是否需要一定的理论资源为依托？以及应当依托什么样的理论资源？应当说，这个问题在"失语症"和"强制阐释论"等话题的讨论中已经被凸显出来了，但是并没有得到认真的研讨和回答。从抽象的原则意义上说，中国传统文论、西方文论、马克思主义文论的理论资源无疑都是需要的，然而一旦具体化，却实际上面临着很多复杂问题。中国古代和现代文论本来是我们的传统，理应得到传承，但究竟如何传承并没有得到具体落实。"失语症"问题讨论中曾提出过"中国古代文论现代转换"的命题，也得到了学界的热烈呼应，从总体上看，好像还是宏观层面上的原则性问题讨论居多，而在具体的理论观念、范式、方法、话语的层面上，如何进行现代转换，如何与当代文论研究的具体问题对接，并且如何在当下的文学研究中实际运用，却似乎并没有得到切实推进。还有中国现代文论，究竟是过于移植外国文论已经"失语"了，还是在借鉴外国文论资源的基础上形成了现代文论新传统？当代文论话语重建能否完全抛开这个传统，其中有些什么样的经验教训值得总结？对这些问题文论界的看法仍然分歧很大。为什么会是这样的情况，无疑值得反思。马克思主义文论本来是极富于革命性和批判精神的理论资源，而且具有极为丰富深刻的人学价值内涵，非常有助于我们的当代文论建构。然而在当今复杂的社会文化语境中，它或者被神圣化、原则化或"指导思想化"而高高悬置，并没有把它的思想灵魂真正注入到当代文论的价值理念中去；或者被一些人有意无意地贬抑排斥，或者被一些人严重误读扭曲，并没有得到真正合理而有效的阐发和运用。所有这些都容易使它陷入脱离实际的更大困境，这同样值得认真反思。① 在新时期以来的文论变革发展中，对西方文论的接受影响无疑是最大的，然而究竟孰得孰失？在当今以"强制阐释论"为命题对当代西方文论的弊端进行质疑批驳的背景下，对西方文论还应该怎么全面认识？其中还有没有积极可取并值得我们继续学习借鉴的东西？这是需要我们理性面对的。对于当代西方文论中那些明显给我们带来误导和不利影响的东西，学界正在进行批判清理，这无疑是必要的。但从正面的意义来看，西方文论中究竟还有哪些东西是有价值的，是可以作为理论资源在当代中国文论话语体系重建中合理地加以借鉴和吸收的？这同样有必要进行一番

---

① 赖大仁：《马克思主义文论研究的当代困境与理论反思》，《学术月刊》2016年第10期。

清理和讨论，力求能形成一定的共识。目前学界这方面的讨论显得相对比较薄弱，与对其弊端的质疑批驳相比，这种建设性的清理和讨论可能难度更大，人们的顾虑和困惑也会更多，但无疑也显得更为重要。在这里，仅仅强调"批判借鉴"的抽象原则并不能解决实际问题，这也正是当下的现实矛盾之所在。

总之，只有对以上所面临的这些问题进行必要的理论反思，重新建立应有的理论自觉和理论自信，才有可能真正走出当代文论研究的当下困境，在新的理论基点上寻求新的理论重建。

中国的文学理论往何处去[*]

聂珍钊^{**}

一 西方理论一统天下

自改革开放以来，西方文学理论对中国学界的积极影响毋庸置疑，其促进了中国文学理论研究的繁荣，推动了中国文学理论研究的发展，对中国文学理论建设产生了极大的推动作用。但是，我们也看到，随着大量西方学术著作的翻译出版，西方文学批评理论备受关注，历史与传记批评、新批评、形式主义、结构主义、解构主义、精神分析、原型批评、新历史主义、读者反应批评、女性主义批评、马克思主义批评、后殖民主义以及后来出现的文化批评、生态批评等批评理论蜂拥而至，逐渐占据了中国的文学理论阵地，而我们对西方文学领域的各种主义、思潮、观念耳熟能详，几乎是全盘接受。人们对西方的理论趋之若鹜，把中国学术的繁荣寄托在西方学者尤其是那些声名遐迩的学者身上，把他们的理论奉为圭臬。西方的新术语、新概念逐渐被我们掌握，变成了理论思维中不可缺少的工具。

随着西方理论主导话语的不断加强，中国的文学理论研究在改革开放的大潮中不是向西方打开一扇窗户，也不是打开两扇大门，而是拆除了藩篱、推倒了围墙，我国学术界几乎变成了西方文学理论一统天下。中国学者偶尔也会发出自己的声音，不过只是零星半点，很快

---

* 本文原刊于《东北师大学报》（哲学社会科学版）2016 年第 6 期。
** 作者单位：华中师范大学文学院。

就被西方理论的强势话语淹没了。可以说,西方的文学理论已经深深融入了我们的学术研究中,在文学观念、概念和术语等方面,我们差不多失去了自我,几乎无异于美国人、英国人、法国人、俄国人,因为西方理论已经把我们的思想改变成了西方人的思想。时至今日,这种状态并未从根本上得到改变。

二 西方文学理论的弊端

文学理论与批评研究西方化带来的负面影响日益明显。早在2004年,我曾指出我国的文学理论与批评研究存在的问题是脱离文学、生搬硬套和故弄玄虚以及拒绝自己的传统。[①] 在西方文学理论与批评影响下,中国学界出现的一些现象不能不让人深感忧虑。一些人忘记了追求学术真理的崇高目标,陷入理论自恋、命题自恋、术语自恋的自我陷阱中不能自拔。他们轻视对文本的阅读与阐释、分析与理解,只注重对某个文化命题、哲学尤其是美学命题的求证,热衷于在西方理论基础上建构文化思想或某种理论体系,或强调对某个理论术语的自我理解,主观阐释,坚定地捍卫西方理论的标签和旗号。[②] 文学理论与实际的脱节必然肢解文学作品,用时髦的话说,解构、消解或消费文学作品。总之,文学理论放弃了必须建立在文学文本基础之上的最基本原则,文学理论似乎不是用来解释文学的,相反离文学愈来愈远。在西方理论的引导下,文学的伦理价值被忽视,文学的教诲功能被曲解,文学研究变成了纯文化的、美学的、哲学的抽象分析。尤其是文学理论通过强调文学审美的主观的、非功利的特性,消解了文学的伦理属性,因而文学理论的研究"表现出伦理缺场的总体特征"[③]。

时至今日,文学理论与批评中出现的这种倾向并没有真正得到改变,中国的文学理论仍然在自我束缚中横冲直撞,无法从西方理论的

---

① 聂珍钊:《文学伦理学批评:文学批评方法新探索》,《外国文学研究》2004年第5期。
② 聂珍钊:《关于文学伦理学批评》,《外国文学研究》2005年第1期。
③ 聂珍钊:《文学伦理学批评:基本理论与术语》,《外国文学研究》2010年第1期。

藩篱中突围出来。对于中国文学理论存在的问题，有担当的中国学者的忧虑是自然的。张江先生一针见血地指出中国文论研究的弊端："当下，我们面临一个难以解脱的悖论：一方面是理论的泛滥，各种西方文论轮番出场，似乎有一个很'繁荣'的局面；另一方面是理论的无效，能立足中国本土，真正解决中国文艺实践问题，推动中国文艺实践蓬勃发展的理论少之又少。"张江委婉地把中国文艺理论建设和研究的这种现象描述为渐入窘境。

对于中国文学理论中出现的这些问题，目前中国学界开始了比以往更深入、更认真的思考，从过去注重寻找自身的内部原因开始转而从西方文论本身寻找导致这些问题出现的外部因素。张江用"强制阐释"的观点概括当代西方文论"偏离文学"和"主观预设"的基本特征，一语中的，无疑切中了西方文论的要害。他解释说："背离文本话语，消解文学指征，以前在立场和模式，对文本和文学作符合论者主观意图和结论的阐释。"① 张江准确地找到了西方文论存在的致命缺陷，概括了西方文论的弊端。"强制阐释"表明西方文论偏离了正确的方向，导致西方文论逐渐失去活力。

三　中国的文学理论往何处去

显然，"强制阐释"不仅毁掉了西方文论的美好未来，而且也给它在中国学界的健康发展带来了致命伤害。诚如张江所说："在最近三十多年的传播和学习过程中，一些后来的学者，因为理解上的偏差、机械呆板地套用，乃至以讹传讹的恶性循环，极度地放大了西方文论的本体性缺陷。"②

西方文学理论在中国遇到的问题，追根溯源，仍然出在西方文学理论自身。文学理论是关于文学的理论，但文学理论的这个根本属性却被忽视了。文学理论是因为文学而存在的，但文学理论得以存在的这个前提也似乎被人忘记了。文学的根本价值在于其伦理价值，但是

---

① 张江：《强制阐释论》，《文学评论》2014年第6期。
② 同上。

这个价值被所谓审美的价值、解构的价值、阐释的价值等取代了。文学的价值也在于其具有教诲的功能，但是文学的这个基本功能也被读者的主体性审美置换了。文学理论的基本用途就是解释文学，为如何阅读、理解和欣赏文学提供引导，然而它却被一些理论家随心所欲地改造成任其驱使的仆人，或者变成了一种被理论家随意控制的机器装置，不是为解释文学服务，也不是为引导阅读和理解文学服务，而只是承担一些从理论家主观自我中产生出来的命题确认。文学理论故弄玄虚，空洞抽象，疏远读者，自我膨胀，不能不让人忧虑。

仔细分析文学领域那些被人追捧的各种学说，它们是否真如我们以为的那样可以拯救中国的文学理论？或者说它们真的是关于文学的理论？如果作为文学批评理论，它们关于文学的核心观点和方法论是什么？这的确是一个需要我们重新审视和认真反思的问题。从严格的意义上说，文学理论应该是对文学的性质、规律、特点以及分析方法的系统研究。文学理论是用来阐释文学的。以目前广泛流行的女性主义文学批评和生态主义文学批评为例，让我们看看它们是否真的就是文学批评理论。在20世纪后期，美国和欧洲兴起了一场声势浩大的女权主义运动，被称之为以女性性别意识为焦点阐释文学与文化现象的批评理论。尽管女性主义批评已经出版了大量的学术著作，带有鲜明的政治倾向，也有一些突出的观点和术语，如男性中心主义（Androcentrism）、身体政治（Body politics）、情色（Erotic passion）、阴性气质（Femininity）、阳性气质（Masulinity）、同性恋恐惧症（Homophobia）、身份认同政治、身份政治（dentity politics）、父权（Patriarchy）、性别政治（Sexual politics）等，难道这些就真的构建了女性主义文学批评的理论和方法吗？答案可能不是肯定的。生态批评也同样坚持自己的主义和主张，如生态主义（Ecologism）、环境主义（Encironmentalism）、动物福利论（Animal Welfare）、生物中心论（Biocentrism）以及从中国传统中发掘出来的天人合一等思想和观点。这些主义和观点复杂深奥，让人目不暇接，难道这就是生态主义的文学批评理论吗？它们能够有效地用于文学的解释与批评吗？它们显然只是伴随女权运动和生态保护运动而形成的思想、思潮或者观念。它们作为女权运动和生态保护运动的理论也许是合适的，然而要把它们称之为文学理论，总让人感到有些牵强附会。就所谓的女性主义文学批评和生态文学批评而言，其实更多地不是强调文学理论，而是强调研究主题或者研究领域。即使女性主义的或是生态主义的文学批评，也需要从外部寻找有效的方法用于研究女性文学或者生态文学中的问题。

目前流行的许多用于文学研究的理论，大多很难说就是有效的文学理论，其原因在于理论的误用。文学理论的产生不一定要从文学中来，但是一定要到文学中去，既要用于研究文学，又要用于解释文学。精神分析的理论也好，形式主义的理论也罢，只要能够有效地用于文学研究，就是有效的理论。但是，我们现在看到的是其他学科的理论往往不是被用来解释文学，而是被用来进行自我求证，不是为了解决文学问题，而是解决预先自我设置的非文学问题。从总体上看，由于理论远离文学，因此有关文学本身的基本问题，如什么是文学、文学的价值、文学的功能等，不仅缺乏深入的研究，甚至连关注也越来越少了。不同的概念如美学和审美的概念被混淆，从主观推论中产生的观点被滥用，审美的主体性被颠倒，变成了文学的本质，变成了文学的功能。审美的概念并不是美学的专利，完全可以有效地用于文学的研究，然而审美在现实中被严重滥用了。作为人的主观活动的审美甚至被推到了文学理论的顶端，不仅变成了文学的本质，而且也变成了文学的功能。其实，审美就是读者对文学的阅读和欣赏，它只是理解文学的一种方法。审美作为人的一种主观判断能力就是审美主体对审美客体的认识、理解和评价，它在帮助我们认识文学的本质属性和文学的功能方面是不可或缺的，然而审美不是文学的本质，也不是文学的功能，它们是性质不同的概念，既不能等同，也不能互换。

从这里可以看出，中国文学理论建设还面临诸多问题。当代文学理论的西学东渐，打开了中国学者的理论视野，促进了中国学者对文学理论的认识和理解，推动了中国文学理论的建设，其意义和影响不言而喻。但是，当西方理论逐渐成为主导话语并可能在文学领域造成垄断的时候，我们不能不对中国文学理论建设进行检讨和反思。无论对于外国文学研究，还是中国文学研究，检讨与反思的目的是重建中国自己的文学理论与批评。实际上，我们面临的是一种伦理选择，有两条路摆在我们面前。一条路是维持现状，逐渐在影响的焦虑中慢慢习惯西方理论，变成西方文学理论的推手甚至附庸。二是以我为主，借鉴吸收，洋为中用，创新发展，在西方理论的基础上建构中国自己的理论大厦。

在中国改革开放的今天，前一条路显然是走不通的，只有第二条路可走。首先，西方理论并非完美无瑕，也不是无懈可击。只要细心研究就可发现，西方文学理论的瑕疵显而易见，如概念定义不清，学说相互矛盾，理论不能自圆其说。这就为我们自己的理论创建留下了空间。其次，新的文学理论和文学观点是在讨论、争议、质疑甚至是否定中产生、发展和完善的。我们只要大胆地参与其中，就能加强同西方的学术对话，就能为文论的建构和完善做出贡献。第三，我们已经具备了建构自己的文学理论的条件。在30多年的发展过程中，中外之间一直在进行学术的交流和互通，互联网技术的发展，大型数据库的购买和搜索技术的运用，让我们在掌握西方理论方面几乎能够做到与西方同步，过去那种学术信息滞后现象现在已经得到根本改变。学术访问、会议讨论、论文发表和著作出版，使我们已经融进了国际学术共同体之中。尤其重要的是，我们拥有了一大批熟悉中外文学理论而且在研究方面造诣颇深的学者，形成了进行理论自我建构的人才储备和知识储备。因此，建构中国自己的文学理论与文学批评，尽管道路可能是漫长的，但未来必定是乐观的。

深入研究外国文学，研究外国文论，需要坚持正确的态度，既不挟洋自重，唯我独尊，也不缺乏信心，妄自菲薄，而是要正本清源，鉴往知来，吸收精华，去其糟粕，兼收并蓄，为我所用。外国文学研究的最终目的是我们自己拿来，舍此便是本末倒置。[①] 陈众议先生有一段话说得好，可以用来结束我这篇小文："站在世纪的高度和民族立场上重新审视外国文学，梳理其经典，展开研究之研究，将不仅有

---

① 陈众议：《当前外国文学研究中的若干问题》，《中国社会科学评价》2015年第2期。

助于我们把握世界文明的律动和了解不同民族的个性，而且有利于深化中外文化交流，从而为我们借鉴和吸收优秀文明成果、为中国文学及文化的发展提供有益的'他山之石'。"① 的确如此，只要我们坚持吸收优秀的外国文学理论研究成果，坚持中学为本，西学为用，建构中国的文学理论是大有可为的。

---

① 陈众议：《外国文学学术史研究——经典作家作品系列总序》，《东吴学术》2011年第2期。

走向中西会通的中国文论
——兼论张江教授"强制阐释论"*

吴子林**

近年来,张江教授提出"强制阐释论",对20世纪以来的西方文论进行了系统的反思,指出其存在"场外征用""主观预设""非逻辑证明"和"混乱的认识路径"等若干缺陷,进而批判了以西方理论为标准,裁剪中国文学实践与经验的研究方式,倡导"全方位回归中国文学实践""坚持民族化方向""外部研究与内部研究的辩证统一"以重建中国文论。张江教授的相关文章先后在《中国社会科学》《文学评论》等刊物发表后,引发了文学批评界、理论研究界的热议,将问题的讨论不断引向深入,成了当下的学术热点之一。本文系由张江教授"强制阐释论"所引发的一些探索性思考,敬请方家不吝指教。

一

张江教授"强制阐释论"的核心,在于对当代西方文论有效性问题的考量,其着眼点则是中国文论乃至中国文化如何开辟榛芜的自身建设问题,而不是一味地为批判而批判。如何准确地评估当代西方文论的基本特征及其有效性?这首先涉及中西方思维方式的差异问题,诸多的隔阂与误解往往由此而生。

---

* 本文原刊于《文艺争鸣》2015年第9期。
** 作者单位:中国社会科学院文学研究所。

第二编　文论重建的理论资源

作为人类内在精神活动的构成与体现方式，文化直接涉及人的存在问题，呈现了人与世界的联系方式；其中，思维方式是文化的一个重要内容，一个民族在创造一种文化的同时，也形成了与之相应的独特的思维方式。与其他文化构成要素比较而言，思维方式具有更大的稳定性和连续性。

在研究中西思维方式之差异时，许多学者都发现"有"与"无"是两个非常重要的概念。[①] 具言之，"有"是西方人认识世界的一个基础，西方人在追求宇宙本体的时候，看重的是有（Being）而不是无，是实体（Substance）而不是虚空。古希腊哲学家巴门尼德第一个提出"有"（Being）这个概念，亚里士多德随后提出"存在"（Substance），"有"和"存在"决定了西方文化发展的方向。后来西方哲学家所提出的一系列概念，如物质方面的原子、微粒、单子、原子等，精神方面的理式、理念、逻辑、上帝、先验形式等，都基本上没有越出"有"和"存在"的范畴。在中国古代哲学里，最重要的则是"道""无""理""气"四个概念；其中，"道"是根本，"无"则是其核心。在古人眼里，大千世界无不在"道"中，世界不过是"道"变动的产物："道有变动，故曰爻；爻有等，故曰物"。[②] "无"则是"道"的特点和存在方式："道可道，非常道"；"道之为物，惟恍惟惚。惚兮恍兮，其中有象；恍兮惚兮，其中有物"。[③] "道"虽不可见，却无往不是"道"；"道"之循环往复谓之"气"，"理"则是"道"生成变化所遵循的规律。正是在"有"和"无"这两个概念之间，中西方哲学家给我们描述了两个不同的世界："一个实体的宇宙，一个气的宇宙；一个实体与虚空的对立，一个则虚实相生。这就是渗透于各个方面的中西文化宇宙模式的根本差异，也是两套完全不同的看待世界的方式。"[④]

在西方人眼里，世界是一个确定的、可认知的"有"和"存

---

　　① 参阅黄药眠、童庆炳主编《中西比较诗学体系》第三章"中西诗学的哲学背景比较"，人民文学出版社1991年版，第62—92页。
　　② 黄寿祺、张善文：《周易译注》，上海古籍出版社1989年版，第602页。
　　③ 引自陈鼓应《老子注释》，中华书局1984年版，第53、148页。
　　④ 张法：《中西美学与文化精神》，北京大学出版社1994年版，第21页。

在"，人和自然、肉体和精神、物质和意识清晰地区分开来。西方哲学更强调主体性，主客之间是反映与被反映、认识与被认识的关系，主要运用的是理性—逻辑的思维方式。即便是中世纪的基督教神学家在证明上帝存在时，所运用的也是亚里士多德的形式逻辑。世界唯其是确定的，才是可认知的，它才被划分为已知、未知，以激发西方人认识世界的极大热情。

在古代中国人那里，世界并没有分裂成已知和未知两个部分，因为物本身并不重要，重要的是它的功能；在"天人合一"的观念里，人和道是不可分割的，人对道的认识不是将它作为一个对象来研究与审视，而是面向自身的自省。只有认识自我、超越自我，不为小我所蔽，才能进入"天人合一"的境界。为此，中国古代哲学的核心是"成人"问题：儒家的目标在成"圣人"，道家意在成"至人"或"真人"，禅宗则意在成"佛"。在中国思想史上，儒家的思维方法是"比类思维"、道家的思维方式是"意会思维"、禅宗的思维方式是"顿悟思维"；总体而论，华夏美学肯定认知与直觉的统一，但又偏重于直觉这一思维传统，这深刻影响了中国古典美学的发展方向。①

因此，西方的思维方式主要体现为一种"逻辑的可能性"，属于"思辨的智慧"；中国的思维方式则更多体现为"现实的可能性"，属于"存在的智慧"。用现代哲学家牟宗三（1909—1995）的话说，西方的哲学传统是以逻辑思辨为方式，以形而上学知识论的问题为对象，其所用的人的智力是"抽象的解悟"（Anstract understanding）。具言之，"西方的传统哲学大体是以逻辑思考为其进路，逻辑思考首先表现为逻辑定义。……逻辑定义所把握之一物之体性或本质，并不涵有一物之存在：有一物即有一物之体性，但有一物之体性不必涵有一物之存在"。② 因此，"西方的哲学本是由知识为中心而发的，不是'生命中心'的。……读西方哲学是很难接触生命的学问的。西方哲学的精彩是不在生命领域内，而是在逻辑领域内、知识领域内、概念

---

① 参阅韩林德《境生象外——华夏审美与艺术特征考察》，生活·读书·新知三联书店1995年版，第99—103页。
② 牟宗三：《生命的学问》，广西师范大学出版社2005年版，第19页。

的思辨方式中"。① 与之相异成趣，中国文化传统中，不喜欢讲那抽象的死硬的理性，而是讲那具体的情理或事理，即"具体的解悟"(Concrete understand-ing)。"中国文化之智慧，唯在能自生命内部以翻出心性之理性，以安顿原始赤裸之生命，以润泽其才情气，并由之能进而'以理生气'也。"②

可以说，"现实的可能性"（"具体的解悟"）是潜在的"逻辑的可能性"（"抽象的解悟"），它未经严密的逻辑论证，可能不及后者精确、科学、易推广，但大于后者，更为丰富，更具潜力。现代哲学家徐复观说："中国的思想家，系出自内外生活的体验，因而具体性多于抽象性。但生活体验经过了反省与提炼而将其说出时，也常会澄汰其冲突矛盾的成分，而显出一种合于逻辑的结构。这也可以说是'事实真理'与'理论真理'的一致点、接合点。但这种结构，在中国的思想家中，都是以潜伏的状态而存在。"③ 可见，中西两种思维方式之间并非完全对立。智慧是可以产生结果的生命过程，知识则是游离于生命过程的结果。凡属于人类智慧的东西，无论古今中西我们都可以学，不应认为中国思维方式好，就排斥西方；或是认为西方思维方式好，而排斥中国。关键在于，学习时必须加入我们自己的智慧，将它们置于具体的历史文化语境之中，加入我们的生命体验，把它们内在的生命重新点化出来，转变成我们自己的智慧。

正是基于中西方思维方式的差异，我们发现，西方的许多文艺理论是由哲学家们提出来的，他们普遍注重对文学艺术思想的系统阐述，注重这些思想与哲学其他问题（如，本体论、认识论问题和伦理学问题等等）的相互联系；而中国古代的文学艺术思想大多由文学家、艺术家所记述的创作经验组成，虽然零碎而散乱，却具体而鲜活。张江教授指出西方文论有"场外征用""主观预设""非逻辑证明"和"混乱的认识路径"等特征，这些在我们看来是缺陷的东西，

---

① 牟宗三：《生命的学问》，广西师范大学出版社2005年版，第31页。
② 同上书，第29页。
③ 徐复观：《治思想史的方法问题》，载李维武编《徐复观文集》第2卷，湖北人民出版社2002年版，第3页。

在西方人看来则可能是我们所不及的优长。著名科学家爱因斯坦说过："人们总想以最适当的方式来画出一幅简化的和易领悟的世界图像，于是他就试图用他的这种世界体系来代替经验的世界，并来征服它。这就是画家、诗人、思辨哲学家和自然科学家所做的。他们都按自己的方式去做，个人都把世界体系及其构成作为他的感情生活的支点，以便由此找到他在个人经验的狭小范围里所不能找到的宁静和安定。"①

这是西方人典型的一种生存智慧。中国人对于外部世界的感知则更偏重于天人相通式的直觉感悟。如林语堂说：

我喜欢春天，可它过于稚嫩；我喜欢夏天，可它过于骄矜。因而我最喜欢秋天，喜欢它金黄的树叶、圆润的格调和斑斓的色彩。它带着感伤，也带着死亡的预兆。秋天的金碧辉煌所展示的不是春天的单纯，也不是夏天的伟力，而是接近高迈之年的老成和良知——明白人生有限因而知足，这种"生也有涯"的感知与精深博大的经验变幻出多种色彩的调和：绿色代表生命和力量，橘黄代表金玉的内容，紫色代表屈从与死亡。月光铺洒其上，秋天便浮现出沉思而苍白的神情；而当夕阳用绚丽的余晖抚摸她面容的时候，她仍然能够呈现出爽悦的欢笑。初秋时分，凉风瑟瑟，摇落枝叉间片片颤动着的树叶，树叶欢快地舞动着飘向大地。你真不知道这种落叶的歌吟是欣喜的欢唱还是离别的泪歌，因为它是新秋精神的歌吟：镇定、智慧、成熟。……②

这是中国人特有的感知世界的方式，也是一种生存智慧的体现。在中西这两种生存智慧之间，我们实在很难做出优劣高下的判断。

当然，这么说并不意味着中西方的思维方式及其文化不存在各自

---

① [美] 爱因斯坦：《探索的动机——在普朗克六十岁生日庆祝会上的讲话》，《爱因斯坦文集》第1卷，许良英等编译，商务印书馆1976年版，第101页。
② 林语堂：《中国人》，郝志东、沈益洪译，浙江人民出版社1988年版，第308—309页。

的缺陷。西方理论素以所谓的"科学"著称,但西方学者对此作了清醒的反思和批判。如,法国著名哲学家柏格森指出,用语言符号只能得到相对的知识,凭借理性逻辑仅能获得表面的知识,至于"生命意志"的"绵延"——柏格森称之为"唯一的实在"——是无法由逻辑、符号来寻找的。认清了语言、符号的局限之后,柏格森肯定了直觉、悟性的重要。美国当代哲学家 M. 怀特评述柏格森时说:"理性最多也不过是能够在一座预先构造的科学房屋四周'环行',而直觉则有进入这座生命、感觉和经验大厦的高贵特权。"① 德国著名哲学家恩斯特·卡西尔对所谓的"理性"也作过极为清醒的批判:"当人被一种特殊神明的启示开导之后就会发现:理性本身是世界上最成问题、最含混不清的东西之一。理性不可能向我们指示通向澄明、真理和智慧的道路";"有些事物由于它们的微妙性和无限多样性,使得对之进行逻辑分析的一切尝试都会落空"。② 牟宗三也犀利地批评西方理论:"凡以西方那种外在的、观解的思考路数,以及其所派生的一切,来解析中国学问,甚至整个道德宗教的,俱是差谬不相应。……凡是那种外在的、观解的思考路数所决定的学问,对于人性俱无善解。因此,不能知性尽性,即不能开价值之源,树立价值之主体。"③ 然而,不少中国学人茫然不知西方思维方式的先天性缺陷,盲目崇拜、追随西方理论,"偶尔着研究自己的文化时,常不敢堂堂正正地面对自己所处理的对象,深入到自己所处理的对象,而总是想先在西方文化的屋檐下找一容身之地"。④ 难道不是这样吗?

在一次学术访谈中,高建平谈到,西方分析美学致力于对艺术批评的概念进行分析,与直接的艺术现象处在一种较为隔膜的、间接的状态。当代美学则在进行一种转向,重新关注社会文化的一些现实问题,比如关于现代艺术中出现的问题,环境中出现的问题等。实际上

---

① [美] M. 怀特编著:《分析的时代——二十世纪的哲学家》,杜任之主译,商务印书馆1981年版,第62页。
② [德] 恩斯特·卡西尔:《人论》,甘阳译,上海译文出版社1985年版,第18、20页。
③ 牟宗三:《生命的学问》,广西师范大学出版社2005年版,第25—26页。
④ 徐复观:《中国艺术精神·自序》,广西师范大学出版社2007年版,第3页。

是美学这个学科本身在现代社会中经历着更新。分析美学帮助人反省自身的经验、思考和激情,中国美学必须经受分析美学的"洗礼"。因为没有这一"洗礼",学术界在概念使用上,缺乏语言的自觉,美学讨论的学术水平得不到提高,中国美学就不能向上走一格,使美学更像一门学问。为此,高建平试图在中国材料的基础上建构一种与西方思想有着对话性的中国理论,以补充和发展西方已有理论,揭示出西方人由于自身传统而被遮蔽的思想要素。[①] 显而易见,高建平认识到了中国传统美学思维方式的缺陷,而加强美学研究的逻辑分析,并融通中西以彰显中国美学理论的现代价值。

二

现代使用的"理论"(theory)一词的近亲分别为拉丁文 theoria 和希腊文 theoros,既意指内心的沉思与想法,也表示供观众观看的某种景象。从此逐渐演绎为同实践相对的、作为假设和假说的一种思想体系,其作用是对实践提出解释,再由这个意思进一步演绎出代表指向某种规律(law)的东西。在某种意义上,"理论"其实蕴含有作为一种观念表演的意思。在17世纪以来的某些英语语境中,这个词一度甚至与"投机的"(speculative)一词有些暧昧关系。在日常使用中,理论常常可以同"虚假"组合,并同"实用"(practical)的概念相对照。[②] 这表明,理论原本并不具有颐指气使君临天下的权势。法国思想家埃德加·莫兰强调说:"一个理论不是认识,它只是使认识可能进行的手段;一个理论不是目的地,它只是一个可能的出发点;一个理论不是一个解决方法,它只是提供了处理问题的可能性。换句话说,一个理论只是随着主体的思想活动的充分展开而完成它的

[①] 刘大先:《中外交流中的美学寻求——高建平研究员访谈录》,《文学教育》2007年第6期。
[②] [英]威廉斯:《关键词》,刘建基译,生活·读书·新知三联书店2005年版,第486—490页。

认识作用，而获得它的生命。"①

从不同的理论视角切入，西方理论家参与到文学艺术的批评，他们一方面对文学艺术作品有着丰满的感性体验，另一方面又表现了某种理性的澄明与超越。如，海德格尔对凡·高著名油画《一双农鞋》的著名阐释：从鞋具磨损的内部那黑洞洞的敞口中，凝聚着劳动步履的艰辛。那硬邦邦、沉甸甸的破旧农鞋里，聚集着那寒风料峭中迈动在一望无际的永远单调的田垄上的步履的坚韧和滞缓。鞋皮上粘着湿润而肥沃的泥土。暮色降临，这双鞋底在田野小径上踽踽而行。在这鞋具里，回响着大地无声的召唤，显示着大地对成熟的谷物的宁静的馈赠，表征着大地在冬闲的荒芜田野里朦胧的冬冥。这器具浸透着对面包的稳靠性的无怨无艾的焦虑，以及那战胜了贫困的无言的喜悦，隐含着分娩阵痛时的哆嗦，死亡逼近时的战栗。②

美国艺术史家梅叶·夏皮罗通过考证，认为凡·高所画的鞋子并不是农妇的鞋子，相反，它们是城里人的鞋子，具体地说，就是凡·高自己的鞋子。德里达还告诉我们，凡·高所画的鞋子甚至不是"一双"。③ 假如这一切都符合事实，那么，我们能不能由于这"一双农鞋"是"假"的，就推导出海德格尔的这一阐释是"无效判断"呢？问题可能没有这么简单，因为，《一双农鞋》是一个艺术作品，并非一件实物。

当文献学证明特洛伊战争中的海伦属于误传幻象、真实历史中的海伦当时在埃及时，德国著名马克思主义哲学家恩斯特·布洛赫（1885—1977）对于"荷马史诗"所蕴含的文学精神经验作了超越实证的诗意阐释：这件事情的真正深刻之处在于，特洛伊的或者说幻影的海伦比埃及的海伦更为优越，因为前者在梦中活了十年，并使梦想真正获得了实现。这是不能完全由后来的真正现实所取消的；……只

---

① ［法］埃德加·莫兰：《复杂思想：自觉的科学》，陈一壮译，北京大学出版社2001年版，第270页。
② ［德］海德格尔：《艺术作品的本源》，载《林中路》，孙周兴译，上海译文出版社1997年版，第17页。
③ 参阅陆扬主编《20世纪西方美学经典文本》第2卷，复旦大学出版社2000年版，第414页。

有特洛伊的海伦而不是埃及的海伦和军队一道行军,只有她使她的丈夫度过十年苦苦的徒然思念的岁月,使他备尝痛苦与又恨又爱的感情,使他背井离乡地度过许多夜晚,尝尽艰苦的军营生活,急切地盼望胜利。……砝码已经被轻易地互换了一下:在这个迷惑混乱之中,同一个罪恶的、受苦的但主要是有希望的世界连接在一起的、幻想出来的特洛伊的诱人的女妖几乎是唯一的现实,而现实倒几乎变成一个幻影。①

海德格尔对凡·高《一双农鞋》艺术魅力的揭示亦应作如是观。海德格尔说:"走近这作品,我们就突然进入了另一个天地,其况味全然不同于我们惯常的存在。"② 换句话说,这幅画向每一个观看者敞开了一种本真的生存,它真切表明了农妇劳作的艰辛与生活的勤劳,呈现一个农妇或农民的生活世界。因此,在有形的艺术品之中,实际存在着一种无形的东西,这种东西常常通过我们内在的生命冲动表现为一种精神性的现象,充盈于天地之中,并借助艺术家之手被赋予了生命,最终作为"存在"的"去蔽"显现于艺术作品之中。

可与海德格尔、布洛赫的上述经典阐释相媲美的,是精神分析大师弗洛伊德对列奥纳多·达·芬奇《蒙娜丽莎》的"蒙娜丽莎微笑之谜"的阐释:蒙娜丽莎的微笑中结合着两种不同的因素,这一思想打动了好些批评家。因此,他们在美丽的佛罗伦萨人的表情中发现了那种支配着女性性生活的冲突的最完美的表现——冲突在于节制与诱惑之间,在于最诚挚的温情与最无情的贪婪的情欲(贪婪地要毁灭男人,似乎他们是具有敌意的存在)之间。

弗洛伊德还引用了意大利作家安格罗·孔蒂的话说:这位夫人在庄严的宁静中微笑着;她的征服的本能、邪恶的本能、女性的种种遗传、诱惑和俘获其他人的意志、欺骗的魅力、隐藏着残酷目的的仁慈——所有这些依次隐现于微笑的面纱后面,埋藏在她的微笑的诗

---

① [德]恩斯特·布洛赫:《希望的原理》第1卷,第201页,法兰克福,1959年版。中译文转引自[英]利·拉贝兹编选《修正主义》,叶寿曾、裘辉等译,商务印书馆1963年版,第204页。

② [德]海德格尔:《艺术作品的本源》,《林中路》,孙周兴译,上海译文出版社1997年版,第19页。

中,……好的和坏的、残忍的和同情的、优秀的和奸诈的,她笑着……①

《蒙娜丽莎》画的究竟是谁?按照意大利作家、画家和建筑师乔其奥·瓦萨里(1511—1574)的说法,《蒙娜·丽莎》的原型是佛罗伦萨银行家弗朗西斯科·德尔·吉奥孔达的第二任妻子——丽莎·吉奥孔达;英国艺术史家伊芙琳·维尔奇博士则认为,《蒙娜丽莎》的原型是当时曼图亚的统治者弗朗西斯科·冈查加的妻子——伊莎贝拉·德斯特;还有人认为是列奥纳多·达·芬奇赞助人朱利亚尼·美第奇的异国情妇——伊莎贝尔·桂兰达,或是一位充满冒险精神的"悍妇"——康丝坦莎·达瓦沃斯。进入21世纪,在米兰州立史料馆,人们发现一份重要档案,其中一份材料与列奥纳多·达·芬奇的终生助手卡普洛蒂有关。材料中有一份绘画清单,在所开列的作品中有一项名称写着"LaJonda"的被划掉,改为"La Gioconda"(意思是"微笑的人"),这个名称是达·芬奇一位已婚模特儿的夫姓,她的本名是丽莎·吉奥蒂尼(Lisa Gheradini)。卡普洛蒂的清单表明达·芬奇可能把这幅杰作留给了她,而丽莎·吉奥蒂尼就是《蒙娜丽莎》的原型。米兰的重大发现证实了500年前瓦萨里的说法。至此,《蒙娜丽莎》画的究竟是谁的问题,已水落石出。② 2012年7月17日,意大利考古学家声称找到了疑似丽莎·吉奥蒂尼的遗骨。2014年2月,研究人员对遗骨做的DNA测试表明,她就是《蒙娜丽莎》的原型丽莎·吉奥蒂尼。

这些关于原型的"考古"式研究,似乎并无助于我们破解《蒙娜丽莎》的"神秘微笑"。1547年,乔其奥·瓦萨里较早留意到《蒙娜丽莎》所呈现的笑容非同寻常:在列奥纳多的这幅作品中,有着一种令人心醉的微笑,那样的超逸,那样的圣洁,此微笑难以捉摸,不可思议,生活中没有比此更具活力的微笑了。③

---

① [奥]弗洛伊德:《弗洛伊德论美文选》,张唤民、陈伟奇译,知识出版社1987年版,第79、80页。
② 参阅胡跃生《细看达·芬奇》,广西师范大学出版社2005年版,第100—103页。
③ [意]乔其奥·瓦萨里:《著名画家、雕刻家、建筑家传》,刘明毅译,中国人民大学出版社2004年版,第235页。

此后 500 多年来，人们对这"神秘微笑"作了形形色色的解读，大致可分实证主义与审美心理两大派系。实证主义派的代表人物是美国哈佛大学神经学家玛格丽特·利文斯通教授。她认为，人们之所以感觉《蒙娜丽莎》的微笑扑朔迷离，原因在于一种视觉系统的工作原理。根据视觉系统的工作原理，我们分别通过中央区域和外围区域来看外部世界。中央区域负责最强烈的视觉刺激，使我们具备看到色彩的能力，最适宜辨别细节，却不适宜识别影子；而外围区域获取辅助视觉，专门负责感觉黑白、阴影和运动。当人们凝视一副面容，视觉中心往往集中在眼睛上，精确度较低的外围视觉则集中在嘴上。由于外围视觉对细节比较迟钝，而"乐于接受"来自画面人物颧骨的阴影，使整体趋于模糊，强化了蒙娜丽莎笑容所涉及的阴影。一旦凝视蒙娜丽莎的嘴，中心视觉就很难看见阴影，便看不到她的笑容了。利文斯通还对《蒙娜丽莎》作了扫描，并用电脑对扫描结果进行处理，重现图像但是过滤掉了阴影，图像的每个细节都很清楚，但再看人物时微笑就不易看到了；但若把阴影再次加强，微笑便会再次浮现出来！

　　实证主义阐释帮助我们理解真、把握真，体现了科学主义的精神。审美心理阐释则启发我们认识美、欣赏美、懂得美。审美心理派的代表人物是美国耶鲁大学临床外科教授舍温·纽兰，他说：她在笑什么？她是否知道了我们不知道的事情，她怎么会知道文化的想法？这连我们自己都不知道。达·芬奇听见了一般人听不见的声音。我觉得这个微笑表示着：我知道一些你们从来都不知道的事情，我了解你和这个世界，而你却永远也不得而知。这是达·芬奇传达给全世界的信息，同时也有一种夫子自道。所以，我觉得在这幅肖像画中，达·芬奇描绘的是自己，同时绘就了自己一生的故事。

　　审美心理派的专家学者认为，达·芬奇自幼得到的母爱是蒙娜丽莎的微笑之源，母亲那充满神秘和慈爱的微笑深深铭记在画家童年的记忆里，而丽莎·吉奥蒂尼的微笑则唤醒、激活了画家对母亲的微笑的追忆，画家将记忆中的微笑形诸画笔，并结合到了丽莎·吉奥蒂尼的形象上。[①] 不过，在我看来，弗洛伊德的上述阐释似乎要比舍温·

[①] 参阅胡跃生《细看达·芬奇》，广西师范大学出版社 2005 年版，第 103—106 页。

纽兰更有说服力，因为它揭示了《蒙娜丽莎》所表现的历史特征或心理特征。

　　法国艺术史家丹纳指出："文艺复兴是一个绝无仅有的时期，介乎中世纪与现代之间，介乎文化幼稚与文化过度发展之间，介乎赤裸裸的本能世界和成熟的观念世界之间。"① 在丹纳看来，意大利文艺复兴运动瓦解了中世纪以来的信仰，造成道德沉沦的"时代病"，表现为："感官的诱惑太强，幻想的波动太迅速；精神上先构成一个甜蜜的、销魂的、热情汹涌的梦境，至少先编好一个肉感又强又有变化的故事；一有机会，平时积聚的浪潮便一涌而出，把一切由责任和法律筑成的堤岸全部冲倒。"② 另一方面，当我们仔细地研究文艺复兴时期的恋爱道德时，又发现一个鲜明的对比：小说家们和喜剧诗人们使我们了解到爱情只是在肉欲享受，但是，在那些最好的抒情诗人和对话体作家的作品上，我们又看到另一种最高贵的、深挚纯洁的感情，人原来与神合一的古代信念得以复活。换言之，生活的两极：一是世俗的肉欲享乐，乃至通奸、凶杀、猥亵；一是优雅的骑士风度、圣母的仁爱和高贵的罗马精神——二者构成了文艺复兴的时代精神气候，正是这种"情感结构"形成了文学艺术作品的二重性。弗洛伊德对《蒙娜丽莎》的精神分析，由于生动剖示了文艺复兴时期人们的"情感结构"（Structure of feelings），而令人信服！

　　文学艺术有着极大的广延性，它绘制了一幅完整的世界版图，有助于我们建立经验的、文化的连续性和统一感。海德格尔、布洛赫、弗洛伊德等人的批评实践，没有对复杂的精神世界作简约化的处理，而是生气灌注，有光泽，有渗透力。在我看来，这些批评既非"场外征用"，亦非"主观预设"，它们有着独立的精神价值，我们不必拘泥于它们是否符合史实或作者意图。清代诗人袁枚早就说过："作诗者以诗传，说诗者以说传。传者传其说之是，而不必尽合于作者也。……遽谓吾说已定，后之人不可复而发明，是大惑也。"（《程绵庄诗说序》）

---

① ［法］丹纳：《艺术哲学》，傅雷译，安徽文艺出版社1991年版，第160页。
② 同上书，第214页。

三

19世纪以降，西学东渐，西方文化一直以"科学"的面目作为一种真理话语出现，中国学人多唯其马首是瞻，与西方文化思潮亦步亦趋，过分倚重西方现代学术思想或理论，从中寻得某个思想框架以阐释中国文化现象，毫无抵抗地让"中国问题"成为这些理论的现成例证，致使对本土文化丧失了应有的理论把握力和思想原创力。

在《人生之体验》的"导言"里，唐君毅坦言：愈是现代的人生哲学之著作，愈是让人喜欢不起来。何故？这些著作纲目排列整整齐齐，叠床架屋，除了可助教学或清晰些观念性知识，实无多价值；它们不能与人以启示，透露不出著者心灵深处的消息，且足以窒息读者之精神的呼吸。①

因此，有人主张坚守中国文化立场又不抱残守缺，而是有所通变，以对传统学术的"祖述"与"引申"、师承与创新来抵御西方学术的巨大压力。如，1901年，文体学家王兆芳在撰写《文章释》一书时，写了一封信给俞樾，谈到自己写作此书的设想："今者西术与我学争，我若固守专家之师承，而儒道反不振。兆芳以为学通天地人而考道于古圣贤，论道于事物，祖述不摇，引申不已。使我儒道之大，足以括西术之长，而且西术之长，不足抗我儒道之大。若是亦善守师承者乎。"② 坚守中国文化立场自然是必要的，但如果研究只是为了保持或恢复原貌，止步于对古籍的整理、校订、注释，"祖述不摇，引申不已"，这种"通变"仍然是有限的。

法国思想家Frangois Jullien（于连）在《新世纪对中国文化的挑战》一文里提出："在世纪转折之际，中国知识界要做的应该是站在中西交汇的高度，用中国概念重新诠释中国思想传统。如果不做这一工作，下一世纪中国思想传统将为西方概念所淹没，成为西方思想的

---

① 唐君毅：《人生之体验·导言》，广西师范大学出版社2005年版，第3页。
② 王兆芳：《文章释》卷首《遗曲园先生书》，载王水照主编《历代文话》，复旦大学出版社2007年版，第6256页。

附庸。如果没有人的主动争取,这样一个阶段是不会自动到来的。中国人被动接受西方思想并向西方传播自己的思想经历了一个世纪,这个历史时期现在应该可以结束了。"正如王岳川所言,用中国自己的概念来诠释中国的思想传统,一方面可以避免堕入虚假的普世主义的漩涡,另一方面则是以重新检讨过的中国思想光华来丰富世界思想,从而避免陷入民族主义的陷阱。① 为此,首先必须做到准确地理解西方,在中西文化互补、融合中渊远究极,光大、发扬中国文化与学术。

杨义善意地提醒研究者,"对于西方理论的本质和源流、精华和偏枯,都应该尽可能地进行深入的洞察和深入的把握。不下这番工夫而轻率痛斥,难免流于虚妄,但经过深入的洞察把握之后,却不能汲取其精华而跳出其窠臼,不能认识其偏颇而破除其缺陷,则难免流于平庸"。② 那么,我们怎样才能做到准确地理解西方文化,并汲取其精华呢?

第一位享誉全球的演奏家、被世界乐坛誉为"钢琴诗人"的傅聪及其艺术实践,或许能给我们一些有益的启示。1955 年,傅聪获"第五届肖邦国际钢琴比赛"第三名,以及肖邦《玛祖卡》演奏最优奖。评委、意大利钢琴家阿高斯蒂教授对傅聪说:"只有古老的文明才能给你那么多难得的天赋,肖邦的意境很像中国艺术的意境。"评委一致认为,傅聪的演奏"最赋有肖邦的灵魂"。南斯拉夫报纸也曾以《钢琴诗人》为题赞扬傅聪说,在他的"思想与实践中间,在他对于音乐的深刻理解中间,有一股灵感,达到了诗的境界",并说他的演奏艺术,"是从中国艺术传统的高度明确性脱胎出来的。他在琴上表达的诗意,不就是中国古诗的特殊面目之一吗?他镂刻细节的手腕,不是使我们想起中国册页上的画吗"?

傅聪获奖后,曾有西方记者问他:"你是不是完全西方化了才懂得许多?"傅聪的回答是:"不!假如是这样的话,就不需要我了,

---

① 参阅王岳川《中西文论互动与文化输出》,《中外文化与文论》第 13 辑,四川大学出版社 2006 年版,第 90 页。
② 杨义:《文学研究进入二十一世纪》,《文学评论》2000 年第 1 期。

我就不过是你们西方的一个模仿,那就多此一举!……我们中国人……或者也可以说,每一个民族,都可以对另一种文化有所贡献。当然,……一定要自己文化的根扎得很深。因为文化这个东西到了高处,在那个顶上,和那个根上都是相通的,这个在世界上还是大同的,原来就是大同的。"

1946年,诺贝尔文学奖获得者德国作家赫尔曼·黑塞(1877—1962)在收音机里听了傅聪演奏的肖邦之后,激动不已,写下了《致一位音乐家》一文,他说,我所听到的不仅是完美的演奏,而是真正的肖邦。……我可以感受到紫罗兰的清香,马略卡岛的甘霖,以及艺术沙龙的气息。乐声悠扬,高雅脱俗,音乐中韵律的微妙及活力的充盈,全都表现无遗。这是一个奇迹。

他像是出自《庄子》或《今古奇观》之中。他的演奏如魅如幻,在"道"的精神引领下,由一只稳健沉着、从容不迫的手所操纵,就如古老中国的画家一般,这些画家在书写及作画时,以毛笔挥洒自如,迹近吾人在极乐时刻所经历的感觉。此时你心有所悟,自觉正进入一个了解宇宙真谛及生命意义的境界。①

艺术到了最高的境界,是不分畛域的。赫尔曼·黑塞与傅聪,一个文学家,一个音乐家,两人从未谋面,却是灵性上的同道中人,彼此心心相印!

傅聪演奏的是纯西化的钢琴音乐,然而,他是用中国人的心灵来演绎、升华西方音乐的。傅聪是怎么把东方的文化"化"进去的呢?傅聪说:"我并不是故意这么做的!一个人的气质,内心的修养,是无形中存在的。作为一个中国人,我身上有了中国人的文化修养,在演绎西方音乐时,就多了一个角度去理解西方音乐,这给了我一种想象力,或者说我很 Chinese(中国),很特别,像是总有自己的话要说;然而这不是哗众取宠的东西,不是故意加入的,而是无形中存在的。我绝对没有去故意'东方化'或'中国化'。"

傅雷曾写过题为《傅聪的成长》一文,他说:"我和意大利教授一样,认为傅聪这方面的成就大半得力于他对中国古典文化的认识与

---

① [德]赫尔曼·黑塞:《致一位音乐家》,金圣华译,《爱乐》2003年第12期。

体会。"接着又说:"的确,中国艺术的最大特色,从诗歌到绘画到戏剧,都讲究乐而不淫,哀而不怨,雍容有度;讲究典雅,自然,反对装腔作势和过火的恶趣,反对无目的地炫耀技巧。而这也是世界一切高级艺术共同的准则。"傅雷坚信:"只有真正了解自己民族的优秀传统精神,具备自己民族的灵魂,才能彻底了解别个民族的优秀传统,渗透他们的灵魂。"① 1963 年 11 月 3 日,在致傅聪信中,傅雷写道:"真了解西方的东方人,真了解东方人西方人,不是没有,只是稀如星凤。对自己的文化遗产彻底消化的人,文化遗产决不会变成包袱,反而养成一种无所不包的胸襟,既明白本民族的长处短处,也明白别的民族的长处短处,进一步会截长补短,吸收新鲜的养料。"②

傅雷是一个在中国最优秀的传统中植根极深的知识分子,他培养儿子傅聪时,既强调传统文化教育,同时又告诫傅聪应无书不读,博览群书:"像你这样的艺术家,应当无书不读,像 Busoni, Hin-demith 那样";"名家的音乐论著,可以帮助我们更准确地了解以往的大师,也可以纠正我们太主观的看法。我觉得艺术家不但需要在本门艺术中勤修苦练,也得博览群书,也得常常作 meditation,防止自己的偏向和钻牛角尖,感情强烈的人不怕别的,就怕不够客观;防止之道在于多多借鉴,从别人的镜子里检验自己的看法和感受"。③

文化滋养了音乐,音乐从文化中得到了巨大的力量。傅聪既是一位钢琴演奏家,又是一个学问家;他带给听众的不仅仅是音乐上的享受,还有一个古老国度的文化精髓,一种人文主义的广度、深度和高度。1982 年 1 月 20 日,傅聪与华韬对谈时说:你知道吗?我弹肖邦的音乐,就觉得好像自己很自然的在说自己的话。德彪西呢,是我的文化在说话,弹德彪西的时候,觉得感情最放松,德彪西音乐的根是东方的文化,他的美学是东方的,他跟其他作曲家完全不一样。……莫扎特是什么呢?那是我的理想,就是我的理想世界在说话。……舒

---

① 傅雷:《傅雷文集·傅雷谈艺术》,江苏文艺出版社 2010 年版,第 318 页。
② 傅雷:《傅雷文集·傅雷家书》(最新增订本),江苏文艺出版社 2010 年版,第 420 页。
③ 傅雷:《傅雷文集·书信卷》,安徽文艺出版社 1998 年版,第 522、610 页。

伯特像陶渊明，舒伯特的境界里有一些我觉得就像中国知识分子尤其是文人传统上特有的那种……那种对人生的感慨。……像陶渊明关于生死的那些诗，是对人生的一种有哲学意味的感慨，这也是中国文人的传统，在文化上达到了很高的境界。①

在傅聪眼里，西方作曲家的世界，跟中国传统的最优秀文化人的世界，并没有一点点的隔阂，完全相通。为什么会这样呢？同年5月25日，傅聪在台北太平洋国际商业联谊社举行的记者招待会上说：我觉得作为一个中国人——不管你作为哪一国人———定要对本国文化有非常深刻的认识，自己文化的根扎深的话，有了升华，才能更深刻地体会其他民族的文化，这看起来好像很矛盾，其实不矛盾，因为一切文化都有深刻的人民性，是真正地挖掘了这个民族的根、民族的心灵。可是，事实上，所有人类的心灵是相通的，都一样。自古到今，这个世界搞不好，总是为了种族的分别、国家的分别、性别的分别，或者"代沟"—老一代和年轻一代的分别——打得头破血流，却忘了这些分别都是小分别，最大的"同"——都是"人"。②

傅聪自称是音乐的"传道士"，他说：世界上所有的文明，在根子上，在最高点上都是相通的。只不过是生在不同的土壤，那么发展的过程，可能不一样；可是基本上来讲，人类的智慧，全人类的智慧是通的。……他们的世界跟中国传统的最优秀文化人的世界，并没有一点点的隔阂，完全相通。只不过用的语言不一样，可精神本质是通的，都是全人类所追求的一种最高的境界。③

人性到了某种极致，人心相通，人文相通，且自然呈现。与世界上最优秀的灵魂对话，领受其弥漫、渗透作品的灵气和悟性，傅聪自然创造出了属于自己的形象、语言、思想和境界。

在与王蒙的一次对谈中，被誉为"国际汉学大师"的叶嘉莹提出，西方的东西不是不可以用，但一定要把中国的传统弄清楚了以

---

① 傅敏编：《走出家书——与傅聪对谈》，天津社会科学院出版社2005年版，第236—237页。
② 同上书，第198页。
③ 同上书，第44页。

后，才能够真正理解、接受西方的东西。她打了一个比方，一个有血有肉的活人，不管什么营养他都可以吸收，但是，如果本身是死的、僵化的，任你打什么营养的针，吃什么营养的药，也不会发生什么作用。所以，一定要熟悉自己的传统，有一个鲜活的生命；一定要有本身的自己的我们国家民族的文化的根基，然后才可以用人家的东西，也可以吸收人家的养分；如果没有自己的深厚的根基，什么都没有，一无所有，那不过是一具僵尸，是死板的，没有生命的，勉强去跟人家这里偷窃一点，那里摘取一点，只能是牵强附会，这都是盲目的，没有什么好结果的。① 百余年来，我们热衷于学习西方的新理论，但是对于自己国家的古典文化传统却已经相当陌生，这种陌生造成了要将中西新旧的多元多彩的文化加以选择取舍和融会结合时，存在一个重大的盲点，即无法将这些理论和术语在实践中加以适当地运用。②

面对"强势"的西方文化，中国现代学者如果缺少必要的精神支撑，是极易失去自己声音的。鲁迅先生当年力主"以自己为主""自己裁判"和"自立其则"，以摆脱"被描写"的命运，走出一条中国人自己的学术创造之路；倘若缺乏了自强自立，缺乏了现代思想——包括思想方式、情感方式与心理素质——只"不过敬谨接受"，那只会形成双重"桎梏"，最终窒息了自己。傅雷也提出，借鉴外来艺术的要诀是"保持自我""融为己有"。关于前者，他认为，"被外来文化征服而完全抹杀了自己"，是艺术发展到颓唐时代的一种表现。中国优秀的传统文化，对于"数典忘祖"的现代中国人而言，是亟待"补课"的。傅雷与刘抗谈画时说过："不从古典中'泡'过来的人空言创新，徒见其不知天高地厚而已（亦是自欺欺人）。"③ "保持自我"的真义在于，保持"中国人的灵魂，中国人的诗意，中国人的审美特征"，④ "使自己的内心生活丰满、扩实，把自己的人格磨炼、

---

① 参阅王蒙《王蒙文集·谈话录》下，人民文学出版社 2014 年版，第 125 页。
② 《百年词学的文化反思——叶嘉莹教授访谈》，《中国社会科学报》2010 年 3 月 18 日第 5 版。
③ 傅雷：《傅雷文集·书信卷》，安徽文艺出版社 1998 年版，第 310 页。
④ 傅雷：《傅雷谈美术》，当代世界出版社 2005 年版，第 52 页。

升华，观察、实现、体会固有的民族之魂以努力于创造"。①

叶嘉莹少承家学，大学时期受业师顾随熏炙，国学根基深厚，加上又有鲜活、丰富的诗词创作和研究的体验与发现，故对中国文学及其诗学传统有比较全面、深入的理解与把握。立足于中西文化交汇的高度，叶嘉莹自然地将中国诗词之美感特质及传统的诗学、词学与西方现代理论予以参照、对比，并在整理和分析中做出颇具逻辑思辨性的阐发。如，叶嘉莹文学批评理论的核心——"兴发感动说"，便吸纳了英伽登、伊瑟尔、姚斯等人的现象学、接受美学等西方理论资源，而以之统摄文学的创作、欣赏、批评等全过程，使这一学说成为一个富有新意、有着鲜明理论个性和时代特色的中西融合、体系完整的诗学范畴，有力推动了中国传统文论的现代化进程，②真正做到了于连所说的"用中国概念重新诠释中国文论思想传统"。叶嘉莹说："我们重视内心与外物感应的这一点，与西方的现象学也有暗合之处。现象学重视内心主体与外物客体接触后的意识活动。他们所说的主体就是人的意识，我们中国人称之为心。当你的主体意识与外在客体的现象一接触的时候，就一定会引起你主体意识之中的一种活动。所谓现象学就是要研究你这个主体投向客体的时候，你的主体意识的活动。你可以感受，你可以感动，可以是回忆，可以是联想，各种活动都包括在其中了。我们中国所重视的心与物，交相感应的作用就正是相当于西方现象学所说的主体意识与客体外物现象相接触的时候产生的活动。这本来是我们所有的人类、凡是有意识的人类一个共同的意识活动。"③叶嘉莹就是这样用现代化的理论反思证明了中国传统诗学、词学理论的价值，使它们在世界文化的大坐标系中找到了应有的位置。这正如现代考古学家李济所言：

"中国历史是人类全部历史的最光荣的一面，只有把它放在全人

---

① 傅雷：《傅雷文集》艺术卷，安徽文艺出版社1998年版，第251页。
② 可参阅朱巧云《跨文化视野中的叶嘉莹诗学研究》第三章，中国社会科学出版社2008年版，第46—96页。
③ 叶嘉莹：《唐宋词十七讲》，河北教育出版社1997年版，第438页。

类的背景上面，它的光辉才显得更加鲜明。"①

　　傅聪杰出的艺术实践，以及叶嘉莹成功的学术创造表明，我们之所以与西方文化之间存在隔膜，无法理解、吸收西方文化的精髓，除了中西方思维方式的差异，更重要的恐怕还是自身的民族文化之根扎得不深、扎得不稳。因此，"融合中西艺术观点往往会流于肤浅，cheap，生搬硬套"。傅雷说得好："唯有真有中国人的灵魂，中国人的诗意，中国人的审美特征的人，再加上几十年的技术训练思想酝酿，才谈得上融和'中西'；否则，仅仅是西洋人采用中国题材或加一些中国情调，而非真正中国人的创作；再不然只是一个毫无民族性的一般的洋画家，看不出他国籍，也看不出他民族的传统文化。"②

　　置身于新媒介社会，随着电子经验逐渐取代传统的自然经验，一切都被能指化、叙事化，我们生活在片断之中、断裂之中、差异之中，并未能拥有一个共同的整体性生活；表面上一片"扰攘"，内里却相当"荒凉"。面对时代变迁不断甩出来的问题，许多自命不凡、傲慢自负和夸夸其谈的"思想者"，大多是些操弄、贩卖西方假观念（Pseudo-con-cepts）的所谓专家学者；他们总是有意或无意地回避了苦闷、沮丧、挣扎、屈服、无奈的"精神生活"，根本不可能从历史与现实中提取稀薄的、弥足珍贵的某些东西，更不可能积攒起一种令人震颤的、将一切裹挟而去的精神力量。这些专家学者不过熟练掌握了某种"精神致幻术"，所谓经验的整合、生活的整体性想象，由于淤积了诸多文化阻隔而显得芜杂、浮泛、僵硬、无趣；他们所营造的"仿像世界"，由于匮乏丰沛而深厚的质地，以及饱满的生命力和温润的底色，不再让人体悟到灵魂经验的内在性、切身性和超越性，而只能是加剧混乱现实的混乱。以是之故，现代中国学术不乏第一流的丰厚而独特的资源，但第一流的、自成体系的理论创造却并不多见。

　　因此，张江教授提出中国文论建设必须"坚持民族化方向"，一是要回到中国语境，"包括中国特有的历史文化、鲜活的现实经验

---

　　① 转引自岳南《千年学案——夏商周断代工程纪实》"扉页题记"，浙江人民出版社2001年版。
　　② 傅雷：《傅雷文集·书信卷》，安徽文艺出版社1998年版，第29页。

等";二是要充分吸纳中国传统文论遗产,"对中国传统文论遗产进行价值重估和精神接续";'唯有如此,中国未来的文艺理论所发出的,才是中国的声音"。① 这是颇有见地的思想。

那么,怎样才能做到"外之既不后于世界之思潮,内之仍弗失固有之血脉,取今复古,别立新宗",② 也就是在中西之间取得一种平衡,实现真正意义上的中西会通呢?

在中国当代文艺学史上,童庆炳是国内文艺思想自成体系、屈指可数的学术大家之一。数十年来,童庆炳在审美诗学、心理诗学、比较诗学、文体诗学和文化诗学等诸多领域纵横捭阖,卓然自成一学派,并以其深邃的学术思想一直引领着新时期以来中国文学理论潮流和发展。童庆炳指出,在释中华文论著作中提出的观念、体系时,必须克服两种倾向:一是"返回原本",它多承乾嘉恒叮考订之余弊,这种致力于古代文论的校勘、训诂一类"文物考古式"的研究,把古代文论当作博物馆的一堆现成东西来对待,这种工作的意义是极有限的,尚未进入真正研究的层次;二是"过度阐释",即将中国古代文论纳入西方文论的逻辑框架,当作佐证西方文论的材料,消解了中国古代文论原有的、精微的民族个性。为此,童庆炳提出了古代文论研究的"三项原则"。

其一,历史优先原则。这就是要尊重历史史实的本来面貌,对它作真实性的把握;研究古代文论,必须置于具体的历史文化语境中来考察,让它们从历史的尘封中苏醒过来,以鲜活的样式呈现在我们的眼前,变成可以被人理解的思想。

其二,"互为主体"的对话原则。西方文论是一个主体,中国古代文论也是一个主体,要取得一个合理的结论,需要两个主体互为参照系进行平等的对话,盲目的本土主义是不足取的。

其三,逻辑自洽原则。中西文论对话是有目的的,不是为对话而

---

① 张江:《当代西方文论若干问题辨识——兼及中国文论重建》,《中国社会科学》2014年第5期。

② 鲁迅:《文化偏至论》,《鲁迅全集》第1卷,人民文学出版社2005年版,第57页。

对话，而是为了古今贯通、中西汇流，让中国古代文论焕发出青春活力，实现现代转化，自然地加入到中国现代形态的文学理论体系之中。这里的"逻辑"不仅是形式逻辑，更是辩证逻辑；所谓"自洽"，即"自圆其说"，实现古今学理的贯通与融洽。① 童庆炳倡导"中西互证、古今沟通"不是务虚，而是极其务本、身体力行的。童庆炳已出版的《中国古代心理诗学与美学》《文体与文体的创造》《中国古代文论的现代意义》和即将出版的《〈文心雕龙〉三十说》，是这一研究范式的具体示例；它们对中国古代文论诸多核心的范畴和命题作了系统清理，一个一个问题地解决，可谓铢积寸累、足踏实地的研究力作。

  无论是理论还是实践，在我看来，"中西互证、古今沟通"的研究范式都有着非常重要的指导意义。中国古代文论传统博大精深，而传统作为一个民族的"经历物"，是永远不会消失的，它不仅体现在"物"（如文化典籍、出土文物等）的方面，而且凝结于观念和制度之中，并以无意识的状态深藏在人们心里。许多事实表明，中国诸多文化典籍中有很多可贵的东西尚处于"沉睡"状态，以往那种"文物考古式"研究，"因其过于零碎、浅薄，常常流于虚妄。所以这一派人士所作的研究工作，往往是以科学的口号开始，以不科学、反科学的收获告终"。② 牟宗三的批评一针见血："今之治史者，其头脑皆成无色者，其心灵皆成光板者，无性无情，无仁无义，只印上一些事件之黑点。此之谓科学方法之用于史，其结果是治史者不懂史，成为历史意识文化意识之断灭，成为慧命之斩绝。虽曰纵贯，实是横列。他们把历史事件化、量化、空间化，哪里还有纵贯？"③ 牟宗三沉痛地指出："不能通过历史陈迹而直透华族文化生命之源，不得谓能接通华族之慧命。接不通慧命，不得谓为有本之学，其学亦不能大；不得谓为真实之中国人，其为中国人只是偶寄之习气之存在。"④ 因此，

---

 ① 童庆炳：《中华古代文论研究的现代视野》，《东方丛刊》2002年第1期。
 ② 徐复观：《"王充思想评论"序》，见黎汉基、李明辉编《徐复观杂文补编》第一册，"中华研究院中国文哲研究所"2001年版，第476—477页。
 ③ 牟宗三：《生命的学问》，广西师范大学出版社2005年版，第121—122页。
 ④ 同上书，第122页。

研究那些传世文化典籍或出土文物并没有错,问题的关键是,研究者与研究对象的真正相遇,只在于一种生命的沟通;只有一个精神富裕的人,具有足够生命强度的人,才能通过诉诸切己生命的阐释,使传世文化典籍或出土文物所深深顾念的那个世界焕发出生命,在接续传统文化血脉的前提下,"中西互证、古今沟通",将一切人类精神财富尽收眼底,开拓万古之心胸,向人性更高层次的自由不断攀升、超越。

　　正如童庆炳所指出的,文艺理论研究的对象是文学事实、文学经验和文学问题;文艺理论不只是一种对象化的知识性存在,它还对社会、生活、文化、现实等进行反思、判断,其核心归根结底还是人的存在与发展问题。知识、学问是看得见的,境界则看不见,但比看得见的知识、学问更为重要得多。"境界"所涉及的是"人生的意义何在"的问题,以及由此引申的人生应当如何理会当下并超越当下的问题。作为一种人格标志,境界与灵魂一样,都是从皮肉、大脑、心脏里熬出来的东西,岂可预期的简单复制或挪用?为此,每个人都必须在精神上把自我统一起来,由知识到学问到眼光,由人格到风骨到境界,不断超越自己成就新的自我。换言之,只有焕发出经由传统文化长期浸润而形成的韵致与光泽,在与西方理论借鉴、参照、对话乃至对抗的过程中,才能从自己身上生长出整体性把握自己的能力,形成与激荡的现实生活强有力对话的能力,衍生、创造出直逼人的内心世界的新文化,释放出生命的质感、力量感,以"深邃壮大"国人的"精神生活"(鲁迅语)!

用自己的眼光看西方文论
——张江的"强制阐释论"与中国文论建设[*]

王学谦[**]

张江的《强制阐释论》是近年来极为少见的全面反思当代西方文论的论文。文章在充分肯定当代西方文论的独特性和创造力的前提下指出其严重的缺陷，这种缺陷又在中国近30年的传播过程中被极度放大。文章将当代西方文论的缺陷归结为四个方面：场外征用、主观预设、非逻辑证明和混乱的认识途径。这篇论文在2014年底被《文艺争鸣》转载，2015年年初《文艺争鸣》在长春又召开小型专题讨论会，专门讨论张江的"强制阐释论"。与会者各抒己见，对张江"强制阐释论"的各个方面进行了深入探讨。本人也参加了这次讨论会，很受启发。下面就"强制阐释论"谈谈自己的粗浅看法。

一

我以为，张江的"强制阐释论"是20世纪90年代以来日益热烈的关于中国当代文论建设讨论的演进，也是中国社会新时期以来文学发展过程中的自然现象，其背后也隐含着焦躁、激动的民族情绪和学界自我创造的渴望。"文化大革命"结束以后，随着思想解放、改革开放、面向世界的巨大潮流，当代西方文论也大量涌入中国文坛和学

---

[*] 本文原刊于《文艺争鸣》2015年第3期。
[**] 作者单位：吉林大学文学院。

术界。从80年代初期的西方现代主义到80年代中期的方法论大讨论，到90年代以后的后现代主义、女性主义、文化批评、后殖民主义、主体间性、日常生活审美论等，西方各种主义和思潮被大量翻译、介绍，同时也被文学理论界、文学批评界和文学史研究者迅速而广泛地使用。在现代文学史研究和当代文学批评之中表现最为明显。许多新的话题、新的观念都和当代西方文论观念刺激、影响具有直接的关联。到20世纪80年代末期的时候，古典文学也愿意使用西方文论来处理自己的问题。西方某某主义与中国某某文学现象的论著几乎变成了一种普遍的学术范式。在80年代中后期许多人就发现，西方自文艺复兴以来的文艺理论在我们中国差不多又被完整地演绎了一遍。即使在现在，我们也浸泡在西方文论之中，我们的文学观念、方法乃至知识构成也往往深受西方文论的影响。实事求是地说，无论是80年代还是当今中国文学，这种对西方文论、思想的大量学习、借鉴都是必要的，即使是幼稚的模仿也不能完全否定它存在的价值，因为要把异域的文化变成自己的文化需要有一个消化、吸收的过程，不可能拿过来就得心应手、恰如其分。西方文论给我们的文学、文学理论提供了巨大的启发和活力，如果没有这种学习乃至模仿，中国文学也许不会取得今天的成就。这是后发现代性国家的国情所决定的，我们无须讳言。但是，无论是从民族国家的角度来讲，还是从学人个人的治学来说，学习、借鉴西方文论毕竟不是长久之计，也不是最高目的。学习、借鉴乃至模仿最终都是为了创造属于自己的文论，这是一个顺理成章的逻辑。因而，在20世纪90年代以后，国学热逐渐兴起，反思五四的激进主义思潮也应运而生，文化保守主义成为人们关注的一个话题。后来又有大国崛起、中国经验、中国模式等的讨论，这些都在文化上折射出中国社会、文化渴望自身创造、确立民族自我的躁动。1990年黄浩发表《文学失语症》一文反思先锋小说的"失语症"，指出80年代中期以来的先锋小说患上了语言"失语症"，人们将暧昧不清的语言当成了小说的主体语言，从而造成小说语言丧失叙述能力。[1] 90年代中期，古典文论学者曹顺庆发表《21世纪中国

---

[1] 黄浩：《文学失语症》，《文学评论》1990年第2期。

文化发展战略与重建中国文论话语》①，提出中国文论"失语症"，引起学界的普遍关注，从而引发了如何建设中国文论的持续讨论，在讨论中又提出古典文论的现代转化的问题，一些学者在讨论过程中也表现出强烈的民族主义情绪。人们不约而同地发现，在对西方文论的学习、接受的过程中，中国学人缺乏更深刻的自我体验、独立思考和活学活用，简单地套用、移植的现象也是非常明显的。在80年代，文艺理论比较成功的借鉴是刘再复的文学主体性。在对"文化大革命"非人化文学的清算过程中，以人道主义为核心，强大创作主体的自由、作品人物性格的自由和接受者的自由阐释，他的主要资源应该说是西方19世纪的长篇小说美学思想和个性主义。但是，80年代以来，许多使用新观念、新方法的批评、研究其实是简单化的套用，唯西方马首是瞻，以趋新为荣耀，脱离问题和对象的属性和特征。基本套路就是什么什么主义与某种文学问题或现象，最拙劣的应该是胡乱使用某种主义、思想，连自己也不清楚到底是怎么回事就运用到自己的研究和批评之中，其最典型的表现是极力铺陈、制造新名词术语，缺乏自己的见识。和西方文论相比，中国文论缺乏民族原创性和个人原创性。因此，对西方文论进行认真的反思也更推进了一步。孙绍振对俄国形式主义陌生化理论的反思，就指出中国传统诗歌在语言使用上并非追求陌生化，而是在平常、普通的语言之中追求言外之味，是一种无言之美。在这样的背景下，张江以"强制阐释论"更宏大的概括，来批评西方文论也是一种必然和自然的结果。

二

张江"强制阐释论"对当代西方文论的批评首先可以提醒人们，西方文论不是文学上的绝对真理，文学是自由的，没有绝对真理，要站立起来面对西方，要以平等的态度，用自己的眼光看西方文论，要对西方文论有更深入的认识和理解，要有超越性思考。寻找适合自己

---

① 曹顺庆：《21世纪中国文化发展战略与重建中国文论话语》，《东方丛刊》1995年第3集。

的方法，适合解决问题的方法。

其次，张江的"强制阐释论"所涉及的问题也有具体的学术、知识的启发性，对文学研究和批评有一定意义。"强制阐释论"不是空泛的批评，而是结合西方文论的许多具体论述来指出了西方文论所存在的问题，可以将诸多问题的讨论和思考引向深入。比如，他指出了生态文学研究、批评的"场外征用"问题就很有启发。生态文学的批评和研究是当今文学界一个很重要的问题，它是当代生态意识在文学中的直接反映。但是，当它将生态意识移用到文学的时候，就带来了很大的问题。这种生态文学批评很容易将文学当成生态意识的传声筒，从而使生态文学的文学性被削弱，使生态文学变成了一种肤浅的问题文学。在中国从来不缺乏那种紧跟社会现实的问题文学，但是，这种问题文学往往缺乏文学稳固的超越性和独立性。《狼图腾》本来是一部草原传奇小说，由于作者对生态问题的重视，生硬地加入生态意识，让草原老人变成一个无所不知的生态专家，这不仅不符合人物性格和生活的实际，也影响了作品对大草原的美学营造。而许多批评者不但没有指出这种生硬的生态意识，反而借着社会普遍的生态意识大加张扬《狼图腾》的生态意识。这就在不知不觉之中丧失了批评者的责任。文学批评就是文学批评，应该以文学性为主体，不该做时代的传声筒。

再次，我想起了学界套用海德格尔的死亡哲学的问题。海德格尔提出"向死而在"，认为人们意识到生命的有限性以后就会对生命有更深切、更透彻的领悟。这种死亡哲学之所以在西方世界令人震慑、令人重视，是因为西方文化有强大的基督教传统。在基督教那里，人是没有死亡的，是可以永生的。人通过现世的努力可以进入上帝的天堂，获得永生的幸福。当尼采宣布上帝死了以后，当基督教的权威逐渐衰落以后，人们发现没有上帝、没有天堂，人只是像其他动物一样活在地球上，人必然要死，于是人生在世的选择性变得格外重要。但是，中国人没有强烈而执着的宗教信仰和情感，没有永生的概念，中国人不是意识到死亡以后注重人生现世活法，而是一直就注重现世的活法。所以，鲁迅说自己对死亡的态度是"随便党"。还有，张江"强制阐释论"指出西方女性主义批评存在的"主观预设"的问题。认为肖尔瓦特站在女性主义的立场上，在文学批评中往往将自己的主观意愿强加给历史文本。她在《阐释奥菲利亚：女性、疯癫和女性主义批评的责任》中，将《哈姆雷特》中的一个配角奥菲利亚作为中心重读，从而颠覆了莎士比亚《哈姆雷特》的经典性。回顾中国女性主义批评和研究也存在着类似的问题。西方女性主义批评和社会女权运动密切关联着，一些命题往往只有放在具体的社会语境中才能得到充分的理解。但是，中国女性主义批评往往简单套用，最大的问题就是简单化，缺乏对人性、个性与女性之间复杂关系的深入分析。把女人的一切不幸简单地归结为男人或男权文化，这样复杂的人性世界被简单地用性别加以区分，复杂的文化世界变成了女性文化与男权文化的对抗、博弈。

三

对西方文论的批评、反思并非全盘否定西方文论，也不是要通过这种否定证明西方文论不如中国文论，而是要更好地学习、吸收西方文论，为我所用，建设中国文论。中国文论的建设不仅要面向中国传统，同时也要面向世界，面向西方。我发现，张江的"强制阐释论"在反思西方现代文论的时候，并没有拒绝它，而是大量采用了西方文论的观点、知识，其中不乏一些未翻译过来的外文文献。这一点也非常重要。

在20世纪末期，有古典文学学者提出古典文论现代性转换的时候就有一种声音：西方文论很多思想、观点，我们古已有之，何必要西方的东西？最近，甚至还有更极端的声音：西方文论是建设中国文论的主要障碍，理由是西方文论预设了建构中国文论的思维方式，置换了中国文论建构的概念范畴。这是试图以一种与世隔绝的态度，闭门造车建设所谓纯粹化的中国文论。这是一种封闭性的盲目自大的心态，也是一种全球化时代文化交流、文化冲突过程中的一种自卑心态的折射，对中国文论的建设并无切实的意义。鲁迅的"拿来主义"仍然是我们应该遵循的重要原则。

用自己的眼光看西方文论

中国与西方的确存在着文化的美学的差异、冲突，但是，这并不影响对西方文论的吸收，文化的交流、借鉴，总是在这种冲突中进行的。晚清以来的中国文化，也还是中国文化，是晚清时期中国进入世界格局以后的中国文化。五四文化也是中国文化。中国文化不仅有古代传统，而且也有晚清以来的现代传统。晚清以来那些学人，也是中国文化的建设者，也不乏中国文论建设的积极作用。王国维和古代传统学人不同之处是借鉴了西方文化来阐释中国文学。王国维深受德国古典哲学、美学的影响。康德、叔本华、尼采等的思想被他自然而然地融进了自己的文学理念和研究之中。因此，才有《人间词话》这样既不同于古典词话又不同于西方文论的原创性文论。他的《〈红楼梦〉评论》往往被认为是对叔本华的悲剧世界观的套用，其实，这也未免太过表面化了。王国维选择叔本华哲学，包括他对《红楼梦》的研究也融入了自己悲凉的人生体验，其中隐藏着他的精神世界的悲剧感。这种基于强烈共鸣的借鉴就不能说是简单套用。章太炎也一定程度受了西方文化的影响，他的"俱分进化论"就受到当时进化论的启发，但是，他的"俱分进化论"却不同于西方的进化论，进化论强调进化，"俱分进化论"却否定了进化，认为善进化恶也进化。这就明显地具有他自己的个性。胡适是深受西方文化尤其是美国实用主义哲学影响的学者，他对中国古典小说的研究无疑是具有创造性的研究。鲁迅对中国小说史研究也同样具有原创性。钱锺书有非常深厚的西方文化背景，他的那些学问却很中国化，但是，他常常中西融通式地去谈论问题。

不要以为五四以来吸收了西方文论，中国文论就消失了，中国文化就丧失民族性。文化的民族性永远是动态的，是不断变化的生成过程，是一条无止境地流淌着的充满活力的大河，而不是凝固不变的一潭死水，它生生不息，不断被创造出来。没有必要将中国传统文论永远定格在遥远的过去，让它变成一个遥不可及的风景，也没有必要太过机械地将民族文化本质化，谁也没权力断言我们民族文化一定是什么样子、必须是什么样子、永远是什么样子。实际上，就是中国古代文论，也很难说是纯粹的单一的汉族文化的结晶，中国文化本身就是在不断与异质性文化的对抗、冲突中构建起来的，它是一个丰富、复杂的融合体，而不是透明单一的东西。佛教并非中国的原产，但是，这不影响它被吸收过来变成中国文化的一部分。那么，究竟什么样的文论才算是中国的呢？我想，我们不必过分拘泥于文论的文化构成是中国的还是西方的，而更应该看重它的实践品格。凡是中国人写的都是中国文论，而那些能够代表中国文论最高水准的优秀文论，一定是能够解决实际文学问题的文论，它也就是体现了民族文化精神特色和境界的中国文论。文论的实践力量是检验文论好坏的唯一标准，也是中国文论能否成立的最重要的尺度。离开实践能力去谈论中国文论的民族性，不仅没有任何意义，反而容易陷入歧途。

强制阐释论与中国文艺理论建构

杨 杰[**]

强制阐释论的提出不仅是针对西方文论自身的局限性,其实质出发点与目的也是对当代中国的文艺理论建设问题的关切与反思。在西方文论带来的貌似空前的喧嚣、热闹的深层却是自我主体意识的不在场与他者的强势上位,强制阐释论的提出将反思问题的探讨推向深入。我们认为,这不仅是西方文论发展过程中表现出的局限,同时也是西方文论对中国文论构建过程中的无视中国文艺具体现状、背离中国基本国情的强制阐释。我们必须正视这样的一个事实:西方文论所带来的貌似繁荣景象之下并不能有效地推进中国文论自身建设,无论是理论体系还是概念、范畴,几乎没有自己的话语,他者化、异质化的现象严重,自我建构意识淡薄,本土化内容缺失——这些同样是西方文论对中国文论的强制阐释的结果,不能不引起我们的重视和反思。近期提出的强制阐释论无疑再次向我们敲响了警钟,激发我们进一步思考诸如如何以科学的态度与方法审视新时期以来西方文论对我国文艺理论发展的积极推进作用和在西学东渐过程中我国文艺学存在的新教条主义等诸多不足,以及科学辨析、准确把握西方文论与马克思主义文论、中国传统文论诸因素在共同构建当代中国文艺理论过程中的辩证关系等问题。这些既是对新时期这一具有承上启下的里程碑式历史阶段的必要回顾、梳理与反思,同时,更是立足中国当下现实,在充分剖析既往的经验与教训基础上通过综合创新以确立既与时

---

[*] 本文原刊于《学术研究》2016 年第 10 期。
[**] 作者单位:中国传媒大学艺术研究院。

代精神相一致、与中国社会历史状况相吻合，又能够借以应答文艺活动中出现的各种现实问题的中国当代形态的文艺理论体系，并以此作为继往开来健康发展的新起点，这是历史赋予我们理论研究的任务。

一 强制阐释论的提出

自新时期以来，我国的文艺理论获得了长足的发展，其中，马克思主义文艺理论、中国传统诗学与西方文论共同汇集到构建当代形态的中国文艺理论的进程中，做出了各自应有的贡献，值得肯定。尤其是20世纪的80年代中期"解放思想，实事求是"方针的确立，以及"实践是检验真理的唯一标准"的大讨论，扭转了整个中国社会的思想观念，打破了长期禁锢人们思想解放的坚冰，人们以高扬的热情、开放的心态、活跃的思维投身到新时期文艺理论的构建中，一方面反思"文化大革命"极"左"思想路线对文艺领域造成的巨大负面影响，一方面又如"五四"时期寻求救国救民的真理一样满怀对新思想、新观念、新知识、新方法的渴望与憧憬，将求知的目光转向西方以求它山之石来攻中国之玉，"方法论年"与"观念年"的相继到来恰恰是其形象的写照。在西方历时近百年的各种哲学思潮、文艺理论、美学思想一时间纷纷飘洋过海而登上中国的理论舞台，文艺学研究的"百花齐放、百家争鸣"的局面初步形成，这为中国的文艺理论界凭添了一道独特的绚烂多姿的风景线。

就文艺理论自身发展的规律而言，一种理论若要生存与发展必然要具备与时俱进的理论品格，否则一定会被历史无情抛弃。因此，新时期以来的中国文艺理论研究也面临与时俱进的问题。这里所讲的理论的与时俱进的理论品格是指两个方面的含义。一是指某种理论的发展必须遵循"分化—综合"的自然辩证法即由依附状态走向分化而获得独立，从而尽快丰富自身的本质特性；在分化的同时又在不断地实现综合，即使自身汲取相关领域发展的新理论、新成果养分以充实、提升自己。二是指理论应该紧扣时代发展的节奏，及时应对与解答现实社会中出现的各种新问题。改革开放的中国是不同于其他任何国家与其他历史时期的，面对日新月异的世界，面对信息化时代，面对地球村的文化密集交流，不仅东西文化在碰撞，古今文化也在交汇，过去已有的观念与理论在现实社会面前表现出从未有过的无奈与乏力，尤其是21世纪以来伴随经济全球化步伐的急剧加快和我国成功加入WTO，西方文化的大量涌入对我国文化构成强有力的挑战，现代信息时代、传媒时代的多元化并置格局的文艺实践也向理论提出新问题。以上两种原因成为新时期西方文论在中国广泛译介的必然选择。

但在肯定西方文论带来的积极作用的同时，我们也不能忽视存在的问题，那就是置中国国情与文艺活动实际于不顾，机械而教条地将西方文论移植到中国而强势取代中国文论的自身建设的倾向，而且这种强制阐释错误的倾向有着越演越烈的态势，这与我们所期望倡导的构建21世纪中国的马克思主义文艺理论的伟大目标产生较大偏差，甚至有的呈现出渐行渐远的态势，这不能不使人焦虑：问题究竟出在哪里？

张江经过长期而深入的思考，凸显了方法论意识与问题化意识，针对西方文论提出了强制阐释论的观点。他认为，西方文论之所以在中国广泛传播却并未解决我们文论建设问题的根本原因在于其自身的弊端——强制阐释，"各种生发于文学场外的理论或科学原理纷纷被调入文学阐释话语中，或以前置的立场裁定文本意义和价值，或以非逻辑论证和反序认识的方式强行阐释经典文本，或以词语贴附和硬性镶嵌的方式重构文本，它们从根本上抹杀了文学理论及批评的本体特征，引导文论偏离了文学"。[①] 一石激起千层浪，此论立即引起国内学界的高度重视，有的学者进一步揭示了西方文论的局限性，有的提出"构建21世纪中国的马克思主义文艺学"的观点，有的就强制阐释论中某些具体问题进行了深入探讨。总之，尽管强制阐释论从其理论本身而言可能存在这样或那样的需要进一步完善的空间，但是，近年西方文论在中国的传播与运用的状况确实存在问题，无论是对当代中国的文艺创作还是文艺理论研究都留下深深的印记，甚至使我们的思维方式也发生偏移。因此，强制阐释论是一个具有极高理论价值和现实意义的命题，值得引起我们关注与深入思考。

---

① 张江：《强制阐释论》，《文学评论》2014年第6期。

其实，不仅张江意识到问题的严重性，国内许多学者也从不同方面深刻指出了当下中国文论发展中存在的问题，这些问题尽管具体呈现的面貌各异，但其深层的实质却有着惊人的一致性——那就是诸如强制阐释之类的科学的方法论的欠缺。这种科学方法论的缺失首先表现为对待西方文论膜拜化的态度，这是新教条主义的典型表现，正如有学者一针见血概括的："新时期文艺思潮中的教条主义，则是以西方现代主义美学和文艺学的条文作为坚持'纯学术'研究立场的最高境界。那种用从西方搬来的'半生不熟甚至连自己也不懂'的概念和方法，在中国文坛上所进行的'术语大爆炸'和'方法大爆炸'；那种言必谈欧美，死不谈中国；言必谈西方现代主义，死不谈马克思主义为时髦和骄傲的'理论创新'均可称此类教条主义的表现形式。"① 这个概括不能不说是入木三分。其次，表现为对待西方文论具体接受过程的全盘化倾向。当我们回顾 20 世纪 80 年代以来的中国文论的发展历程，不难发现，在某种程度上讲用亦步亦趋描绘中国文论与西方文论的关系再精确不过了，这里的亦步亦趋不仅是指态度上的教条主义，过度地顶礼膜拜西方一切理论学说，视之为金科玉律，奉之为圭臬，言必称西方，惟西方是瞻；还包括方法论方面，在引进、译介和运用中的教条主义倾向，忽视当代中国的实际国情而照搬照抄西方的各种理论学说，并以西方文论强制阐释中国文艺现象，强行置换为中国文艺理论，这种态度与做法又是一种新的教条主义倾向，它与构建 21 世纪中国的马克思主义文艺理论的宗旨可谓南辕北辙。

二　西方文论对中国文论的强制阐释

强制阐释现象在我国当代文论发展历程中由来已久，无论是文艺学的教材编纂还是文艺理论研究与文学创作实践都印记鲜明。早在建

---

① 马龙潜：《新时期马克思主义文艺理论中国化进程的回顾和反思》，李志宏、金永兵主编《站在新的历史起点上：新时期文学理论研究的回顾与反思》，时代文艺出版社 2008 年版，第 267 页。

国初期，苏联模式文论就以强制阐释姿态全面而深刻地影响到新中国初期的文艺学理论建构进程，因此，中国文艺发展更多地呈现为模仿甚至照搬克隆苏联文艺模式的情形，这种局面直到改革开放的新时期才被逐步打破。

由于中国特定的国情和历史决定了中国革命与苏联在诸多方面的紧密关系，两党的密切合作（更准确地说，是苏联"老大哥"的指引）使其在意识形态方面具有高度的一致性，作为这种革命历程产物的文艺也就具有了极大的相似性。苏联自阿芙乐尔号一声炮响，苏维埃政权始终处于暴风骤雨之中，这就使得苏联文艺在苏共领导下遵循了列宁提出的文学党性原则。列宁的《党的组织和党的出版物》为文艺政治性属性提供了理论依据，他说："写作是也应当成为无产阶级总的事业的一部分，成为一部巨大的社会民主主义机器的'齿轮和螺丝钉'。写作是也应当成为社会民主党有组织的、有计划的、统一的党的工作的一个组成部分。"① 列宁明确提出文艺应为无产阶级事业服务，文艺事业要接受共产党的领导，并在党所依据不同形势变化而制定的文艺政策下有组织地开展活动。拉普文学就是典型代表。它在阶级斗争十分激烈的复杂环境中坚定地站在无产阶级立场上，为革命斗争呐喊，但同时，其不足也是明显的，过于强调政治对文艺的干预性，甚至提出"辩证唯物主义的创作方法"这样简单化地将马克思主义哲学移植到文艺活动中的错误观点，庸俗社会学观念、行政命令干预文艺等缺陷也严重制约了文艺的健康发展。

中国的革命历程与苏联有着极为相似性。历史选择了马克思主义与中国实际相结合的毛泽东思想成为中国革命的思想武器，而苏联革命的胜利自然成为中国革命的指航灯和典范，中国文艺活动赖以生存的土壤就注定了文艺具有的苏联模式的特征。自20世纪40年代始一直到"文化大革命"结束的几十年间，受当时历史条件的限制和带有浓厚苏俄印记的马克思主义文艺观的影响，中国文艺以及文艺理论与同时代社会历史发展现实密切相连，文艺完全被纳入执政党政治路

---

① ［苏联］列宁：《党的组织和党的出版物》，《列宁全集》第1卷，人民出版社1984年版，第379页。

线的贯彻和意识形态的建设中,十七年时期文学理论明显地呈现为文艺为政治服务。一言以蔽之,苏联文艺研究模式的机械移植和照搬照抄深刻地影响到当代中国文艺学的发展。

正是由于苏联文艺模式的种种局限性,国门洞开使得与之互补的西方文论接踵而至而备受青睐,于是,新时期以来的文艺研究由苏联模式转向了西方文论的研究范式。客观上讲,西方文论对中国当代形态的文艺学的建构具有一定的纠偏意义,但同时又矫枉过正地开启西方文论对中国文论的"强制阐释化"的阶段。

西方文论对中国学界强制阐释的第一阶段是20世纪70年代末80年代初西方文论的主流思潮的移植模式的开启阶段。西方的形式主义文论、精神分析批评、存在主义文论等理论的进入,推动了我国审美主义思潮的转型与主体性的张扬。以形式主义为代表的西方文论的"向内转"转向带动了我国文论的向内转——否定乃至摒弃了被称作苏联模式的"社会—历史"文艺研究范式,转向了语言、结构、修辞等以文本为研究中心和范围的文艺审美化的研究范式,凸显文艺的审美性特征的重要性。

西方文论的传入正好填补了苏联文艺模式相对单一性局限的空白,如万花筒般展现于中国学者眼前,弥补了当时理论资源的匮乏,用如饥似渴形容当时学者们的接受状态并非夸张,冷静而客观的分析自然是奢望。因为至"文化大革命"结束,当时一元化的思想观念与一元化的文艺政策必然导致文艺理论与文艺创作的一元化,这种单一化的格局严重地束缚了人们的思想观念,将人们的思维与活动视野限制于狭小的空间,扼杀文艺活动主体自身的主观能动性,同时,在一定程度上也悖离文艺自身的发展规律。新中国成立后的苏联理论范式造成了文艺创作的模式化、程式化和概念化,文艺变成了图解政策的时代传声筒,工具论倾向较明显,在一定程度上存在忽视文艺自身规律,简单化、机械化、教条主义地僵硬理解、运用马克思主义的弊端,将马克思主义哲学不加中介环节转换地直接移植到文艺学研究中,以至于出现了以马克思主义哲学的一般原理代替文艺学具体的现象;另一方面,与现实社会生活的丰富多彩极不相称,文艺创作与文艺理论呈现为单一化特点,在一定程度上突出表现为画地为牢式地固守苏联模式为文艺研究的金科玉律而排斥其他理论存在的合理性；在文艺与社会生活的辩证关系研究中表现出重视客观世界而相对忽视主体能动性的偏颇，强调文艺对现实生活的反映而相对忽视文艺对创作主体情感的表现，凸显文艺的社会政治性维度的意识形态功能而相对忽视文艺的审美娱乐作用，关注对文艺与外部社会之间的关系而相对忽视文艺自身规律的研究，张扬文艺的内容因素的决定性地位而相对淡化艺术形式自身的独立性特征，推崇文艺研究的"社会—历史"方法而贬低甚至排斥其他文艺研究的视角与方法，对于文艺主体在文艺创作实践活动中的审美心理机制问题研究就更是划作唯心主义的禁区而退避三舍，等等，都从不同的方面折射出其局限性。不仅如此，这些思想作为当时理论界观察和处理文艺问题的基本理论视角而进入我们自己编写的文艺理论教科书，进而影响到一代又一代的后继者。

西方文论的漂洋过海满足了当时学者们干涸的心田对新思想、新观念、新知识、新方法的渴望与憧憬的需求，一时间在西方历时近百年的各种哲学思潮、文艺理论、美学思想纷纷登上中国的理论舞台，带来了喧嚣与热闹。当人们恢复平静后便进入理性的反思，一浪高过一浪的西方文论究竟对中国文论的建设贡献了多少？真正属于中国文论自己的文艺理论体系又是什么？问题的症结在哪里？

客观上讲，西方文论的文本化转向有效地弥补了苏联研究范式相对忽视文艺审美性方面的不足，纠正了一直流行于文艺学界的诸如别林斯基对文艺本质界定的偏差，肯定了文艺是"实践—精神"——即以审美的方式对世界的把握的特性，由唯物论层面的反映论深化到文艺的审美反映论。苏联研究方式简单地套用哲学层面的反映论，无法进一步阐释文艺与科学、伦理等对世界的反映方式的本质区别，将美直接套用到"人的本质力量对象化"的结论更是失之简单化。而主体性、形象思维等问题的探讨打破"文化大革命"的研究禁区，苏联研究模式过于强调客观世界对文艺的决定性作用而不敢大胆肯定创作主体的能动性，唯恐陷入唯心主义的阵营，至于文艺创作中的形象思维、直觉等文艺心理学研究领域更是被视作神秘主义、唯心主义而成为真空地带，西方存在主义、精神分析批评等理论又恰好打开了这扇神秘的窗户。于是，这一时期的审美主义开启了一条明线，辅以形象思维与直觉、非理性主义、人道主义与人性论等问题的探讨，以及从二重性格组合论、文学主体论到文体革命论等问题的探索。

本来以审美关系、审美特征作为文艺研究的逻辑起点是正确的，若是能够结合以往的外部研究的某些真理性成果，是可以也能够实现文艺研究的突破，使我国的文艺学在更高层次上实现跨越式发展的，但是，也如形式主义文论斩断了文艺与世界、文艺与社会历史的密切联系一样，西方审美主义片面化、绝对化的研究方法的弊端导致使文艺成为一个孤立的、自闭的存在体，而且，将文艺的审美性特征无限放大而成为厘定文艺全部本质的唯一规定性，实质上走向了与苏联模式一样弊病的片面化，不过是以一种极端攻击另一种极端罢了。同样，主体性问题研究的推进原本可以弥补苏联模式所忽视的审美活动中的主体以及主体的审美创造过程等重要方面和关键环节，因为文艺对客观世界的审美反映是创作主体通过对自身审美心理的反映为中介得以审美建构的，文艺是审美反映与审美建构的辩证统一。但是，西方文论中的主体性理论又将主体性在文艺活动中的地位和作用过度提升，实质又从文艺的客观论滑向了主体论，同样难以正确而全面地揭示文艺的规律。

西方文论强势涌入的第二个阶段是1990年前后开始的以西方马克思主义文论为核心的移植阶段。这一时期，西方马克思主义文论关注的诸如新马克思主义文论、艺术生产理论、大众文化与文化工业等一些问题被一一移植到中国；此外，文艺理论的各种转向问题——文化转型、语言学转向，以及接受美学、后现代、后理论时代、后殖民主义、新历史主义等理论，也纷纷成为中国文艺学界的主角而各领风骚三五年。仅就艺术生产理论为例，文艺不仅有意识形态性属性，同时，还遵循艺术生产的基本规则，由此构成了对文艺本质规定性的完整界定和阐释。艺术生产理论可以应答在市场经济社会的今天，文艺存在与发展的基本规律以及如何借助市场经济的有利方面使文艺获得更好的生存条件和发展空间的问题。然而，在实际的接受和应用过程中我们只是片面地看到了文艺的生产性与市场化的一面，过度地强调文艺的诸如收视率、发行量、票房收入等商业价值与经济效益，并以此作为考量文艺创作水平高低甚至文艺生杀大权的尚方宝剑，与此同时却忽视了文艺是不同于一般物质生产的精神活动的本质，忽视了文艺的意识形态属性等社会功能以及艺术家的历史责任等，文艺的商业化、媚俗化倾向的发生也就不难理解了。这种文艺发展的方向与导向是完全背离社会主义文艺应有之义的。

三　当代中国文艺理论体系建构

回顾新时期以来西方文论的传播、移植与运用的现实状况，评价其是非功过必须纳入到当代中国文艺理论体系建构这一整体框架之内去审视，也就是说，西方文论的引入、传播与应用必须是服务于我们构建社会主义文艺理论宗旨。

中国的历史与社会现实决定了当代中国文艺学理论有着区别于西方文论的本质特征。作为社会意识形式的文学是由社会生活所决定，其存在与发展的依据只能从所处时代中探寻，文艺理论是文学活动本质规定性的理论阐释与概括，也是无法脱离所处历史时期的社会意识形态的统领而独立存在。"正确的理论必须结合具体情况并根据现存条件加以阐明和发挥"，[①] 中国化的马克思主义为思想主导下的意识形态结构体系规定着文艺理论的本质属性，因此，当代中国的文艺理论体系实质就是在中国现代化的历史进程与马克思主义中国化的过程中，不断建构的一个以其所处历史时代的基本精神为灵魂，以当代形态的马克思主义文艺理论为主导的整体结构形态。[②] 由此我国文艺理论体系的基本属性问题也就不难理清了，那就是以中国精神作为社会主义文艺的灵魂，以中华民族的优秀传统文化作为文艺的精神命脉。今天，包括文艺、文艺理论在内的文化大发展作为实现中华民族伟大复兴的重要组成部分，其历史意义与现实价值都是不容忽视，正如习近平在文艺工作座谈会上所深刻指出的，中华民族的伟大复兴与中华

[①] 《马克思恩格斯全集》第27卷，人民出版社1972年版，第433页。
[②] 马龙潜：《新时期马克思主义文艺理论中国化进程的回顾和反思》，李志宏、金永兵主编《站在新的历史起点上：新时期文学理论研究的回顾与反思》，时代文艺出版社2008年版，第260页。

文化的繁荣兴盛紧密相连，密切相关，物质力量与精神力量都是不可或缺的因素，因为文化是任何民族存在与发展的内在驱动力和凝聚力，中华文化既能坚守民族的根本，又能做到不断与时俱进，使中华民族保持了坚定的民族自信，维系了共同的情感和价值信仰。文艺是时代前进的号角，是一个时代风貌的形象化写照，具有思想性、艺术性和观赏性相统一的先进文艺作品能够准确反映中国人的审美追求，蕴含当代中国价值观念，体现中华文化精髓，因此，还是一个时代社会风气引领的强劲力量。[①] 这就是我们现阶段文艺创作与文艺理论发展应有的方向。

由此可见，中国的文艺理论的性质是由我们国家的基本国情的性质所决定，这与西方国家的相关理论有着鲜明的意识形态的差异。光怪陆离、异彩纷呈的西方文论的强势涌入，我们的文艺理论界更多地表现为如饥似渴的"拿来"，理论主体自我的不在场使主体自身的自我独立判断能力显得缺失，表现在我们的理论著述中则是"陈述沦落为转述，概念翻新至多不过是概念搬运"，"句型的构造结构，凝固于'根据'、'从'、'按照'等一类介词的前置形式状态，而篇章人称中心，毫不隐瞒地供奉给那些使人头晕目眩的'他'，或者'他们'"，批评者"所言说的并非其自身言说，不过是某种话语的代言人而已";[②] 当运用西方文论阐述问题时，也不同程度地表现为生吞活剥的特点，以西方理论阐释中国本土问题难免常常出现格格不入的两张皮的尴尬境地，如果缺少西方文论的中国化转换环节而代之以盲目的置中国国情于不顾的照搬套用，难免产生南辕北辙的结果。这种状况表明西方文论只是以他者的身份外在于中国文论，它不过是一个纯粹的形而上的空洞理论，面对中国社会现实则暴露出苍白无力。正如许多学者所深刻地意识到的，西方文论赖以产生与存在的西方社会现实与中国有着较大的差异性，其文论研究与中国文艺实践也存在相

[①] 习近平：《在文艺工作座谈会上的讲话》（2014年10月15日），《人民日报》2015年10月15日第2版。

[②] 王列生：《批评危机：亟待走出的六种缠绕》，《华中师范大学学报》（人文社会科学版）1996年第4期。

当的距离，因此，如果奉行所谓的以洋为尊、以洋为美、唯洋是从原则，仅仅邯郸学步式地追随在西方文论的后面亦步亦趋而忽视中国政治、经济、文化等特定历史的具体规定性的现实社会实际而"去中国化"地照搬照抄西方文论，难免失之偏颇，若是仅仅依靠西方价值与标准作为衡量中国文艺优劣的标尺，必然导致出现言必称西方而丧失我们自己话语的局面。一个没有自己声音的国家和民族同样在世界上难以拥有话语权，当我们大谈西方的"对话—交流"理论时，实际情况却是拿什么去与他者对话、交流？

由此可见，我们在批判苏联模式文艺研究中的教条主义的同时又陷入了以西方文论的移植模式来强制阐释中国文论的新的教条主义之中——由以往的驳斥对西方文论的谈虎色变的教条主义滑向言必称西方而不谈中国文论的新的教条主义；由反对过去尊奉一元化理论的教条主义滑向现今的将某种西方理论无限放大、以偏概全、奉为金科玉律的新的教条主义，这必将严重影响和制约文艺研究的科学性。

固然，我们的文艺理论建构应以不断地对包括西方文论与中国传统文论在内的各种不同的思想观点和理论范式进行辩证分析和综合，在对中西方的整合互补中建构具有中国特色的当代文论形态，在对以往的文艺理论加以辩证否定中探寻一条与人类历史进程、与时代精神相吻合的中国当代文艺理论一以贯之的思想线索，从而建构一个适应中国当今时代社会特点的能够借以回答各种现实问题的理论。但是，很明显的是我们这里所倡导的方法论的综合创新是不能离开历史和时代的具体规定性，不能逃避对中国现实社会文艺实践所提出具体问题的回答的责任，更不能缺少坚实的现实生活根基和失去其时代精神统摄和支撑的综合，而是通过对以往的包括西方文论在内的古今中外文艺理论研究成果进行重新审视、辨析、转换、吸收和借鉴，以从中提炼出能够借以回答所研究问题的理论观点。文艺理论研究的综合创新是对其理论研究途径和方法的重新选择，是通过建设一种新的中国文艺理论当代形态的理论体系框架结构来得以实现的。迷恋西方文论并以强制阐释的方式脱离中国社会现实而以此改变中国文论的基本性质，置换其应有的中国元素则是无助于中国文论话语建构的。

强制阐释与文论异化症

朱 斌

一

强制阐释问题，主要是由张江教授发表的一系列论文引发的。尤其是2014年，他在《中国社会科学》上发表的《当代西方文论若干问题辨识——兼及中国文论重建》和在《文学评论》上发表的《强制阐释论》，以及《中国社会科学报》对他的长篇访谈《当代文论重建路径——由"强制阐释"到"本体阐释"》等，都明确指出：当代西方文论的根本弊端是强制阐释——脱离文学实践，用现成理论强行解释文学经验，并将之推广为普遍的文学规则；而当下，"我们面临一个难以解脱的悖论：一方面是理论的泛滥，各种西方文论轮番出场，似乎有一个很'繁荣'的局面；另一方面是理论的无效，能立足中国本土，真正解决中国文艺实践问题，推动中国文艺实践蓬勃发展的理论少之又少"。[①] 因而，有必要对当代西方文论进行认真反思，尤其是深入考察其对中国文艺实践的有效性，并重新思考中国文论的建设问题。

这犹如一枚枚石块，连番投进当下文学研究的湖面，激起了诸多

---

* 本文原刊于《文艺争鸣》2015年第9期。
** 作者单位：西北师范大学文学院。
① 张江：《当代西方文论若干问题辨识——兼及中国文论重建》，《中国社会科学》2014年第5期。

波澜，引发了诸多反响。2014年年底，《文艺争鸣》转载了其《强制阐释论》全文，并召开了一次小型的专题讨论会，探讨强制阐释问题，还开辟了"强制阐释论"研究专辑栏目，发表了姚文放、王学谦和赖大仁等学者的文章，就此问题展开学术争鸣。此外，张江还与朱立元、王宁、周宪等著名学者，就此问题进行了热烈的通信讨论，形成了一系列学术笔谈文章，发表在2015年年初的《文艺研究》《探索与争鸣》和《清华大学学报》等重要刊物上，引起了更多的热切关注。可以说，强制阐释问题方兴未艾，正日益成为文学研究领域的一个热点话题，以至于有论者宣称："'强制阐释'问题受到了广泛的关注，已经成为一个热点性话题，更可望成为今后文论研究中的一个新的问题域。"①

那么，强制阐释究竟是一种怎样的阐释呢？对此，张江教授作了明确界定和详尽说明。在他看来，强制阐释是指：背离文本话语，消解文学指征，以前在立场和模式，对文本和文学作符合论者主观意图和结论的阐释。其基本特征有四：第一，场外征用，广泛征用文学领域之外的其他学科理论，导引文论偏离文学；第二，主观预设，论者主观意向在前，强制裁定文本意义和价值；第三，非逻辑证明，论证和推理违背基本逻辑规则，所得结论失去依据；第四，混乱的认识路径，从既定理论和主观结论出发，颠倒了认识和实践的关系。②

这是当代西方文论的根本缺陷，但它并非当代西方文论的专利，在我国不同时期的文学研究中，也都能见到。尤其是改革开放以来，随着国门的打开，西方各种文学思潮和文学理论蜂拥而至，中国文学研究者在落后焦虑心理的驱使下，往往对西方文论大胆拿来，全盘吸收，常常匮乏必要的质疑、清醒的反思与有机的消化，更匮乏令人满意的本土转化。因此，在文学批评与研究中，往往简单横移，粗暴套用，生硬比附，以至于强制阐释病象比比皆是，不胜枚举。而且，强制阐释并不仅仅存在于文学研究中，实际上，它是整个学术研究领域

---

① 党圣元：《二十世纪早期中国文学批评史研究中的"强制阐释"谈略》，《文艺争鸣》2015年第1期。

② 张江：《强制阐释论》，《文学评论》2014年第6期。

的一种普遍病象。因此,周宪先生洞若观火,明确指出:如果我们把眼光放得更远一些,可以说强制阐释大约是这个理论宰制时代人文学科研究的普遍倾向,不仅文学理论,而且其他人文学科,甚至社会科学,也深受强制阐释之累;尤其是"不少做文学理论研究的人,喜好理论预设,观念先行,把玩概念,把具体文学作品作为强制阐释其理论主张的标靶,造成了当下文学理论研究的某种误区"。①

在我看来,这种普遍的强制阐释病象,文学研究中,与文论异化症密切相关:在很大程度上,正是文论异化症促成了强制阐释,因而,强制阐释是文论异化症的一种必然表现。

二

从马克思主义的观点看,"异化是同阶级一起产生的,是人的物质生产和精神生产产品变成异己力量,反过来统治人的一种社会现象"。② 按我的理解,所谓异化,是一种畸形的存在状态或变态的发展境况,是特定事物丧失其本性,变成了非我,以至于被异己力量所奴役、所支配,却心甘情愿或毫不自知。譬如:猎狗一旦丧失了捕猎本性,比如自以为是一头贪吃贪睡的猪,猎狗便发生了异化,成了非猎狗;而人一旦丧失了人性,比如自以为动物般的物欲本能就是人之所以为人的根本,人便异化了,成了非人。我国当今的文学批评与研究,也具明显的异化倾向:早就被各种非文学的异己力量所占领、所控制,迷失了文学本真,却津津有味,乐此不疲,因而患上了严重的文论异化症。

其最突出的症状,是非文学倾向:不再在文学领域心无旁骛地精耕细作,而都争先恐后,向诸多他者领地奔去,因而心甘情愿,被各种异己力量所支配、所统治。具体而言,这主要体现在以下三个方面:

第一,异化成了其他学科的奴仆:在理论资源上,争相跨学科、

---

① 周宪:《也说"强制阐释"》,《文艺研究》2015 年第 1 期。
② 王先霈等主编:《文学理论批评术语汇释》,高等教育出版社 2006 年版,第 17 页。

跨专业，跨出了文学后花园的边界，沉溺于各种非文学的他者理论而乐此不疲。因此，许多文学批评与研究，都扔掉了本己的文学知识，而痴迷于操练各种异己学科——如心理学、语言学、人类性、民俗学、生态学和文化学等——的知识，因而为诸多非文学的理论所占据，以至于异化成与文学对立的一种异己存在：难以激发真正的文学兴趣，只能激发各种非文学的理论兴趣；难以提高真正的文学能力，只能提高各种非文学的学科能力；难以给人真正的文学知识，只能给人各种非文学的学科知识——如心理学知识、语言学知识、生态学知识、民俗学知识和人类学知识等。其实，这是对文学以外其他学科理论的强行征用：将之强行横移到文学领域，并以它为最高标准，去支配文学批评与研究，从而对作家、作品和文学现象进行强制阐释。因此，张江教授明确指出：当代文学批评与研究，其许多概念、范畴，甚至基本认知模式，都是从场外"拿来"的，它们本无任何文学指涉，也无任何文学意义，却被用作文学理论与批评的基本范式和方法，"直接侵袭了文学理论与批评的本体意义，改变了当代文论的基本走向"。① 尤其是对文学的文化研究，从全球化到本土化，从权力话语到文化霸权，从身份认同到性别、种族……，如朱立元先生所言，"几乎无所不包，从而成为多学科、跨学科的，面面俱到、大而无当的超级巨无霸学科"，这使"文学研究和批评本身日益远离文学和文本，逐渐消融、消失在包罗万象的文化研究中，沦为其招之即来、挥之即去的奴仆"。②

　　第二，异化成了前置理论的奴隶：在方法论上，背离文学现实，理论先行，唯理论马首是瞻，沉溺于预设理论而难以自拔。因此，许多文学批评与研究，都从先入为主的理论出发，对作家、作品和文学现象做出符合理论意图的阐释——往往也是一种强制阐释：其结论不是对文学现实的如实反映，也不是对阅读经验的真实表现，而是削足适履对预设理论的曲意迎合。甚至为了理论而虚构文学现实：根据理论需求，强行读出文学现实并不具备的因素，以证明理论的真理性，

---

① 张江：《强制阐释论》，《文学评论》2014年第6期。
② 朱立元：《关于"强制阐释"概念的几点补充意见》，《文艺研究》2015年第1期。

具言之，即便文学现实并不符合理论预设，也要强行打碎作家、作品和文学现象的原生结构，改变其真实性质，简单粗暴地把它们镶嵌到理论所需要的既定模式中。因此，根据弗洛伊德的精神分析文论，有人把李商隐"何当共剪西窗烛"中的"西窗烛"理解为阳具的象征，从而读出了被压抑的性欲本能；而根据生态美学理论，有人则从爱伦·坡的恐怖小说《厄舍老屋的倒塌》中读出了生态环境意识。这样，虚假的文学体验取代了真切的文学感受，迎合理论的强制阐释取代了切合文本的有效解读，批评与研究便异化为各种理论的跑马场，严重遮蔽了文学现实：作家、作品与文学现象，只是证明理论合理性的一种必要点缀。所以，凭借女性主义文论，你无须细读张爱玲等女性作家的文本，就可以认定她们作品中女性意识的具体内容；凭借大众文化知识与大众传播理论，你无须细读网络文学作品，就可以判定网络文学的突出特征；同理，凭借生态美学知识，你无须细读当代小说文本，就可以总结出当代小说叙事的诸多生态意识倾向。这样，批评与研究就异化为理论的奴隶：不是为了探讨文学现实，总结文学经验，而是为了证明预设理论，因而只按图索骥，为其寻找必要的材料和根据。

第三，异化成了实用功利的俘虏：在价值取向上，背离了超实用功利的审美取向，往往唯利是图，沉溺于实用功利而乐此不疲。利益的最大化，成为驱动批评与研究的飞轮，非文学的实用功利，取得了至高无上的决定权和支配权。这使批评与研究丧失了文学本性，失落了审美本心，异化成利益的俘虏：商品价值取代了艺术价值，实用意义取代了审美意义。批评与研究就心甘情愿，且服服帖帖，为功利服务：专家教授们的批评与研究，往往旨在谋取职称和津贴；而各类学子们的批评与研究，则主要旨在谋取学分、学位和文凭。文论成果就成了以盈利为目的的文化商品，难以为文学提供任何真正有审美价值的东西。批评与研究就堕落为对文学赤裸裸的强行利用，往往是对文学进行功利目的明确的强制阐释。当然，这根源于外在评价体系的功利化，是当今学术评价体系功利化和社会评价体系功利化在文学研究领域的一种必然反映。当今学术成果考核的重点，是你文章发表的刊物级别和专著出版的档次高低，以及获奖级别和申请到的项目级别等,而且把每一级别的成果,都转换成不同的科研工作量或积分,从而直接与津贴、奖金、职称、学位和工资等切身利益紧密联系起来,而根本不会认真考核你成果的内容怎样、质量怎样、价值何在、独创性何在等。更为偏颇的是,一些富有真知灼见和审美感受力的文学评论,由于写得生动活泼,自由灵动,极富感性色彩,因而难以符合评价体系所认同的"基本学术规范",往往也难以发表在"正规"学术刊物上,故常常被判定为没有多少"学术价值"和"学术含量",甚至不被认同为"科研成果"。因此,在当前功利化评价体系的"循循善诱"与严酷制约下,文学批评与研究难以真正静下心来,去潜心探讨艺术价值和审美问题,因而已普遍丧失了对文学的痴情与热爱,也普遍失去了探寻艺术魅力和追寻文学真理的激情,所以正日益堕落为一门纯粹的职业和一个纯粹的饭碗:只是为稻粱谋的一种实用功利手段。难怪有论者会严正指出:"文学批评如今日益被学术消费体制所捆绑,置身学院的文学批评家被越来越严苛的学术数字化管理模式所宰制,文学批评因此而沦为没有灵魂的学术消费品。"[①]

可见,当今文论患上了严重的异化症:为各种非文学力量所吞并,并被其当了家、做了主。因此,许多文学研究者,都丧失了文学兴趣,成为一种非审美的存在:是中国学术论文大批量机械生产线上的熟练操作工,他们只在意其文论是否合乎学术规范与评价标准,并是否能"多快好省"地转化为"学术商品",而毫不在意其是否契合自我的审美体验和文学感受,也毫不关心其是否具有独特的文学价值和审美意义。因此,许多文学研究者,尤其是中文专业的一些硕士生、博士生和教授们,往往匮乏基本的审美判断力,正如陈思和先生一针见血所指出的:他们"面对一部文学作品,不会从自身的感动中提炼出艺术的分辨力,不会判断其艺术魅力与艺术价值,只会生搬硬套一些不知所云的理论术语来胡说八道言之无物"。[②] 这样,我国当今文论虽然貌似建构了诸多辉煌的学术宫殿,但在很大程度上,却使真正的文学宫殿摇摇欲坠,岌岌可危,甚至形成了诸多断壁残垣。难

---

① 李遇春:《如何"强制",怎样"阐释"?》,《文艺争鸣》2015年第2期。
② 陈思和:《文学教育窥探两题》,《天津师范大学学报》2007年第2期。

怪在文学研究"硕果累累"、相关成果井喷式的层出不穷之时，我们依然一直能听到诸如"批评的危机"或"文论的困境"之类的呼声，隐隐约约，从文学研究的胜利狂欢与喧哗中执拗地传来。

三

众所周知，正常而健康的文学批评与研究，具有极强的实践性品格：源于文学实践，并用以指导文学实践，还在文学实践中得到检验和发展。因此，其出发点、立足点和根本目的地，都只能是文学实践。然而，我国当今的文学批评与研究，却因其严重的文论异化症，而往往匮乏应有的实践性品格。这主要表现在：

其一，不再来源于文学实践。正常而健康的文学批评与研究，总立足于文学实践，来源于文学实践，其具体观点和结论，无一不是从文学活动的各种实践——譬如创作实践和阅读实践等——中总结、提炼出来的。但当今异化的文学批评与研究，却不再关注文学实践，往往只是从理论到理论，从论文到论文。这使文学批评与研究，常堕落为对相关研究成果的简单粘贴、机械复制和必要的取巧式整理。譬如，你研究当代西部文学，不必阅读大量的西部诗歌、散文与小说，而只需阅读一些相关的研究成果，就可以写出一篇篇像模像样的西部文学研究论文；你研究沈从文，不必细读沈从文的具体作品，而只需读几篇相关的研究文献，就可以顺利写出合乎规范的沈从文研究文章——它们往往都能顺利通过学术不端查重检测、论文答辩或编辑评审之类。实际上，诸多有关文学的期刊论文、课程论文、学年论文、毕业论文、学位论文、职称论文和项目论文，甚至许多相关专著等，都是如此操作出来的。因此，从事文学批评与研究，不需要文学兴趣，不必有审美激情，不需要深入文学现实，不必把握文学现状，你只需熟知五花八门的理论和基本学术规范，并能有效利用唾手可得的相关研究文章，加之多结识一些学界权威人士——尤其是权威期刊编辑或主编，便可游刃有余地生产出大量的批评文本，便可一帆风顺地推出一系列"最新研究成果"，从而就能在文学批评和研究领域混得如鱼得水，甚至青云直上。

其二，不再指导文学实践。正常而健康的文学批评与研究，通过阐释作品，总结创作经验，概括创作规律，提炼基本原理，能有效地指导文学实践：可以引导作者的创作，提高其理论素养和文学能力，让其有效克服缺陷，发挥优长，从而扬长避短，少走弯路；可以引导读者的阅读，提高其欣赏水平和鉴赏能力，培养其审美趣味，让其有效领略文学的魅力所在，以准确把握具体作家作品的缺陷与优势。但当今异化的文学批评与研究，却始于理论，也止于理论，丧失了对实践的指导功能。因为它脱离了文学实践，无法总结出科学的文学规律和有效的文学原理，也无法揭示出文学的发展趋势和未来走向，因而难以给文学实践以切实有效的指引：既无法引导作家的创作实践，也无法指导读者的阅读实践。批评与研究就丧失了话语沟通的基本功能，从而异化为一种自言自语：难以促成与作家的精神交流，难以实现与读者的审美对话。这样，作家、批评家与读者之间应有的良好互动关系，以及他们主体间的平等对话关系，便被扭曲了：批评与研究者的学术能力越强，研究成果越多，理论知识越丰富，其文学敏感力和审美感悟力往往就越贫乏，就越难给作家和读者真正有效的审美启发与引导，批评与研究因而常常陷入自说自话的独白式狂欢而难以自拔。

其三，不再接受文学实践的检验。正常而健康的文学批评与研究，终归要回到文学实践中去，经受实践的检验与修正。实践是检验真理的唯一标准，批评与研究的具体结论必须为文学实践所验证，而且必须经得起实践的检验，"所以它总是随着文学运动、文学创作、文学接受的发展而发展，它永远是生动的、变化的，而不是僵化的、静止的"。[①] 但当今异化的批评与研究，却在独白式狂欢中，丧失了在实践中获得自我修正与自我完善的机会。因此，诸多文论话题，都无可奈何，只能在批评与研究的小圈子里激荡、回响，而无法抵达作家的创作圈和读者的阅读域。这样，批评与研究获得的诸多观点与结论，就因未经历实践磨刀石的有效砥砺，而难以真正锋芒毕露，也难以真正一试锋刃。这即使它们的优长难以得到真正发挥与展示，也使

---

① 童庆炳主编：《文学理论教程》，高等教育出版社2010年版，第5页。

它们的缺陷难以得到有效修正与弥补，因而丧失了文论应有的灵动性、变化性与发展性，以至于沦落为一劳永逸的僵化教条和自得其乐的恒定结论。而且，许多批评者和研究者，沉溺于累累的学术成果而沾沾自喜，只需它们能够换来津贴、职称和学位之类即可，而根本无意将其放到文学实践中，去接受实践的检验，更无意根据实践去修正它们、改进它们并完善它们。所以，一篇文学批评和研究论文发表后，很少有人真正关心其文学价值何在，审美意义如何，是否具有现实针对性和普遍适用性，其观点和结论是否完全切合文学现实，是否存在进一步改善和提升的空间。他们的关注点更多地聚焦于：它刊发在什么级别的刊物上，是否是核心期刊或权威刊物，能兑换成多少津贴或工作量，是否能争取到什么成果奖或科研项目。

综上可见，当今的文学批评与研究，已经患上了严重的文论异化症，强制阐释是其突出的病象表现。这急需引起学界的认真关注和深入反思，并积极探寻能有效治疗其顽症的各种良方。当务之急，应对症下药，努力做好以下工作：首先，在方法论上，应努力摒弃理论先行的强制阐释模式，努力从文学实际出发，从真切的阅读感受出发，以促成理性与感性的彼此互动，实现理论与实践的理想沟通，从而重建学者、作者与读者之间的良好对话关系。其次，在研究心态上，应努力摒弃急功近利的浮躁心理，从文学兴趣出发，从长远的文学发展出发，全身心地投身于文学事业，从而把批评和研究从实用功利的桎梏中解放出来，以回归并坚守文学的自身与本性。最后，在评价体系上，应努力摒弃一刀切的评价标准，根除独尊学报气、专著气、讲章气和学位论文气的评价陋习，尊重文学批评与研究的自身规律，尊重批评个性的丰富性和研究风格的多样性，允许文论的感性言说与自由表达，以形成灵活多样且更加合理的评价格局。

唯有如此，文学批评与研究才能消除其异化危机，才能有效克服各种强制阐释，从而才能重建文论尊严，并重新激发出文论的蓬勃生机与活力。这当然需要长期而艰辛的付出，却值得文学研究领域的学人为之而不懈努力，因为这才是其安身立命的真正根本。

文学思想的两种阐释路径[*]

夏 静[**]

就文学思想的阐释路径而言，值得关注的有二：一为历史思想史路径；一为哲学观念史路径。前者侧重文学思想的相关性研究，重点关注文学思想史上文论家与文论流派以及思想体系赖以生成的具体的复杂的历史情境，通过重现过往的思想发展历程来呈现出思想的复杂性和丰富性，偏重于文学研究的"外在路径"；后者注重文学思想的逻辑性研究，重点关注文学思想体系自身的整体性与连续性以及问题意识的自主性，常常借助于概念、范畴、命题之间的逻辑论证来呈现不同思想体系之间的内在理论脉络，偏重于文学研究的"内在路径"。两者虽然在理论预设、研究对象、研究方法上取径不通、各具特色，但相辅相成、此消彼长，成为20世纪以来文学思想研究领域极为常见的方法路数，产生了一系列大师级人物以及杰出的追随者，其中也不乏大量的经典论著。

一

历史地理解思想，是思想史阐释路径的理论预设。所谓历史地理解思想，是认为所有文化均孕育、发展于特定的独有的自然、社会的历史条件之中，因此，它所具有的价值和独特之处，就在于它的历史性。譬如在倡导思想史研究的柯林武德看来，历史事件之所以成其为

---

[*] 本文原刊于《文艺争鸣》2015年第11期。
[**] 作者单位：首都师范大学文学院。

历史事件，是由于它有思想。柯林武德反对史学中的自然科学、实证主义思潮，在他看来："历史的过程不是单纯事件的过程而是行动的过程，它有一个由思想的过程所构成的内在方面；而历史学家所要寻求的正是这些思想过程。一切历史都是思想史。"① 换言之，我们可以说，一切历史研究的对象都必须通过思想加以说明。作为文学史研究的一部分，文学思想是对过往文学经验的一种阐释，其功能在于理解那些共同构成过往文学生产或文学消费的观念、思想、立场、预设、主张以及成见等，而这种生产或消费必然与当时的社会政治、经济生活保持着某种关联性甚或一致性。在那些偏重于思想史阐释路径的研究方法中，常常主张选取那些对文学传统产生深远影响的文本，借助文本形成及传播过程的分析，来挖掘作者的真实意图，以期窥探思想文化的变迁乃至时代思潮的转向等重大问题。

思想史的阐释路径，重视的是阐释者的历史性与视野融合等问题。对于思想史研究所面对的问题，史华兹认为："在文本和解释者之间存在一种永恒辨证的互动关系……对文本的关注反过来又必定激发人们对于文本得以诞生的历史环境的关注。"② 因而常见的研究路数，是通过对原始文献的搜集、整理、编著，进而对文学活动的过程、文学思潮、文学流派的演变以及对文论家的历史定位进行理解与阐释，尤其会对同一时期各种文学活动之间的联系详加勘查，对其间原委乃至细节予以合理的解释，以期重建当时的文化语境，重现过往的思想发展历程。也正因为建立在具体的历史情境基础之上，思想史的阐释路径更多地关注一个体系自身的多重性和多方面性，在确认思想体系内含多重性、多方面性的同时，试图从不同侧面解释分析一种思想观念和一定时代的社会历史背景之间的内在根源，特别注重从经验层面上考察制约思想体系的多重原因，包括文化制度、审美风尚乃至师承关系、个人际遇以及阐释者的心路历程与价值立场对文学思想产生的影响。凡此种种，思想史阐释路径注重的是阐释者在具体历史

---

① ［英］柯林武德：《历史的观念》，何兆武等译，商务印书馆1997年版，第302页。
② ［美］史华兹：《古代中国的思想世界》，程钢译，江苏人民出版社2004年版，第2页。

处境中所面临的问题及其进行回应的全部努力,阐释者如何经由阐释经典而完成"自我理解",并与其原生意义体用辉映,是此一路径的主要关切。

在研究对象的选择上,被筛选出来作为分析对象的,往往集中于特定的思想家,或以卓越的批评才能,或文学天赋出众,或读者众多见长,即便这样做的原初意图,可能只是建构一种更为广阔的文学图景的手段。但从习见的研究套路来看,其研究的重点,往往在于过往时代的主流或较为高级的思想观念,特别是同一时代的公共话语或学说流派,以及那些在文学实践活动中提出自己独特见解的知识分子。然而文学思想史研究的价值,主要在于它能为经典诠释提供多种可能性和全部丰富性,可以进一步推进阐释者对于过往文学思想复杂性和含混性的理解。要理解文学思想史的全部丰富性,不仅需要了解少数杰出人物的精神世界,还需要了解当时社会不同文化阶层有影响的观点。同时,借助于研究主流思想与边缘观念之间的融合渗透,还可以引导我们的研究关注那些隐而不显的思想史资源,从而为未来的研究带来新的更多的可能性。

与此相关的问题还在于,思想史阐释的路径,虽然在展现文学历程的复杂性、多元性方面获得了极大的自由,但在对文学思想发展的整体脉络与大局判断上,较之观念史的阐释路径在时空意识方面的优势,则显得明显不足。加之伴随着百余年科学主义、实证主义的深入人心,史料至上的风气弥漫在文、史、哲研究的各个领域,这一方面极大地扩展了材料的来源,另一方面也导致各种"窄而深"的专门化研究大行其道。在具体的文学批评实践中,文学思想与历史意识、哲学思辨如影随形,其间错综复杂、互动频繁,具有复杂多面的存在样态与呈现方式。囿于阐释者缺乏对历史思想的总体性理解,常常"只见树木,不见森林",对于重大的思想文化事件以及大的思想转型,也就缺乏有效的阐释了[①]。

---

① 夏静:《文气话语形态研究》第一章"解释的偏向",商务印书馆2014年版;《中国文论早期形态研究的问题与方法》,《齐鲁学刊》2014年第3期;《编年批评史的意蕴与理解》,《首都师范大学学报》2014年第6期。

二

思想具有自身的逻辑自洽，是观念史阐释路径的理论预设。思想观念具有自身的内在整体性，所衍生的问题具有相同的知识谱系与共同的运思逻辑，核心的问题意识既内在又超越，有着自足的逻辑脉络与自主的生命力，并不依赖具体的文学活动或一般所谓的"社会文化语境"。譬如在施特劳斯看来，人类的根本处境并没有随着历史变迁发生根本性的变化，哲学、政治、宗教等领域值得人们思考的问题也没有发生根本性的变化。针对历史主义认为没有任何思想能够超越历史局限性的论点，他认为人类处境的这种相似性与"根本问题"的持久性，有可能在某个时刻突破人类历史性的局限，从而获得对于"根本问题"的真正洞见。① 而在倡导观念史研究的诺夫乔伊看来，历史上确有一些最基本的或重复出现的概念，考察这些观念的某些思想成分是否或者以何种方式出现在批评家的思考之中，以及这种成分是否达到了"观念单元"所理应达到的那种"理想类型"，就是观念史家的研究工作。② 对于这一类问题的研究，常常可以穿越不同的时空、语言、民族、国家，也可以贯通不同的学科领域，正因为如此，观念史的阐释路径是现当代学术研究中一种相当行之有效的方法。

厘清谱系，找寻规律，是观念史阐释路径的价值指向。如何凸显出问题意识的自主性，如何将元问题、元范畴视为自律性的"根本问题"，以此出发，研究元问题与次生问题以及问题丛的结构形态，从而揭示出思想系统衍化的内在条理、内在秩序以及结构形态、发展规律，是此一阐释路径的主要关切。在研究对象的选取上，不同于思想史阐释路径常常选取个案进行研究，观念史阐释路径更倾向于取道类型的研究。注重内在逻辑的论证与推衍，常常以归纳、提纯、抽象的

---

① ［美］列奥·施特劳斯：《自然权利与历史》，彭刚译，生活·读书·新知三联书店2003年版，第25页。
② ［美］诺夫乔伊：《存在巨链——对一个观念的历史的研究》，张传有等译，邓晓芒等校，江苏教育出版社2002年版，第5页。

文学思想的两种阐释路径

手段,以分类、层级的形态加以呈现,是此一阐释路径的重要特色。作为研究方法,这种论证、推衍,就同一系统内部而言,主要在于揭示、提炼出此一系统的主导原则、普遍观念、永恒问题及其各种原则、观念范畴之间的关系;就不同的系统而言,则更多地侧重于揭示各个系统之间的一致趋向、脉络走向与逻辑关联。这种运思逻辑,强调理论体系及其概念范畴的整体性、同一性和连续性,倾向于围绕着一个中心,譬如原则、意义、精神、世界观、整体形式等,把所有的现象集中起来展开一种全面的描述。如此这般,经由观念史阐释路径提纯、抽象后的各种"先见之明"、理论脉络、规律法则,也就成为与此相关的概念史、范畴史、观念史、文体史研究中惯见的逻辑前提,从而极易形成"论者主观意图在前,前置明确立场,无视文本原生含义"①的阐释弊端。

反观观念史的阐释路径,理论预设上存在的整体性、连续性幻觉,以及由此带来的言说主体的缺失与结论的简约化倾向,是其最为明显的内在缺陷。譬如在否定"纯历史""纯知识"的怀特海看来,观念的历史源自我们对历史的理解,而我们的解释有可能并不符合真实的历史进程。因为知识的产生总是伴随着情感、目的等多种因素,所以独立的存在只是一种神话,"纯知识"这一类高度抽象的概念,应该从我们头脑中被清除。据此,他断言观念史研究的巨大危险在于简化,建构一个思辨的观念体系来解释历史的进程,则无异于一场"观念的冒险",观念之史便是错误之史。② 同样,在强调断裂、不连续性、界限、极限、转换等问题域的后现代研究视野中,观念史的阐释路径也是难以接受的。譬如福柯认为:"某种概念的历史并不总是,也不全是这个观念的逐步完善的历史以及它的合理性不断增加,它的抽象化渐进的历史,这个概念的逐渐演变成为使用规律的历史。"③ 对观念史阐释路径进行颠覆性批判的,是"剑桥学派"的斯金纳。

---

① 张江:《强制阐释论》,《文学评论》2014 年第 6 期。
② [英]怀特海:《观念的冒险》,周邦宪译,译林出版社 2012 年版,第 9、11、29、31 页。
③ [法]福柯:《知识考古学》,谢强等译,顾嘉琛校,生活・读书・新知三联书店 1998 年版,第 12、3 页。

他认为观念史研究的最大错误,就在于证实某种"观念"的"基本意义"必然存在,并且假定这种意义基本"保持不变"。如此一来,所有考察的学说被化约为某一实体,其发展过程则被描述成一个不断成长的有机体,于是主体消失了,代之是观念之间的格斗,在这样的历史写作中,我们的叙述很快便与言说主体失去关联,因此,他彻底否定了在经典文本中包含有"普遍观念"与"永恒问题"等理论预设的存在,并且针对当时观念史研究领域流行的各种理论预设,包括"学说神话""连贯性神话""预见神话"等各种"先见之明"进行了激烈的攻击。① 情况的确如此,观念史阐释路径影响下的研究,忽略了言说的主体,排除任何不连续性的概念,以逻辑的、科学的后设价值来解释概念范畴,并追究其历史发展的规律,而更多不合乎这种逻辑脉络或规律标准的内容,则被当成没有思想含义的东西视而不见了。这些理论预设所导致的种种缺失,譬如材料选取上的遮蔽、路数选择上的固化以及结论方面的简化,业已成为过往文学思想研究中极为常见的情形。

三

上述两种阐释路径各有利弊,长短易见,对于文学思想的阐释都是不可或缺的,很难截然分开。如果仅仅专注于历史地解释文学思想,忽略了思想体系自身的复杂关系,往往就会使文论研究流于一些琐碎细节的关注、单纯材料的杂陈或者具体个案的描述,而难以真正把握文学思想发展所具有的内在脉络关联。反之,如果仅仅关注逻辑的论证思想观念,忽视了思想的具体的历史的解释,往往就会有意或无意地忽略文学思想演变过程所具有的复杂性和丰富性,除了积累起一大批内容详备却干瘪乏味的概念清单外,很难从

---

① [英]昆延·斯金纳:《观念史中的意蕴与理解》,收入《政治的视野》("Meaning and Understanding in the History of Ideas", *Visions of Politics*, Vol. I , Regarding Method, Cambridge 2002)。中译本收入《什么是思想史》,任军锋译,上海人民出版社 2006 年版,第95—135 页。

根本上厘清文学思想史上是否存在那些具有普遍意义的"根本问题"或"观念单元"。

阐释过往的文学思想，不仅意味着阐释者必须设身处地地思考古人在做某一件事情时是如何思想的，而且意味着一切过去的历史必须联系当下才能得以理解和阐明。因此，"知人论世"的社会历史语境分析路数，是文学思想史阐释中最为常见甚或日用不知的研究范式，常常被视为文学研究"内在路径"的主要代表。但是，问题的另一方面在于，历史上的经典文本，虽然"知人论世""设身处地"的追溯还原是研究的重要途径之一，但是语境还原并不一定能够穷尽经典文本所蕴含的全部意义，因为经典文本一经形成，便在一定程度上具有超越具体历史语境的独立性，加之超越具体的历史语境进行普遍性思考，素来也是经典阐释者进行研究的原初意图，无论这一意图是否得以真正实现。至于尔后的诠释者是否有能力把握所要考察的思想观念的社会历史语境，能否写出值得信赖的思想史论著，仍然存在着相当多的疑问。有鉴于此，文本意图与产生之时的特定语境、作者的人生经历之间，究竟存在多大程度的关联以及关联的方式，不同的文本在程度和方式上恐怕也会有所不同。

譬如以"竹林七贤"的阮籍为例。就阮籍的论著来看，既有与特定的历史语境、作者人生经历联系密切的部分，也有超越具体的历史语境具有普遍意义的部分。其中一类是针砭具体人、事，如《大人先生传》《东平赋》《亢父赋》等；另一类虽然有针对的人、事，但其文本具有一定的时代超越意义，如《咏怀诗》中体现的精神痛苦与心理危机，任何身处黑暗时代的知识分子大都感同身受；还有一类代表了该时代哲学、政治理论原则的最高层次的抽象，如《通易论》《乐论》等，这与文本产生之时的语境或作者个人经历等，并没有直接的关联，如果仅仅佐以思想史的阐释路径，便会显得捉襟见肘。因此，如何审视经典文本的具体历史性和普遍超越性之间的关系，本身也是值得经典阐释者认真考量的问题。

受到20世纪西方哲学转向的影响，对于如何历史地理解思想，经典阐释者常常会倡导文本细读或精读的方法，并将其视为文学研究"内在路径"的主要代表。就中国古代文学思想的研究而言，再高明的解释也离不开对文本的精读与细读,思想史家作为文本的阐释者,充分理解其选择的文本本身构成了研究的目标。正因为如此,文学思想的研究不仅需要在相当程度上借助于综合文、史、哲各个领域不同学科的研究方法,还需要某些专业化技能的训练,毕竟广博的知识和驾驭众多原始资料的能力,不是每一个研究者都具备的。但即便如此,这种对于文本的处理,是否能够真正地挖掘出作者的真实意图,本身还是存疑的。如果希望理解阮籍及其《乐记》这样的论著,仅仅通过精读、细读对文本中的前提和主张进行分析是不够的,我们还需要理解阮籍提出这些政治音乐主张时的其他所作所为。换言之,我们必须确知他在多大程度上接受了汉以来的老生常谈(譬如对音乐本质的认识,如何杂糅儒家的神秘主义宇宙观与道家的自然主义宇宙观),或者他进行了重新表述并改写(譬如礼乐与政治关系的深度分析),或者是对它们的彻底批判和否定(譬如对近世以来音乐的彻底否定以及鲜明的复古倾向)。由此,可以从一个人们所熟知的话题中引出新的视野或新的话题,那就是魏晋时期类似阮籍这样具有多重人格,在精神分裂与心理危机中挣扎的士人有一大批,其文本传达的意义与著者的真实意图之间是否具有一致性,假如我们仅仅局限于分析文本本身的内容,那么,我们显然无法获知不同文本之间的同一性,也无法深知作者写作时背后的所有意图。

当然,上述问题的产生,并非仅仅源自两种不同的阐释路径,许多问题是经典阐释者必然遭遇的。虽然经典的创立者自己言说其学说的方式及内蕴是唯一的,但不可否认的是,经典的阐释者可以采用形形色色的方法去阐释既定的学说,在这种阐释的重构中,尔后的阐释者总是有意或无意地尝试比创立者本人更好的阐释,为此常常漠视或忽略观点的矛盾处或体系的漏洞,甚或加以掩饰、曲解,这也类似于张江先生所言的"强制阐释",也即在本文不符合理论需求的情况下,为实现目标而肢解文本,重置文本,使文本符合理论[1],这种现象在过往的文学理论著述中并不鲜见。就阮籍的思想来看,正如鲁迅先生认为的那样,阮籍的诗文虽然也慷慨激昂,但许多意思都是隐而

---

[1] 张江:《前见与立场》,《学术月刊》2015年第5期。

不显的。① 那么，这些矛盾、隐晦的观点是魏晋时期的一般观点，还是原创性观点，是否具有思想的内在一致性，是否具有经典阐释者所期待的那种一般思想史的谱系与脉络，以及这种谱系、脉络与历史连续性之间的关系，等等，大抵也是我们今天的研究需要加以重新思考的。

经典阐释者的工作，在于理解并解释过往的思想家，若能"知人论世""同情之了解"还原复活其思想，或"设身处地"有如他们的自我理解，那便是一种极高的阐释境界。这大概是所有经典阐释者所追求的目标，也是文学思想研究中唯一具有客观意义的标准。那种认为作家已死，经典阐释者能够比本人更好地理解作者的看法，虽然并非理论上完全不可取，但就过往的研究而言，那些阐释学上"多出来的意义"，虽然也可能揭示出作者的真实意图，或者文本本身所反映的多重意蕴，然而经典阐释者视域中种种"后见之明"所形成的"层累地叠加"，也极有可能为尔后的理解带来障碍。在以历史传统、文化现象、知识系统为对象的文学思想阐释传统中，身临其境的言内之意的呈现，抉发意蕴的言后之意的发掘，以及囿于时空阻隔、古今异音而形成的种种曲解、臆断，也就不可避免地形成经典阐释的两难处境。面对万壑争流的思想世界，如何与经典合一，同时开出自我理解的新意，为文学的世界提供一个终极的、整体的解释，也就成为所有经典阐释者的宿命了。

---

① 鲁迅：《魏晋风度及文章与药及酒之关系》，《鲁迅全集》第3卷，人民文学出版社1973年版，第500页。

第三编

中国古代文论的理论自觉

中国古代诗文评的思维与方法举隅
——走出"强制阐释"的启示*

党圣元　陈民镇**

从特定意义上来讲，文学理论是一个阐释系统，其知识与思想的生产，甚至其本身的阐释学方法，均是在阐释过程中生成的。因此，重视从阐释学的层面来考察分析不同形态的文学理论，于当代中国文学理论学科发展和话语体系建构而言，其意义是非常明显的。在国内文学理论研究领域，张江先生较早地提出并且专门就这一问题进行了深入而系统的论析。我们注意到，自张江先生针对当代西方文论"强制阐释"的倾向提出"本体阐释"以来，学界围绕"强制阐释"的相关问题展开了热烈的讨论。① 按照张江先生的看法，概而言之，"强制阐释"指背离文本话语，消解文学指征，以前在立场和模式，对文本和文学作符合论者主观意图和结论的阐释。② 针对当代西方文论的弊端，张江先生指出：中国文论建设的基点，一是抛弃对外来理论的过分倚重，重归中国文学实践；二是坚持民族化方向，回到中国语境，充分吸纳中国传统文论遗产；三是认识、处理好外部研究与内部研究的关系问题，建构二者辩证统一的研究范式。至于在当代中国文论如何坚持民族化方向，张江先生指出：对中国传统文论遗产进行价值重估和精神接续。这并不是要把中国传统文论原封不动地翻检出

---

* 本文原刊于《首都师范大学学报》（社会科学版）2015 年第 6 期。
** 作者单位：中国社会科学院外国文学研究所；清华大学出土文献研究与保护中心。
① 相关文章见诸《中国社会科学》《文学评论》《文艺研究》《清华大学学报》《学术月刊》《学术研究》《探索与争鸣》《文艺争鸣》等刊物，形成了持续讨论的热潮。
② 张江：《强制阐释论》，《文学评论》2014 年第 6 期。

来，不加改造地重新启用。中国传统文论面对的是古典文本，提炼归纳的是彼时彼地的文学经验。时代变了，语境变了，中国文学的表现方式也变了，甚至汉语言本身也发生了巨大的历史变异。在此情势下，用中国古典文论套用今天的文学实践，其荒谬不逊于对西方文论的生搬硬套。我们所说的吸纳传统，指的是要从更根本、更宏观，即思维和方法的意义上，吸收古典文论的正面经验。唯有如此，中国未来的文艺理论所发出的，才是中国的声音。① 关于如何"从更根本、更宏观，即思维和方法的意义上，吸收古典文论的正面经验"，张江先生并没有作进一步的说明，目前的相关讨论也基本没有触及这一层面。② 实际上，中国传统的诗文评有着悠久的历史和丰富的内容，仍有待我们进一步挖掘与总结。张江先生指出了当代西方文论理论缺陷的三个方面——脱离文学实践、偏执与极端、僵化与教条，③ 这"三宗罪"虽然并不涵盖全部的情况，但的确不同程度地存在。本文即从中国古代诗文评出发，尝试探讨其哪些"思维"和"方法"可以为反拨"强制阐释"提供切实可行的途径，进而为重建中国文论揭示进一步努力的方向。

一　理论批评与文学实践的融通

脱离文学实践是张江先生所指出的当代西方文论的第一个症结所在。一部分当代西方文论之所以会出现脱离文学实践与文学经验的情形，在于理论家过度强调抽象理论的有效性，而这些理论所立足的，往往并非文学实践。甚至于这些理论本身实际上是对文学之外其他领域理论的简单套用，由此带来的种种解读，不免于方枘圆凿之弊。这

---

　　① 张江：《当代西方文论若干问题辨识——兼及中国文论重建》，《中国社会科学》2014 年第 5 期。
　　② 有学者已经结合中国古代文论的研究进行讨论，参见党圣元《二十世纪早期中国文学批评史研究中的"强制阐释"谈略》，《文艺争鸣》2015 年第 1 期；蒋述卓《反思与求变——关于中国古代文论研究方法的再思考》，《文艺争鸣》2015 年第 1 期。
　　③ 张江：《当代西方文论若干问题辨识——兼及中国文论重建》，《中国社会科学》，2014 年第 5 期。

一现象的存在,实际上与西方文论的传统有关。

还得从一个古老的故事说起。古希腊哲学家毕达哥拉斯曾提出这样一个问题:赴奥运盛会的人有三种——去比赛的、去看比赛的以及去做生意的,这三种人谁更高贵呢?毕达哥拉斯本人给出的答案是:看比赛的旁观者最高贵。这一回答意味深长,从中可以窥及欧洲传统哲学的一个大的倾向,即对世界和人生的"旁观者态度"[①]。罗素在《西方哲学史》中引用了伯奈特关于这一故事的论述:"然而,最高的一种乃是那些只是来观看的人们。因此,一切中最伟大的净化便是无所为而为的科学,唯有献身于这种事业的人,亦即真正的哲学家,才真能使自己摆脱'生之巨轮'。"[②] 在希腊文中,"旁观"与"理论"语出同源,我们不妨说,"理论"的产生,或者说"无所为而为的科学",正源自冷静的、抽身于现场的"旁观"。正是西方传统中的"旁观者态度",赋予了理论家和批评家特殊的使命,同时也在某种程度上割裂了他们与创作者之间的联系,乃至于造成二者的对立。这一对立的情形延续至今,在一些理论体系中被极端化,使得理论家与批评家愈加脱离文学实践,甚至不愿意去触及文本背后作者的思想内核。英国诗人拜伦便曾在《唐璜》中借魔鬼之口讥讽理论家是吃干草长大的动物,而爱尔兰剧作家贝汉(Behan)更是尖刻地指出批评家犹如后宫里的太监——只知如何写作却没有写作的能力。

这种对立,在中国古代诗文评的语境中却很难觅其踪影。在中国古代哲学、文学理论之中,并不存在完全独立的"旁观者",尤其是传统诗文评的创造者大多置身于具体的文学实践之中。即如叶燮之《原诗》,在我们今天看来,叶燮在谈论诗学问题时,与诗歌创作实践的联系还是相当紧密的,但是由于叶燮将一些理学概念、理学思维方式引入诗评之中,并且作了许多抽象的义理阐发,加之叶燮的一些言说方式与之前一般的诗话、序跋中的品评言诗方式有所不同,以致

[①] 高建平:《"进步"与"终结":向死而生的艺术及其在今天的命运》,《学术月刊》2012年第3期。

[②] [英]罗素:《西方哲学史》上卷,何兆武、李约瑟译,商务印书馆1982年版,第60页。

他的《原诗》便被《四库》馆臣们讥讽为"英雄欺人之语",并且被打入"存目"。传统诗文评这种特点的形成是与中国古代知识阶层的特点密不可分的。中国古代的知识阶层,或者说泛义的"士",作为中国古代颇具特色的群体(古代印度等文明甚至不存在类似的群体),既是知识的创造者,也承载着思想文化的变迁。探讨中国古代的思想文化,包括诗文评的嬗变历程,实际上需要紧密结合"士"的荣辱浮沉进行考察。这一群体受到较全面的知识训练,怀有经世济民的理想,身份介于王权与平民之间,同时又可上居庙堂之高,可下处江湖之远。这些特点,决定了这一群体既难以抽身于世俗社会作冷静的"旁观",也无法脱离混一的文化状态作单纯的理论研究或文学批评。也正因此,他们中间难以产生公共知识分子这样的角色,也很难孕育西方意义上的"理论"。

中国古代诗文评的作者,往往本身便是作家。他们积极参与文学实践活动,有着丰富的创作经验。在创作之余,他们也会热衷于揣摩文章之利病,力求对各种诗文创作现象进行规律层面的归纳与总结,从而使得文学实践与理论批评实践在他们那里处于创作的同一进程。譬如《文赋》是篇上乘的赋,《文心雕龙》是由精美的骈文写就的,诗人们往往喜欢通过诗篇来言说自己的文学思想,而以《二十四诗品》为代表的"论诗诗",则更是一种独特的诗文评形式。中国传统诗文评与文学实践是融通的,理论批评始终不脱离诗文之怀抱,即便明清时期的小说、戏曲理论批评也是如此。这一特点也促使诗文评更贴近文学实践活动,也更重视文学创作的一般规律,并且形成了创作与理论批评之间良性的互哺关系。总的来说,植根于诗文创作实践的诗文评很好地协调了内部规律和外部规律,并以文学性作为重要的评价标尺。以苏轼为例,他有着深厚的学养,也有丰富的文学实践,他以切身体验指出"吾文如万斛泉源,不择地皆可出,在平地滔滔汩汩,虽一日千里无难。及其与山石曲折,随物赋形,而不可知也",[①]便是结合自身的创作经验论述艺术构思过程中思维随文笔流动的过

[①] (宋)苏轼:《自评文》,载《苏轼文集》卷66,孔凡礼点校,中华书局1986年版,第2069页。

程。古人创作活动的互动，也往往是创造诗文评的活动，如在书信往来、序跋互赠中表露创作旨趣，白居易《与元九书》、韩愈《送孟东野序》等便是著例。

而且，在中国古代的知识阶层看来，也只有文学创作的实践者才有资格参与到诗文评的活动中来。曹植曾以"盖有南威之容，乃可以论其淑媛；有龙泉之利，乃可以议其断割"为喻，指责"刘季绪才不能逮于作者，而好诋诃文章，掎摭利病"，① 甚至认为才学不如作者的人便没有资格妄加评论。刘勰则在《文心雕龙·知音》篇中强调"凡操千曲而后晓声，观千剑而后识器"，故主张"圆照之象，务先博观"。② 刘克庄亦曾指出"诗必与诗人评之"，若"不习为诗，于诗家高下深浅，未尝涉其藩墙津涯，虽强评要未抓着痒处"，③ 即认为若不作诗，则不谙诗之三昧。刘克庄甚至认为作家也不能进行"跨界"批评，如他看了方蒙仲为刘澜诗所作序后说："诗当与诗人评之，蒙仲文人，非诗人，安能评诗？"④ 这些看法不免苛刻，却代表了一种普遍倾向。

也正是由于诗文评的身份并不是完全独立的，诗文评的定位一度极为尴尬，在目录学上也不过附骥于集部之尾。但这并不意味着诗文评不重要，这些由文学实践所抽绎出的经验和规律，以其针对性强和言说有效性，可以被直接用以指导文学实践。如何文焕序《历代诗话》时指出诗话是"骚人之利器，艺苑之轮扁"，诗话即被视作指导创作活动的"利器"。

中国古代诗文评重视文学实践的传统，可以为我们今天思考如何走出"强制阐释"的困境提供思路。文学理论应该抽象自具体的文学实践，而非架空文学甚至消解文学意义的所谓理论。无论是中国古

---

① （魏）曹植：《与杨德祖书》，载《文选》卷42，上海古籍出版社1986年版，第1902—1903页。
② （南朝梁）刘勰：《文心雕龙注》，范文澜注，人民文学出版社1962年版，第714页。
③ （宋）刘克庄：《跋刘澜诗集》，载《刘克庄集笺校》卷109，辛更儒校注，中华书局2011年版，第4520—4521页。
④ 同上书，第4535页。

代诗文评还是古希腊的文艺思想，都不否定文学实践的根本价值，"旁观者态度"的关键在于冷静的观照与自省，脱离本场域的言说实际上是背离"旁观者态度"的极端化结果。张江先生认为当代西方文论存在"场外征用"的情形，存在运用文学以外其他学科的现成理论阐释文本、解释经验造成了脱离文学实践的现象。① 这一情况的确存在，但是否意味着文学领域之外的理论不能介入到文学活动之中？如果我们回顾中国古代诗文评的发展历程，在其肇端之初，便与文学之外的思想文化相杂糅。或者说，这种杂糅，本身便是诗文评发生期的本来状态。在文学逐步自觉并且独立之后，文学之外的因素也曾一度渗入乃至于纠缠难分。在这方面，我们可以举出许多传统文学理论批评中的例子来，比如《诗大序》《诗小序》中的对于《诗》的那些言说，也很难说刘勰在《文心雕龙》开头三篇中对于文学"原道""征圣""宗经"的整体价值建构框架中没有"场外征用"的言说痕迹，而宋明理学家们言说文学时的"场外征用"就更不用说了。因此，文学这种泛文化的知识结构，实际上是中国古代诗文评的一个重要特征，也是当代西方文论在逐步发展中产生的一种倾向，解释学的兴起便是一个典型的例子。当代西方文论之所以要进行"场外征用"，既有拓展文学疆域、模糊学科边际的考虑，也有突破理论瓶颈的现实困境。在笔者看来，问题并不在于"场外征用"，而是在于其立足点是否是文学本身，场外的理论能否密切结合文学实践。实际上，张江先生在其文章中也已经充分注意到了这一点，并且进行了辨析，只是这一问题相当复杂，涉及的面非常广泛，因此还需要我们进一步深入探究。

中国古代诗文评立足于文学实践，甚至与文学实践混一，由此形成的不同于西方的传统，我们不妨称之为"当局者态度"。因为"当局"，所以置身其中而冷暖自知；也正因为"当局"，诗文评的"理论"独立性也往往随之缺席。这一传统使诗文评与文学实践之间有着天然的亲近感，对于我们今天反思"强制阐释"无疑是很好的启示。

---

① 张江：《强制阐释论》，《文学评论》2014年第6期；《当代西方文论若干问题辨识——兼及中国文论重建》，《中国社会科学》2014年第5期。

但其缺陷也是客观存在的，那便是"旁观者态度"的缺失，使中国古代缺乏独立的理论家与批评者。一方面，作家将感性的创作思维带入到诗文评中，一味地"象喻"，而比较缺乏理性的思辨；另一方面，作家在创造诗文评的过程中难免陷入"当局者迷"的窘境，难有客观、独立的态度。如何在密切结合文学实践的基础上，在不丢弃传统诗文评"象喻"特点的情况下，保持一定的"旁观者态度"，是值得我们思考的。

二　着眼于文本的尚实观念

张江先生指出当代西方文论存在偏执与极端的现象，这种情形在一些西方理论中的确不同程度地存在。西方文论中的偏执与极端，其实非常类如刘勰曾经在《文心雕龙·知音》篇中批评过的那种"各执一隅之解，欲拟万端之变，所谓'东向而望，不见西墙'"[①]的情形。究其缘由，在于某些理论往往脱离创作者的思想基础、创作背景乃至文本本身进行论证，从而作出不同于甚至完全背离作者初衷的解释。这实际上涉及理论家和批评家是否需要触及作者的"本意"，或者能否触及作者"本意"的问题。某些当代西方文论往往逆"知人论世"之法而行之，架空作者的"本意"，甚而径直解构文本、悬置文本，消解文本固有的文学意义。由此得出的结论，不免于偏颇与狭隘。如果我们回顾中世纪以来形成的强大的"隐喻解经"传统，即对立文本的"本意"和"隐意"、寻绎文本背后所谓的深层意义，不难看出这一传统对结构主义、解构主义等思潮的启迪，以及对当代西方文论的广泛渗透。与此相对应的是，中国古代诗文评则遵循另一传统，这一传统立足于尚实的观念，"知人论世""以意逆志"，不执"高叟之固"，努力寻绎作者的思想脉络，以进行针对文本的解释。如果从解释学的角度看，从中也可以梳理出中、西解释学不同的生成与发展路径。

---

① （南朝梁）刘勰：《文心雕龙注》，范文澜注，人民文学出版社1962年版，第714页。

早期的解释学虽然也影响了后来的西方文论，但这种影响只能说是部分的，解释学与西方文论之间并没有直接的承续关系。但中国古代诗文评与经学解释学之间则有较清晰的线索可寻，甚至说前者是脱胎于后者的。诗文评的真正确立，与"去经学化"过程的完成是同步的。但无可否认的是，经学解释学在思维与方法上又深刻影响了后来的诗文评。

一方面，经学解释学虽有将"微言大义"极端化的例子，但无论是否能够还原经典的"本意"，其出发点仍是如实解释经典。春秋时代用诗之法尽可以"断章取义"，但在具体解诗、说诗过程中却不能随意发挥。在经学解释学中，强调解读"诗言志"背后的"志"。虽然读者之"志"存在分歧，也不一定能接近文本之"志"或者作者之"志"，但其基本依据仍是师法相承、文本本身、作者思想以及社会历史背景。孟子所强调的"不以文害辞，不以辞害志"的"以意逆志"（《孟子·万章上》）和"是以论其世"（《孟子·万章下》），也直接影响了诗文评的解释进路。在"情"本体得到彰显以及后来"情""志"合流之际，诗文评仍延续了经学解释学以文本为主要依据的传统，但同时又在很大程度上摆脱了经学的束缚，进一步凸显其文学意义。这与西方解释学中的"隐喻解经"传统是迥然不同的。

另一方面，经学解释学的基础工作，即训诂字词、细绎文句，也成为了诗文评的基本方法。中国古代的知识阶层普遍受到严格的"小学"训练，这一基础训练可以帮助破除文字障碍、准确疏通文义，这是理解文本的前提，也是有些诗文评作品的立足点甚至是呈现形式；而训诂之学又强调征实，与诗文评的尚实传统相互渗透。诗文评的这一特征也带来了一定的负面影响，其极端化的结果便是执着于字词的考据而淡化文学解释。陆游曾批评"今人解杜诗，但寻出处，不知少陵之意"，并以《岳阳楼诗》为例，指出"此岂可以出处求哉？纵使字字寻得出处，去少陵之意益远矣"。[①] 同样是针对杜诗，宋濂指出

[①] （宋）陆游：《老学庵笔记》卷7，李剑雄、刘德权点校，中华书局1979年版，第95页。

中国古代诗文评的思维与方法举隅

"务穿凿者谓一字皆有所出,泛引经史,巧为傅会"①,亦在批判后人在解读杜诗过程中过于注重出典的不良倾向。一旦只着眼于注疏饾饤,而失去诗文评强调整体把握的传统,甚至抛弃训诂学征实的精神,便难免流于附会了。

正因为诗文评延续了经学解释学的基本思维和方法,形成了立足文本的尚实传统。相较于西方相对重视文本的理论,如瑞恰兹、布鲁克斯等人以文本为中心的"细读法",实际上是脱离社会历史背景进行所谓的"细读"(closereading)的,毕竟缺乏"知人论世"的视角。从大的历史文化背景中去理解作者之"志"和文本之"志",从而免于偏颇的弊端,实际上是诗文评的一个突出特点。而伊瑟尔(Wolfgang lser)的文本阅读理论则过度强调读者的理解,与"以意逆志"的解释向度并不相同。一些西方理论家和批评家往往将个人的意志凌驾于文本之上,而从经学解释学影响下的诗文评,在解读文本的过程中则从来不缺乏"我注六经"的谦卑恭敬之心。事实上,即便是"六经注我",也并非完全等同于对六经的彻底解构。

诗文评的尚实传统可追溯到司马迁的"实录"(《汉书·司马迁传赞》),实际上还可以追溯到先秦追求中正之道、中和之美的理想。尚中的观念使诗文评避免了极端化的倾向,走上了稳健的发展道路,同时也与尚实的观念息息相通。古人强调评价文章不可有私意,所谓"夫观文章,宜若悬衡然,增之铢两则俯,反是则仰,无可私者"②,坚持实事求是而反对褊狭之见。《四库全书总目》即对一些诗文评中"不免附会""誉者太过,毁者亦太过""坚执门户之私"等不良倾向进行了批评③,这与纪昀一贯主张"持平"④之论是相一致的。诸多弊病之中,牵强附会是最受批判的,即前人所强调的"论诗最忌穿

---

① (明)宋濂:《杜诗举隅序》,载《宋濂全集·翰苑别集》卷7,浙江古籍出版社1999年版,第1086—1087页。
② (唐)柳宗元:《答吴秀才谢示新文书》,载《柳河东集》卷34,上海人民出版社1974年版,第552页。
③ 参见永瑢等撰《四库全书总目·集部》,中华书局1965年版。
④ (清)纪昀:《书徐节妇传后》,载《纪晓岚文集·文》卷11,孙致中等点校,河北教育出版社1991年版,第263页。

凿"①。正如刘克庄所论："先贤平易以观诗，不晓尖新与崛奇。若似后儒穿凿说，古人字字总堪疑。"② 以"平易"解诗而拒绝穿凿之论，这是与诗文评追求中正的旨趣一致的。也正因为这一层的缘由，国人对当代西方文论中一些偏执极端的理论解读难以接受。

古人早有"诗无达诂"（《春秋繁露·精华》）之说，读者之"志"能否接近文本之"志"与作者之"志"，本身便是值得怀疑的问题，而且伽达默尔所说的"前见"总是不同程度地存在的，故谢榛指出"诗有可解、不可解、不必解，若水月镜花，勿泥其迹可也"③。但也有人提出质疑，认为"断无不可解之理"④，"诗而至于不可解，是何说邪？且《三百篇》，何尝有不可解者哉"⑤。实际上，问题不在于是否"可解"，而在于解诗者是否遵循尚实的原则与合理的途径，在于"贵求作者之意指"⑥。如果不是以文本为基础去分析背后的创作思路、创作背景，而是背离文本进行牵合附会乃至解构，固然并非一无是处，但至少是与诗文评的旨趣相悖的。从尚实的观念出发，"强解诗中字句"⑦ 的做法也是颇受指摘的。那么具体要如何进行解读文本呢？《文心雕龙·知音》提出"一观位体，二观置辞，三观通变，四观奇正，五观事义，六观宫商"的"六观"之法，并强调"观文者披文以入情"。⑧ 吕祖谦也强调"必先得诗人之心，然

---

① （明）胡应麟：《诗薮·内编》卷4，中华书局1958年版，第71页。
② （宋）刘克庄：《答惠州曾使君韵》，载《刘克庄集笺校》卷8，辛更儒校注，中华书局2011年版，第476页。
③ （明）谢榛：《四溟诗话·姜斋诗话》，载《四溟诗话·姜斋诗话》，宛平点校，人民文学出版社1961年版，第3页。
④ （清）何文焕：《历代诗话考索》，载《历代诗话》，中华书局1981年版，第823页。
⑤ （明）俞弁：《逸老堂诗话》卷下，载《历代诗话续编》，中华书局1983年版，第1318页。
⑥ （清）章学诚：《诗教下》，载《文史通义》卷1，上海书店1988年版，第22页。
⑦ （清）吴雷发：《说诗菅蒯》，载《清诗话》，上海古籍出版社1978年版，第900页。
⑧ （南朝梁）刘勰：《文心雕龙注》，范文澜注，人民文学出版社1962年版，第715页。

后玩之易入"。① 更有人认为"诗须是沉潜讽诵,玩味义理,咀嚼滋味"②,即通过反复涵泳文本揭示其意涵。这些看法不但强调看待问题的整体性,也重视理解的深度。尚且不说这些方法的有效性如何,立足文本并尽可能作出合理的解释,则是它们的共通之处。

沈德潜实际上已经指出批评者的性情智识对解读效果的影响,"况古人之言包含无尽,后人读之,随其性情浅深高下,各有会心","此物此志也,评点笺释,皆后人方隅之见"。③虽然诗文评中有不少关于作家修养的论述,但对于批评者所需要的修养,相关言论却很少。正如上一节所论及的,古人认为若不亲自参与创作,或者才学不如作者,便没有资格参与评论,可见优秀的创作才华是非常重要的条件。而且"不破万卷书,不行万里程,读不得杜诗"④,若是"耳目所未历,故未知其妙耳"⑤。除了才学的要求,古人也强调通过相似生活经历所产生的共鸣。古代的作家又身兼批评家的身份,从这个层面来说,古人对于作家所强调的才、学、识同样适用于批评家身上。文龙在批《金瓶梅》时不满于金圣叹、张竹坡带着主观色彩进行评点的做法,在第十八回批中指出评点"不可过刻,亦不可过宽;不可违情,亦不可悖理;总才学识不可偏废,而心要平,气要和,神要静,虑要远,人情要透,天理要真"⑥,在肯定才、学、识的重要性的同时,更强调了诗文评所要求的中正尚实精神。

诗文评着眼于文本的尚实观念对于反思某些当代西方文论的偏执与极端现象,无疑是极具启发意义的。文学理论应从具体的文本中提炼,而非仅仅通过主观预设、虚构理论强加于文本。批评活动也应该

---

① (宋)吕祖谦:《诗说拾遗》,载《吕东莱文集》卷15,中华书局1985年版,第355页。
② (宋)魏庆之:《诗人玉屑》卷13,王仲闻校勘,古典文学出版社1958年版,第267页。
③ (清)沈德潜:《凡例》,载《唐诗别裁集》,上海古籍出版社1979年版,第1页。
④ (清)薛雪:《一瓢诗话》,载《原诗·一瓢诗话·说诗晬语》,杜维沫校注,人民文学出版社1979年版,第95页。
⑤ (元)吴师道:《吴礼部诗话》,载《历代诗话续编》,中华书局1983年版,第593页。
⑥ 刘辉:《北图藏〈金瓶梅〉文龙批本回评辑录(上)》,《文献》1985年第4期。

基于文本，而不是脱离文本进行"过度阐释"。当然，我们也必须看到，诗文评虽然有效避免了这些弊端，但过于依赖文本以及过于征实的态度，却限制了理论的提炼与创新。这也同时说明，我们需要以辩证方式来看问题，事情往往都是利弊参半的，一件事物，当我们议论、彰显其长处时往往便是同时在议论、彰显其短处。这些问题，所涉及的方面非常广泛，也非常复杂，仍有待于我们进一步探讨，这里暂且不论。

三 基于感性的审美体验

西方文论的源头要追溯到古希腊，古希腊先哲所遗留下的理性精神无疑是最宝贵的财富，深刻影响了西方的人文科学乃至自然科学。理性精神的注入，使得西方文论更具思辨性与系统性，其极端化的结果则是张江先生所指出的当代西方文论第三宗"罪"——僵化与教条。

在雅思贝尔斯（Karl Jaspers）所指称的"轴心时代"，东方和西方均涌现出了一些震古烁今的哲人，他们的思想沾溉后世，影响至今。在老子等人抽象出"道"等范畴的时候，西哲也拈出了"逻各斯"。但究竟是什么使东方和西方走上了不同的思想道路？又是什么促成了西方的理性精神？在笔者看来，亚里士多德在柏拉图等人的基础上，将本原、始基、存在、逻各斯等前人有所使用但只是停留在形象性比喻和经验性描述的范畴进行严格的界定，是一个关键的转捩点。尤其是亚里士多德在《形而上学》中第一次对那些表述哲学观点不可缺少的术语、概念进行了系统的考察，分析了它们应有的涵义，明确了它们的不同用法，[①] 深刻影响了后来的哲学等学科的发展。后来笛卡尔的唯理主义，以及崇尚"科学"与"实证"的思潮，使得崇尚理性、崇尚普遍性和一致性的观念深入人心。而在中国，只是在五四之后，科学精神和理性主义才强势介入中国文论，才产生出了

[①] 高清海：《传统哲学到现代哲学》，吉林人民出版社1997年版，第54页。

"惟有实证实悟才能发挥批评的功能"①之类的理论批评观念。古代中国却未曾对层出不穷的各类范畴进行过类似于亚里士多德式的界定,以致范畴、概念、术语的使用随意性很大,往往同样一个范畴或概念在被使用中因语境不同而意思便不同,从而导致了古代文论范畴、概念、术语的模糊性和多义性,并且由此而形成了中国古代诗文评的一个重要特征。

但事情并非这么简单。并不是说古代中国由于缺少了一个亚里士多德便没有走上西方式的道路,中国古代思想文化的形态以及诗文评的形态,实际上与"象喻"思维②息息相关。这种思维特征,主要表现为具象性、整体性与直觉性,其与汉语作为孤立语的语言特征、汉字形音兼备的特点密不可分,同时又反映在思想的言说方式和文艺的表现方式上。就诗文评而言,缺乏系统的构建和具体的推证,而多为感性的认识和直觉的体验,这种体验,又往往结合文学实践。从内容到形式,诗文评基本上可以说是基于感性的审美体验的结果,"象喻"言说方式是其批评的一大特色。

维柯(Vico)曾提出不同于新古典主义者的见解,在理性思维之外强调"诗性智慧"的存在。他认为:"诗性语句是凭情欲和恩爱的感触来造成的,至于哲学的语句则不同,是凭思索和推理来造成的,哲学语句愈升向共性,就愈接近真理。"③"诗性智慧"是人类早期的思维方式,主要通过以己度物、以象喻义的方式来认识和解释世界,中国文化语境中的"象喻"思维是它的一种特殊形态。古希腊理性精神的萌兴逐步消解了"诗性智慧",但在中国文化的语境中,"诗性智慧"则得到延续,并注入诗文评的母体之中。实际上,在西方理性精神不断得到彰显的时代,不少学者也给予了非理性更多的关注,叔本华、尼采、柏格森、弗洛伊德等人便在探究人类直觉思维的过程中提炼出颇具启发性的理论。事实上,理性精神与"诗性智慧"应

---

① [美]叶维廉:《中国诗学》,人民文学出版社2006年版,第10页。
② 不少学者已经注意到"象"或"易象"对诗文评乃至中国文化整体的影响,笔者这里所说的"象喻"思维大抵沿承前人的研究成果,但又不尽相同,容另文详论。
③ [意]维柯:《新科学》,朱光潜译,商务印书馆1997年版,第122页。

该是互补的而非是对立的关系。

　　除了《文心雕龙》《原诗》等有限的著作,中国传统诗文评缺乏系统性的论著。像《文心雕龙》这样体大虑周的作品,其完整的体系和严密的论述是极为罕见的,乃至于有不少学者相信深受佛学熏染的刘勰借鉴了因明学的思辨方式。此外的诗文评论著,尽管文体形式不同,但感性的表达和碎片化的言说构成了它们的共同点。但即便是以系统性著称的《文心雕龙》,其用语精到且华美,韵律和谐且铿锵,其形式本身便是富于诗性的。而像《二十四诗品》,无论是诗体的形式,还是迷离多姿的意象,都是感性的审美体验的产物。中国古代的创作者与批评者往往是一体的,这样也就无怪乎诗文评被带入大量感性的、体验性的因素了。

　　笔者前面提出"象喻"思维主要表现为具象性、整体性、体验性与直觉性,这在诗文评中有着直观的体现。事实上,这三者是有机结合的,并不能割裂来看。"象喻"思维视域中的形象,主要是就自然界客体之"象"而言的。苏轼言自己作文"大略如行云流水,初无定质,但常行于所当行,常止于所不可不止,文理自然,姿态横生"①,便是借自然物象来比拟创作思维的状态。客体之"象"与主体之"意"又紧密结合,甚至混融一体,即所谓"天人合一",不像人与"nature"②之间有严格的界限。由此产生的主客体统一、情景合一的观念,催生了基于整体性的"意境"论。从殷璠、王昌龄、皎然到司空图,"情""意"与"境"的关系的论述不断得到发展。殷璠在《河岳英灵集》中多次提及的"兴象"所指涉的实际上便是完整的审美意象,这里的"象"便具有整体性。司空图强调"韵外之致""味外之旨""象外之象,景外之景",是对其"思与境偕"的具体说明,③ 这又涉及"意境"论中的直觉思维。这种直觉思维,

---

　　① (宋)苏轼:《与谢民师推官书》,载《苏轼文集》卷66,孔凡礼点校,中华书局1986年版,第1418页。
　　② 中国古代"自然"的概念与西方"nature"的意义并不完全相同,参见[日]池田之久《中国思想史上"自然"之产生》,《民族论坛》,1994年第3期。
　　③ 以上见司空图《与李生论诗书》《与极浦书》《与王驾评诗书》,载《司空表圣文集》,上海古籍出版社1994年影印本。

在严羽"以禅喻诗"的"妙悟"说中得到突出的体现。在严羽看来，禅与诗的思维方式是相通的，直觉式的思维是它们的共同特点。这种关于"悟"的直觉性，在西方也有类似的说法，如叔本华将"直观"理解为"直接的了知，并且作为直接了知也就是一刹那间的工作，是一个appercu，① 是突然的领悟；而不是抽象中漫长的推论锁链的产物"，② 西人虽然也强调直觉性，但与中国式的"象喻"思维又不是完全对等的。以严羽的《沧浪诗话》为例，他在《诗评》部分中提出了诸多基于直觉体验的论断，如"子美不能为太白之飘逸，太白不能为子美之沉郁"，"少陵诗法如孙、吴，太白诗法如李广"，"李、杜数公，如金鸡擘海，香象渡河，下视郊、岛辈，直虫吟草间耳"③。此类灵光一闪、充满"诗性智慧"的理论批评话语，在中国古代诗文评中俯拾即是，不枚胜举。尽管我们不可以说这些批评话语背后不深藏着一定的理性分析，但是毕竟这些评语不属于分析性话语，而是通过诗意般的丰富联想，从社会到自然现象中选取各种具有切身感受的事物进行系联，然后使用"象喻"而表出，即通过譬喻进行说明。"象喻"批评所带来的传达批评者审美感受方面的鲜活性、直观性，使批评本身也可以获得相当的美学"红利"。钟嵘在《诗品》中主张"滋味"说时曾言："观古今胜语，多非补假，皆由直寻。"④ 这当然是指诗歌创作而言的，但是我们认为钟嵘此言用来指陈传统的"象喻"式诗评也是合适的，其实传统"象喻"诗评正是一种批评"胜语"，其重"直寻"、非"补假"的批评肌理与言说方式，使得许多西方学者面对中国式批评时得出了"中国的文论，则充满了朦胧的比喻"⑤ 的判断。

然而，这并不意味着西方文论中没有类似的经验式的论述，像18

---

① 大抵相当于"顿悟"。
② [德]叔本华：《作为意志和表象的世界》，石冲白译，商务印书馆1982年版，第50页。
③ （宋）严羽：《沧浪诗话校释》，郭绍虞校释，人民文学出版社1983年版，第169、170、177页。
④ （南朝）钟嵘：《诗品注》，陈延杰注，人民文学出版社1961年版，第4页。
⑤ [美]托马斯·门罗：《东方美学》，欧建平译，中国人民大学出版社1990年版，第2页。

世纪英国的经验派美学便是一个典型的例子。但在具体的操作中，西方基于经验的文论既脱离创作实践，又缺乏中国的"象喻"思维，中西之间仍存在较大的差距。在这里，试以对中国古典文学和诗文评有着深刻理解的美国学者宇文所安（Stephen Owen）为例来进行一定的说明。宇文所安曾坦言："偏爱文本细读，是对我选择的这一特殊的人文学科的职业毫不羞愧地表示敬意，也就是说，做一个研究文学的学者，而不假装做一个哲学家而又不受哲学学科严格规则的约束。"① 似乎他是不注重理论的建构的。他所偏爱的"文本细读"，属于新批评派的方法。前文已经指出这种"细读法"往往缺乏"知人论世"的视角，布鲁克斯在其《精致的瓮》序言中便提及他所受到的"很少把历史背景因素考虑进去"的指责，但宇文所安则非常重视文本产生的外部因素，② 对历史背景的恰到其处的把握使其在对中国古典文学解读的过程中不时闪现精辟的见解。但也有学者批评他对文本的字句、典故以及历史背景把握不到位甚至过度阐释的现象，这种现象出现的原因，一者在于知识上的缺陷，二者在于"他者"视角的相异，因此我们不得不说宇文所安的"文本细读"与中国传统立足于文本的诗文评之间又有一定的距离。再如宇文所安在《初唐诗》中归纳出宫廷诗的"三部式"特征，进而以局面的情形扩大为涵盖广泛的普遍规律，并带着这副有色眼镜去观察初唐乃至盛唐诗坛，于是无往而非"三部式"，其实却往往是削足适履，强立名目。③ 长于演绎和归纳确是西方形式逻辑的特点，但人工化的归纳与体系构建必须建立于全面掌握材料、具体问题具体分析的基础之上，否则便会流于机械、片面甚至是主观预设。正如陈寅恪先生所指出的："其言论愈有条理统系，则去古人学说之真相愈远。"④ 宇文所安的文本

---

① ［美］宇文所安：《微尘》，载《他山的石头记——宇文所安自选集》，田晓菲译，江苏人民出版社2003年版。

② 高超：《宇文所安文本细读方法初探》，《山西师大学报》（社会科学版）2010年第2期。

③ 莫砺锋：《Stephen Owen, The Poetry of the Early Tang; The Great Age of Chinese Poetry: the High Tang》，荣新江主编：《唐研究》第2卷，北京大学出版社1996年版，第502页。

④ 陈寅恪：《冯友兰中国哲学史上册审查报告》，《金明馆丛稿二编》，上海古籍出版社1980年版，第247页。

解读取得了很大的成就，并且有效避开了当代西方文论的一些缺陷，但尽管如此，西方话语的烙印仍清晰可见。

实际上，诗文评基于感性的审美体验有其独有的长处，其缺憾又是显而易见的。无论是思维习惯还是具体形态，诗文评与文学实践都是密切结合的，因而它是鲜活的、生动的。但另一方面，它又是碎片化的，不注重构建体系，术语与范畴模糊且多义，缺乏思辨色彩。西方的理性思维决定了术语和范畴的确定性、精准性和抽象性，诗文评的相关概念则仍建立在"象喻"思维的具象基础之上。"象喻"思维具有整体性的感知，但却模糊了概念之间的边界。同时，直觉性的思维方式重在感悟，却又远离了理性思辨与逻辑推理，以及系统性的认识。或许从直观的表象上看，诗文评并无系统性，但它是否有潜隐的理路可寻？事实上，如果将诗文评置诸中国文化的整体背景之下，其隐在且富于张力的系统性实际上仍是可以寻绎的。诗文评的体系，根植于中国文化的体系。虽然诗文评缺乏西方严密的推理，但也并不意味着没有逻辑性。朱光潜曾指出："中国向来只有诗话而无诗学，刘彦和的《文心雕龙》条理虽缜密，所谈的不限于诗。诗话大半是偶感随笔，信手拈来，片言中肯，简练亲切，是其所长；但是它的短处是零乱琐碎，不成系统，有时偏重主观，有时过信传统，缺乏科学的精神和方法。"① 这种说法不无偏见，实际上是站在西方文论的视角看中国的诗文评。虽然后现代主义在某种程度上试图消解概念的精确性，以伽达默尔为代表的解释学亦要求抵制科学方法的普遍要求，但理性思辨毕竟是现代学术研究的基本途径，我们在充分认识诗文评优点与缺陷的同时，也需要反思理性思辨运用于文学理论和批评的过程中进一步优化和拓展的可能性。

四 余论

通过前文的论述，我们不难看出，与当代西方文论脱离文学实践、偏执与极端、僵化与教条的一些弊端相应，中国传统的诗文评可

---

① 朱光潜：《诗论·抗战版序》，生活·读书·新知三联书店2012年版，第1页。

以提供互补的思维和方法。诗文评与西方文论在话语体系上并不一致,强行整合的结果便是难以兼容。但如果从思维和方法的角度去总结诗文评的优秀遗产,则可以为我们提供另一种思路。有学者已经指出:"要同世界对话,最可行的道路就是以'互文性'的方式进行","这种对话应当建立在思想观念的相互理解上,而不是建立在理论样态的趋同性上"。① 在中、西碰撞和互相参渗的过程中,重要的是对话,而非对立;重要的是互补,而非互斥;重要的是取长补短,而非固步自封。它们之间,应该是共生共济的关系,以平等的姿态进行互利的对话,是我们进一步构建中国文论的基础。对于诗文评而言,唯有去其形式,取其内核,去其糟粕,取其精华,才不辜负先人遗留下的宝贵思想资源。

张江先生所提出的"强制阐释论",对于当代中国文论重建而言,揭示出一个重要的问题域,同时又提供了一种方法论。"强制阐释"固然是西方当代文论的一个较为突出的弊端,但是它并不代表当代西方文论之全部,将西方文论模式化、甚至妖魔化,无疑是危险的,张江先生近期关于"强制阐释"对于文学理论知识与思想生产作用和意义所作的阐发,已经明确地体现出了这一旨意,值得充分关注。正如前文指出的,通过与西方文论的比较,诗文评的一些缺陷也是显而易见的。我们并不能讳言诗文评的缺陷,也不讳言中国文论当下"失语"的窘境。但我们也不能妄自菲薄,诗文评密切结合文学实践、立足文本的尚实传统以及基于感性的审美体验,实际上为如何走出"强制阐释"提供了思路。诗文评在西方文论面前所体现出的异质性,乃至于诗文评与西方语境中的文学理论和文学批评难以进行同一层面的衡量,实际上根植于中国文化与西方文化的不同传统。

本文已经初步分析了当代西方文论一些缺陷的文化基础,它们可以上溯至中世纪乃至古希腊的传统。同样,诗文评的一些特点也是孕育自中国文化的母体之中的。出于中国文化的连续性,这些特点的发生与发展也有清晰的线索可寻。不同文论系统的冲突,实际上源自不同文化系统的差异。而通过这种差异性的比较,则可以展示人类文学

---

① 邱紫华、王文革:《东方美学范畴论》,中国社会出版社2010年版,第21页。

思想之无限丰富性,① 这也是诗文评的一个重要的当代价值。

在"后理论时代"的背景下,国内关于"强制阐释"的讨论,实际上为重建中国文论提供了新的契机。走出"强制阐释"如何可能?话语重建如何可行?中国文论何处去?将是我们所要面对的基本问题。在反思中国文论和西方文论优缺点的基础上,张江先生提出了"本体阐释"②的对策。如何走出古今、中西二元对立的认识误区,如何立足于弘扬民族主体精神和优秀传统文化精神,放眼世界,广采博纳,审慎辨析,融通中西,列类古今,重在创新,通过阐释学重构来恢复中国文论的内在创生能力,我们认为,这仍然是当代中国文论重建所面临的首要任务③,这方面的思考无疑是有启发意义的。相关的讨论还将继续下去,我们呼唤文学本位的复归,也展望具有民族特色的中国文论的重生。

---

① 党圣元:《在传统与现代之间——古代文论的现代遭际》,山东教育出版社 2009 年版,第 147 页。

② 毛莉:《当代文论重建路径:由"强制阐释"到"本体阐释"——访中国社会科学院副院长张江教授》,《中国社会科学报》2014 年 6 月 16 日第 A04 版。

③ 参见党圣元《传统文论诠释中的视界融合问题》,《中国社会科学院研究生学报》2006 年第 6 期;《返本与开新:本体性阐释与中国古代文论当代性意义生成问题》,《西北大学学报》2008 年第 1 期。

反思与求变

——关于中国古代文论研究方法的再思考*

蒋述卓**

写下这一题目的时候,我的思绪仿佛又被拉回到20世纪的90年代中期(1994—1997)。那个时候,我们许多学者都在讨论中国古代文论的"失语"与"转换"问题,为此,不少刊物如《文学评论》《文艺争鸣》等都发表过此类问题的多篇文章,笔者亦曾参与过这场讨论。时间一晃又是十七八年了,我们重续这一问题的讨论又将站在什么样的出发点和落脚点上呢?我想,那就是再度反思,旨在求变。

张江先生在2014年提出的对当代西方文论特性的"强制阐释"的反思和对我国当代文论构建应走"本体阐释"道路问题的建议①给我们打开了一条新的思路:那就是我们所做的中国古代文论研究是否也存在着一种用西方文论"强制阐释"中国文论的问题?我们如何在中国古代文论研究之中构建起"本体阐释"的方法论意识和研究途径?

"强制阐释"在中国古代文论的研究领域是确实存在的,这种现象不仅存在于文学领域也存在于哲学、语言学等领域,也不仅仅是20世纪80年代后才开始,而是在20世纪初就已开始。梁启超、王国维、胡适等学术大师就是先行者。胡适因其《中国哲学史大纲》被

---

* 本文原刊于《文艺争鸣》2015年第1期。
** 作者单位:暨南大学中文系。
① 张江:《当代文论重建路径——由"强制阐释"到"本体阐释"》,《中国社会科学报》2014年6月16日。张江:《强制阐释论》,《文学评论》2014年第6期。

誉为是第一个用西方学术方法系统研究中国哲学史的人,后来的哲学家冯友兰也明确指出过:"西洋哲学之形式上的系统,实是整理中国哲学之模范";① 王国维的《宋元戏曲考》和《〈红楼梦〉评论》也是运用西方文论模式,如用"悲剧"概念与范畴来阐发中国文学的。对此,当时的学者虽有所警觉但并未意识到他们日后对学科建设和理论研究模式影响的危害,像梁启超就批评过胡适的《中国哲学史大纲》,认为它是以实验主义为基准来研究中国哲学的,常有强人就我的毛病。② 王国维用西方的"悲剧"观念来评论《红楼梦》,就认为唯有《红楼梦》的结局才符合一悲到底的概念,并看作是中国文学史的例外。殊不知这种强人就我的模式让我们在中国戏剧归类时产生了若干的困惑甚至难以自圆其说,弄得我们在如何去界定什么是中国古典悲剧时左右为难。

有学者在分析王国维的失误时指出:"王国维历来以治学严谨著称,而《〈红楼梦〉评论》却不少生搬硬套、牵强附会之处,最显著之处,就在于把《红楼梦》视为不折不扣的叔本华思想的文艺版,这实际上是把一部作品纳入某个先验的和既成的理论构架之中,以一个先验的僵硬框架为标准,来剪裁活生生的文艺现象,难免削足适履和削头适帽,因为把叔本华这双鞋子和这顶帽子套在《红楼梦》上面并不一定合适。"③ 历史地看,这些学者以西方的观念、方法、术语、范畴来研究中国语言、文学、哲学,开启了学术现代化的旅程,是有贡献的,但由此带来的强人就我的弊端却一直得不到纠正,随着意识形态发展的进程,反而愈演愈烈。

大作家茅盾接受苏俄的文艺理论,在20世纪60年代所写的《夜读偶记》里就完全套用西方文论模式,把中国文学史简单地归为是现实主义和反现实主义的斗争史。由于茅盾所处的政治地位高,这种观点一出,连中国文学史的编写都得按照这一模式来进行。即使是到了

---

① 冯友兰:《怎样研究哲学史》,《出版周刊》新233期。
② 胡适:《中国哲学史大纲》,耿云志、王法周"导读",上海古籍出版社1997年版,第1—3页。
③ 代讯:《断裂与延续:中国古代文论现代转换的历史回顾》,西南师范大学出版社2002年版,第82页。

第三编 中国古代文论的理论自觉

改革开放的20世纪80年代,在古代文论研究尤其是《文心雕龙》的研究领域内也照样依此模式去套。如用浪漫主义与现实主义去解释"奇正"的范畴,认为"奇"是浪漫主义",正"是现实主义。用内容与形式的关系去解释"风骨",认为"风"是形式,"骨"是内容。因为内容决定形式,所以"骨"是决定"风"的,等等。在中国古典诗学发展历史研究上,也有学者照搬黑格尔的"正—反—合"的逻辑体系去演绎和建构中国古典的诗学思想史,认为中国诗学在古代也有一个螺旋式发展的进化过程,有一个"正—反—合"的否定之否定的圆圈演化史。①

用西方的模子套用中国古典文论的研究,其实在中国香港与中国台湾流行得更早,台湾比较文学界在20世纪70年代就开始盛行,并冠名为"阐发派",被认为是"比较文学中国学派"的实绩。代表性学者有古添洪、杨牧、周英雄、郑树森、袁鹤翔等人。虽然这种模子套用法时常受到人们的批评,但流风所及并不为研究者所抛弃。闹不懂的是,在大陆后来也时常有学者照搬巴赫金的"复调"小说理论或者"狂欢化"理论模式去分析中国古典小说或民间文学,这似乎成为了一种潮流。在文化研究领域亦如是,照搬西方模子几乎成为研究套路。文化研究的本土化问题也亟待解决。

对于中国古代文论的研究如何做到既能尊重原意又能阐发新意的探索,在一些学者那里都已经开始了有益的探索。虽然都没有提出一个"本土阐释"或"本体阐释"的模式来,但都提出了许多建设性的有启发性的意见,有的还通过自己的研究实践做出了示范。像童庆炳的《中国古代文论的现代意义》一书,在2001年的时候就针对中国古代文论研究的学术策略问题提出了"三大原则",即历史优先原则、对话原则、自洽原则。② 此书是童庆炳先生在给学生讲课的讲稿的基础上修改而成的,既有很强的理论性,也有很强的示范性和可操作性,他所提出的"三大原则"对学生从事古代文论研究有很强的

---

① 见萧华荣《中国诗学思想史》,华东师大出版社1996年版,第16页。
② 见童庆炳《中国古代文论的现代意义》,"导言——中国古代文论研究的学术策略",北京师范大学出版社2001年版,第1—3页。

指导性，其实对所有的从事古文论的学者来说都有普遍性的指导意义。后来，他在《文艺学与文化研究丛书》"总序"里针对"文化诗学"的研究方法问题，又重申了这三条原则，并增加了第四条"联系现实问题原则"。也就是说童庆炳先生此时已把他在中国古代文论研究的学术策略上升为"文化诗学"的研究策略，同时在此"总序"里，他还严肃地指出："我们不必照搬西方的文化研究"。因为西方的文化研究主要特色是一种政治批判，它们的关键词及其研究是从西方的历史文化条件出发的，并由此而形成了西方的一批文艺学流派，而"我们的文化研究则要走自己的路，或者说要按照中国自身的文化实际来确定我们自身的文化诗学的思路"①。

童庆炳先生提出的"历史优先原则"，说的是将中国古代文论进行"还原"的工作，即将中国古代文论放回到它所产生的文化、历史语境中去研究，考察古文论作者的论点的原意、与前代思想的继承关系、背景因素、现实针对性等。当然，这种还原一般是不可能完全做到的。② 依照我的理解，这是所有对待古代文化遗产应该取的态度，也是一种"实事求是"的研究态度。在研究中保护好古人的原意是极其重要的，是对古人的一种尊重。但吊诡的地方在于，古人在解释前人的经典时常常借题发挥，牵强附会，如汉儒的解《诗》与宋人朱熹的解《诗》，就大有强人就我的毛病。对于他们对前人经典的解释，也要用"还原"的原则，将它们的动机、背景、成效、利害关系讲清楚。因此，"还原"的原则首要做到的，应该是从中国古代文论产生的背景、文化环境包括文化语境、动机以及所产生的成效、提供的智慧出发，抱着尊重的态度，与实事求是的态度，尽量去"接近"古人的原意，而不是一上来就将它们纳入西方文论的"模子"或者用现代文艺学的观点去套用或解释它们。关于这一点，我在1985—1988年师从王元化先生攻读中国文学批评史博士学位时，得到王先生的指导与其主张"三结合"的研究方法的启发，就曾撰文

---

① 童庆炳：《文艺学与文化研究丛书》"总序"，参见李珺平《中国古代抒情理论的文化阐释》，北京大学出版社2005年版，第1—5页。
② 童庆炳：《中国古代文论的现代意义》，北京师范大学出版社2001年版，第2页。

阐述要将中国古代文论放到中国文化背景中去考察研究。我认为"中国古代文论之所以具有浓厚的民族特色，是因为它植根于中国文化背景，而中国文化背景及其传统从它形成以来便与西方存在着差异。我们研究中国古代文论，正是为了揭示我们的古代文学和古代文论是怎样在中国的文化背景中滋长起来的，它带有怎样的民族特色，其发生发展有什么规律，它为世界文学理论提供了哪些有价值的东西"①。当时我着眼的还是古代文论研究的外部因素的研究方面，并未从其内涵与内部研究入手，但所提出的要重视考察中国古代文论产生的文化精神气候、重视它们所受到的本民族传统的思维方式以及传统性格的制约、重视它们的文史哲融合的特点等，对于中国古代文论研究的"还原"问题还是有价值的。关于这一点，我觉得美国学者厄尔·迈纳在其著作《比较诗学》中，从东西方文化体系尤其是文类的不同指出它们各自形成了原创性诗学的方式，是值得我们借鉴的。他指出，西方诗学是亚里士多德根据戏剧定义文学而建立起来的，于是形成了"模仿——情感"的诗学，而中国诗学是在《诗大序》的基础上产生的，其文类基础是抒情诗，于是便产生了"情感——表现"的诗学。② 从文类基础的分析出发就是一种从历史文化语境出发的"还原"态度，是对东方文化的实事求是的研究态度与尊重的态度，而不像黑格尔那样，只从西方哲学的视角出发而否定中国哲学的存在。

当然，在20世纪80年代中期，我的思维方式也还是比较僵硬的，同样在《把古代文论放到中国文化背景中去考察研究》一文里，我提出要用历史与逻辑相统一的方法来考察中国文艺史及中国文学思想史，还简单地套用列宁给欧洲哲学史举出的几个圆圈，认为中国古代文论围绕着一些关键的理论范畴形成了一个圆圈又一个圆圈，并认为"整部中国文学思想史就是由一个由肯定到否定、由否定到否定之

---

① 蒋述卓：《把古代文论放到中国文化背景中去考察研究》，《文艺理论研究》1986年第5期。

② ［美］见厄尔·迈纳《比较诗学》，王宇根、宋伟杰等译，中央编译出版社1989年版，第1—49页。

否定的过程，是由许多小圆圈构成的大圆圈"①。提历史与逻辑相统一的方法在当时是一种时髦，但是现在看来，这样简单的套用未免就有了用西方"模子"去归并中国古代文论的简单化毛病，也有一种理论在先、观念在前然后将中国材料往理论框架里装的毛病。前文提到的萧华荣先生的著作《中国诗学思想史》也正是在这种思维定式下写成的。萧华荣先生是指导我的博士生导师组的副导师之一，他与陈谦豫先生一起协助王元化先生指导我，并一起都做我的副导师，他们当时也都受到王元化先生崇拜黑格尔哲学的影响。若干年后，王元化先生对他运用黑格尔哲学逻辑方法问题有过重要的反思，我在此就不多言了。我那时也迷恋这种逻辑思维方法，企图用这种"正—反—合"的模式去研究中国古代文论中的"文气论"，但后来发现这根本难以规范"文气论"内涵的复杂性和丰富性，文章写了近两万字，总觉得难以满意，只好彻底放弃。后来运用新的综合研究方法包括系统论的研究方法，重起炉灶，才完成了《说"文气"》一文。②这篇文章努力从中国文化语境出发去探讨，就显得更实事求是了。

我之所以提我的这一段研究历程，主要就在于说明，如果要建立"本体阐释"的话，"历史优先原则"而不是"观念优先""模子优先"是极其重要的。

童庆炳先生所说的"对话原则"，指的是古今对话、中西对话，其实质还是不要强人就我。他指出："古今对话原则的基本精神是：把古人作为一个主体（古人已死，但我们要通过历史优先的研究，使其思想变活）并十分尊重他们，不要用今人的思想随意曲解他们；今人也作为一个对话的主体，以现代的学术视野与古人的文论思想进行交流、沟通、碰撞，既不是把今人的思想融会到古人的思想中去，也不是把古人穿上现代的服装，而是在这反复的交流、沟通、碰撞中，实现古今的融合，引发出新的思想与结论，使文艺理论新形态的建设

---

① 蒋述卓：《把古代文论放到中国文化背景中去考察研究》，《文艺理论研究》1986年第5期。
② 蒋述卓：《说"文气"》，《中国文学研究》1995年第4期。

能在古今交汇中逐步完成。"① 在古今对话中应该这么做,在中西对话中也应该这么做。在这方面,钱锺书先生的《七缀集》所收的七篇文章给我们做出了典范,如其中的《通感》《诗可以怨》,文风平缓,娓娓道来,绝无强人就我的毛病。吾师王元化先生的《文心雕龙创作论》也是这么做的,他在论述某一创作理论问题时往往将西方人关于这一理论问题的阐述作为附录列入文后,而不是将西方理论去强释中国问题。这种善于给读者留下想象空间和发挥余地的做法,反而使理论研究更有中国特色。童庆炳先生秉承他的老师黄药眠先生的传统也是这么做的,他在进行中西对话时往往要仔细分析中西文化间的差别,而不是强中就西。比如他比较中国的"虚静"说与西方的"心理距离"说,认为它们有相通之处,那就是认为审美必须摆脱现实的功利欲望的束缚,使人的内心处于一种"澄明"状态,这才有可能去发现普遍事物的美的一面。但是,两者又有很大区别",虚静"说是心胸理论,"心理距离"说则是注意理论。因此,"虚静"要靠长期的"养气""养心"而成,而"心理距离"只是一种注意力的调整,心理定向的临时转变,与人格心胸无关。② 同样,中国的艺术"物化"论是"胸次"理论,要靠长期的修养和体验,没有刻骨铭心的体验,是不可能达到"物化"境界的,并举秦观的词《踏莎行·郴州旅舍》最后两句"郴江幸自绕郴山,为谁流下潇湘去"为例来加以佐证。而西方的"移情"说是注意理论,在物我之间,主体把注意力放在自身感情上面,于是面对着物所引起的情,形成大脑皮层的兴奋中心,于是发生强烈的负诱导作用抑制了周围区域的兴奋,使人的注意力从物移到情,甚至物我两忘,物我互赠,而专注于情。③ 这便是一种很有节制但又非常注意从中西文化环境不同出发的对话,从而会更深入地揭示出中国文论的现代意义。本人在论述中国文论中的"文气"说与西方"风格"说时,也这么分析过,认为如果简单地把"文气"与西方文论中的"风格"一词等同起来,是不

---

① 童庆炳:《中国古代文论的现代意义》,北京师范大学出版社2001年版,第3页。
② 同上书,第119—123页。
③ 同上。

恰切的。西方文论认为"风格即个性",其中的"个性"偏重于作家的心理素质方面。而"文气"一词还强调作家的血气和精力,主张个性之中的人身之气以血气为内核,然后通过内养外养才形成一定的创作心理素质,而在这心理素质中对道德养成又强调得较多。同时它还从天人合一角度独特地强调了对天地之气的吸收。这种近乎气功炼气式的人身之气是西方"个性"理论所没有的。同样,"文气"说中的艺术之气也不仅仅是"风格",它的含义比"风格"更宽泛,包容面更广,它不仅包括语言风格、文体风格,还包括艺术的魅力、艺术的生命力与内在精神力量在内。因此,由人身之气化为艺术之气所形成的"文气"理论,要比西方文论中的"风格即人"这一命题的内涵丰富得多,其美学意义与价值也深刻得多。①

童庆炳先生说的第三条原则"自洽原则"指的是要达到逻辑的自圆其说,也相当于张江先生所指出的"强制阐释"的第三种毛病即逻辑的自相矛盾。我想,这是从事任何学术研究都应该遵循的最基本原则,规避逻辑自相矛盾的毛病,这恐怕是学者从事学术研究最基本的底线了。

童庆炳先生后来加上的第四条原则是"联系现实原则",虽然是就"文化诗学"研究来说的,但对古代文论的研究也是有意义的,当然这条原则也可以包括在古今对话的原则之内。但之所以专门列出来,我认为是指在阐发古代文论的现代意义或者实现古代文论的转换时要指向当下的社会发展现实尤其是文艺发展的现实。1997年时我也提出过类似的意见,当时从"用"的方面强调得比较多。我在《论当代文论与中国古代文论的融合》一文中,提出了三点意见,认为一要立足于当代的人文导向与人文关怀,面向当代人文现实,开展现实与历史的对话,吸收古代文论的理论精华;二是要立足于民族精神与民族性格的继承与发扬,寻找当代文论的现实生长点,探索其在理论意义上和语言上的现代转换;三是从继承思维方式和批评形式入手,将古代文论特有的思维方式以及独有的批评方式与技法融入到当

---

① 蒋述卓:《说"文气"》,《中国文学研究》1995年第4期。

代文学批评与文论中去，创造具有鲜明民族特色的当代文论。① 我认为"没有'用'的实践，就有可能流于空谈。没有'用'的探索，就不知道古今转型的艰难。没有'用'的过程，就很难达到有机的融合。"② 现在重读旧文，我还觉得我们"用"的实践开展得太少，大家不习惯于用中国古代文论的思维方式与语言表达方式去评论当下文艺，因为老觉得用西方文论的思维方式与语言表达方式更顺手。习近平总书记在文艺工作座谈会上讲话中说到我们作家的作品要有筋骨，有温度，这就是很中国化的文艺评论方式，为什么我们的文艺评论家要抛却"自家宝藏"不用，却偏爱西方表达方式呢？正因为我们不熟悉用，不喜欢用，于是中国当代文论就愈益与古代文论隔离、疏远乃至失语。

古代文论研究的求新求变，并不是跳跃式的、断裂式的求新求变，从"温故而知新"中我们会知道如何求新求变，在"温故"中会渗透反思，在反思中我们会知道哪些该变、哪些东西该有新的增长点、哪些路向与途径已然向我们展开。这也便是我这篇文章重提旧事旧文的意向所在。

---

① 蒋述卓：《论当代文论与中国古代文论的融合》，《文学评论》1997年第5期。
② 同上。

双重强制阐释：中国古代文论的现代困境及其超越*

刘方喜**

受张江教授强制阐释论基本方法论的启发，我想用"非文学性"与"非中国性"双重强制阐释，来概述中国古代论在现代状况下所遭遇的困境，并化用英国有机哲学家怀特海（Alfred North Whitehead）"具体性误置（misplaced concreteness）"的说法，用"本体性误置"与"文化性误置"来描述这双重强制阐释的结果：在对中国古代文论一个世纪左右的现代研究中，套用西方理论对中国古代文论进行"现代阐释"，已成为一种具有惯性的现代学术传统——这首先是一种"非中国性"的强制阐释与"文化性误置"，同时，中国古代文论重视"文学性"的"本体阐释"的传统文化精神特点，在此进程中也被西方文论的"本体性误置"所扭变——对于中国古代文论的现代研究来说，"非中国性"与"非文学性"的强制阐释、"文化性"与"本体性"误置是扭结在一起的。从正面来讲，中国古代文论重视文学本体性的"即文本性"的特点，对于在纠正强制阐释所造成的本体性、文化性及历史性误置等方法论偏颇的基础上，建构"文学性"与"中国性"高度统一的当代文论，有重要启示；而在文化精神层面对中国当代文论建设有所贡献，乃是超越古代文论现代困境的重要路径之一。

---

* 本文原刊于《首都师范大学学报》（社会科学版）2015 年第 6 期。
** 作者单位：中国社会科学院文学研究所。

第三编　中国古代文论的理论自觉

一

一个理论范畴或命题的提出有多大意义，很大程度上取决于其针对性和涵盖性：一般来说，针对性越强、涵盖性越大，其意义越大。张江教授提出的"背离文本话语，消解文学指征"的"强制阐释"首先是对西方当代文论的整体特征的一个高度概括，针对性极强；而他提出这些范畴的出发点是西方文论的有效性与中国当代文论的建设——借用他自己"场外征用"的表述可以说：前一方面涉及的"场"是"文学场"，后一方面涉及的则是"文化场"；或者说：前一方面涉及的是"征用""非文学性"理论来强制阐释"文学"，后一方面涉及的则是"套用""非中国性"理论来强制阐释"中国的"文学及其理论——如果说西方文学只面临着一重强制阐释的话，中国古代文学及其理论则面临着双重强制阐释。

当代文学理论建构始终没有解决好与文学实践的关系问题。一些西方文学理论脱离实践，相当程度上源自对其他学科理论的直接"征用"，中国文学理论脱离实践则表现为对西方理论的生硬"套用"。从这个意义上讲，东西方的文学理论和实践都处于一种倒置状态。"本体阐释"坚持的是民族的立场和方法。坚持从民族的批评传统出发，对民族的传统理论和批评加以整理和概括，作为今天民族文学理论和批评构建的基础性资源。①"征用"、"套用"精到地描画出了强制阐释的色彩，而另一汉语词"化用"则少有强制阐释色彩——由此或许可以说："本体阐释"与"强制阐释"的不同不在于是否"运用"场外理论，而在于是"化用"还是"征用""套用"之，"化用"或许正是"化解"场外理论强制阐释色彩之道，兹不多论。我本人非常同意：重视"本体阐释"或者说重视文学阐释的本体性，就是坚持民族的立场和方法；与此相关，我把作为我们民族的传统理论和批评资源的古代文论的特点之一，概括为"即文本性"。从正面

---

① 张江：《当代文论重建路径——由"强制阐释"到"本体阐释"》，《中国社会科学报》2014年6月16日。

来说,"强制阐释"论的提出,既体现了极强的文学本位(本体)意识,同时也体现了极强的文化本位(本土)意识;而古代文论同时具有极强文化本位性的"中国性"和文学本位性的"即文本性"的特点,对当代文论建设有重要启示。

当然,从张江教授现已公开发表的文章来看,他更多地是强调"非文学性"强制阐释,并且他的着眼点主要在中国当代文学及其理论建设;但其相关理论涵盖性较强,对于中国古代文学及其理论的研究也具有方法论上的启示。如果我们不是生硬"征用"而是灵活"化用"强制阐释论的话,就要充分注意到相关问题的复杂性:比如我们用"非中国性"的浪漫主义理论,来阐释"中国的"现代文学史上的"创造社"一些作家作品,其强制性相对而言就并不特别明显——这是因为中国现代浪漫主义创作本身就是在西方浪漫主义思潮影响下进行的;但是用浪漫主义阐释中国古代的李白等的创作,其"非中国性"强制色彩就比较明显了。另一方面,用一些古代的"中国性"理论,来阐释现当代的中国文学,可能恰恰具有较强的强制性,一些中国古代文论对于中国现当代文学来说恰恰成为"场外理论"——这是我们讨论中国古代文论的当代价值时常常触及的问题——这其中可以说涉及另一种"场",姑且称之为"历史场",这是一种"文化时间场",而上面所谓的"文化场"严格地说是指"文化空间场"。以"中国的""当代的"文学实践为根本参照系,从"文化(空间)场"来看,西方理论是场外理论,而从"历史(文化时间)场"来看,中国古代理论也是"场外理论"——无论哪种意义上的场外理论,要有效用于阐释特定文学,都需要通过某种"中介"而实现某种"转化",从而成为一种"化用"。

"非文学性"强制阐释现象既具有历史性,同时也具有超历史的文化性:一方面,这种强制阐释现象在西方当代文论尤其后现代、解构主义思潮中有突出表现,而在此前的西方文论中的表现相对并不突出;另一方面,相对于中国传统文学批评理论,西方传统文论具有更强的"非文学性"强制阐释色彩:如果说西方文论具有"离文本性"的话,中国古代文论则相对而言具有"即文本性"——有鉴于此,对于强制阐释,既要作历史性反思,也要作文化性反思。从中国现代学术史来看，西方文论不仅被用于阐释和评价中国古代文学的作品创作，而且被用于阐释和评价中国古代文学的理论批评。在中国古代文论的现代研究中，一种流传甚广、甚久的论断是：中国古代文学研究，只有"批评"，没有像西方那样成体系的"纯理论"——今天看来，"批评"跟"即文本性"相关，而"纯理论"的"离文本性"的过度发展，容易导致"非文学性"强制阐释。合而论之，我们传统文论的"中国性"突出地体现为"即文本性"。前已指出，用中国古代的一些具体理论来阐释中国现当代文学，难免有强制阐释、场外征用之嫌；但是，在基本文化精神上，体现"中国性"的"即文本性"的传统文论，显然可以成为我们反思进而纠正西方当代文论"离文本性"的强制阐释的重要精神资源——这或许可以成为我们思考中国古代文论当代价值的一个重要切入点，而在对"非文学性"与"非中国性"双重强制阐释的扬弃中，中国当代文论建设或许会开辟出一番新天地。

二

张江教授用"场外征用""主观预设""非逻辑证明""混乱的认识路径"四个联系在一起的方面，来概括"强制阐释"的基本特征：场外征用，既包括征用自然科学等学科理论强制阐释文学，也包括征用哲学一般理论强制阐释文学，当代西方"一些重要的思潮和流派都是由哲学转向文学，借助文学实现、彰显其理论主张"——这又与哲学认识论、方法论密切相关；张江用"反序"来概括强制阐释的认识论路径的混乱："理论构建和批评不是从实践出发，从文本的具体分析出发，而是从既定理论出发，从主观结论出发，颠倒了认识和实践的关系"，"不是通过实践总结概括理论，而是用理论阉割、碎化实践，这是强制阐释的认识论根源"，而这种"反序"就造成了"具体与抽象的错位"，"理论生成不是从具体出发，上升为抽象，而是从抽象出发，改造、肢解具体，用具体任意证明抽象"。[①] 他还对此

---

① 张江：《强制阐释论》，《文学评论》2014 年第 6 期。

作了更进一步的辨析：

> 所有的理论，特别是哲学理论，无论怎样抽象空洞，只要贴附于文学，只要找来几个文学例子混杂其中，就可以是文学的理论，就可以用作广泛的文学批评。强调文学理论的独特方式，就是强调其文学理论区别于其他理论并独立存在的基本依据。
> 文学理论的独特方式是什么？我认为，最重要的就是理论的具体化。这个具体化是指，理论与文本阐释的紧密结合，理论落脚于文本的阐释，通过阐释实现自己，证明自己。
> 当下的学院派有一个明显的倾向，就是理论的生存和动作与具体的文本阐释和批评严重脱节，其理论生长和延伸，完全立足于理论，立足于概念、范畴的创造和逻辑的演进与文学实践及其文本的阐释相间隔和分离。①

这关乎一个极具挑战性的尖锐问题：马克思主义历史唯物主义哲学的立场方法，可不可以指导文学理论和批评的建设发展？这是不是一种场外征用？他辨析指出：哲学指导文学，也就是用文学以外的理论和方法认识文学，不能脱离文学的实践和经验。文学理论在其生成过程中，接受其他学科的研究方法和思路，其前提和基础一定是对文学实践的深刻把握，离开这一点，一切理论都会失去生命力。其必然结果是，理论的存在受到质疑，学科的建设趋向消亡。盲目移植，生搬硬套，不仅伤害了文学，也伤害作为理论指导的哲学。② 此外，他还赞成"强制阐释""不仅存在于文学领域，而且还是人文社会科学研究中的一个普遍现象"，相信强制阐释论的提出"对人文社会科学研究方法的改进有启发性意义"③，因此，可以说强制阐释论还关乎对西方哲学方法论的深刻反思。

---

① 张江：《场外理论的文学化问题》，《探索与争鸣》2015 年第 1 期。
② 张江：《关于场外征用的概念解释——致王宁、周宪、朱立元先生》，《清华大学学报》（哲学社会科学版）2015 年第 2 期。
③ 张江：《当代文论重建路径——由"强制阐释"到"本体阐释"》，《中国社会科学报》2014 年 6 月 16 日。

第三编　中国古代文论的理论自觉

20世纪以来，西方哲学已开始对自身基本方法论作深刻反思，这其中特别值得关注的是英国有机哲学家怀特海提出的"misplacedconcreteness"——"具体性误置（或译作'错置'、'失位'）"——张江教授所谓的"具体与抽象的错位""理论的具体化"等表述与此在涵义上比较接近。怀特海在对西方近现代科学、哲学发展史的反思中，用"具体性误置"来概述17世纪科学思想方法的基本特征之一：

> 在往后的几次讲演中，我都将说明，这种空间化是把具体的事实，在非常抽象的逻辑结构下表现出来了。这里面有一个错误。但这仅是把抽象误认为实际（具体）的偶然错误而已。这就是我们说的"实际性（具体性）误置的谬论"中的例子。这种谬论在哲学中引起了很大的混乱。
>
> 17世纪终于产生了一种科学思维体系，这是数学家为自己运用而拟定出来的。数学家的最大特色是他们具有处理抽象概念，并从这种概念中演绎出一系列清晰的推理论证的才能。只要那些抽象概念是你所要探讨的，你就能圆满地运用这些论证。科学抽象概念的巨大成就一方面提出了物质和物质在时间与空间中的简单位置，另一方面又提出了能感觉、感受和推理，但不干涉外界的精神。这样就不知不觉地迫使哲学承认它们是事实的最具体的说明。
>
> 在这种情形下现代哲学就被推翻了。它以极复杂的方式在三个极端之间摇摆。一种说法是二元论，认为物质与精神具有同等的地位。另外两种都是一元论，其中一种把精神置于物质之内，另一种则把物质置于精神之内。但这样玩弄抽象概念并不能克服17世纪科学思想方法中"具体性误置"所引起的混乱。①

迫使哲学承认"抽象概念"是"事实的最具体的说明""玩弄抽象概念"等，正是"具体性误置"的一般表现；作为哲学家，怀特

---

① ［英］A. N. 怀特海：《科学与近代世界》，何钦译，商务印书馆1989年版，第49、54页。

海当然并不一般性地反对"抽象",但反对"把抽象误认为具体""把抽象误置为具体"——对于文学理论家来说同样应如此,理论研究离不开抽象,但不能把抽象的概念或命题误置为文学具体的现实,用抽象概念的演绎来取代对文学现实的具体分析。后来,怀特海还继续用"具体性误置"进行了相关分析。牛顿根据柏拉图《蒂迈欧篇》撰写了《诠释》一书,怀特海认为,"从哲学角度看,其抽象程度是不恰当的","使之降到我在别处曾经说过的'误置具体性的谬误'":

> 哲学进行普遍性概括,其目的是不成问题的,然而对这种概括的成功所做的估计通常被夸大了。这类夸大其词有两种形式。一种形式是我在其他地方所说过的,即所谓"把抽象误置为具体的谬误(fallacy of misplaced concreteness)"。这种谬误表现在,当仅仅以实际存在物作为某些思想范畴的实例来考察实际存在物时,它忽略了其中所涉及的抽象程度。在各种现实性中有这样一些方面,一旦我们把思想严格地限制于这些范畴时,它们就几乎被忽略了。①

强制阐释不顾"理论的具体化"而造成的"具体与抽象的错位",显然非常接近怀特海所谓的"具体性误置的谬误"。简单地说,"具体性误置"就是以抽象代具体:哲学的话语形式主要是抽象概念,主要运作方式是普遍性概括,但如果把抽象概念本身就视作最具体的现实,并替代对现实的具体的说明和分析,就会犯"具体性误置的谬误"——与哲学相比,文学不缺普遍性概括,但其话语方式总体说不是抽象概念,而是非概念的具体的感性的表达方式,"在各种现实性中有这样一些方面,一旦我们把思想严格地限制于这些范畴时,它们就几乎被忽略了"——对于文学这种现实来说更是如此。当我们把文学现实性严格地限制于某些抽象范畴时,对于文学来说更为本位性、本体性的感性的具体的方面,就被严重忽略了。对于哲学来说,

---

① [英]A. N. 怀特海:《过程与实在》,杨富斌译,中国城市出版社2003年版,第170、12页。

"具体性误置"或许还不是"本体性"的谬误,还不能称之为"本体性误置"——但对于文学来说,以抽象代具体的"具体性误置"就是一种"本体性误置",因而也是一种本体性谬误。

附带强调的是,在中国古代文论的现代研究中,一种常见的套用西方理论强制阐释、剪裁古代文论的"文化性误置"表现为把中国古代文论的某些范畴或命题仅仅作为论证西方理论命题或体系的"实例"——这种"文化性误置"其实也是一种"具体性误置":"当仅仅以实际存在物作为某些思想范畴的实例来考察实际存在物时,它忽略了其中所涉及的抽象程度",当它被纳入西方某种抽象理论体系作为"例证"时,中国古代文论本身的具体性、现实性就被忽略了。

怀特海在哲学方法论上揭示了自然科学研究领域的"具体性误置的谬误",而张江教授的强制阐释论则可以说揭示了文学研究领域乃至整个人文社会科学研究领域的"具体性误置的谬误"——这对于我们从哲学方法论上反思西方当代文论乃至其整个人文社会科学理论的不足,有重要启示。张江把"强制阐释"视为"当代西方文论的基本特征和重大缺陷"或"本体性缺陷",并提出有针对性的"本体阐释"的建构思路,以超越"强制阐释"的局限。化用怀特海的"具体性误置"的说法,我们可以把用非文学性理论强制阐释文学称为"本体性误置"(以场外理论裁剪具体的文学现实),把用非中国性理论强制阐释中国文学称为"文化性误置"(以西方理论裁剪中国文学及其理论),而用一个文化时间中的理论强制阐释另一文化时间中的文学可称为"历史性误置"(比如常见的用西方"现代"理论阐释中国"古代"文学及其理论等)。从这个意义上来说,扬弃强制阐释,就要对这些种种误置进行纠偏;对于超越中国古代文论的现代困境来说,超越"非文学性"与"非中国性"的双重强制阐释,就要克服"本体性误置"与"文化性误置"——而中国古代文论"即文本性"的特点,可以成为我们探讨这些问题的重要切入点。

三

在中国古代文论一个世纪左右的现代研究中,套用西方理论对中

双重强制阐释：中国古代文论的现代困境及其超越

国古代文论进行"现代阐释"，已成为一种主导传统——这首先是一种"非中国性"强制阐释和"文化性误置"，而在这种"西化"的进程中，中国古代文论重视"文学性"的"本体阐释"也被西方"非文学性"强制阐释与"本体性误置"所扭变。为了对西方当代文论强制阐释、本体性误置作总体性的纠偏，张江教授还从正面提出一个新概念：

> "本体阐释"是以文本为核心的文学阐释，是让文学理论回归文学的阐释。"本体阐释"以文本的自在性为依据。原始文本具有自在性，是以精神形态自在的独立本体，是阐释的对象。"本体阐释"包含多个层次，阐释的边界规约本体阐释的正当范围。"本体阐释"遵循正确的认识路线，从文本出发而不是从理论出发。"本体阐释"拒绝前置立场和结论，一切判断和结论生成于阐释之后。"本体阐释"拒绝无约束推衍。多文本阐释的积累，可以抽象为理论，上升为规律。①

我们还可以加一句：多文本阐释的积累，还可以"凝结为范畴"。他还强调："本体阐释"以文本为出发点和落脚点——我觉得这些特点可以概括为"即文本性"，而这也正是中国古代文论的总体特点之一。

"即文本性"是个比较抽象的概念，为避免怀特海所谓的"具体性误置的谬误"，首先要强调的是：这一抽象概念是对中国古代文论一系列具体的话语运作方式及其文化精神的描述。为更为具体化，我们不妨从中西早期文化的比较开始。古希腊亚里斯多德有《诗学》，古中国有《毛诗序》。

《毛诗序》分大序、小序，大序为《诗经》之总序，小序为各篇之序。一般认为，小序为汉人卫宏所为，大序可能也是卫宏所作，但也有人认为是孔子弟子子夏所作：如果视为子夏（公元前507年—不

---

① 张江：《当代文论重建路径——由"强制阐释"到"本体阐释"》，《中国社会科学报》2014年6月16日。

详）所作，则诗大序的创作年代比亚里斯多德（公元前384年—公元前322年）的早，若视为汉人所作，则晚——但不管怎么说，《毛诗序》《诗学》大抵可视作人类文明最具原创性的辉煌的"轴心时代"的产物，对后来中西文论的发展有深远影响。从外在形制上，就可以看出两者的明显差异：《诗学》是独立的专著，可以说具有"离文本性"；而《毛诗序》则是对诗歌作品的"序"，小序则可以说是对具体作品的注释或解读，"即文本性"很强。从对后世的影响来看，亚里斯多德后，西方出现了不少独立的文论专著，而中国古代文论的独立专著则相对较少——在这方面以西裁中的"文化性误置"表现为：许多相关学者认为中国古代没有严格意义上的"文学理论"。与此相关的一个问题是：今人该到哪些古代文献中去找"文论"材料？中国古代文论的现代研究中这方面同样存在"文化性误置"：在文献搜集、整理上只重视"离文本"的文人集部的序、跋、论及诗话、词话等材料，而忽视古人对文学作品注释中的材料。针对这种"文化性误置"，我曾提出：对于古代文论的现代研究来说，辨格局、明体例非常重要。

　　从对中国古代诗歌理论的现代研究来看，今人的不足就突出地表现为不辨"格局"、未明"体例"。首先，在整体格局上，今人一最大不足是将对古代"诗学"研究的范围框定在"诗文评"之内，而严重忽视了古代诗学的另一翼即作为"经学"的诗学：魏晋以前"诗文评"尚未大量出现，今人讨论诗学问题还兼及《诗经》学研究（比如《毛诗序》等），"诗文评"大量出现后，作为"经学"的诗学发展史这一重要脉络在今人通史研究中就基本消失了。钱锺书分析唐孔颖达《毛诗注疏》时指出："仅据《正义》此节，中国美学史即当留片席地与孔颖达。不能纤芥弗遗，岂得为邱山是弃之借口哉？"①且不论中国美学史，即使中国诗学史，又有何人以孔氏为"邱山"而留其一席之地呢！其实，在李唐一朝，孔颖达《毛诗注疏》讨论诗歌的理论价值，至少不低于殷璠的唐诗选评、皎然《诗式》及中晚唐大量诗格理论的价值，或者说，此期作为"经学"的诗学的理

---

① 钱锺书：《管锥编》第1册，中华书局1986年版，第62页。

论意义并不小于作为"诗文评"的诗学。

其次,与整体格局相关的是表述体例问题。孔子删诗也就是选诗,据说从三千多首中选录了三百多首——这种去取本身就体现和表达了孔子的基本诗学思想;后来儒者在选本的基础加以"序"——这种序、注、疏等当然也体现和表达了一些诗学思想。所以,从"源"上来说,这种选编、序言、注解本身乃是古代诗学在理论表述上的"正体",这种表述体例体现了极强的"即文本性";后世诗人理解孔圣人的诗学思想除了理解其论及诗的片言只语外,最主要的方式就是去诵读诗三百。经学外,古人对唐诗研究有"千家注杜"之说,在对杜甫诗的注释中,当然应有诗歌理论方面的文献——但这方面的文献很少进入今人的古代诗歌理论研究中。有学者据此提出"注释批评"的说法,"注释"乃是古人文学理论批评的一种重要的表述体例或运作方式。与此相关,古人关于小说的"评点"的批评运作方式也体现了极强的"即文本性",评点就是在小说文本上进行批注、讲解等。

张江教授强调本体阐释的归结点是对文学创作实践要有所影响,在这方面,可以说古代文论还存在一种"选本批评":孔子删诗可以说就是一种"选本批评",而后世文学研究者的各种选本对文学创作实践的实际影响似乎要远大于理论著述。

《文心雕龙》与《文选》皆可视为六朝一时代文学创作实践的总结,而从对后来唐诗的实际影响来看,《文选》的影响显然要大得多,大家如李白、杜甫等皆受其影响很大;在唐人自己的文献中,殷璠唐诗选本《河岳英灵集》的诗学理论价值未必就比皎然《诗式》要低;再如《花间集》对宋词创作的影响等等。南宋以来出现很多唐诗选本:首先是杨士弘的《唐音》之选,其重要理论意义在于以"音"选诗论诗,强调"体制声响";其次是周弼的《三体唐诗》,周氏与严羽一样也标举盛唐,并且强调即使飘逸如李白诗也是有"法度"可循的,探寻和总结唐诗尤其是盛唐诗之法度、体制等,对其时宋诗流弊有所批评。杨以"音"选诗论诗而强调声情交融,周以虚实论而强调情景交融,正体现了诗体建构的两个基本方面——这两个选本对后世诗学影响很大,尤其对明人的诗歌创作实践也有很大直接影响——其影响力恐怕也未必小于严羽的《沧浪诗话》——而我们已有的古代诗歌理论研究尤其通史研究成果，对这种"选本批评"的发展脉络关注不够。同样，明人也有很多关于唐诗的选本，也很能体现他们关于诗歌创作的基本理念，也应是研究明代诗歌理论不可忽视的基本文献。

当然，问题的复杂性在于：外在形制上的"即文本性"还并不能绝对保证可以避免强制阐释——这方面突出的例子也是儒生对诗经作品的注解，并且尤其突出地表现在用道德教化观念去强制阐释来自民间诗歌作品的意义。所以，形制上的"即文本性"，只有与阐释上的"即文学性"或"趋文学性"充分结合在一起，才能保证文学阐释的本体性。张江教授提出"场外理论的文学化"——这一点在古代文论中也有突出表现，比如用文学化的方式来进行批评，如论诗等，而在诗话、词话中，有很多表述往往是用形象的比喻等文学化方式来对作家作品进行批评或理论分析。怀特海对"具体性误置"所造成后果的描述是："当仅仅以实际存在物作为某些思想范畴的实例来考察实际存在物时，它忽略了其中所涉及的抽象程度。在各种现实性中有这样一些方面，一旦我们把思想严格地限制于这些范畴时，它们就几乎被忽略了。"诗歌理论中当然也存在很多"思想范畴"，西方人往往是先对诗学范畴下定义，然后进行概念演绎和推导，形成某种理论体系——中国古人则不这么做，比如，赋、比、兴等，是中国古代诗学中的重要思想范畴，而它们较早恰恰就出于对诗经作品的序、注中，比如在小序中，往往会在某篇作品旁边标上"赋也"，在另外作品旁边注上"比也"或"兴也"，如此等等。后世诗话、词话等深受其影响，比如"神""韵""境"等众多理论范畴，会有一些定义，但更多的是罗列出具体的文学篇章或字句，告诉你此谓"有神"，此之谓"韵"，如此等等——这一理论传统一直影响到清末民初王国维的《人间词话》，其中重要的思想范畴是"境"或"意境""境界"，王国维也是通过罗列大量的诗句词句，告诉我们何谓"境"，何谓"有我之境"，何谓"无我之境"，如此等等。今人或据此认为中国古人抽象思辨、范畴概括能力弱——这未免厚诬古人。古人并不忽视在具体批评中把具体的文学现实凝定为思想范畴，但并不"把思想严格地

双重强制阐释：中国古代文论的现代困境及其超越

限制于这些范畴"而忽视文学的现实性、具体性，因而也就少犯怀特海所谓的"具体性误置"或张江教授所谓的"强制阐释"的谬误。

前面从哲学方法论上对强制阐释、本体性误置作了初步分析，而往深处讲，方法论又与世界观（存在论、本体论）相关：强制阐释所涉及的阐释者（人）与文本的关系，从哲学存在论上讲，关乎主体与客体的关系。张江教授强调文本的"自在性"，也可以说是"客观性"或"客体性"，其中强制阐释的"主观预设"可以说就是放纵主观性；另一方面他也分析指出：新批评、结构主义的"文本中心主义"其实也未必就避免了强制阐释的谬误。所以，对于西方的强制阐释，还需从哲学文化传统上加以深入剖析。怀特海非常尊重柏拉图以来的西方哲学文化传统，但他也指出："倘若我们不得不以最小的变化来表达柏拉图的一般观点的话——两千年来社会组织、美学成就、科学和宗教中的人类经验的干预使之成为必要，——那么，我们就必须着手创立一种有机（原译'机体'，据通译改）哲学。"① "有机哲学"是相对于西方近代哲学的机械论而言的。他还指出，无论是二元论，还是只重视物质（客体）或只重视精神（主体）的两种一元论，都不能克服"具体性误置"所引起的混乱——根子在于：把主体与客体的关系看成是机械性的，而非有机性的。而相对而言，中国古代哲学则重视主体与客体关系的有机性——这在文学活动中一方面表现为重视"即文本性"，另一方面则表现为重视"即身性"。

我最近在研究中发现：刘勰《文心雕龙》多次用"身文"论诗文，后世也有不少这方面的相关文献，而这些体现了一种独特的"即身性"语言哲学观或文本观。从作为"两希"文明交融的西方文明来看，无论是在古希腊（如柏拉图等）那里还是在希伯来宗教传统中，身与心、灵与肉之间的张力都比较大，或者说，紧张度都比较高——而"身文"范畴理论则昭示：身心关系在中国传统文化中则显得并不那么紧张。生命哲学与语言哲学又是相互贯通的：西方传统中的人之身与心的紧张关系，又表现为言之音与义的紧张关系；中国传

---

① [英] A.N. 怀特海：《过程与实在》，杨富斌译，中国城市出版社 2003 年版，第 70 页。

统中的身心不离的生命哲学观,又表现为言、文与身不离的语言哲学观或文本观①——这是建立在有机世界观或存在论基础上的,而有割裂人与物、身与心、音(形式)与义(内容)倾向的西方哲学,则是建立在机械世界观上的。落实到文学文本与接受论中,如果人与作为外在物的文本之间的关系是机械性的,则在文学接受活动中,人可离文,文可离人——这为脱离文本而强制阐释文本意义提供了可能性。机械论又把文学文本作为物的存在分为内容(语义等)与形式(语音等)两大割裂的部分——与此对应的是,也把人的存在分为心(精神、理性等)与身(肉体、感性等)两大割裂的部分——两者的"对应性"在文学接受活动中表现为:人的心、理性把握文本的"意义",而人的身、感性把握文本的"形式";文本的内容可以脱离形式而存在,人也就可以脱离身(感官、感性等)而单纯地以心、理性来把握文本的意义——这就为强制阐释大开方便之门了。而建立在有机世界观上的中国古代文论,则强调文本内容与形式的联系是有机性的——与此对应的是,人的心与身的联系也是有机性的——两者的"对应性"在接受活动就表现为:人不可能脱离"身"而单纯地以"心(理性等)"来抽象地把握文学文本——这就是古代文论所强调的接受活动中文本的"即身性"。这又突出地表现在诗歌接受理论中:我们古人强调只有用口(身体、感官)去诵读,才能真正把握诗歌文本的"韵味"。这种接受、把握方式的非抽象的"具体性",反过来实际上也确证着诗歌文本"内容"存在的"具体性":通过诵读所体察到的"韵味"作为诗歌的"内容",就不仅仅只是可以脱离诗歌存在具体感性形式(声韵结构等)而抽象地存在的概念、观念等——这也就又从另一方面确证了诗歌接受、阐释活动的"即文本性"。

总之,西方当代文论的强制阐释,既具有特定的历史性——在后现代、解构主义思潮中有突出表现,同时也具有文化性:跟西方机械论的哲学方法论、存在论等密切相关——而更多"有机性"的中国哲

---

① 详细分析参见刘方喜《"身文"辨:汉语文学语言哲学刍论》,《南华大学学报》(社会科学版)2015年第2期。

学文化传统及建立其上的文学理论，对于反思进而纠正这种总体上的"本体性缺陷"有重要启示——而这无疑也是中国古代文论超越自身现代困境进而推动"文学性"与"中国性"高度统一的当代文论建设的重要契机。

汉字批评：文论阐释的中国路径*

李建中**

在论及不能用西方理论强制阐释中国文论的实践及理论缘由时，张江教授指出了"一个基本事实"："西方语言与汉语言，无论在形式还是表达上都有根本性的差别，用西方语言的经验讨论和解决汉语言问题，在前提和基础上存在一些根本的对立。不能简单照搬，也不能离开汉语的本质特征而用西方语言的经验改造汉语。……实践证明，语言的民族性、汉语言的特殊性，是我们研究汉语、使用汉语的根本出发点，也是我们研究文学、建构中国文论的出发点。离开了这一出发点，任何理论都是妄论。"①索绪尔《普通语言学教程》将汉字归入"表意体系"，随后宣称他的研究"只限于表音体系"②。当我们别无选择地要用汉字阐释中国文论时，首先需要回答的却是：作为"表意体系"的汉字，其根本性特征是什么？而紧随其后的追问则是：由汉字的特征所决定的中国文论阐释的路径何在？汉字的语根太深，故须追"根"；汉字的语境太重要，故须问"境"；汉字的语用是其长寿秘诀，故须致"用"。由追"根"而问"境"，由问"境"而致"用"，似可探出一条文论阐释的中国路径。

汉语的根柢深藏在古文字（殷墟卜辞、商周铭刻、周秦籀篆）之

---

* 本文为国家社会科学基金重大招标项目"中国文化元典关键词研究"（12&ZD153）阶段性成果，原刊于《江汉论坛》2017年第5期。

** 作者单位：武汉大学文学院。

① 张江：《当代西方文论若干问题的辨识》，《中国社会科学》2014年第5期。

② ［瑞士］费尔迪南·德·索绪尔：《普通语言学教程》，高名凯译，商务印书馆1980年版，第50—51页。

中，需要刨"根"才能问底。从20世纪初的甲骨文，到21世纪初的清华简、上博简，每一次考古发现都是一次刨根问底。随着"新"的文字材料的不断出现，"新"的古文字被不断识认，中国文论阐释的新景观新气象新收获便在刨"根"中不断呈现和展开。

汉语的性质是表意，意之所随者缘境而异。汉语之"表意"既无时态标识，亦不重空间定位（如前后、内外、出入等所指颇为随意），更有反训、隐喻、假借、转注、谐音之类，使得汉语的言说与解读高度语境化，若脱离语境则"不知所云"。中国文论的话语体系"话中有话"，故阐释之时先须问"境"，先须返回语义现场，非如此不能释名彰义、敷理举统。

汉语"长寿"的秘诀在于语用，《周易》"鼓天下之动者存乎辞"是宏大之用，《文心雕龙》"'心'哉美矣，故用之焉"是微观之用。经史子集，周秦汉唐，无不因重"用"而致"用"。汉语的致"用"酿成中国文论的致"用"，中国文论的历史意蕴及现代价值在语用中激活，在语用中衍生、再生乃至生生不息。

一 追"根"

黄侃论及"清代小学之进步"，赞其"一知求本音，二推求本字，三推求语根"[①]。这里的"语根"是在声韵和训诂的层面谈文字；若在文字、声韵和训诂的层面谈中国文论阐释，则应将古文字视为中国文学及文论的语根。张江《阐释的边界》称"文本的能指是文本阐释的出发点和落脚点"[②]，所谓"文本的能指"即文学和文论文本的语言。文论阐释的首务在于"推求语根"，这个意义上的"语根"，实则包括了黄侃所说的"本音""本字"以及最早的形、声、义对字之"本义"的规定和铸造。

文字乃经艺之本，故许慎解"字"说"文"皆重"推求语根"

---

① 黄侃述、黄焯编：《文字声韵训诂笔记》，武汉大学出版社2003年版，第12页。
② 张江：《阐释的边界》，《学术界》2015年第9期。

即看重"本义"。① 王力指出:"许慎抓住字的本义,这是从根本上解决训诂问题。本义是一切引申义的出发点,抓住了本义,引申义也就有条不紊。本义总是代表比较原始的意义,因此,与先秦古籍就对得上口径。"② 又称"从本义可以推知许多引申义,以简驭繁,能解决一系列问题"③。中国文论阐释,用黄侃的话说,需要"推求语根";用刘勰的话说,需要"原始以表末,释名以章(彰)义"④。对于中国文论阐释而言,不求语之"根",不原字之"始",则无法表其末,更无从释其名、彰其义。

"中国文论"又称"中国古代文学理论",其中"中国古代"与"理论"分别标明时空与领域,而"文学"为其核心范畴即关键词。如何释"文学"之名,彰"文学"之义,事关中国文论话语体系的当代建构和中西文论的平等对话。而我们今天对"文学"这一关键词的诠释,从高校教材到学术专著,从期刊论文到大众传媒,大体上是袭用20世纪以来的西方文论的定义,强调的是"文学"的审美性、虚构性和意识形态属性,依据的是三分法(现实、理想、象征)和四分法(诗歌、小说、剧本、散文)。⑤ 用这种从近现代西方文论引进的"文学"概念,向"前(昔)"不能解释古代文学(比如经史子集中的文学文本),向"后(今)"不能解释当下文学(比如互联网上的文学文本),从而导致"文学"这一关键词之"能指"与"所指"的分离,导致文艺学理论与文学史事实的分离。

导致"分离"的原因自然是强制阐释,是强制阐释中对汉语言与西方语言之根本性差异的无视或忽略,是文论阐释中未能追问汉语"文学"的文字之根。"文学"的语根是"文";那么,"文"的语根又是什么?许慎《说文解字》:"文,错画也,象交文,凡文从属皆从文。"段玉裁在注明"错当作逪"之后,断定"逪画者文之本

---

① (清)段玉裁:《说文解字注》,上海古籍出版社1981年版,第763页。
② 王力:《中国语言学史》,中华书局2013年版,第35页。
③ 同上书,第40页。
④ 本文引《文心雕龙》均据范文澜注:《文心雕龙注》,人民文学出版社1958年版。
⑤ 参见童庆炳主编《文学理论教程》,高等教育出版社2015年版,第199—220页。

义"①。许说和段注皆强调"文"的符号性、装饰性和结构性,似与西语"文学"的审美性相契合。然而,《说文解字》所说的"文",并非"文"的语根,因而亦非"文学"的语根。"文"的语根在殷墟卜辞,而殷墟卜辞出土于19世纪末20世纪初。因而,无论是生活于1至2世纪之交的许慎,还是生活于18至19世纪之交的段玉裁,皆无缘见到甲骨文,无缘得知"象正立之人形,胸部有刻画之纹饰,故以文身之纹为文"②的甲骨文释义,无缘寻觅"以文身之纹为文"的"文"之本义。

《说文解字》用的是篆体,篆体的"文"字,看字形已经丢失了甲骨文"文"字上本有的胸部之纹身,因而也丢失了"文"之本义,从而在某种程度上遮蔽了"文"的语根。刨根问底,文,首先是一个动词,因为文身是一种动作,一种行为。《礼记·王制》有"被发文身",郑玄注曰:"文,谓刻其肌,以丹青涅之。"这种动作或行为有艺术味道,有创作性质,故可以说是一种艺术行为(或如今人所谓"行为艺术")。文,同时也是名词,因为文身的结果只能用"胸部有刻画之纹饰"的"文"来裸呈或确证。文,又是一个形容词,意谓文身的、文饰的、有文采的等等,类似于后来加上了"彡"的"彣"③。不同的是,"文"是文身之饰而"彣"则是以毛饰画亦即许慎"彡,毛饰画文也"④。从广义上讲,"文身"可以说是人类最早的"文学"(即"文化"创作);就文身这一文学创作活动的全过程而言,用作动词的"文"是行为或曰文学活动,用作名词的"文"是文本或曰文学作品,而用作形容词的"文"则是属性或曰文学性。由此可见,汉语"文学"的全部义项及特征,都可以在甲骨文的"文"之中寻觅到它的语根。

文身,作为人类最早的文学创作或文化行为,其主体与客体都是人:"人"饰画其身;文身饰画于"人"的身体。我们今天常说"文

---

① (清)段玉裁:《说文解字注》,上海古籍出版社1981年版,第425页。
② 徐中舒主编:《甲骨文字典》,四川辞书出版社2006年版,第996页。
③ 段玉裁说"彣"的本义是彣章,不同于"文"的本文是"遒画",但就"文"的甲骨文语根而言,其本义与"彣"有相通之处。
④ (清)段玉裁:《说文解字注》,上海古籍出版社1981年版,第424页。

学是人学",其根柢正在于此。其一,人体与文体集于一身,人体就是文体,文体就是人体。虽然随着书写工具或媒介的进化,"文体"逐渐与"人体"分离,但二者在根柢处依然血肉相连。中国文论经常性地借"人体"来说"文体",借人体的其异如面来说文体的风貌万千。于是,我们有了"文学文体学"和"文学风格学"。其二,文身刻画于人的胸部,亦即心之表,文乃心画心声,根于心缘于情,文自于人,文心自于人心,文学的历史是人类心灵的历史。于是,我们有了"文学心理学"。其三,文身是原始部落的人类行为,其行为动机不仅仅是装饰,更是对部落图腾的显示,故所"文"之"纹",有明显的人类学意味。于是,我们有了"文学人类学"。其四,文身是"人为"的,更是"为人"的,既为了个体身体的美饰,亦为了不同部落的辨识,无论是在功利的还是在超功利的层面考量,"为人"的文学都具有深刻的伦理学内涵。于是,我们有了"文学伦理学"。

概言之,"以文身之纹为文"是"文"的语根,因而也是汉语"文学"的语根。无论是从《论语·先进》的"文学,子游,子夏"到《世说新语》的"文学"之门,还是从屈原的"青黄杂糅,文章烂兮"到刘勰的"声文、形文、情文",汉语的"文学"释义从来都是与西语的定义大相径庭的。究其根由,则可以从"文学"的语根处得到合理的解释。即便是到了西方文论话语呈霸权趋势的20世纪初,我们依然能够看到以汉语的"文"为语根的"文学"释义。

章太炎《国故论衡·文学总略》:"文学者,以有文字著于竹帛,故谓之文;论其法式,谓之文学。"[①]"著于竹帛"的是"文",著于龟甲兽骨和钟鼎铭器当然也是"文",而且是更早更古更为根柢的"文"。章太炎的这一条关于"文学"的定义,表面似将"文学"与"文字学"等同,实质上是在根柢处找到了"文学"与"文字"的关联,从而部分地寻觅到了汉语"文学"的语根。

黄人《普通百科新大辞典》收录"文学"词条:"我国文学之名,始于孔门设科,然意平列,盖以六艺为文,笃行为学。后世虽有文学之科目,然性质与今略殊。汉魏以下,始以工辞赋者为文学家,

---

① 章太炎:《国故论衡》,上海古籍出版社2003年版,第49页。

见于史则称文苑,始与今日世界所称文学者相合。叙艺文者,并容小说传奇(如《水浒》《琵琶》)。兹列欧美各国文学界说于后,以供参考。以广义言,则能以言语表出思想感情者,皆为文学。然注重在动读者之感情,必当使寻常皆可会解,是名纯文学。而欲动人感情,其文词不可不美。故文学虽与人之知意上皆有关系,而大端在美,所以美文学亦为美术之一。"① 黄人关于"文学"的定义,虽然受到西方近现代文学观念的影响,但他看到了汉语"文学"的特质,在一定程度上触及到了"文学"的汉语语根。

二 问"境"

中国文论的"根"深深地扎在殷虚卜辞、商周铭刻、周秦籀篆等古文字之中,故文论阐释之首务是追"根"。根深则叶茂,叶茂则华实,中国文论的衍生、更生、再生乃至生生不息,必定发生在具体的文本或曰具体的文本语境之中。即以上一节对"文"的刨根问底而言,如果离开了语境(如卜辞铭文、先秦元典、秦汉字书等),是根本说不清楚的。是故刘勰《文心雕龙·序志》篇要讲"振叶以寻根,观澜而索源",不"振叶"无以寻根,不"观澜"无以索源。在某种意义上说,刘勰所讲的"叶"和"澜"是指中国文论历史的和文本的语境。福柯指出:"我们必须完全按照话语发生时的特定环境去把握话语。"张江亦认为:"我们应该在那个时代的背景和语境下阐释文本的意图。超越了那个时间或时代阐释文本,以后来人的理解或感受解读文本,为当下所用,那是一种借题发挥,有明显强制和强加之嫌。"② 中国文论阐释之语境大体上可分为两类:一是大语境即历史文化语境,二是小语境即具体的文学及文论文本。就前者而言,要追问并探求中国文论与儒道释文化的关系;就后者而论,则要追寻并返回文本语义现场。二者交相呼应,相得益彰,共同构成中国文论阐释的"问'境'"之途。

---

① 黄人:《普通百科新大辞典》子集,国学扶轮社1911年版,第106页。
② 张江:《阐释的边界》,《学术界》2015年第9期。

先说大语境。中国文学理论批评已有三千多年的历史,历朝历代的文学观念及理论术语,或标举时代风貌或革前代之故鼎后代之新,均与特定历史时期的文化语境相关。先秦两汉是中国文论的创立和奠基期,其文论创生与这个时代从儒道争鸣到儒学独尊的文化语境密切相关。儒家文论的"诗言志""兴观群怨""文质彬彬""以意逆志",道家文论的"虚静""大音希声""心斋坐忘""得意忘言",无一例外是特定文化语境下的产物,故其阐释的有效性取决于历史语境的还原。魏晋南北朝是中国文论的繁荣期,其文论新变缘于玄学新变及儒道会通。从曹丕的"文气"到陆机的"缘情"到刘勰和钟嵘的系列范畴及命题,均须在玄学语境下方能作深度解读。唐宋金元是中国文论的多元时代,其文论路径是"载道""取境"和"妙悟"的分途或并进,其文化语境则是该时段儒、道、释的三教合流。明清是中国文论的总结期,其文论阐释的总归性特征是以传统文化之总汇以及各体文学之总备为语境的。近代是中国文论的转型期,此时期的文论阐释带有明显的中西交通和古今交融的特征,而此特征理所当然是由"西学东渐"的时代语境所酿成。概言之,无论是在小时段还是在大时段阐释中国文论,一个别无选择的选择是问"境"。

次说小语境。如果说本文第一节所言"文学"是根本层面的关键词,那么"文体"则是基本层面的关键词,故中国文学批评史上空前绝后的理论巨制《文心雕龙》,被称为"我国的文体论"。① "文学"的语根是"文","文体"的语根是"体"。甲骨文有"身"而无"体",《说文解字》许说概言为"体,总十二属也",段注将"十二属"详言为人体的十二个部位,故知"体"的本义是指人的身体。"体",作为中国文论的元关键词可独立语用,同时又是诸多关键词的语根,后者如文体、语体、大体、体用、体性、体貌、体要、体目、体植等等。无论是独立成词抑或作为构词元素,"体"之立义皆缘"境"而生,故"体"之释义须问"境"而成。

以《文心雕龙》的诸"体"为例。刘勰在《序志》篇中论及

---

① 徐复观:《文心雕龙的文体论》,《中国文学精神》,上海书店出版社2004年版,第118页。

《文心雕龙》的写作动机，先是悲叹他那个时代的文学"去圣久远，文体解散……离本弥甚，将遂讹滥"，然后赞叹"周书论辞，贵乎体要……辞训之异，宜体于要"。这一段文字中，"体"字三见，在不同的上下文（即语境之中），其词义及词性是大不相同的，若忽略其语境则难以辨察其异。"文体解散"云云，"解散"的"文体"绝非指文类意义上的某一种（或多种）"体"，而是总体甚至本体意义上的整个时代的文学体统或体制，有"总体""整体""本体"之义。①"贵乎体要"或"宜体于要"，两个"体"皆用作动词，作体察、体会、体悟来讲（另有《征圣》篇四次谈到"体要"）。当然，这两种意义上的"体"均与其语根（身体）相关：前者源于其总体，后者源于其功能。

除了总体性与功能性的"体"，《文心雕龙》的"体"还有多种用法，如《征圣》篇的体用之体（"或明理以立体，或隐义以藏用"），《体性》篇的文学风格之体（"若总其归途，则数穷八体"），以及《谐隐》《丽辞》诸篇的身体之体（"体目文字"；"体植必双"等）。此外，《时序》篇有"体貌英逸"，"体貌"用作动词，有礼敬、敬重、以礼相待之义。后来纪昀《四库全书总目提要》赞司空图《二十四诗品》"各以韵语十二句体貌之"，其"体貌"也是用作动词，意谓体悟之、描绘之，其"体"之义异乎《时序》却同于《序志》。

中国文论阐释所问之"境"，除了上述宏观之文化历史语境与微观之文本章句（即上下文）语境，还有介于二者之间的文本篇籍语境。以司马迁"发愤著书"为例。其微观语境是太史公排比的"古来圣贤，不愤不作"的八个例子；其宏观语境则是太史公所处的帝国政治及社会生活状态，其中包括家境衰败及李陵之祸。而介于二者之间的则是两个文本：《报任安书》和《史记·太史公自序》。同一个"愤"字，在两个不同的文本之中，其语义、语感、语用以及与其语

---

① 《文心雕龙》有"才量学文，宣正体制，必以情志为神明，事义为骨髓，辞采为肌肤，宫商为声气……"，《颜氏家训·文章》有"文章当以理致为心肾，气调为筋骨，事义为皮肤，华丽为冠冕"，均以"身体"为喻，均含有"整体""总体"或"本体"之义。

第三编 中国古代文论的理论自觉

根的关系并不完全相同，甚至有着虽细微却不容忽略的差异。

《太史公自序》作为《史记》的导引性文本，承担着自言其志和自塑其人格的重要使命，故作者用很大的篇幅宣讲圣人的《春秋》大义，于此宏大语境下自谦式地描述自己的著史大业。到《自序》快要结束的时候，太史公才提到"发愤著书"，并将"愤"的内涵归结于"人皆意有所郁结，不得通其道也"。司马迁对"愤"的这种诠释，颇合于"愤"的语根义。《说文解字》有"愤，懑也"，又有"懑，烦也，从心满"，还有"闷，满也。从心，门声"，《说文》所收属于"愤"系列的字还有惆、怅、忾、懆、怆、怛、惨、悲、恻、惜、憨、慦等等。这里的"愤"并非我们后来所理解的"愤怒"甚至"仇恨"，而是"懑"即郁闷、烦闷和憋闷。如果说"愤怒"的心理指向是向外的，其程度是强烈的；那么，"愤懑"的心理指向则是向内的，其程度是亚强烈的。这里的"愤"与《论语》的"不愤不启，发愤忘食"，《楚辞·九章》的"发愤以抒情"大体相类似。

《报任安书》的"发愤著书"，其文字其例证与《太史公自序》完全相同，但由于文本语境有别，故"愤"之语义及语感大异。《报任安书》是书信体，朋友之间的交谈是坦陈的，无须掩饰或遮蔽。我们看司马迁在好朋友面前，字字血、声声泪地叙述李陵之祸和家世之衰，抒发悲怨之怒和绝望之情。在由怨怒和绝望所酿成的独特语境之下，其"愤"已远离了先秦的词根义而开启了引申义，后者颇类似于李贽的"愤书"说。晚明李卓吾《焚书》标《忠义水浒传》为"愤书"，其"愤"之所指为"愤怒"："施、罗二公身在元，心在宋，虽生元日，实愤宋事也。"显然，在这里"愤"的心理指向是朝外的，所谓"泄其愤"；"愤"的内容则事关朝野，事关古今，所谓"愤二帝之北狩"，"愤南渡之苟安"。①

"发愤著书"作为中国文论的一个重要命题，在不同的文本中，因其语境的差异，其"愤"之语义和语态是有很大差别的，由此可知问"境"之不可或缺，又由此可知文论阐释须返回历史语义现场。陈晓明指出："避免'强制阐释'的方法论途径可能就在于，更为直

---

① （明）李贽：《焚书·续焚书》，岳麓书社1990年版，第108页。

接地回到作品文本,从作品文本的文学性生成中激发理论要素,概括理论规律,建立理论范式及连接的形式。"① 张江在谈到中西文论之差异时亦指出,"中国古代文论,从文本出发,牢牢依靠文本,得出有关文学的各种概念和理论"。② 中国文论若要避免"强制阐释",需要返回文学及文论文本的语义现场:讲"诗言志"须回到《尚书》和《左传》,讲元白的"讽谕"须回到《与元九书》,讲李贽的"童心"须回到《焚书·续焚书》和《藏书·续藏书》,讲"悲剧"须回到《红楼梦评论》和《人间词话》,等等。

三 致"用"

人类轴心期五大文明(古巴比伦、古埃及、古希腊、古印度、古华夏)在其辉煌之时皆有自己的文字。而这几种古文字,今天仍在使用的惟有汉字。汉字亘古亘今,生生不息,个中缘由非常复杂,其中一个重要的因素是"用"。因其重"用"、致"用",故方块字既没有被梵化,也没有被拉丁化,在今天更没有被欧美化。许慎《说文解字·叙》:"盖文字者,经艺之本,王政之始。"诠解经艺要用汉字,推行王政要用汉字,译迻外来佛典要用汉字,元代蒙族和清代满族在得天下之后依然要用汉字……汉字在几千年的使用之中,有通有变,常用常新。陈晓明指出,汉语文学"在传统与现代、汉语言特性与现代意识、民间的原生态与现代主义小说技巧等诸多方面,可发掘的学理问题当是相当丰富复杂"。③ 汉语文学如此,汉语文论亦然。汉字的致"用",直接导致了中国文论的致"用",因而成为我们今天探讨文论阐释之中国路径的重要内容之一。

汉字致"用"早在五经之首《周易》中就有鲜明之显现,《周易·系辞上传》既有"鼓天下之动者存乎辞",总体上强调文辞的巨

---

① 陈晓明:《理论批判:回归汉语文学本体》,《文学评论》2015年第3期。
② 参见李晓华《关于"强制阐释"的追问和重建文论的思考》,《江汉论坛》2016年第4期。
③ 陈晓明:《理论批判:回归汉语文学本体》,《文学评论》2015年第3期。

大功能和作用；又有"《易》有圣人之道四焉"分列《周易》的四大功用："以言者尚其辞，以动者尚其变，以制器者尚其象，以卜筮者尚其占。"①"尚其辞"者，重其辞也；后面的"尚其变"、"尚其象"和"尚其占"，实际上是说如何在不同的领域使用《周易》的文辞，故四"尚"实为一"致"：致其"用"也。

《系辞上传》将"四尚"归结为"圣人之道"，本文即以为例来讲中国文论阐释之致"用"。《周易》有"形而上者谓之道"，但"道"的本义（原始义）其实是"形而下"的，即《说文解字》所释"所行道也"，"一达谓之道"。②"道"在漫长的语义演变之中，由"形而下"上升为"形而上"，特别是在经过老庄道家的语用之后，成为一个"寂兮寥兮"具有超越性和本体论特征的元关键词。但是，即便是在老庄那里，"道"的语义演变过程及其结果，依然具有致"用"之特征。

"道"的本义为道路，由此则有三大义项。其一，凡道路皆有起点与终点，从哪里来到哪里去。"道"的此一义项上升为形而上，则为对"本源"或"终极"的追问：我是谁，我从哪里来，我到哪里去。这一追问其实是叙事性，或者说是用叙事的方法提出追问，类似于"杨朱泣歧路"，这是关于"道"的叙事之用。其二，凡道路皆有边界与轨迹，在道上行走者不能越"界"或越"轨"，否则轻者伤身重者丧命。所谓"在道上行走"，是喻指"按规律办事"，尊重规律，恪守规则。这是关于"道"的隐喻之用。其三，不同的时代，不同的行走者，有不同的行道之方，或艰难跋涉，或安步当车，或自骋骥马录，或御使轩辕。上升为形而上，则是不同的方法或技艺。方法或技巧是拿来"用"的，用得好就成为某家某派的招牌或标志，用得不好自然是砸牌子坏名声。这是关于"道"的方法之用。

"道"之用，不仅有形下、形上之别，还有名词、动词之分。当"道"在先秦元典由形下"所行道"抽象为形上"天之道"时，就成了各家各派不得不道的关键词。道者，言说也，阐释也。《庄子·天

---

① 本文所引《周易》，均据（清）阮元《十三经注疏》，中华书局 1980 年影印本。
② （清）段玉裁：《说文解字注》，上海古籍出版社 1981 年版，第 75 页。

下篇》:"《诗》以道志,《书》以道事,《礼》以道行,《乐》以道和,《易》以道阴阳,《春秋》以道名分",可见儒家是用六经说自家的"道",正如墨家用《墨子》道自家的"道",道家用《老子》和《庄子》道自家的道,所谓各道其道是也。

先秦诸子的文学理论和批评,各家各道其道,各家各用其道。孔子说"朝闻道,夕死可矣"(《论语·里仁》),足见"道"对于儒者是何等重要;孔子又说"吾道一以贯之"(同上),此语实乃后世文论"文以贯道"之元生义。作为先秦儒家文论的总结者,荀子将孔儒之"道"视为文学的"管"、"一"、"归"、"毕"(《荀子·儒效》篇),从而开中国文论"原道宗经"之先河。老子说"上士闻道,勤而行之"(《老子·四十一章》),讲的也是道之用;而庄子作为先秦道家文论的总结者,大讲审美创造的"神乎技"之道,诸如心斋坐忘、法天贵真、卮言日出、得意忘言等,对后世文论产生深远影响。

汉魏六朝文论,由经学而玄学,由玄学而回归儒学,儒家的"道"始终是"体用"之"体"。两汉的屈原及楚辞批评,由刘安、司马迁的褒扬到扬雄、班固的褒贬参半,再到王逸的只褒不贬,结论不同,路径相似:将"道"用之于文学批评,并完成了"道"对文学批评的制约和规训。[①] 刘勰《文心雕龙》以《原道》开篇,以"道"作文学本源及本体之论,其实质是重道之"用",因重"用"而致"用"。《原道》篇讲"道沿圣以垂文,圣因文而明道,旁通而无滞,日用而不匮",实则是两重意义上的"道"之"用":圣人将"道"垂示为"文",明道之文成为万世经典,此其一;明道之经典"旁通"且"日用",既用之于文学,亦用之于军国,亦即《序志》篇所言"唯文章之用,实经典枝条,五礼资之以成,六典因之致用"。而《文心雕龙·原道》引《周易·系辞上传》"鼓天下之动者存乎辞"以终篇,又可见刘勰是将《周易》的致"用"之道一以贯之了。

唐宋两代有诸多差异,但在重"道"这一点上并无二致。以唐代

---

① 参见黄霖、李青春、李建中主编《中国文学理论批评史》,高等教育出版社2016年版,第76—78页。

韩愈为代表的儒道谱系重建者,摒除"道"的佛老成分而还原儒家先王之道。韩愈从国计民生的层面,实实在在地讨论儒道之利国利民,佛道之害国害民,从而将"文以明道"用作古文运动的理论纲领。柳宗元论"道"更重其"用",《答吴武陵论非国语书》提出"辅时及物之道",将有用和有益于时代和社会作为文学创作的根本。宋代文论的"道"或"理"当然也是儒家的,北宋新古文运动继承韩柳"文以明道"之传统,如欧阳修批评那种"弃百事不关心"的文士(《答吴充秀才书》),主张"知古明道而后履之以身,施之以事"(《与张秀才第二书》)。王安石更是主张"所谓文者,务为有补于事而已矣;所谓辞者,犹器之有刻缕绘画也。……要之,以适用为本,以刻缕绘画为之容而已"(《上人书》)。

到了明代,由阳明心学的心性之道,走向王学左派的百姓日用之道,后者尤其看重道之"用"。作为王学异端的代表性人物,李贽用他的《焚书·续焚书》和《水浒》评点,在明代的文学理论批评中,为"道"这个关键词添加了颇有异端和启蒙色彩的思想内涵。晚明的"百姓日用"之道,向上承接《周易》的忧患之道,向下开启清代三大思想家顾、黄、王的启蒙之道。清季以降,"道"之用有两个新义项值得注意。一是以"道—器(技)"博弈应对外族进攻;二是以"道—logos"对谈应对中西文化及文论冲突。汉语的"道"既可以是名词也可以是动词,这与希腊语的 logos 正好可以互译互释。钱锺书《管锥编》释《老子王弼注》的"道可道,非常道",称"古希腊文'道'(logos)兼'理'(ratio)与'言'(oratio)两义,可以相参"。① 由此亦可见,不同时代的文学理论批评对"道"的不同之"道"(言说)和"用"(贯道),标识着不同时代的文学观念、认知路径和言说方式。

中国文论阐释中的致"用",还表现在其批评文体注重语用实例的列举。浩若烟海的历代诗话、词话、曲话、文话等批评文体,在某种意义上说是历代文学创作及批评的实例荟萃,是张江所说的"仅仅源于文学的理论":"中国古典文论的许多观点就是仅仅来源于文学,

---

① 钱锺书:《管锥编》第 2 册,中华书局 1986 年版,第 408 页。

比如众人皆知的各种诗话。"他还指出:"没有抽象的文学,只有具体的文本。离开具体的文本,离开对具体文学的具体分析,就没有文学的存在。无感情、无意义的符号必然导致对文学特性的消解,导致理解的神秘化。"① 文论阐释若离开了具体的文学文本,离开了鲜活灵动的文学例证,不仅会导致神秘虚妄,还会导致枯槁死寂。即便是编写辞典或字书也要重语用,也要多举例,"尽可能举出例证。例证是字典的血肉,没有例证的字典只是骷髅"。② 同样的道理,中国文论之阐释如果没有丰富而鲜活的语用之例证,其阐释文字也会成为无血肉无生机的骷髅。

就重视语用而言,文论阐释的致"用",与其追"根"和问"境"是密切相关且三位一体的。我们以刘勰的"风骨"阐释为例。《文心雕龙·风骨》篇阐释"风骨",用的是"凤"还有"雉"和"鸷"作喻例。对于"风骨"而言,"凤"既是"语境",又是"语用",还是潜在之"语根";就"语境"而言,以"凤"为主角的三禽,为"风骨"的出场提供了一个充满生机、洋溢诗意的禽系列语义环境;就"语用"而言,"凤"之意象则属于本节前面所归纳的"叙事"、"隐喻"和"方法"之用;就"语根"而言,"风骨"之语义根柢与"凤"神鸟之"八象"和"五德"相关。《说文解字》解"凤"这个字,许慎用了很长的一段文字来举例:"凤,神鸟也。天老曰:'凤之像也,麐前鹿后,蛇颈鱼尾,龙文龟背,燕颔鸡喙,五色备举。出于东方君子之国,翱翔四海之外。过昆仑,饮砥柱,濯羽弱水,莫(暮)宿凤穴,见则天下大安宁。'从鸟,凡声。"③ 天老是黄帝的臣子,许慎引"天老曰",将"凤"这种神鸟的外形、来历、特性、功力描述得清清楚楚,既绘形绘色,又申名申义。段注详引郭璞《山海经》说"凤"之"八象其体,五德其文",不仅绘画其形而且撮举其义。我们今天阐释刘勰关于"风骨"的阐释,似应回到"凤"的语义现场,向前(昔)追溯许慎所引"天王曰"之用例,向

---

① 张江:《强制阐释论》,《文学评论》2014年第6期。
② 王力:《中国语言学史》,中华书局2013年版,第97页。
③ (清)段玉裁:《说文解字注》,上海古籍出版社1981年版,第148页。

后（今）重述段玉裁所引《山海经》之用例，非如此，无法窥见"风骨"之语义根柢。由此可见，追"根"、问"境"和致"用"，三者立体交叉地构成文论阐释的中国路径。"一达谓之道"，行走于斯，何"道"不"达"？这正如"风骨"的阐释和阐释之阐释，寄形寓意于"凤"神鸟，从公元1—2世纪之交的许慎，到5—6世纪之交的刘勰，再到18—19世纪之交的段玉裁，再到20—21世纪之交的吾辈学人，一路走来，风清骨峻，藻耀高翔。

真理与方法：古代文论现代研究再反思*

高文强**

对古代文论现代研究中存在的一些问题，笔者这些年曾在一些文章中有所反思。① 最近，关于"强制阐释论"的讨论，在国内文论界进行得如火如荼，并引起国际文论界的关注。在这场大讨论中，西方文论"强制阐释"中所表现出来的"场外征用""主观预设""非逻辑证明""混乱的认识路径"等特征，② 成为人们反思西方文论理论缺陷的焦点。这场大讨论中所触及的现代文论中存在的一系列问题，对笔者深有启发。我们知道，中国现代文论主要是以西方文论为基础建立起来的，而古代文论的现代研究深受这一理论体系的影响。因此，"强制阐释"问题，绝不仅仅存在于西方文论之中，深受西方文论影响的中国现代文论中同样存在此类问题。而频受现代文论体系"引导"的古代文论现代研究，又何尝不是如此呢？是到了对古代文论现代研究进行反思与清理的时候了！

本文在此欲就笔者在"强制阐释论"讨论中所受启发，谈一谈古代文论现代研究中值得反思的若干问题。

---

* 本文原刊于《中国社会科学院研究生院学报》2016年第1期。
** 作者单位：武汉大学文学院。
① 参见拙文《通变辨义》，《文心雕龙研究》第4辑，北京大学出版社2000年版，第143—154页；《论〈诗缘情〉说的现代误读》，《湖北大学学报》（哲学社会科学版）2004年第1期；《失语·转换·正名——对古代文论十年转换之路的回顾与追问》，《中国文论的史与用：古代文学理论研究》第26辑，华东师范大学出版社2008年版，第55—64页；《从〈文心雕龙〉的传播看刘勰身份定位的嬗变》，《青海社会科学》2013年第6期。
② 张江：《强制阐释论》，《文学评论》2014年第6期。

第三编　中国古代文论的理论自觉

一　从"刘勰是个什么家"说起

关于"刘勰是个什么家"的问题，中国台湾著名龙学家王更生先生早在20年前便做出了明确回答。1996年王先生在《北京大学学报》上撰文，题目便是《刘勰是个什么家?》。在这篇文章中，王先生从现代学术研究视角论证并得出了"刘勰为中国文学思想家"的结论。①

对此问题的回答，或可推得更早一些。1943年罗根泽先生《中国文学批评史》第二册《魏晋六朝文学批评史》由商务印书馆出版。在这部书里罗先生认为刘勰是一位"成功的、伟大的文学批评专家"。② 在今天学术界的习惯中，"文学思想家"和"文学批评家"的内涵大体是一致的。从罗根泽先生到王更生先生再到今天的学术界，可以说，刘勰是一位伟大的"文学批评家"这一结论，已是近一个世纪以来古代文论研究界的共识。同时，这也成为现代学术界研究刘勰及其《文心雕龙》的一个前在定论。

然而，如果我们来一次历史穿越，回到刘勰生活的那个时代，或者再到唐宗宋祖时代来一番巡礼，我们就会发现，在那些时代人们眼中的刘勰，并不一定是我们今天所下定论的那个形象。

比如刘勰生活的齐梁时代，是一个文人集团递相转换的时代。文人们在集团内参与各种文学及文化活动，或同题竞写，或酬唱往来，或相互问学，或集体弘法，并由此留下了大量与之相关的诗文作品。然而，从目前流传下来的文献资料来看，无论是在齐梁文人集团的各种活动中，还是在他们往来而作的各类诗文作品中，都难觅刘勰的身影。而在今天流传下来的刘勰的所有作品中，我们也很难发现他参与文学集团活动的踪迹。刘勰对于齐梁文坛而言，似乎只是一位旁观者。虽然刘勰曾想以他的《文心雕龙》求誉于"时流"，但最终却

---

① 王更生：《刘勰是个什么家?》，《北京大学学报》（哲学社会科学报）1996年第2期。
② 罗根泽：《中国文学批评史》，上海书店出版社2003年版，第214页。

"未为时流所称"。① 在齐梁文坛这个领域，他基本上默默无闻。但是，与在文坛上的默默无闻相反，刘勰在齐梁佛教界却有着相当的声誉。他成年不久即入定林寺"依沙门僧祐，与之居处积十余年"。②与在文坛活动中难觅身影形成鲜明对比的是，在齐梁的佛教活动中，刘勰却常常是一位代表人物。虽然《文心雕龙》未为时流所称，但是刘勰之佛学修养及其为文之水平却在京师佛教界颇负盛名。《梁书》本传言其"为文 106 长于佛理，京师寺塔及名僧碑志，必请勰制文"。或许正是由于刘勰在佛教界的盛名，其晚年才被武帝敕与慧震沙门于定林寺撰经，功毕后于寺中燔发出家，并终于佛门。因此，在齐梁学者眼中，如果刘勰能够称为一个"家"的话，那么他应该是一位"佛学家"，而不是一位"文学批评家"。

再如唐宋时期，刘勰的身份又开始向文学转变，刘勰在人们眼中逐渐由"佛学家"转变为"文学家"。至明清，其身份更是进一步转变为"诗评家"。至此，刘勰的身份始与现代"文学批评家"较为接近。这些身份转变的具体过程，笔者曾有专文详细论述，可供参考。③此处不再赘述。

显然，在大多数历史时期，刘勰都不是以一位"文学批评家"的身份而存在的。那么，为什么今天我们学术界却一致认定刘勰是一位伟大的"文学批评家"呢？

我们知道，不同时代的学者对刘勰身份的不同认定，代表的是在那个时代人们对刘勰其人以及《文心雕龙》其书的接受状况，同时也代表了刘勰其人、《文心雕龙》其书在那个时代的影响状况。今天的学者一致认定刘勰是一位伟大的"文学批评家"，最主要的原因是今天的学术界视《文心雕龙》为一部伟大的文学批评著作，甚至可以说是中国古代最伟大的一部文学批评著作，尽管其在世时的文学批评活动不很闻名。《文心雕龙》之所以获得如此高的评价，在很大程

---

① 《梁书·刘勰传》。
② 同上。
③ 详细论证参见高文强《从〈文心雕龙〉的传播看刘勰身份定位的嬗变》，《青海社会科学》2013 年第 6 期。

度上是因为它更符合现代文学理论研究所约定的规范和标准。

显然，在研究刘勰及其《文心雕龙》之前，我们已预设了一套理论规范和标准，并以此去框定和品评历史中的所谓批评家和批评活动。刘勰是幸运的，虽然于齐梁时"未为时流所称"，但在现代他却找到了知音。不过，这种方法先行的研究模式所获得的结论，往往与历史事实并不相符，同时也会遮蔽文论发展史中值得深入思考的一些问题。比如现代研究中给予崇高地位的《文心雕龙》为何在齐梁文坛却影响甚小这一问题，就被我们有意无意给忽略掉了。我们宁愿相信是那个时代文学家们的文学观念乃至门第观念存在一定问题，而不愿反思我们的现代研究在方法上有何不妥。再如对刘勰历史地位的过高评价、对《文心雕龙》历史影响的过高评价，以至于对魏晋南北朝文论史地位的过高评价，① 无不与这种"理论预设"的阐释方式相关联。

其实，这种现象不仅在对刘勰及《文心雕龙》的研究中存在，而且在中国古代文论的现代研究中都普遍存在。

二 理论预设：古代文论现代研究的基本根性

我们知道，中国文学批评史（也可称为古代文论）学科的建立，始于20世纪20年代，一般人们认为，以1927年陈钟凡出版《中国文学批评史》为标志。这个时代是中国现代学科体制建构的大时代。众多现代学科都开始于此时代，而且这些学科的建构无一例外地向西方学习借鉴。中国文学批评史学科自然也是如此。

朱自清先生在1947年出版的《诗言志辨》的序言中曾这样写道："西方文化的输入改变了我们的'史'的意念，也改变了我们的'文学'的意念。我们有了文学史，并将小说、词典都放进文学史里，也就是放进'文'或'文学'里。这里特别要提出的是，在中国的文学批评称为'诗文评'的，也升了格成为文学的一类。……从目录

---

① 已有学者注意到此问题，参见刘文勇《魏晋南北朝"文论高峰说"献疑》，《文艺研究》2011年第1期。

学上看,……诗文评的系统著作,我们有《诗品》、《文心雕龙》,都作于梁代。可是一向只附在'总集'类的书尾,宋代才另立'文史'类来容纳这些书。这'文史'类后来演变为'诗文评'类。"① 早期的古代文论学者便意识到,古代文论现代学科的建立,深受西方文化影响,从学科规范到研究方法都深深打上了西方文化的烙印。

我们以朱先生所说的"文学"这个概念为例。在古代文论现代学科体制中,"文学"这个概念直接引自西方文化。显然,其所规定的内涵与外延,与中国传统文化中对"文"或"文学"的规定是不完全一致的。所以朱自清先生才感叹,西方文化改变了我们"文学"的意念,小说、词曲和诗文评都升格成为文学的一类了。但是,中国现代的"文学"观念虽可引进和改变,而现代"文学"观念与古代"文学"观念的差异却是无法改变的。因此,当我们用今日之"文学"观念去研究古代所谓"文学"批评活动时,两个概念的错位便很容易引发阐释的错位。"文心"之"文"与现代"文学"概念有交集,但差异更大。那么,刘勰论"为文之用心",与现代"文学创作方法"是同一个层次的问题吗?如果我们以现代学科体制中所谓规范的方法和理论去研究《文心雕龙》,强制阐释的发生就是不可避免的。正如一位学者所担心的:"当中国学者接受了各种西方思想理论和方法,并用之以梳理、整理、规范、命名中国古代文献材料,按照现代学科分类标准撰写出诸如中国文学史、中国哲学史、中国社会史、中国文学批评史等著作时,'以今释古'或者'强制阐释'的问题就必然地普遍存在了。"②

如果我们比较一下中国现代学科体制与西方现代学科体制的建立方式,就会发现这位学者的观点并非危言耸听。当然,我们这里主要是以人文学科为例。西方人文学科体制是建立在其学术史的正常发展基础之上,有着从实践到理论再到学科体制的合理脉络。中国现代人文学科体制的建立却与之正好相反,我们是向西方借鉴分类方式、体制规范、理论观念、研究方法等等,然后再将之应用于中国的历史与

---

① 朱自清:《诗言志辨·序》,华东师范大学出版社1996年版,第1—2页。
② 李春青:《古代文论研究中阐释的有效性问题》,《文艺争鸣》2015年第9期。

现实。这种建构方式最大的"优点"便是"理论先行，方法优先"。不像西方文学批评史学科的建构有其自然发展的历程，中国文学批评史学科建立之初便面临这样一种尴尬：我们建立了一种历史学科，而这种学科在历史中几乎不存在。毕竟"诗文评"的分类方式至明代才开始出现。即便如此，它与"文学批评"也非同一个概念。因此可以说，中国文学批评史学科是我们应用西方的观念和方法"强制"建构起来的。正因如此，我们的古代文论现代学科体制便天然具有强制阐释的根性。

那么，在无法逃避的现代学科体制下，我们的研究又如何能避免强制阐释呢？这的确是个问题。

三　面向真理本身：古代文论研究的当代立场

这似乎是一个不可能完成的任务：既然无法逃避，又能如何解决？这不禁让我想起中国文化史上的一次类似情况。

佛教入华时同样是"理论先行，方法优先"，佛教徒对修行方法的重视往往超过了对终极目标的追求。佛教追求的本是无执著的境界，修行方法原本是帮助人们达到这一境界的工具和手段，但当人们专注于修行方法而忽略终极境界时，这些工具和手段反而会成为人们达到境界的障碍。这是惠能开创禅宗前中国佛教界存在的一个普遍问题，许多佛教徒堕入"灭尽贪执亦是执，已处执著却不知"的境地还以为自己依然走在正道之上，神秀"身是菩提树，心如明镜台；时时勤拂拭，莫使有尘埃"① 便代表当时佛教徒的一种普遍追求。面对这种现象，108 惠能开创的禅宗一派以"明心见性、顿悟成佛"的方法，很好地解决了境界与方法被倒置的问题，从而使许多佛教徒又回归到追求无执著境界的正道之上。

古代文论现代研究中存在的理论预设现象，与佛教中的境界与方法倒置现象非常相似。学术研究追求的本是学术真理，研究方法是帮助我们获得真理的工具和手段，但当我们专注于研究方法而忽略学术

---

① 郭朋：《坛经校释》，中华书局1983年版，第12页。

真理时，这些工具和手段反而会成为我们获得真理的障碍。因此，这里我们借鉴惠能解决佛教中境界与方法倒置现象的方式，来尝试解决古代文论研究中的真理与方法倒置问题。

（一）明心见性：回到真理本身

佛者，觉也。佛教追求的终极境界原本就是一种内心的觉悟，所以佛不在身外，佛就在心中。这是"明心见性"的第一层内涵。惠能用这一方法欲破除的是人们对外在目标追求这种不易自知的执著。"明心见性"的第二层内涵是说，人的原初之心本就是无执著之心，亦即本就是觉悟之心。因此我们现在要做的，不是去修出一颗觉悟之心，而是让原初本心呈现出来，即"见性"。惠能用这一方法欲破除的是"修心"这种人们最易堕入的执著。"佛心"不是修来的，也是修不来的，它原本就在那里。人们要做的只是令其呈现即可。"明心见性"这一方法最根本的任务其实就是让人们回到无执著境界本身，而且应清醒地意识并回避那些令人极易堕入执著而不知的工具和手段。

古代文论现代研究如何规避强制阐释这一问题，同样需要借鉴"明心见性"之法。当然，此处所"明"之"心"指的是古代文论中所包含的真理。古代文论中的真理不在"身外"，而就在古代文论材料之中。在关于"强制阐释论"的讨论中，有学者呼吁文学理论要回到文学本身。古代文论研究同样应回到古代文论本身，而不应成为某些理论和方法的实验场。此外，古代文论中的真理原本就存在于材料之中。研究者要做的不是运用何种方法、如何阐释这些材料，而是要令古代文论材料中所包含的真理呈现出来。简言之，"明心见性"之法强调的是：古代文论研究的终极目标是呈现真理，而不是某些理论方法的附属品。

（二）顿悟成佛：于法而离法

如何让无执著的"佛心"呈现出来呢？有什么方法呢？惠能给出的方法是"无念、无相、无住"，这一方法即顿悟之法。我们知道，三者之中"无住"是核心,"应无所住而生其心"① 是使"佛性"呈现的根本方法。如何做到"无住"？惠能以"无念""无相"为例做了说明,即"于念而不念""于相而离相"。也就是"不落一边",也就是"中道"。惠能顿悟法的实质是告诉人们,使"佛心"呈现的方法或许有无数种,但无论用哪一种方法,都不要为其所缚而本末倒置。因此,对于方法的态度应是"于法而离法"。

惠能的顿悟说对古代文论现代研究很有启发。以"理论先行,方法优先"为特征建构起来的古代文论现代学科体制对于我们每位研究者而言,都是无法改变的事实。但是,如果我们能够清醒地认识到古代文论研究的目的在于呈现真理、认识到方法的作用在于帮助人们达到这一目标,在方法的使用中能做到"用法"而不"缚于法"、能做到"于法而离法",那么,古代文论现代学科体制中存在的"理论预设"的先天缺陷,就对我们的研究毫无影响了。简言之,"顿悟"之法要求我们在古代文论研究中,对真理与方法的关系应有一个清醒地把握——只要我们能做到不执著于方法、做到"于法而离法",那么任何方法都可能成为我们追寻真理的工具和手段,无论它是预设的还是后来的。

---

① 语出《金刚经》,参见《佛教十三经》,中华书局2010年版,第9页。

中国古代文论阐释的多元向度
与价值判断[*]

张 晶[**]

一 阐释的深化与跃升

从阐释学的立论角度来辨析文学研究的路向，是近期文学理论领域的一个值得关注的前沿问题。引发的契机大概是张江先生在《文学评论》2014 年 6 期上发表的长篇文章《强制阐释论》。这篇文章的思想锋芒是使人振聋发聩的，读之如"冷水浇背"，启示良多。我不拟对张江先生文中的具体观点进行评价，而是借此契机谈一下我对古代文论或中国诗学研究中的相关问题。

阐释不等于阐释学，这个道理不言自明。阐释是一个大而化之的说法，任何理论价值的生成，恐怕都要通过阐释方能获取；然而作为一个方法性的命题，对学术研究的反思，会使我们有更为清醒的认识。

对于古代文论的研究，当然是以阐释作为其价值产生的起点和基本方法的。离开了阐释，所谓"古代文论研究"则不复存在。当代关于古代诗学的研究著作，无一不是建立在阐释的基础之上。这其中不排除很多体系性的建构之作，如敏泽的《中国美学思想史》（1—3卷）、张少康的《中国古代文学创作论》、王元化的《文心雕龙创作

---

[*] 本文原刊于《甘肃社会科学》2016 年第 1 期。
[**] 作者单位：中国传媒大学。

论》、陈良运的《中国诗学体系论》、王运熙和顾易生的《中国文学批评通史》（七卷本），等等，但毋庸置疑的是，这些建构都必然是建立在对于古代文论原典的阐释基础之上。能否成为真正有价值的文论著作，其底线在于对原典意蕴的阐释是否客观、科学，更能令人信服；但是仅凭这个还远远不够，作为当代学者的洞察、选择、辨析、整合的能力，也是至关重要的。

张江先生所批判的"场外征用"的现象，在西方文论中是通病所在，在理论思潮林立的当代文论界，造成了对文学本体的疏离，这的确是值得剖析的。而我在这里只是借用一下这个概念，在古代诗学的研究中，"场外征用"或许也是颇为普遍的。我当然并不赞成那种不顾原典的意蕴，为立新说而用西方的某种理论生搬硬套，尽管其说标新立异，但是令学界感到荒唐可笑。这在 20 个世纪 80 年代"新方法"热的时候，不一而足，连我们自己也都曾经尝试为之。想想那个时候还真是少不更事。当时还很年轻的我们这代学人，后来业已意识到自己的荒疏与浅陋，才又投奔名师门下完成博士学业，当时的想法还真没有明显的功利目的，从我自己来说，我已是教授、系主任；当时读博士的初衷果真很简单，就是师从国学名师"补课"。然而，我从研究的实践中认识到，如果想把文学与其他的学科剥离开来进行"纯文学"的研究，不惟不现实，而且也不客观。只看到"自律"，不看到"他律"，文学自身的东西可以说是所剩无几了！文学当然有其自身的特征和规律，这一点不用多说，因为作为文学研究的学者，只要是稍有成就者，其实都是"个中人"，对于文学创作、文学理论和文学史的丰富性和审美性，都是有着很深的了解和研究的。以诗学而论，如诗的体式、意象、意境、韵律等自身的规定性都用不着反复申说。这对诗学研究来说，都是"ABC"，再反反复复地从头说起，是大大的浪费资源。这也是我想说的意思之一，我们的古代文论、古代文学乃至诗学的研究队伍不可谓不大，研究的纵深程度却远远不够，很重要的原因，是创新思维的缺乏。很多研究成果，都是在"ABC"的问题上打转转。这些年我们强调了文学内部的规律研究，注重文学的"自律"内容，但和我们的研究阵容相比，研究的提升、深化和发展都差得很远。很多大的国家级项目，其实更多的是重新的组合，而在对原典的理解和阐释上，却是重复者多，深化者少！请不要误解我的意思，我不是以"他律"来排斥"自律"，而是有感于古代文论在研究方面未能有令人期待的大的提升。

我倒是觉得，古代文论或诗学有相当大的阐释空间，这要看我们如何来理解阐释的涵义了。在我们的话题里的"阐释"应该不是停留在具体的、面对原典一对一的诠释上（这当然是阐释的基础，是无法绕开的），而是对原典的时代性、整体性和主体性的理解和发现，同时，更要有对原典的当代理论价值（如对当代文学创作和美学的价值）的发现与建构。没有这些，对于古代文论或诗学的阐释就是没有意义的。

二 学者当有阐释选择的意识和能力

在谈论关于中国诗学的阐释问题的范围内，我认为阐释选择是一个值得关注的问题。作为研究主体，能否有很强的选择意识，也是制约我们的研究事业的重要因素。在我所看到的情况是，有很多的研究者（教授、博士生等）是缺少关于阐释的自觉选择意识的，这在很大程度上造成了研究资源和精力的浪费，也造成了研究水平的原地"打转"。我认为这是在学术研究中的一个具有迫切的方法论意义的问题，必须提出和追问。那么，我提出的阐释选择在正面来看是什么意思呢？就是指阐释主体对可供研究的文本在研究的意义、价值和发掘空间方面的甄别，从而选择出具有较重要的意义者作为研究对象的意识和过程。有没有这种阐释选择的意识和操作能力，是关系一个人能否成为一个有重要学术贡献的学者的标准。学术史的积累是说明了这样的情形的。如清代学者黄宗羲所作的《宋元学案》，是以学案的方式对宋元时期的学术史所作的重要建构。仇兆鳌所作的《杜诗详注》，当代学者范文澜所作的《文心雕龙注》，钱锺书所作的《宋诗选注》，邓广铭所作的《稼轩词编年笺注》等学术名著，都是阐释选择的范例。我们现在有很多学者不具备这种阐释选择意识，当然同时也没有这种选择的能力。经常是找到一个没有什么人搞或有关研究很少的文本，并不追问其内在价值如何，就自以为是发现了奇货可居的

"至宝",一番描述之后便宣称"填补了国内外空白"。其实,这个所谓"空白"究竟有什么价值、有多少价值,是很可以质疑的。很多东西古人、前人并非没有见过,或者说没有考量,而因其学术含量很低而弃置,却现在有些人只要找出一点没人光顾的东西就如获至宝。这当然与我们这个领域的资源越来越贫乏有关。古代诗学的研究对象是不可再生的,而学界又有那么多的博士点、博士生导师和博士生,无论是晋升职务,还是申请学位,抑或其他的进路,都要以若干篇核心刊物的文章作为条件,舍此就没有"入场券"。因此,大家都要煞费苦心地找选题,写文章。说实话,现在的成果,大多数是为了写文章而写文章的产物。很多研究者缺少阐释选择的能力,找到一点东西便自诩为"填补空白",其实并没有为这个学术领域带来新的贡献。

越是我们这种"资源枯竭"型的学科领域,阐释选择就尤其显得重要和必要。古代文论研究的出路便落在"阐释"这两个字之上。前人给我们留下的文论遗产内容异常丰富,而且有着与西方文论迥异的特点。随着时代的变迁,作为研究主体的学者与古代文论文献的原作者和以往的阐释者,必然会产生新的"视界融合",这就为古代文论(古代诗学)研究提供了不断变化的阐释空间。从这个意义上说,我对古代文论(古代诗学)的研究前景从未悲观过,甚至认为是大有可为的。研究主体的阐释选择在这里是至关重要的。缺少阐释选择的意识和能力,就只能是被动的、低层次的;只有充分发挥了阐释选择的主体性,才能在研究中获取有价值的学术选题,才能创造出有价值的成果。这也正是当今的人文科学学者所面临的困惑。如果说当代文学批评有不断产生的新的评论对象,似乎并不缺乏研究资源;而中国古代诗学的研究,却无法再令那些古代的诗人或诗论家再写出新的诗作和诗论,我们所面对的只能是古人给我们留下的东西。而从事古代诗学或古代文论研究的学者(从教授到博士生)却又为数众多,这就形成了这个领域的"资源枯竭"。这给我们的研究带来了相当大压力;另一方面,这种情况是对研究者的研究素养提出了更高的要求。很多学者一旦发现有什么诗学或古代文论的文献的研究成果阙如或较少,就如获至宝,认为自己是发现了天大的秘密,稍加阐释便宣称是"填补空白"。这在我看来其实是古代文论研究中的一个误区。

如果真的有文献发现，那当然是研究工作中的重要成绩（如郭店竹简），而且可以带动研究工作的整体推进；现在的问题是，很多研究者把目光和价值取向盯在了一些琐屑的材料上。这在某种意义上是一种资源和人力的浪费。

笔者认为，从理论的角度来讲，对于古人的文献遗存应有学术价值方面的考量。所谓"阐释选择"，其基础便在于对于研究对象的学术价值的评估及对当代学术资源的前瞻意义。对于新的诗学文献的发现，当然再好不过；但真正能够发挥和提升研究水平并产生出具有时代色彩的学术成果，更多的在于对那些具有重要理论价值的诗学文献的重新阐释。这种阐释也具有明显的选择性。同样的一个研究对象，因研究主体的研究视角、研究方法的差异，可以得到不同的意义。如当年闻一多先生用文化人类学的方法来阐释古诗中的"鱼"的意象，就得出了与众不同的结论（见《神话与诗》）。还有就是对同样的研究对象，由于研究者的抽象能力和研究取向的差异，而对文献的不同部分的重点关注和阐释而呈现出与众不同的成果。如王元化先生的《文心雕龙创作论》对于《文心雕龙》的创作论诸篇的阐释，就是非常典型。古代文论或中国诗学研究要有本质性的提高，要贡献出更多面目一新的研究成果，研究主体的阐释选择的意识和能力是重要的前提条件。

三 重构与综合：阐释的当前出路

我们所说的阐释，是立足于古代文论发展、提升的角度，也就不是停留在具体的辞语篇章的理解注释这类的层面。那么，综合和重构，就是古代文论阐释的题中应有之义。阐释学的集大成者伽达默尔在其经典巨著《真理与方法》中就明确地把重构（Rekon-struktion）与综合（Integration）作为"诠释学的任务"[①]。伽达默尔发挥了黑格尔关于艺术真理的观点，并进入了他的阐释学的轨道："黑格尔说出

---

① ［德］伽达默尔：《真理与方法》，洪汉鼎译，上海译文出版社2004年版，第216页。

了一个具有决定性意义的真理,因为历史精神的本质并不在于对过去事物的修复,而是在于与现时生命的思维性沟通。"① 重构与综合的意义正在于此。伽达默尔又是在美学阐释学的范围里来明确这个问题的,他认为:"美学必须被并入诠释学中。这不仅仅是一句涉及问题范围的话,而且从内容上说也是相当精确的。"② 这种综合和重构,当然并不脱离对于古代文论原典的理解和客观解释,没有这些,也就没有了综合和重构的基础。而如果对阐释的理解,停留在对具体的辞语篇章的解释上,也就失去了我们谈论这个话题的意义。在阐释学框架中,综合和重构都是重要的内涵。这正是古代文论所迫切需要的。无论是综合还是重构,研究者的主体眼光和能力都是必不可少的。综合是指面对杂多的古代文论的文献,以某一主题为中心,经过研究者的选择而形成一个有限的整体;如郭绍虞等先生的《万首论诗绝句》,胡经之先生主编的《中国古代文艺学丛编》等;重构是研究者以某种理论视角作为线索,对于古代文论和美学文献重新建构起来的新的框架,如李泽厚、刘纲纪先生的《中国美学史》,罗宗强先生的《隋唐五代文学思想史》《明代文学思想史》,张松如先生主持的"中国诗歌史论"丛书等。综合与重构又是难以明显区分的,是你中有我我中有你的。推进古代文论研究,重构与综合是首要的。重构与综合是阐释的提升,同时也是阐释的必然结果。面对当前的古代文论或中国诗学的研究来说,如果停留在对原典一对一的阐释之上,恐怕很难有大幅度的推进和向纵深发展。中国古代的学者在"我注六经"的过程中,已经远远超出了一对一的阐释,而是在注疏中发挥了很多自己的见解。如王弼的《周易略例》、郭象的《庄子注》,朱熹的《四书章句集注》都是经典的范例。而于现今的古代文论或中国诗学研究,如欲得到真正的发展与繁荣,在阐释基础上的重构与综合是主要途径。对于原典的潜在价值的发掘与彰显,也要依赖于研究主体的重构与综合,使得很多我们过去未尝深入关注的文献得以呈现于人们的

---

① [德]伽达默尔:《真理与方法》,洪汉鼎译,上海译文出版社2004年版,第222页。

② 同上书,第217页。

眼前。必须看到，古代文论或中国诗学的资源矿藏还是无比丰富的，还有很多如沙中之金有待发显，这和我在前面说的"阐释选择"并不矛盾。越是要在浩如烟海的文献之中，蕴藏着非常丰富的诗学思想、文学观念。诸如古人的书信、序跋，还有在诗歌作品中包含着的诗学思想或审美观念，都还有待于剔抉辨识。这是尤其需要研究主体具有阐释选择的意识和能力的。在这方面，已有很多学者做出了令人瞩目的成就，但是还远远不够，还有很多矿藏有待于发现和进行价值判断。阐释选择在这个过程中所起的作用就是无可替代的。研究主体的眼光和理论辨析至关重要。对于文献的阐释必不可少，没有阐释就无法使人们理解文献中所包含着的理论意义。没有选择的阐释也是无法想象怎样进行的。阐释本身并非目的，而选择目标和范围，对于阐释工作本身又是前提。重构与综合，才能真正为阐释选择提供动力和平台。罗宗强先生的文学思想史系列，可说是阐释中的重构的经典范例。罗先生以"文学思想"作为观照角度，对古代文论的理论文献和文学作品（尤以诗歌为主）进行重构性阐释，呈现了中国古代文论研究的新生面。诗学思想很多情况下包蕴于诗歌作品之中，论诗诗当然是首当其冲的，如杜甫的《戏为六绝句》、元好问的《论诗三十首》等，都是经典的论诗诗。此外，还有相当多的诗歌作品，在吟咏情性中表露了诗歌创作的理念和对诗史及其他诗人的创作的趣味和品评，如李白的《古风》即是如此。还有更多的诗歌篇什，并非意在表达对诗歌的品评态度，却仍在其间包蕴着关于诗歌风格或审美趣味的内涵。在《隋唐五代文学思想史》中，罗先生将隋唐五代时期的文论和创作综合在一起进行分析，并按时序进行了梳理，开拓了古代文论研究新路径，形成了与以往的文学批评史迥异的面目。说到综合，近年来李壮鹰和李春青先生主编的《中华古文论释林》，可以视为综合性阐释的显例。这套丛书是对古代文论进行阐释的新的尝试。整体上是以中国古代的朝代来分为多册，而在每一部分中在对某一经典篇章的阐释之后，则又将作者本人或其他人的相关论述列在后面。给人以新的启示。

重构与综合在古代文论或中国诗学的阐释活动中，于今有着更为迫切的需要和重要的意义。作为一个学术领域，古代文论方面的任何研究，都离不开阐释，反之，如果没有对原典的阐释，就将抽去研究价值产生的基础。而这个阐释过程，不可能抛开前人的阐释积累而另起炉灶。那种对于原典一对一的基础阐释已没有很多的空间，也并非古代文论研究向前推进的主要动力。而在阐释意义上的重构与综合，则可以随着时代的发展而有无限的生发的。重构与综合显然不是那种一对一的基础性阐释，而是在更大范围、更深层次的阐释。它不能离开基础性阐释，离开则是无源之水无本之木，学术价值也就无由产生。但它在当今时代的古代文论研究中显得尤为重要，因为古代文论要产生新的价值，阐释学提供给我们的重构与综合的方法是行之有效的。在当今时代研究古代文论，真让人有"戴着镣铐跳舞"的感觉，选题的困惑是摆在很多学者面前的。但是，古代文论或中国诗学的发展与价值创造，又是我们的使命和责任，重构与综合为我们提供了方法上的助力。而且从当前来看，可能恰恰是关键性的助力。时代对我们这些学人提出了新要求，如果没有整体性的创新意识，没有开拓能力，将会束手无策。我们无须对古代文论这个领域抱悲观态度，因为古代文论文献中仍然是有很多东西可以开掘出新的内涵的。如果研究主体是有很强的创新意识和理论提升能力，古人留给我们的东西非但不是负担，不是障碍，相反倒是创新的资源。重构与综合的方法也许是最为得力的。

四　理解的张力

古代文论或诗学的文本是研究的对象，而研究的过程或者直接说是阐释的过程，是作为主体的研究者和古代文论文本作者的对话过程，因此，更是一种主体间性。"理解"对于阐释而言是一个基本的前提，没有理解就谈不到阐释。理解并不只是对文本的理解，如果仅限于对文本的理解，所有的阐释工作差不多早已作完，我们这个古代文论的学科也该"休矣"。在很大程度上，"理解"是在研究主体和古人之间的主体间性关系。杨春时教授指出理解和主体间性的关系时说："解释（阐释、诠释）不是主体对客体的认识，不是一种主体性的行为，像传统认识论所认为的那样。主体对客体的认识，像狄尔泰所说的，只是一种说明，不是真正的把握，因为客体仍然作为外在于主体的对象存在着。解释是理解，理解是主体间性的，是主体和主体的关系，主体与主体之间通过对话、交流而达到充分的沟通，彼此理解，最终把对象认识变成自我认识，自我认识、变成对象认识，从而把握了世界的意义。这就是主体间性的解释，解释的主体间性。"①杨春时对于阐释的主体间性的理解的"理解"，是基本准确的，而我们把"理解"作为古代文论的阐释问题基本要素，可以更好地把握古代文论和中国诗学文献中的主体内涵。理解更包括了对于文本作者的身世、学养、所处环境的理解。那些作者在当时都是活生生的人，而且往往是有卓越的思想建树的人。作为作家诗人，在当时可能只是他们的身份的其中一面，而且往往是"业余的"，其正式身份很多人都是官员或其他。他们留下的古代文论的经典文本，不可避免地包含着作者的性情、思想还有境遇的痕迹。

对于他们的理解，仅停留在诗学本体层面是远远不够的。作为中国古代的士大夫，深受儒道释及玄学、理学和心学等中国思想史上的重要支脉的濡染影响，是客观存在的。如果对于中国哲学一无所知，要理解这些作者还有文本，那才是戛戛乎其难哉！还有心理方面的、文化方面的、民族志方面的，也都有对应的成熟学科。而且很多文本中所蕴含的重要观点或范畴命题，恰恰是在以诗学之外的思想学说作为基础或理论支撑的。如王弼的"立象以尽意""言不尽意"的命题，是建立在玄学基础之上的。刘勰提出的"物色"，有着很浓的佛学色彩。皎然在《诗式》中反复强调的"作用"说，其实是以佛学中的"中观"论为思维方式的。唐宋时期的诗论家或诗人的诗学论述，有禅学、理学背景的不一而足。最典型的当宋代诗论家严羽的"以禅喻诗"，其诗论体系，是以禅学的概念体系建构的。他认为禅学的关键在于"妙悟"，诗学的关键也在"妙悟"。二者有重要的相通之处。如果对禅学的"妙悟"没有较为深入的了解，要真正把握诗学"妙悟"的内涵也是隔靴搔痒的。严羽论诗以盛唐诗人为标准，

---

① 杨春时：《本体论的主体间性与美学建构》，《厦门大学学报》（哲学社会科学版）2006年第2期。

他所描述的盛唐诗人的境界："盛唐诸人唯在兴趣，羚羊挂角，无迹可求，故其妙处透彻玲珑，不可凑泊。如空中之音，相中之色，水中之月，镜中之象，言有尽而意无穷。"（严羽：《沧浪诗话·诗辨》）这里所用的话语，大多数都是禅宗公案中的"话头"。学者以各种观点来阐释这段经典，我则以对禅宗话头的原意来分析严羽的整体意蕴，认为这段论述是标举盛唐诗歌的圆整而透明的审美境界。朱熹作为中国思想史上的著名理学家、思想家，对诗学有其独特的贡献，他的《诗集传》无论是对诗经研究还是诗学本质，都有系统性的建树。如果对他的理学思想体系一无所知，也难以真正把握朱熹的诗学观念。如果对中国哲学的这些理论体系都不了解，是无法对这些文本进行更进一步的阐释的。如果借用了这些诗学外的学科体系的概念体系来阐释古代文论的文本，算不算是"场外征用"呢？（我这里只是借用一下这个概念，而非张江先生所针对的本义）再如金元时期的大诗人、文学家元好问，出身于鲜卑族，他的诗学观念中有颇为浓厚的北方民族文化意识，其论诗说："邺下曹刘气尽豪，江东诸谢韵尤高。若从华实评诗品，未便吴侬得锦袍。""陶谢风流到百家，半山老眼净无花。北人不拾江西唾，未要曾郎借齿牙。"① 对这些诗论的阐释，最好是借助于民族学的视角更能深入进去。

  虽是借用或是"征用"，首先是要尊重文本事实，应该从对文本的读解中领悟到的具有诗学之外的哲学、文化学等的内涵。而在这种借用中不顾文本、自说自话，或者如张江先生所批评的"主观预设""非逻辑说明"等，都是予以摒弃的，因为这种阐释，离开了古代文论或诗学的本体。而这种现象确乎是在当前的研究中大量存在的。张江先生的批评是具有很强的针对性和学理性的。古代文论的进境，从阐释学的立场加以思考，是可以有很大的提升空间的，同时，也不乏操作层面的路径。就我本人而言，并不排斥"借用"或"征用"，但要合理，要在文本中有客观的存在。如果原来的文本中没有客观的存在，而为了所谓"出新"而胡乱借用或征用，现在看来有些"小儿科"了。如果离开了对文学审美的本质理解，离开了其意义生成的文

---

① （金）元好问：《〈中州集〉附录》，中华书局1959年版，第571页。

学性机制，而以"场外征用"而来的各种理论进行阐释，得出一些似是而非的观点，看上去很是新鲜甚至惊世骇俗，但实际上却是经不起推敲的。在这个问题上，我完全赞同张江先生的相关主张，他认为："必须强调的是，文学不是哲学、历史和数学。文学是人类思想、情感、心理的曲折表达。文学更强调人的主观创造能力，而人的主观特性不可能用统一的方式预测和规定。用文学以外的理论和方法认识文学，不能背离文学的特质。文学理论在生成过程中接受其他学科的研究方法和思路，其前提和基础一定是对文学实践的深刻把握。离开这一点，一切理论都会失去生命力。"① 古代文论也好，诗学也好，本体是文学的特征，借助或征用的前提是落实在原典的作者是如何以哲学的或其他学科的观念或方法，使文论或诗学产生了新的形态、新的话语，甚至是开了新生面的。我们的阐释，应该把握和厘清的是，这些文论经典，是如何借助于思想界的成果来开拓文论或诗学的新局面的。古代文论和中国诗学的研究，不能仅仅局限于所谓"艺术自律"，因为它们的内涵和外在都非常丰富。如果仅仅从所谓诗学本身的一些形式化甚至加上了审美的维度，也会令这么宏富的领域变得十分枯瘘而缺少生气。反之，我们在借用相关学科领域来分析文论或诗学的价值时，也不应抛开后者而只是罗列"征用"的理论，那就会离开我们要研究的本体了。

从阐释的立场，我对古代文论或诗学的拓展或提升大致有这样的看法。

---

① 张江：《强制阐释论》，《文学评论》2014年第6期。

中国古代文论的理论自觉与阐释学重构*

韩 伟 李 楠**

近年来，张江先生提出"强制阐释论"，直指当代西方文论的诸多缺陷，如"场外征用""主观预设""非逻辑证明""混乱的认识路径"等，并且批判了以西方理论为标准阐释中国文学实践与经验的研究方式。其立论文笔犀利、逻辑严密，引发文学理论研究界、批评界持续热议。学者们普遍认为，中国文学理论研究中存在着"以西入中""以西解中"乃至"强制阐释"的情况。中国文学理论如何应对西方文论的强势影响，强化理论自觉进而重构自己的理论话语体系，成为迫在眉睫的问题。与现当代文论相比较而言，古代文论历经从先秦到晚清三千年左右的变革、积淀和演进，无疑是中国文学理论体系中最具中国特色和诗性气质的组分，其中有些以隐性渗透的方式潜移默化地注入新传统的构建过程中，或许可以为中国当代文学理论批评走出"强制阐释"的困境提供有效的路径。

笔者提出"中国古代文论的理论自觉和阐释学重构问题"，旨在从理论自觉的角度探讨中国古代文论研究的一些元问题及其当代重构问题。借鉴费孝通先生关于"文化自觉"①的解释，所谓古代文论的理论自觉，表现为研究者在当前文化学术思想背景下，对古代文学理论及其学科研究本身的解剖与认识，对其历史、特色和未来发展趋向

---

* 本文原刊于《西北师大学报》（社会科学版）2018 年第 2 期。
** 作者单位：西北师范大学文学院。
① 费孝通：《关于"文化自觉"的一些自白》，《学术研究》2003 年第 7 期。

的全面把握，需以理论和思想本身为内容，充分体现理性辩证法和研究者主体意识的理论自觉，彰显中国古代文论的理论品格以及理论自身的独特价值与民族特色。其应有之义包括学术性与现实性的统一、专门化与个性化的双重自觉、历史性与当代性的融通以及本土性与世界性的双重关照。这四个向度的理论自觉是与阐释学重构紧密联系的，因为文学理论是一个阐释系统，其理论自觉需要通过不断阐释来完成。而从阐释学的视域观察，阐释就是对话，对话就要有必要的沟通、吸收、交锋和碰撞，知识在阐释中生成，这样，阐释就不仅仅是一种方法论，而且还具有了本体论的意义和"重构"的意味。如美国理论家路易·芒特罗斯所言："我们的分析和我们的理解，必然是以我们自己特定的历史、社会和学术现状为出发点的；我们所重构的历史（histories），都是我们这些作为历史的人的批评家所作的文本建构。"① 研究古代文论时，阐释者要对已经揭示出来的意义进行有效性解析，要与古人充分展开对话，使之进入到阐释者的言说语境中，从而使阐释本身成为一种真正的意义建构。这就要求我们在对古代文论进行阐释学重构的过程中，要充分发挥主体意识，以高度的理论自觉，努力克服研究中的单向思维，对古代文论进行全面挖掘、整理、整合与建构，使那些蕴含在传统文论典籍中的文学思想精华得到创新性转化，并有机地融入当代中国文论建设中，对当代文艺学的创新与发展发挥作用与影响。这既是古代文论研究本身的诉求，也是传承创新和弘扬中华优秀传统文化、建构当代中国文学理论学科体系和话语体系的迫切需要。

一 "学术性"与"现实性"：中国古代文论研究的两个维度

"强制阐释论"的提出，引发了部分学者对中国古代文论研究中强制阐释现象的反思，体现了一定程度上研究者主体意识的自觉，与"失语症"的论争遥相呼应。关于"失语症"的讨论始于20世纪

---

① 盛宁：《二十世纪美国文论》，北京大学出版社1994年版，第268页。

90年代，今天仍被时时提及，理论争鸣深化了认识，然而开出的"药方"却未能有效解决中国文论的"失语"问题，对如何重建中国文论话语也未提出切实可行的方案。如朱立元先生所言："中国当代文论的问题或危机不在话语系统内部，不在所谓'失语'，而在同文艺发展现实语境的某些疏离或脱节，即在某种程度上与文艺发展现实不相适应。"① 这说明，缺乏学术性与现实性的双重自觉，忽略理论与文学实践和生活世界的密切联系已经成为影响中国文论发展的重要问题。因此，我们对古代文论进行阐释学重构时，亟需凸显学术性与现实性的双重理论自觉，使古代文论有效回应文学现实的挑战和生活世界的变化，从而恢复其阐释效力和人文关怀。

中国古代文论作为一门学科，是借鉴西方的体制规范、理论观念及研究方法于20世纪兴起的，然而它又是一门古老的学问，它与中华文化共生，很早就具备了学术的品格。其理论本体是中国古人对文学创作经验、文学鉴赏及诸多文学理论元问题的归纳、概括和总结，凝聚着中国古人对文学现象的抽象思辨，其中许多重要概念或命题是富有理论原创性价值和开拓意义的。这种理论原创性和开拓性，是古代文论中最有生命力的元素。我们今天的研究，无论是沿着前代学者的路子继续搜罗剔抉，还是以西方现代文论话语为参照，对古代文论话语进行命名、分类和意义建构，抑或努力发掘古代文论话语背后隐含的文化逻辑、权力关系及其意识形态因素，在更深的层面上求真，②在某种意义上，都是要重新阐释古代文论中这些有生命力的元素。如今，中国古代文论作为一门学科已走过将近一个世纪的历程，研究领域蔚为壮观，从勾稽和诠释原著到宏观勾勒文学批评史、文学思想史，从剖析古代文论范畴到民族审美传统的文化观照，从探索古代文论自身发展规律到中西比较、积极寻求"对话"与"视域融合"，研究成果逐年增加，学科不断壮大，呈现出良好发展态势。在此过程中，古代的"诗文评"，从以感性的经验描述和印象式点评为主，上

---

① 朱立元：《走自己的路——对于迈向21世纪的中国文论建设问题的思考》，《文学评论》2000年第3期。
② 李春青：《20世纪中国古代文论研究史》，山东教育出版社2008年版，第14页。

升为理论的概括、范畴的演绎及体系的综合,从直观、感悟的方法上升为分析与综合相结合的辩证方法,形成了注重文献、理论与文学作品相结合,重在文学批评史研究的学术传统,逐渐呈现理论的自觉。

然而,古代文论研究的学术追求不能止步于"死学问",而要培植其"活生机",因为理论的冲动是解释现象,缺乏现实性的滋养,理论就会缺乏活力、不接地气。有学者在谈论中国文论话语方式的危机时曾指出,中国文论的一些基本概念如"风骨""气韵"等几乎处于和现代文艺绝缘的状态。① 这提醒我们,当代的文学观念以及文学批评场域生成的基础发生了变化,古代文论的研究视野中不能缺少现实文艺生活中的理论课题。"只有根植于鲜活的文学实践,并最终指向文学实践,理论才有意义。一切离开了现实的理论,都是空头理论。现实性是理论的生命。"② 文学理论作为解释文学的知识,需要在鲜活的世界中把握文学背后的生活世界和文化价值。无论我们运用古代文论对文学实践进行阐释,还是对古代文论本身进行解析,最终旨归在于以历史的、发展的学术态度和眼光来观照发展的、变动不居的文学实践和生活现实。张积玉先生曾说:"学术性就是对某一学科问题研究有创造、有新见、有价值的特性,它最集中地表现为能在前人已有知识的基础上提供新知识。"③ 古代文论的学术性价值体现为其阐释的生命力和有效性,它的活力和阐释效力需要扎根广阔深厚的生活现实,并有效地参与当代文学理论批评的建构,从而实现意义的现实生成。比如,贾平凹的《废都》以传统的叙事方式写就,莫言的《生死疲劳》运用章回体,金宇澄的《繁花》大量借鉴了话本、拟话本的叙事形式,李佩甫的《生命册》运用了"列传""互现""草蛇灰线"等古代文学笔法,等等。这些文本与中国传统叙事学有着密切的关系,我们可以用古代文论进行解析,为文本提供新的阐释。从文论话语体系建构而言,现代文论常使用西方文论的一些话语,如典型、主题、形式、结构等。事实上,古代文论的很多术语,

---

① 代迅:《中国文论话语方式的危机与变革》,《文学评论》2011 年第 6 期。
② 张江等:《当下的批评是不是学问》,《人民日报》2014 年 8 月 15 日。
③ 张积玉:《试论学术性》,《陕西师大学报》(哲学社会科学版)1991 年第 4 期。

如意境、体性、比兴、通变等，都可以成为当代文论建构的重要元素。古代文论可以作为一个意义和价值系统进入当代文论，进入当下中国文学实践和审美活动的现场，在与文学现实的互动中调整理论姿态，通过直面现实获得力量，在现实性的烛照下实现理论创新。

　　古代文论关于学术性与现实性的理论自觉，有助于发现以往研究中被遗忘或者被遮蔽的有价值的文学思想，有助于纠偏过去的研究过于注重文本的纯学术化倾向，回归文学理论批评的实践品格，使理论既有效进入文本内部又积极参与生活现实建构。这就需要我们从今天的时代高度出发，在生存的整体格局和文化价值中，在遵循学术性和科学性原则的前提下，对古代文论中有价值的资源进行阐释学重构与综合，在实践与理论创新的互动中推动古代文论创新与发展，激活其理论生命力，丰富其阐释能力，这既包括文学生成的生活现实基础，也包括对文学理想的弘扬——人的自由和人性的解放。从这个意义上来讲，要实现古代文论的现实观照，就不能仅仅满足于"转换"，简单地在概念、范畴层面将其与现代理论对接，而要研究如何使用古代文论的概念和思想方式真正地理解、接续和重建中国人的情感模式、伦理秩序、生活世界和文化价值。中国古代文论学术性的真正价值在于它蕴含着丰富的阐释现实的理论资源，它要保持向精神领域不断拓进的活力和可能，就要面向现实，参与灵动而具体的文艺实践。因此，我们要在对东方思维和中国文化传统高度自觉和价值融通的基础上，重构学术理性、理论思维与生活世界之间的内在关联，促进古代文论学术性与现实性的深度融合。

二　"专业化"与"个性化"：中国古代文论的学科自觉

　　1927年，陈钟凡出版《中国文学批评史》标志着古代文论或中国文学批评史学科的正式形成。后来的研究者多沿用陈氏的路数，从"史"的角度进行清理并且运用西方知识体系去统摄中国古代的文论思想，如方孝岳的《中国文学批评》、郭绍虞的《中国文学批评史》、罗根泽的《中国文学批评史》、朱东润的《中国文学批评史大纲》、蔡仲翔等著的《中国文学理论史》以及王运熙、顾易生主编的《中国文学批评通史》，等等。这一梳理过程，如朱东润言之："其初往往有主持风会，发踪指使之人物，其终复恒有折中群言，论列得失之论师，中间参伍错综，辨析疑难之作家，又不绝于途。"[①] 即使是"史"的研究，也难免有"批评"和"重构"的意味。不同学者在研究过程中渐次划定古代文论的"疆界"和言说范围，古代文论也就在此过程中迈向学科化、专业化。20世纪中叶以来，随着科学主义的弊端逐步显现，这种精细分工的专业化倾向越来越受到人们的诟病。及至当代中国，从事文学批评的学者大多集中在高等院校，硕士、博士学位的教学与研究体制给古代文学与文论独辟一隅，为这一领域的学术建设提供了知识的专业化的保证。然而利弊相间，当下的古代文论研究、西方文论研究与马列文论研究分疆而治，有益的互动比较少。古代文论以及古代文学领域的专家和学者较少介入当代文学批评，研究西方文论或马列文论的专家、学者又对古代文论较为隔膜，知识体系的分割易使研究视野受限，从而造成对文学理论一些深层次内涵的遮蔽以及交叉与综合研究的欠缺。同时，目前的学术体制和评价体系对研究者职称评聘、学术奖惩等方面进行数字化管理，使学术研究包括古代文论研究愈发"规范化"和"模式化"。在这样的学术背景下，研究者容易成为精神状态极度僵化的"单面人"，其研究方式乃至话语形态都易趋向单一和枯涩，从而失却古代文论特有的个性、兴趣和生命感受力。因此，我们需要对这些问题引起警觉，在专业化研究过程中，时刻关注古代文论及古代文论研究的个性化特点。

　　中国古代文论在长期的历史发展、丰富、创新的过程中，形成和确立起了独具特色、具有鲜明民族个性的美学思想、理论体系和韵味独特的表达方式。其一，以多义性的理论术语和哲理化的命题表达思想观点。叶嘉莹先生曾以八种西方批评术语，即"明喻"（Simile）、"隐喻"（Metaphor）、"转喻"（Metonymy）、"象征"（Symbol）、"拟人"（Personification）、"举隅"（Synecdoche）、"寓托"（Allegory）和

[①] 朱东润：《中国文学批评史大纲》，武汉大学出版社2009年版，第1页。

"外应物象"（ObjectiveCorrelative）与中国的"赋、比、兴"相比较，认为"上述八种西方批评术语，用我们'赋、比、兴'中的一种就概括了，那就是'比'"①。中国古代文论常因其概念意义模糊遭到诟病，但是从术语界定的开放性来讲，绝对清晰的文学术语实际上是不存在的，而中国古代文论的个性化表现之一就在于其开放性而非封闭性。我们常见的一些范畴，诸如"气""气韵""风骨""意境"等，都是多种意义的综合，体现出理论向度的多维性。另外，古代文论中有大量陈述句、判断句或短语形式的文论命题，如"文质彬彬""立象尽意""发愤著书"，等等。很多重要的文论家，如曹丕、刘勰、钟嵘、皎然、韩愈、白居易、司空图、欧阳修、朱熹、严羽、金圣叹、叶燮等都提出过影响深远的文论命题。其二，以活泼生动的审美经验提炼文艺观点。中国古代文论具有鲜明的体悟性和感受性，很多文论是由作者亲切而直接的审美经验凝聚而成，而且中国古代文艺理论的作者，大多是具有丰厚学养的文学家或艺术家。比如陆机是杰出的文学家、书法家，著有文论经典《文赋》。音乐家、哲学家和文学家嵇康创作了《声无哀乐论》。论诗经典《戏为六绝句》的作者杜甫是享誉中外的大诗人。苏轼、王若虚、元好问、汤显祖、李渔、王士禛等皆有经典文论，此类例子不胜枚举。这些理论言说绝少向壁虚构，或道艺术创作之甘苦，或谈作品鉴赏之心得，或揭示文艺创作的内在审美规律，总是闪烁着诗性的、体己的、圆融的智慧之光，带有活泼泼的体验性质和个性化特点，与生命、感性和经验世界有着密切的联系。其三，以松散丛集状态的话语表达系统性的理论思想。从话语方式而言，古代文学理论呈现为古典主义形态。有比较完整、系统的理论专著，如《文心雕龙》《诗品》《原诗》等；又有随感而发的诗话、词话、曲话，如《六一诗话》《白雨斋词话》《蕙风词话》《藤华亭曲话》等；更多的是通过辑录和评点等形式表述艺术观念，如方回的《瀛奎律髓》、金圣叹评点《水浒传》、毛纶和毛宗岗父子评点《三国演义》、张竹坡评点《金瓶梅》等；还有大量为他人作品

---

① 叶嘉莹：《从中西诗论的结合谈中国古典诗歌的评赏》上，《求是学刊》1985 年第 5 期。

所作的序跋、绘画作品上的题跋，等等。作为理论话语，中国古代文艺理论的"表征"虽然大体处于松散丛集状态，然而其"内核"极具系统性、观点极富完整性，需要研究者以高度的理论自觉深入探寻其核心精神和中华民族典型性格。其四，少数民族文论具有鲜明的民族特色。王佑夫先生在《中国古代民族文论概述》中，论说少数民族文论的特点，如针对文学功能论，他就指出少数民族文论与汉族的相同之处在于都强调文学的抒情言志功能，不同之处在于少数民族文论家并不认为文学所表现的"情"必须受到政治伦理的规范，正相反，他们强调情感的原生性和自在性，认为"文学应当是人的纯真性情的表现"①。

中国古代文论上述特点又与中国以儒学为主，儒、道、释三者相辅相成的特定文化、意识形态语境以及中国人偏于感悟、综合的直觉思维方式密切相关。因此，"中国古代文论家缺少一种'理论家'身份的自我确认，也缺少一种理论意识的自觉"②。今天我们强调古代文论专业化与个性化的双重理论自觉，旨在强调研究主体在专业化研究过程中，要进一步开拓学术视野，时刻关注古代文论的个性化特点，以清醒的批判意识凸显学者生命体验的真实与自觉，从而使研究主体与阐释对象的契合具有重构而非重复的价值发现。这样的研究才是有生命的、具体的研究。只有这样，研究主体"才能评论今天以世界文学为营养的中国作家的作品，也只有这样，才能有资格做文学的领航者和守夜人"③。

三 "历史性"与"当代性"：中国古代
    文论融通的内在结合点

"一部 20 世纪的中国美学学术史，本身就是在从古典形态到现代范式转型的历史语境中行进的，其间蕴涵了丰富的古今对接的经验

---

① 王佑夫：《中国古代民族文论概述》，中央民族学院出版社 1992 年版，第 56 页。
② 李建中、喻守国：《中国文论话语重建的可行性路径》，《文史哲》2010 年第 1 期。
③ 雷达：《重建文学批评的精神形象》，《文艺报》2013 年 2 月 6 日。

和教训。"① 古代文论作为一种"历史传统",是建构中国当代文论话语体系的重要理论资源。历史性与当代性的双重自觉是古代文论参与中国文论话语建设的切入点以及与当代文论互相融通的内在结合点。因此,立足于当代,挖掘和发挥古代文论的当代性价值,成为古代文论学科范式反思与重构的关键。

意大利哲学家、历史学家克罗齐曾言:"一切真历史都是当代史。"他认为"除非我们从这样一个原则出发,就是认定精神本身就是历史,在它存在的每一瞬刻都是历史的创造者,同时也是全部过去历史的结果,我们对历史思想的有效过程是不可能有任何理解的"②。也就是说,当代人能够真正理解历史的前提是他们不能中断与过去的精神联系,真正的历史只有在当代意识面前才能得到彰显。正是在此意义上,我们今天对古代文论或诗学的研究应该是"主体间性"的过程,如杨春时先生所言,"解释是理解,理解是主体间性的,是主体与主体的关系"③,传统并非是仅属于过去的、纯客观的,而总是体现出某种主体性。在文学批评场域生成的基础发生巨大变化的当代,要使古代文论焕发活力,就要化静为动,以当代的视角对它进行激活、创生和重构,使古代文论的一些概念、命题嵌入当代文化现实,与现实形成良性互动,从而增强理论的有效性和现实性。

古代文论与中国的传统文化、社会发展、民族精神、思维方式和审美旨归等紧密相连,它首先是一种历史性的存在,其经典文本的原生形态是真正代表古代文论精神实质的理论表述,其经典性和原创性的获得,跨越了历史文化的检验。其中一些重要范畴,比如道、中和、意、形神、势等,"既是传统文论之精魂,又是传统文化、哲学之核心,也是传统书画、音乐、舞蹈等所要追寻的终极价值目标,有

---

① 刘绍瑾:《论中国文艺美学的古今对接之途》,《思想战线》2007 年第 2 期。
② [意] 贝奈戴托·克罗齐:《历史学的理论和实际》,傅任敢译,商务印书馆 1982 年版,第 13 页。
③ 杨春时、杨晨:《中国古典美学意象概念的主体间性》,《吉首大学学报》(社会科学版) 2011 年第 4 期。

的甚至还是中医、气功基础理论之出发点和最高境界的奥妙之所在"①。因此,我们研究古代文论,要回到中国思想文化的原点,最大程度地尊重其本来面目,做到知人论世,以"了解之同情"接近古代文论赖以产生的客观知识系统和语境,避免阐释中的主观主义。比如,研究"物色",要了解刘勰提出这一范畴实际有着很浓的佛学色彩;研究严羽的"以禅喻诗",要知晓他是借禅学范畴建构的诗学体系;研究朱熹《诗集传》,如果不了解他的理学思想体系,是难以真正把握其诗学观念的。汪涌豪先生认为有强烈历史责任感和当代意识的研究者应当"拿出自己的眼光","以哲学的眼光去概括总结历史,不仅让历史通过自己说话,还要让自己通过历史说话"②,也是强调要深入历史语境挖掘古代文论的精神特质,实事求是地进行批评和构建。

张江先生还说:"最大的学问,还是当代的学问,最重要的学术研究,还是当代问题的研究。"③尤其20世纪90年代以来,世界全球化进程加速,国内经济体制全面转轨,当代的文学艺术发生了错综复杂的变化。如果我们只注意到古代文论"历史性"之维,仅仅进行知识考古的工作是没有意义的,研究也会失去生命力。如高楠先生在谈论古代文论文本意蕴的当下获得时所说,因为"任何时代的古代文论研究由于是立足于所处时代,被规定于所处时代,并且必然要将一定的时代特性构入研究成果,这便决定着任何时代的文论研究都离不开其所处时代的价值判断"④。要让古代文论跨越时空的距离,参与到当代的文学理论批评中,就需要立足于当前文艺实际,积极发掘其当代意义和价值,从而为解决当代文艺问题做出及时的理论回应。习近平总书记指导当代创作时说:"文艺的性质决定了它必须以反映时代精神为神圣使命。社会主义核心价值观是当代中国精神的集中体

---

① 党圣元:《在传统与现代之间——古代文论的现代遭际》,山东教育出版社2007年版,第159页。
② 汪涌豪:《论中国文学批评史研究中当代意识的植入》,《复旦学报》(社会科学版)2004年第3期。
③ 张江等:《当下的批评是不是学问》,《人民日报》2014年8月15日。
④ 高楠:《古代文论的文本当下性》,《社会科学家》2015年第7期。

现，是凝聚中国力量的思想道德基础。"①他又说："要结合新的时代条件传承和弘扬中华优秀传统文化，传承和弘扬中华美学精神。"②古代文论的当代性是建立在中华美学精神内核的基础之上的，它犹如日本学者柄谷行人所谓的"从前人们没有看到的""风景"③，对它的发现与建构也是新传统的重构过程。文化总是随着时代而不断变化和发展的，然而变化并不意味着要完全抛弃传统资源。时代的变革和发展将不断生成理论批评方面的新问题和新课题，这里面就蕴含着古代文论的生长点。在研究实践中，已有大量学者不断创新理论境界，以新的视角对古代文论重构新的框架，如罗宗强的《隋唐五代文学思想史》《明代文学思想史》，张松如主持撰写的"中国诗歌史论"丛书等。也有许多古代文论的概念、术语和命题经过文论家的提炼、阐释，其历史意义被赋予了新的当代价值。对于后者，童庆炳先生曾有总结，举其要者，如王国维从古代文论中提炼出的"境界"说、"出入"说，宗白华提炼出来的"虚实相生"说，王元化提炼出来的"心物交融"说、"杂而不越"说，等等④。面对新的社会现实和文艺实践，古代文论的当代意义需要不断地生成。中国当代文论的发展，亦需要接续古代文论"这一精神血脉"，从而"熔铸着一套既有自己民族的血脉气韵、又富有当代气息，能很好地参与当代文学实践的话语系统"⑤。这是一个不断阐释、激活、创化的过程，也体现了我们从整体上把握中国文学理论学科形态的理论自觉。

伽达默尔指出："理解一种传统无疑需要一种历史视域。但这并不是说，我们是靠着把自身置入一种历史处境中而获得这种视域的。情况正相反，我们为了能这样把自身置入一种处境里，我们总是必须

---

① 习近平：《在中国文联十大、中国作协九大开幕式上的讲话》，《党建》2016年第12期。
② 习近平：《坚持以人民为中心的创作导向创作更多无愧于时代的优秀作品》，《电影艺术》2014年第6期。
③ [日]柄谷行人：《日本现代文学的起源》，赵京华译，中央编译出版社2013年版，第14页。
④ 童庆炳：《文艺学创新：以20世纪中国现代传统为起点》，《北京师范大学学报》（社会科学版）2003年第3期。
⑤ 毛宣国：《古代文论"进入"当代的理论思考》，《中国文艺评论》2017年第9期。

已经具有一种视域。"① 真正的理解离不开"历史视域"的参与,而"历史视域"与"现在视域"融合必将形成新的视域,这决定了理解和阐释必定是一种创造性的行为。在阐释过程中,历史性与当代性、文本的客观性与阐释者的主体性在历史传统中相遇,从而达致解释学意义的"视域融合"。然而在当前的古代文论研究中,研究者常常将古代文论的历史性与当代性支离割裂,导致出现"荣今虐古""荣古虐今"甚至认同"西方中心论"等问题。因此,古代文论关于历史性与当代性的双重理论自觉,有利于我们在研究过程中,充分尊重古代文论的历史性,同时用当代意识和主体意识对它进行阐释学重构,从而吸纳和激活其中契合当代精神、仍有生命力的成分。古代文论历史性与当代性的遇合必将达致"视域融合",即人们的现时视域与历史视域相互交融、相互彰明,最终都实现了对原有视域水平的突破。也即古代文论作为"过去的事件",它浓缩了"历史的"时代精神,又随着时空因素的转换以及后来者的阐释不断焕发新的当代意义。

四 "本土性"与"世界性":中国古代文论的理论活力

随着全球化的进程,世界各国、各民族之间的联系越来越紧密,"各民族的精神产品成了公共的财产。民族的片面性和局限性日益成为不可能"②,不同文化之间相互影响、渗透,无疑成为当今世界范围内文化发展的大趋势。如王国维20世纪初年在《国学丛刊序》所言:"学无新旧也,无中西也,无有用无用也。""中西二学,盛则俱盛,衰则俱衰,风气既开,互相推助。且居今日之世,讲今日之学,未有西学不兴而中学能兴者,亦未有中学不兴而西学能兴者。"从世界学术通约性的角度来观照中国古代文论的诸种瓶颈问题,我们会发

---

① [德]伽达默尔:《真理与方法——哲学诠释学的基本特征》上卷,洪汉鼎译,上海译文出版社1992年版,第394页。
② [德]马克思、恩格斯:《共产党宣言》,中共中央编译局译,中央编译出版社2005年版,第30页。

现,无论"现代转换""以西解中"或"援中入西",都非问题焦点,所谓"非此即彼"或"亦此亦彼"的讨论同样益处不大,因为古代文论不是民族主义的牵强遁词也非相对主义的知识碎片。古代文论的意义,在于它对于当代中国文论、文学能否发挥有效性。它能否在西方拥有话语权,取决于人们是否能够从中得到中国人认识世界和改造世界的独特精神价值。因此,古代文论研究需要在坚守本土性的基础上与世界文论进行充分的互动,在本土性与世界性之间保持必要的张力。

诚然,如王国维言,从人类文化通约性的角度看,理论是无国界的,任何有益的理论都是人类共同的财富。然而从生产与继承的角度看,理论又毫无疑问具有鲜明的地域性、本土性和国别性。因此,一个国家或民族的文学理论,唯有植根于自身独特的文化土壤,才能形成和保持自己的主体性与特色。中国古代文论在发展过程中总结了丰富的文艺经验,其中不乏精确而深刻的理论概括,形成了具有中华民族传统、代表东方美学特色的,与西方迥然不同的体系。如陈良运先生在《中国诗学体系论》中,就从"言志篇""缘情篇""立象篇""创境篇""入神篇"五个方面阐释了中国古代文论区别于西方诗学精神历程的标识。[①] 古代文论使用的是中华民族的话语(一套独特的概念、范畴),反映的是中华民族的精神、思想情感、生存智慧以及审美经验与特色,它仍是中国文论体系中最具原创性、最富于历史性和民族性的部分。因此,古代文论关于本土化的理论自觉,有助于中国文学理论摆脱西方文论的规约和"失语"的困境,由理论自觉以求自信、自强,进而走出国门向世界发出中国学者的声音,这也是在"中国崛起"的背景下,提高和扩大我国文化"软实力"在国际社会中的地位和影响的客观需要。

另一方面,中国古代文论作为世界范围内四大独立文学理论体系之一,离不开对于西方文化和文论的借鉴和观照,它与西方文论的相遇不可避免而且势必逐步深化。在经济全球化、政治多极化的世界发展趋势下,世界上各个国家在信息交往、利益等方面的联系愈来愈密

---

① 陈良运:《中国诗学体系论》,中国社会科学出版社1992年版。

切,中外文化及文艺交流日益频繁,文艺实践呈多元化、多样性发展,文艺理论亦呈现出多元共生的理论样态。从当代文学理论知识生产来看,不同形态的理论话语之间展开对话与交流,是知识得以创造性融合的基本前提。如歌德在谈到民族文学与世界文学的关系时所说的,"每一国文学如果让自己孤立,就会终于枯萎,除非它从参预外国文学来吸取新生力量"。① 文艺理论也是如此。中国古代文论在时间上跨越了传统与当代,与西方文论的相遇又在空间上联接了中国与西方,其自身的发展需要获取世界性、需要从西方文学理论批评中获得异质的补足,以求"站在一个新的角度、用一种新的眼光来反观传统、解释传统、选择传统,通过调整传统的内部结构来创造一种更富有生命力的'新中有旧'的'传统'"。② 因此,古代文论研究者应树立坚定的学术自信,与西方文论、美学界展开充分、平等的对话与交流。从古代文论发展历史来看,刘勰的《文心雕龙》发展组织成有理论体系的著述,取得值得重视的成就乃是受了外来佛典的影响。王国维使用了"取外来之观念,与固有之材料互相参证"③ 的治学方法。陈钟凡撰写《中国文学批评史》采用的是"以远西学说,持较诸夏"④ 的方法。宗白华、钱锺书、李泽厚、蒋孔阳诸先生的文学、美学理论,都立足于本土文化传统,同时吸纳了西方文论、美学的精华。中国文论和西方文论,代表着不同的文明,在概念术语、研究视角、言说方式、理论形态等方面固然存在着很大的差异,然而所关注的基本问题及终极目标是共同的,在一定程度上存在着互补性。例如,中国古代有"知人论世""发愤著书说"等,强调从作家生平方面进行文学研究,西方的泰纳、勃兰兑斯等也常以作家传记为依据进行批评;中国人讲究天人合一、物我两忘,西方则有"移情说";刘勰在《文心雕龙》中专列"知音"一篇,提出"会己则嗟讽,异我则沮弃",从读者接受理论来看,这就是在讨论读者接受问题。顾祖

---

① 朱光潜:《朱光潜美学文集》第4卷,上海文艺出版社1984年版,第458页。
② 陈平原:《在东西方文化碰撞中》,浙江文艺出版社1987年版,第282页。
③ 陈寅恪:《金明馆丛稿二编》,上海古籍出版社1980年版,第219页。
④ 陈钟凡:《中国文学批评史》,江苏文艺出版社2008年版,第4页。

钊先生曾以西方的典型论与中国的意象论、意境论为例，论述过中西文论的互补性关系。他认为，西方典型论的精细可以弥补中国文论的粗疏，中国意象论之精细与成熟则可以弥补西方现代文论的残缺，而从西方自意象主义之后开始走向意境审美追求之路来看，意境论也已呈现被西方接受的可能。① 这些都说明，本土与异域的理论范式是可以互相借鉴和比较的。立足于已有的文论资源，充分汲取世界文论的优秀成果，对我们的话语体系进行有效的阐释学重构，不断激发出新的理论活力和学术增长点，有助于古代文论走向世界，也能让世界更了解中国。这样建立起来的文论思想和话语是开放的，既是中华民族的，又是具有世界性的。

怎样解决文论话语的本土性与世界性这一问题贯穿在20世纪以来中国文学理论嬗变的过程中，在如今中西文化思潮碰撞汇合的语境下，直面这一问题，对古代文论进行逻辑与历史的重构显得十分迫切。实际上，本土性与世界性，是一个问题的两个方面，本土性中蕴含着潜在的世界性，世界性中包含着典型的本土性。世界性共同的文艺理论，是关于文学艺术理想的理论目标，而具体的研究仍要落脚于文学理论的民族特色与本土特性。全球化语境为中西文论的对峙与互补以及中国古代文论研究本土性与世界性的融通提供了前所未有的机遇。"中国艺术理论已经到了重新挖掘本土民族话语以便与世界性话语展开对话的时候了。"② 因此，我们要立足于本民族的土壤，把握好本土化与全球化的张力，善于挖掘古代文论蕴含的本土性资源，通过有效的阐释学重构，积极融入当代文论的建构和当下的文化、文学现实。同时，又以高度的理论自觉应对全球化的挑战，接受和吸收其他国家和民族文化、文学的影响和养料，积极寻求它与世界文化及文论的互动，扩展自我理论的丰富性，在此基础上积极介入世界文论，为其他国家和民族提供精神价值，促进有中国特色、又有世界意义和当代气息的文论话语和理论体系的形成。

诚如张江先生所言："一个成熟学科的理论必须是系统发育的。

---

① 顾祖钊：《论中西文论融合的四种基本模式》，《文学评论》2002年第3期。
② 王一川：《民族艺术理论传统的世界性意义》，《文艺争鸣》2017年第2期。

这个系统发育体现在两个方面。从历时性上说，它应该吸取历史上一切有益成果，并将它们贯注于理论构成的全过程；从共时性上说，它应该吸纳多元进步因素，并将它们融为一体，铸造新的系统构成。"①"学术性"与"现实性"、"专业化"与"个性化"、"历史性"与"当代性"、"世界性"与"本土性"四个向度的理论自觉并非处于割裂、对峙状态，而是你中有我、我中有你，密不可分的。在对古代文论进行阐释学重构时，既坚守理论研究的学术品格，又积极介入文学及生活现实，通过现实性的烛照实现理论创新；既在专业化研究中"术业有专攻"，又以阐释主体鲜明的学术立场和个性拓展古代文论独有的文化精神和学术品格；既尊重其"历史的真实性"，探求"本义"，又要结合时代现实重新开发其精神价值，使其能够与当代文论相互会通；既善于挖掘古代文论蕴含的本土性资源，又积极介入世界文论，在中西文论的互照、互译和互释中实现本土性与世界性的浑然交融。从阐释学的角度看，理论与现实、历史与当代、本土与世界在专业化与个性化研究中可以达到多维度融合。以这样多向度、开放性、反思性和整体性品格推进学术实践，我们有理由期待中国古代文学理论以"强制阐释"为鉴，走向坚持民族的立场与方法的"本体阐释"②，进一步丰富中国当代的文学活动、强化中国文学理论自信、彰显理论研究的中国立场，从而构建起更加多样合理的文学理论生态环境。

---

① 张江：《强制阐释论》，《文学评论》2014 年第 6 期。
② 毛莉：《当代文论重建路径——访中国社会科学院副院长张江教授》，《中国社会科学报》2014 年 6 月 16 日。

第四编

重建中国文论的可能路径

"中国经验"与当代中国文论话语体系构建[*]

段吉方[**]

当代中国文论话语体系构建的"中国经验"问题是近年来文学理论研究中经常谈论的话题。之所以出现这种情况，一方面是因为，当代中国文论在理论研究与深化中确实需要"中国经验"的有力支撑与话语描述，文论话语体系的构建离不开中国语境与中国问题；另一方面，是因为当代中国文论话语体系及其构建过程还缺乏恰当有效的"中国经验"。话语体系的构建既需要中国经验的提炼与表达，同时，中国经验的提炼与表达的内容与方向又决定性地影响话语体系的构建过程，这已经成为当代中国文论研究中亟待解决的瓶颈性问题。这个问题的出现与当代中国文学理论批评的现实境遇及其所面临的问题有密切的关系。综合来看，当代中国文学理论批评所面临的问题可以概括为以下几个方面：（1）中国当代文学理论如何有效面对西方文论话语的理论旅行与影响问题；（2）中国传统文论话语资源的现代转化及其路径困局；（3）中国现代文论研究如何有效与当代衔接；（4）马克思主义文论话语如何进一步展现出时代化、中国化的积极影响；（5）文学理论研究如何与批评实践有效契合；（6）传统文学理论研究在当代文化语境中如何更纯洁地保持自身学科自律问题。在

---

[*] 基金项目：广东省哲学社会科学"十二五"规划 2015 年度项目"当代西方文论的有效性辨识与强制阐释问题研究"（GD15CZW02），本文原刊于《探索与争鸣》2016 年第 12 期。

[**] 作者单位：华南师范大学文学院。

理论与批评的层面上，这些问题相互联结错综交融，这种理论格局造成了当代中国文论话语处于一种体系不明、学理不清、话语拥挤和交流不畅的状态，文论话语的多重理论资源与现实批评应用、理论研究传统与文论话语体系构建之间出现了明显的阐释间隔，"在文学理念、思维形式、研究方法、话语体系、表达方式等方面面临着时代与自身理论生命力的双重挑战，由此出现了知识生产与知识建构的危机与焦虑"，① 导致学理分析与经验阐释的差距不断扩大，因而，当代文论话语体系构建的"中国经验"研究成为一个非常突出的问题。

一 何为中国文论话语的"中国经验"

纵观以往关于中国文论话语体系"中国经验"的讨论，有这样两个特点：首先，在"中国经验"的讨论中，批评领域的声音明显多于理论研究的声音，体现出了"中国经验"研究中"批评先于理论"现象；其次，在"中国经验"的定位上，一般会将中国文论话语中的"中国经验"问题纳入广义上的"中国道路""中国模式"等宏大叙事之中，认为，中国经验"本身就是一个流变着的事实"，其"核心主要的是中国改革开放以来的经验"。② 对于这两个特点，前者给我们提供的启发非常重要，值得进一步借鉴，后者则需要我们进一步反思，正像有的学者所说，"单单研究或重视宏观的'中国经验'是不完整的"③。

先讨论"中国经验"研究中"批评先于理论"的现象。在当代批评领域，"中国经验"的问题已有较为充分的讨论，④ 在"中国经验"研究中，批评走在了理论的前面，这不仅正常，而且是当代中国文论话语体系构建的一种需要重视的路径方向，或者说，关于当代中

---

① 段吉方：《中国当代文艺学知识建构中的焦虑意识及其价值诉求》，《文学评论》2009年第6期。
② 马俊峰：《"中国经验"与中国化的马克思主义》，《现代哲学》2008年第6期。
③ 周晓虹：《中国经验与中国体验》，《探索与争鸣》2012年第3期。
④ 2007年，《芳草》杂志组织当代文学与文学批评研究界学者专门讨论文学批评中的"中国经验"问题，产生较大影响，对中国文学的中国经验研究有较大的促进。

国文论话语的"中国经验"研究应该就是更多地回到批评上来。只有在批评中,中国文学的经验,特别是当代文学发展中的经验才能够给"中国经验"的讨论提供直接的参照及批评言说的动力,当代中国文论话语构建才会落到实处。从中国文学批评发展的历史来看,其实"中国经验"的问题古已有之。从先秦时代到魏晋南北朝,一直到王国维时期,这个"中国经验"就是文学研究如何切实有效地回答文本创造的历史及其所展现出的规律,"中国经验"是从"文本学"与"批评论"的层面上升到美学理论的提炼和话语方式的表达。中国古代文论中的"诗文评",就是一种综合的批评评判,既包含文学基本概念、范畴和理论,又包含广义的文学文化、审美政治、人文思想内涵的引申和发展,它的一个基本路径,就是从文本出发的充分的批评阐释,"最突出的意思是'品评'、'品说'、'赏鉴'、'赏析'、'玩味'、'玩索'",① 这种批评阐释既是中国古代文学阐释学的基本逻辑理路,同时也是中国古代文学批评实践得以发生发展的方法论依据。这里面的"中国经验"就是在"都倾向于'无',倾向于'形而上'"②,在文本批评中体现了中国古典诗学的民族特色。中国传统文论如此,中国近现代文论中的"中国经验"也是如此。从理论形态上看,中国近现代文论是一种作家和思想家的文论。从"五四"时代到三、四十年代,鲁迅、胡适、周作人、胡风、朱光潜、宗白华、李健吾等人的文论,基本上是作家经验的总结和批评实践的考察,这里面的"中国经验"就是中国当代人以自己的话语评价中国自己的文学作品,文论话语仍然是从批评实践层面上着眼与发展的。即使是中国近代文论中受西方理论影响较大的王国维,他的《人间词话》之所以能够确立自己的理论体系与批评经验,重要原因之一就是《人间词话》中有"中国经验",就是他没有忽略具体的批评实践之于理论体系构建的要义。所以,当代中国文论话语体系构建中的"中国经验"应该重在"批评","批评先于理论"是"中国经验"研究中的应有之义。

---

① 杜书瀛:《论"诗文评"》,《文学遗产》2011年第6期。
② 童庆炳:《中国古典诗学的民族特色》,《学术月刊》1992年第7期。

其次，为什么不能将当代中国文论话语体系构建中的"中国经验"与那种普泛化、均等化的"中国道路""中国模式"相提并论？从中国当代文学发展来看，当代文学中的"中国经验"其实已经表达得非常充分，有很多优秀作品都直接展现了在当代中国已经发生的和正在发生的各种故事，这个故事的主体、内容和风格都是"中国"的，是中国当代审美文化、生活方式、人情世态及当代精神的凝聚和表现。比如莫言的小说《蛙》，描写了中国计划生育制度对近半个世纪以来中国当代民众生活经验的影响；阎连科的小说《受活》，以中国偏远农村"受活庄"为场景，展现了一群残疾人在中国社会特殊角落中荒诞离奇又激情澎湃的故事；王安忆的小说《匿名》，以一个失踪者的离奇遭遇为线索，展现了一个失去现代文明庇护与污染的卑微个体的顽强生命及生存悲哀；刘震云的小说《我不是潘金莲》，则描写了一个来自社会底层承担莫须有冤名的妇女的故事，将一个普通的家庭离婚案引向对中国社会复杂的政治生态与生存困境的反思。可以说，这些作品都是用"中国经验"讲述"中国故事"的典型，这里面的"中国经验"既有中国社会政治生态与文化现实发展与困境的批判，也有现代文明发展与人的精神危机的思考，还有城乡差距的扩大与底层生活的艰辛导致生死难题的书写。但我们说，这种"中国经验"是"文学"的，它区别于那种广义的"中国道路""中国模式"的地方在于它以文学的方式体现人的内在的精神情感和心理现实的困顿与无奈，指向的是本真人性的丧失与当代中国社会变革、文化剧变及道德伦理变迁的关系，这种"中国经验"相比那种普泛化的"中国道路""中国经验"更具反思性与批判性，它的当代性价值也更为明显。从文学表现方式上来看，这种"中国经验"也有着特殊的手段，既有现实主义，又有现代寓言，还有后现代精神反讽。正是这种来自精神、情感与心理层面的"中国经验"的书写，让当代语境中的中国文学变得复杂与多元，也更突出了当代中国文学发展语境的复杂性以及精神属性上的特殊性。当代文论话语如果想要深入把握这种"中国经验"，就需要在更深层次上面对这种多重叠加的语境特点。

这也提示我们，无论是"中国经验"研究中的"批评先于理论",还是"中国经验"中的多重叠加的语境,所谓当代中国文论话语的"中国经验"首先必须是面向中国文学与批评现实,特别是当代语境中复杂的政治生态、文化生态与文学书写。当代中国多重叠加语境下人们的生存经验,无论文学符号层面上的能指话语如何滑动与漂浮,都是当代文学书写中的最终所指,也是当代中国文论话语构建中的"中国经验"的最终旨归。其次,当代中国文论话语中的"中国经验",还是基于当代文学经验书写与理论概括的批评总结与美学提升。通俗地说,当代中国文论话语体系构建中的"中国经验"必须是"文学"的,它不是经济的、政治的、意识形态与文化的。虽然文学话语表达不可避免地会涵盖经济、政治、意识形态与文化层面的内容,但当代中国文论话语的凝练与体系构建不能离开文学肌理的塑造以及文学经验的本真阐释,只有在具体文学经验的本真阐释上,当代中国文论话语的"中国经验"才具有探讨的空间与可能。

二 中国文论话语体系构建如何面向"当代"

中国文论话语体系构建为什么要面向"当代"?这涉及文学理论研究当下有效性的考虑,中国文论话语体系构建的"中国经验"问题只有在当下有效性的层面展开才具有学理探讨与实践研究的价值。"当代"是一个含义非常广泛的概念。面向"当代"的中国文论话语,指的是面向当代的问题,面向当代的经验。那么,当代的问题与经验是什么?我认为有三个层面上的考虑:首先,"当代"的问题有一个明确的内涵指向,那就是中国文论话语所置身的中国当代社会的属性特征与语境特征,中国文论话语的"中国经验"指的是"中国"的当代,区别于西方的"当代"和作为"文化他者"意义上的"当代";其次,"当代"的问题应该有一种历史意识和发展眼光。当代中国文论的"中国经验"与传统的中国文论相比,它具有不同的问题域,也与中国近现代文论话语具有不同的意义指涉,"当代"的问题更多地指的是中国文论话语的"当代性";最后,"当代"的问题还与中国文论话语的经验有效性问题密切相关。我们讨论当代中国文论话语的"中国经验",最终还是要用这个"中国经验"去说明当代的问题,阐释当代中国文学发展以及文论话语建构中的具体经验。所以,"中国经验"研究不应该是一种纯理论性的建构,更不能走向一种纯粹的中国经验理论研究,"中国经验"研究的目标是回归具体文学经验,呼应批评现实,使文学理论研究更加有效,更加"接地气",更加具有"在地化"立场的问题,"理论不能建筑在语录之上,而应该建筑在现实的实践之上"①。

之所以存在当代文论有效性问题,首先在于当代文论话语在理论应用的自觉性与自洽性上还需要进一步完善。理论应用的自觉是一种面对理论的态度与方式,理论应用的自洽则指的是理论研究的有效证实与证伪的特性。当代文论话语的危机以及理论本身的反思批判都在不同层面上试图走向文学理论的"证实性",而缺乏理论的证伪意识。证实性的研究强调的是"应该怎样",证伪性强调的则是"为什么不能这样""除此之外,还会怎样"。就当代文论话语体系的构建来看,我们需要的是后者,这也是中国文论话语面向"当代"的基本缘由。

就当代文论话语的有效性而言,其"证伪性"的理论诉求显然不是理论本身的演绎和归纳,或者说,不是理论本身去证"伪",而是一种具体的文学批评实践层面上的参照和验证意识。也就是说,只有走向具体的文论话语应用及话语实践的维度,才有可能在"证伪性"的维度上深化当代文论话语的反思研究。在理论"证伪性"的参照中,我们不能忽视当代文论话语的基本知识现状,这种知识现状不是来自于各种层面的"研究",而是具体的实践应用的效果。比如,无论各种文学理论研究如何热火朝天,在具体的文论话语所置身的学科现实中,其实际的情形却是文学理论的教学,文论话语的知识传播与接受,都面临着举步维艰的困境,这是影响当代文论话语体系建构有效性的首要困难。我们努力建构一套文论话语,但这种文论话语在文学知识生产与接受中究竟能起到什么作用?文论话语的建构是人为地创造出一套理论体系,让它作为一种知识论在起作用,还是作为基本的实践应用方式融入话语表达与知识经验之中?很显然,这是我们应

---

① 高建平:《理论的理论品格与接地性》,《文艺争鸣》2012 年第 1 期。

该重视的问题。很遗憾，无论是中国，还是西方，目前这个困难都比较明显。西方早在20世纪60年代，就有美国学者保罗·德曼提出的"对理论的抵抗"，并广为人知，德曼考察了当时美国文学教学和文学理论传授的深层次关系，提出，作为文学研究方法证明的文学理论一直正确地证明了它与文学教学的和谐共存，但是，随着它内部不断出现的危机、争议和辩论，希望凭借合理论说而演进的文学理论却在文学和语言教学长期复杂的历史中显露出深刻的危机征兆，从而展现出理论和人们获取知识的方法与手段之间的不确定性，正是在这个意义上，文学理论成了学术的因而也是教学的障碍。在德曼看来，之所以会出现这种情况，是因为在文学教学与研究中，往往使文学的"理论"成了某种概念性的普遍性系统，"在理论学科的严肃游戏中成了某种百搭牌的东西"[1]。保罗·德曼提出这个观点当然有他的依据，但从20世纪60年代以后，随着文化研究理论与批评范式的出现，西方文学理论逐渐摆脱了德曼当初的困惑，文化研究的出场促使文学理论学科在深度变革中摆脱了理论研究的危机，体现在两个方面：一是各种文化研究理论对传统文论那种纯粹思辨理论的颠覆与变革，文学理论研究日益走向各种各样的大众文化研究；二是文学理论话语逐渐走出那种体系性构建的宏大叙事，不断回归基本的文本阐释学和文学经验研究视角。当然，文化研究的这种成绩今天是否依然如故，这值得研究，但西方文化研究促使西方文论话语发生重要话语转型，进而影响文论话语构建方向和效果，确实是不争的事实。而当代中国文论话语体系的构建无疑还处于德曼当初所担忧与抵抗的理论状况之中，这不能不引起我们的重视。

其次，中国当代文学理论研究中理论与思想的原创性缺失，也是促使文论话语必须认真面对"当代"问题的主要原因。在当下，文学理论的教学与研究在不同层面上均体现出理论课程体系高度复杂，理论内容极度深奥抽象的现象。一线教师在教学中怨声载道，学生在学习理解中苦不堪言，这已是普遍现象。无论是综合性大学的人文学院，还是师范大学的中文系，文学基本理论的课程难教、学生难学、

---

[1] ［美］保罗·德曼：《解构之图》，中国社会科学出版社1998年版，第99页。

试难考已经成为广大一线教师的共识。这个问题严重影响了文艺学研究的学科发展与深层次理论拓展。但问题的另一方面是,几乎没有哪一个大学,哪一所研究机构,哪一个学科内部,对纷繁复杂的理论额手相庆,而更多的是不满和对理论的厌烦。所以,要说到理论的危机,真正的危机恐怕在于这种知识传播和接受的困难,这其中,学院派的研究是一回事,而现实上对理论的接受与理解则是另一回事。无论书斋里的文艺学研究如何如火如荼,但真正意义上的文学影响与知识传授举步维艰。在这种情形下,何谈当代文论话语体系的有效建构?

在以往,关于中国文论话语体系的构建研究曾有两种典型的路径倾向,一是主张回到古典,二是学步西方。现在看来,这两种理论路向都存在非常大的难题。回到古典是回不去了,美国华裔学者林毓生在他的《中国传统的创造性转化》中有一个观点曾引发讨论,他提出:"要解决未来的问题,必须由我们开始,因为问题非常大,所以必然需要很多时间才能解决,但是从现在起,我们要产生新的东西,而这些东西,只有自身传统中转化得来才能解决我们的问题(包括新问题与过去遗留到现在的老问题)。"① 这种理论观点说来容易,道理也正确,但真正落实起来恐怕不轻松。就文论话语的建构而言,中国传统文化资源要想真正成为理论建构的基点和原点,面临的难题是所有业内人士都心知肚明的,近二十年来的中国古代文论的现代转换就说明了这一点。学步西方现在看来更是不靠谱,中国社会科学院张江近年来提出的"强制阐释论"② 在学界得到高度评价,就说明了这个问题。"强制阐释论"之所以引发广泛讨论,其实就是提出了中国当代文论在接受西方文论话语时缺乏原创立场与思想坚守的重大问题,"指出了当代西方文论在现实接受与实践融合过程中的某种'不完全着陆'的格局与态势,也从深层次上体现了当前中国文学理论建构与

---

① 林毓生:《中国传统的创造性转化》,生活·读书·新知三联书店 2011 年版,第 457 页。
② 张江:《当代西方文论若干问题辨识——兼及中国文论重建》,《中国社会科学》2014 年第 5 期;《强制阐释论》,《文学评论》2014 年第 6 期;《关于"强制阐释"的概念解说》,《文艺研究》2015 年第 1 期。

话语体系建设上的迫切需求"①。"强制阐释"的做法，其实已经在中国文论话语中根深蒂固了，甚至是成为一种集体无意识的阐释依据，这是很可怕的现象，当西方文论中的"强制阐释"成为中国当代文论的"自觉阐释"之时，这说明当代中国文论话语在理论原创性上失去了基本的创造力。无论是中国文论中的"中国经验"，还是当代文论话语的体系建构，如果没有原创思想，那"中国经验"是一种什么经验？理论建构要建构什么？

那么，具体而言，当代文论话语体系构建要面向"当代"，它要"面向"什么？直接地说，就是要面向理论研究严重脱离具体文学现实与经验的难题，面向理论与批评的断裂的残酷现实，其目的就是要走向具体的批评实践，用文学批评"打捞""中国经验"。当代中国文论话语体系的构建，不能是空洞的理论概念演绎，不是像有的学者说的那样是"关于词语的词语的词语"②。"中国经验"研究不能脱离具体的文学经验，但如何"打捞"出文学经验，就需要显示文学批评的效力和品格。这是其一。此外，文论话语体系的构建光有文本批评还不行，批评还需要理论，这就意味着，在当代中国文论话语体系的构建中，理论与批评是同生共在的，"批评的理论"与"理论的批评"是浑契一体的。"批评的理论"意味着文学批评中不能仅仅围着文本打圈圈，走向感觉式的经验主义批评，更要警惕那种"文本诺斯替主义"（Textual Gnosticism）③，还需要理论的创造与发展以及文学思想的深化拓展，力争在多个层面打造蒂博代所说的"大师的批评"。在这方面，中国古代、中国近现代文论话语、西方文论话语都对我们有所启发。像托尔斯泰、别林斯基、巴赫金、毛姆、茨威格的批评理论，既是文学批评的典范，又是一种批评的理论。"理论的批评"区别于"批评的理论"，则在于理论的研究中包含批评精神与批判维度，这方面，中国当代文论话语比较薄弱。可以说，从20世纪

---

① 段吉方：《强制阐释论的理论路径与批评生成》，《文艺争鸣》2015年第6期。
② ［美］莫瑞·克里克：《批评旅途：六十年代之后》，中国社会科学出版社1998年版，第183页。
③ ［意］安贝托·艾柯等：《诠释与过度诠释》，王宇根译，生活·读书·新知三联书店2005年版，第41页。

90年代中后期以来，各种理论的批评反思，如"文艺学的前苏联体系问题""反本质主义""消费文化与日常生活"等，争论声音此起彼伏，但都局限在理论话语层面上，深层次触及批评实践的内容还不够，这是缺乏批判精神的理论反思，也是理论与批评断裂的表现。这些问题的出现无论是对于一个学科的发展而言，还是对于当代中国文论的话语建构而言，都是不正常的，自然文论话语体系的建构也难以奏效。正是在这个意义上，当代中国文论话语的"中国经验"研究要面向"当代"，面向"当代"就是面向问题，面向批评的实在。

三　中国当代文论话语体系的建构及其可能

在当代社会生活发生重大变化的情况下，当代文论研究也更多地呈现出一种失落的情绪。值得我们思考的是，"理论"会"失落"吗？在当代整体文学精神萎靡的境况下，传统人文学科的形而上特性与文艺学研究的学理追求不可避免地会受到冲击，但如果从这种社会整体思想格局的变化引申出所谓理论的危机，不但找错了方向，更会失去理论建构的重心。毋庸置疑，当代中国文论话语体系构建存在着较大的困难，但无论如何，有效把握"中国经验"，恰当表达"中国经验"，合理言说"中国经验"，仍然是当代文论发展中的重要问题。在诸多困境面前，当代中国文论话语体系究竟如何构建？是否可能？具体而言，需要考虑如下几个方面的内容。

首先是文论话语构建的方向与理论资源的整合原则问题。当代中国文论话语如何构建？构建的方向在哪里？这些问题尽管不断被讨论，但仍然悬而未决。原因是多方面的。第一，文论话语的构建确实是一个漫长复杂的过程，不可能一蹴而就；第二，文论话语的构建是一个虚实结合的过程，之所以说虚实结合，是因为文论话语的构建既不是某种主导性话语占主流的结果，包括主流话语的自上而下的构建形式，也不是文论界和理论界一厢情愿的事情，这里面涉及文论传统、文论资源的继承与整合，也存在文论话语体系的合理性、合法性与实践有效性问题。用什么样的理论话语言说文学经验与事实，理论言说是否与具体文学经验、文学实践相契合，这是一个新的理念与经验、整体与过程、本质与现象、体验与读解的二律背反；如何避免文论话语构建不重蹈当代文论话语的弊端，是决定文论话语构建方向与方式的核心要点。在这个过程中，文论传统与话语资源的整合之所以重要，是因为它们作为一种传统资源和思想参照甚至是制约因素在起作用。中国古代文论资源、中国近现代文论资源、西方古典文论资源、西方现代后现代文论资源、传统马克思主义理论资源、西方现代马克思主义理论资源，可以说既缺一不可同时又不能面面俱到，"守正创新""现代转换""合理再造"等说法其实都难免挂一漏万。在面对这些理论资源的时候，以往总是以那种"口号式""列举式""陈述式""旅行式"的理论引用与转述来"做"理论，这就是缺乏整合与创造的表现，更难以将有效的话语资源落实到具体理论研究的问题之中，最终的结果往往是文论话语隔断了传统，阻断了历史，即使是有某种话语体系，但这个话语体系也是一个空的理论架子，装了中西文论的很多概念、范畴以及各种"名人名言"，完整系统意义上的批评观念还是缺乏的。"口号式""列举式""陈述式""旅行式"的"做"理论的方式，最终展现出的是理论推演的凌空蹈虚与话语操练的不断重复，这是当代中国文论话语中的突出问题。为避免这种状况，迫切需要加强对当代中国文学发展所面临的历史情境与理论共生张力的分析。从中国当代文论话语的现实处境来看，文论话语体系建构的目标与方向应该是强化文论研究呼应现实的问题意识与理论责任，通俗一点儿说，其实就是文论话语的构建要落实到具体文学经验与文学阐释的过程之中，文论话语真正做到有的放矢。在这个过程中，难点是理论层面上的言说是否与中国当代文学的现实情形即"中国经验"相契合。

在一个较长的历史时段，要构建的以及现有的文论话语体系与当代文论话语格局会存在一定的"理论共生性"。如果说文论话语体系的构建触及的是理论话语在功用范畴上的有效性的话，"理论共生性"则关涉理论研究的时代性。无论是中国当代文论话语体系的建构也好，还是中国当代文论的未来发展也好，都有一个"理论的共生性"问题。从文论话语演变的历时性发展而言，中国传统文论、西方古典文论、西方现代文论在当代文论话语中的定位、功用及其实践应用就是一个理论的共生性问题,"中国古代文论的现代转换"之所以遇到困境与瓶颈,就是难以解决由于文化传统的阻断、语言与文学生活方式的变革以及当代审美文化现实发展所带来的理论的共生性,"守正"与"创新"难以落到实处,继承与发展失去基本的文论话语依托,导致中国传统文论的概念如形神、言意、神思、意境等与当代文学经验与审美感受融通出现困难。文论话语构建中的"古典与现代"的阐释间隔尚且如此,"自我与他者""中国与西方"的间隔就更加严重。这是一个新的理论构建的共生性维度,这个维度涉及当代中国文论话语在世界文论面前究竟是一个什么位置,是否需要对话,如何对话等等。那种"口号式""列举式""陈述式""旅行式"的文论话语体系构建方式很显然与这种"理论共生性"背道而驰。在这个过程中,当代中国文论话语的"中国经验"之所以重要,就是因为"中国经验"阐释清楚了,路径合理有效了,古典与现代、自我与他者、中国与西方的阐释困境才能找到有效融通的方式,理论的共生性难题才能得到解决。在当代中国文论研究与话语建构中,学者们往往谈到中西理论研究对话的种种不畅,现在看来,这种不畅是否是语言造成的、传统造成的、国情造成的,还是理论话语本身造成的?恐怕这些因素都存在,但关键的问题恐怕还是"理论共生"的问题,也就是说,理论研究没有在话语的一致性上展开,理论对话不是在一个理论共生性的层面展开的,中西文论各说各话,何来理论的对话?

打铁还需自身硬。理论对话不仅需要勇气,更要看自身的实力。增强理论的共生性既要考虑文论发展中的古典与现代问题,更要考虑中国与西方的问题,在这方面,需要在凸显"中国经验"的过程中强化当代中国的文化表征与当代文学生产范式的研究,特别是深化对20世纪90年代以来文化经济时代的文学艺术生产方式的研究。20世纪90年代以来,随着市场经济的发展以及消费文化语境的凸显,当代审美风尚的感性化、娱乐化、消费化趋势不断增强。科学技术改变了世界,日益发达的传媒改变了社会现实,也影响了审美交流的方式,影响了审美体验的过程,文学研究也迎来了全面的审美泛化与泛滥的时代。这些问题应该纳入文论话语体系构建的过程之中,应该思考在当代社会生活发生重大变化的情况下，文论话语的构建如何对文学与社会、文学与人生进行定位？如何对社会文化的定性？当代文学艺术生产方式的变革影响的不仅仅是文学审美体验方式的变化，更主要的，它是文论话语体系构建的文学土壤和思想地基，更是理论对话以及"理论共生性"的基本决定要素，是当代语境下的"中国作风"和"中国气派"。

最后，在当代中国文论话语体系构建中，还需要用文学批评"打捞""中国经验"，重塑文学批评的理论品格与美学精神。文论话语体系的构建并非是说我们用一套理论、一堆概念、一批著作、大量论文构建一个所谓的体系，放在那里就可以了，更关键的是这个话语体系构建之后能够起到什么作用？在这样的问题层面上，方向与目标、过程与方式、话语内容与实践考量应该是同一的，话语体系的构建最终还是要回到以理论研究有效把握文学经验的宗旨上来，而要实现这一点，理论研究恰当地融合文学批评是不可忽视的。这个文学批评不是作为文学理论研究的内容一部分的文学批评，也不是形形色色的文学批评理论，而是能够对具体文学作品发问、对具体的文学文化现象展现出充分理论阐释能力的文学的批评。这就要强调文论话语体系构建的过程与效果，不是为了构建而构建。文学批评"打捞""中国经验"之所以在文论话语体系构建中具有重要的作用，是因为它既是一种实践过程，又具备实践检验的能力和标杆作用。因此，当代文论话语体系的构建本身既是目标也是过程，话语体系的构建最终还是要落实到理论研究的具体过程。用文学批评"打捞""中国经验"，走向包含着具体化、经验性、问题性文学理论研究的文学的批评实践，是当代中国文论话语体系构建不可忽略的环节。可以说，这个过程任重道远。

强制阐释批判与中国文论重建[*]

毛宣国[**]

一 对强制阐释问题更深入的思考

张江《强制阐释论》系列论文的发表，是 2014—2015 年中国文学理论界引人关注的事件。这些论文将西方文论的积弊归结为强制阐释，并从场外征用、主观预设、非逻辑证明、混乱的认识途径四个方面展开批判，认为它从根本上抹煞了文学理论及批评的本体特征，导引文学理论偏离了文学。这一批判，对于习惯了西方文论的强势话语，习惯于将西方文论看成是普遍真理，不断地追赶西方先进潮流以建构体系的中国文论界，无疑具有重要的警醒作用，有助于人们更好地认识和评判西方文学理论的价值。

不过，我们须警惕另一种倾向出现。张江的强制阐释论主要是就西方文论存在的问题及其对中国文论的负面影响发表见解，其选择性的倾向非常明确。它将强制阐释看成是"当代西方文论的基本特征和根本缺陷之一"，认为"其给当代文论的有效性带来了致命的伤害"，同时认为，"当代西方文论生长于西方文化土壤，与中国文化之间存在着语言差异、伦理差异和审美差异，这决定了其理论运用的有限性"，而百年来特别是近三十多年来的中国文论界却看不到这一点，对西方文论亦步亦趋、简单因袭，所以极大地放大了西方文论的本体

---

[*] 本文原刊于《学术研究》2016 年第 7 期。
[**] 作者单位：中南大学文学与新闻传播学院。

性缺陷。① 对这些观点,如果不加以科学理性的分析,很容易走向另一个偏向,那就是将中国当代文论存在的问题归罪于对西方文论强制阐释方法的运用,认为只要抛弃对西方理论的倚重,特别是摆脱西方强制阐释理论与方法的影响,重归中国文学实践和中国语境,就能使中国文论走出困境,实现中国文论的重建。

所谓强制阐释,按张江的解释是"背离文本话语,消解文学指征,以前在立场和模式,对文本和文学作品作符合论者主观意图和结论的阐释"。② 这种概括,的确指出了 20 世纪西方文论普遍存在的一个问题,那就是用某种前在的理论模式与观点来生硬地裁定文学的价值与意义,所得出的结论常常不是对文学作品本身意蕴的揭示,而是先在地包含在理论模式与立场中。特别是 20 世纪 70—80 年代兴起的各种文化理论,如后结构主义、解构主义、女性主义、后殖民主义、新历史主义等,更是如此。关于这一点,西方文论家已有了深刻的反思。早在 20 世纪 60 年代,美国批评家苏珊·桑塔格就提出"反对阐释"的主张,即反对那种拒绝艺术作品的独立存在、无视艺术的形式价值,将"艺术同化于思想,或者(更糟)将艺术同化于文化"的强制性阐释方式。③ 后殖民主义的代表人物萨义德在《旅行中的理论》中则提出了批评理论的越界问题。在他看来,批评理论从甲地到乙地或者说从甲文化到乙文化的旅行容易使之发生变异,而理论家为了理论的完美和彻底,容易过甚其辞,如果不加批判、不加保留地使用一种理论,就容易走向极端,造成理论的尴尬和所属领域界限的不确定性。比如,符号学、后结构主义和拉康式的精神分析,就"走向了极端的行话对文学话语的入侵,又使文学批评世界膨胀得叫人无法辨认"。④ 到了 90 年代,乔纳森·卡勒等人更是质疑这种理论越界的

---

① 参见张江《当代西方文论若干问题辨识——兼及中国文论重建》(《中国社会科学》2014 年第 5 期)、《强制阐释论》(《文学评论》2014 年第 6 期)等文。
② 张江:《强制阐释论》,《文学评论》2014 年第 6 期。
③ [美]苏珊·桑塔格:《反对阐释》,程巍译,上海译文出版社 2003 年版,第 16 页。
④ [美]爱德华·W. 萨义德:《世界·文本·批评家》,李自修译,生活·读书·新知三联书店 2009 年版,第 403 页。

合理性:"倘若文学经典的现状受到质疑,倘若文学、艺术和一般文本证据已经形成的完整性被内在矛盾、边缘性和不确定性等观念驱逐,倘若客观事实被叙事结构的观念取代,倘若阅读主体规范的统一性遭到怀疑,那就必然是,很可能根本与文学无关的'理论'在捣乱。"① 在卡勒等人看来,20世纪西方文论所忽视的正是文学和文学性的东西,"文学的这一显著标志被种族、性、性别的种种规范、律条遮蔽了","文学研究及其文本分析的方法就只能遵从社会学意味很强的文化研究的模式,沦落为文化研究的一种'症候式解释'",文学的特征与批评的锋芒也因此丧失殆尽。② 也正因为看到了强制阐释和理论越界所带来的后果,20世纪末期出现了理论向"后理论"的转向,即从文化研究向文学研究、从纯理论的知识建构向审美体验和文学文本的阅读经验的回归。③

可是问题在于,回归文学自身,回归传统的文学理论研究,就能避免强制阐释的方法与倾向吗?显然不能。比如,俄国形式主义关注的对象是文学自身,它同样存在着强制阐释的批评倾向。它将语言(形式)作为文学的唯一要素,疏离文学与社会历史的关系,甚至将社会、历史、心理的研究排斥在文学之外,这不是一种强制阐释又是什么?强制阐释不仅在当代西方文论中普遍存在,而且在中国古代文论、西方古代文论中也普遍存在。早在古希腊,柏拉图对文学艺术的基本看法就不是从文学艺术自身而是从道德和哲学观念出发。在他的眼中,所谓艺术作品(主要是指诗)只有两类,或者是道德的,或

---

① [英]拉曼·塞尔登、彼得·威德森、彼得·布鲁克:《当代文学理论导读》,刘象愚译,北京大学出版社2006年版,第326页。
② 同上书,第329页。
③ 拉曼·塞尔登等著《当代文学理论导读》描述了这一现象:"20世纪80年代中期理论热衷对理论(主要是'哲学'、'心理分析'、'女性主义''文化理论',而不是文学理论)的依赖在一些人看来似乎起一个更阔大的作用。而在另一些人看来,这正是产生问题的核心所在,因为强制人们参阅理论经典或'最新的事物'可能让人感到是对文学研究正业的一种偏离。再说一次,现在不同的是,那些正在被问及的问题——包括文学艺术的特殊性质和作用之类——不是以'反理论'而是以'后理论'的精神提出来的。"[英]拉曼·塞尔登、彼得·威德森、彼得·布鲁克:《当代文学理论导读》,刘象愚译,北京大学出版社2006年版,第327页。

者是不道德的,没有介入两者之间的艺术。这就是一种强制阐释,其介入文学艺术的目的是为文学立法,以某种前在的立场来观照文学艺术问题而不是从文学实际出发。中国古代的儒家文论从先秦孔子开始,主要也是从道德与政治立场出发看待文学问题,强调文学服务于政治道德。孔子提出"颂诗三百,授之以政"的观点,就直接将文学看成是政治的工具。作为先秦两汉儒家诗学理论总结的《毛诗大序》,它对后世诗学理论最重要的影响就是建立了这样的一种文学观念,即从经学立场出发,借诗歌的解释来传达某种政治和道德观念。这实际上也是一种强制阐释,以某种前在的立场与观点来裁定文学和看待文学。中国现当代文论发展历程也说明了这一点。由于西方思想和文学理论的强势地位,中国现代文论家习惯于借用西方文论的话语与知识架构,以西方文论为标准来剪裁和妄事糅合中国的文学理论,即使最杰出的理论家也不能幸免。比如,王国维对《红楼梦》的评论,就主要借用叔本华的美学理论,以叔本华的生命意志说为依据来评价《红楼梦》,将《红楼梦》看成是一部对生活之欲(生命意志)解脱的书,其强制阐释的倾向就非常明显。对中国现代文论中普遍存在的以西释中的妄事糅合倾向,罗根泽早在20世纪40年代就有过批判。他认为"凡是有价值的学说,必有与众不同的异点;但创造离不开因袭",因此可以广泛地借鉴前人和他国的理论研究成果,但是这种借鉴不是"妄事糅和"。"妄事糅和"的风气只能使文学研究流于附会,只能混乱学术,"以别国学说为裁判官,以中国学说为阶下囚",根本无助于中国文学批评自身的解释方法的形成。[1] 罗根泽所批判的妄事糅合实际上也就是张江所说的强制阐释,它是用预先确定和接受的理论模式与观点来解释文学问题,所背离的正是文学自身。不仅是文学理论,还包括其他人文社会科学领域,其实都存在着强制阐释的问题。关于这一点,张江亦不讳言,他认为强制阐释所适用的范围远超出了文学,它也是人文社会科学研究中的一个普遍现象。[2]

---

[1] 罗根泽:《中国文学批评史》,上海古籍出版社1984年版,第31—32页。
[2] 毛莉:《当代文论重建路径:由"强制阐释"到"本体阐释"——访中国社会科学院副院长张江教授》,《中国社会科学报》2014年6月16日。

既然如此，仅仅靠对西方文学理论的强制阐释的批判就企求中国的文学理论研究走出困境，显然不切实际，还必须对强制阐释问题有更深入的理论思考与探讨。特别是要思考强制阐释作为一种理论话语与20世纪西方文学理论发展进程的关系，思考为什么在当代中国文化语境中，西方文论会一直处于强势地位，以及对西方文论顶礼膜拜的强制阐释倾向为什么会特别突出，思考中国文论对西方文论接受所表现出来的强制阐释倾向与西方文论本身的强制阐释有什么不同，只有这样才不会因对强制阐释的批判而造成对西方文学理论的误解，陷于简单接受与否定的理论怪圈，而是在对强制阐释倾向保持足够警惕的同时，又对西方文学理论的价值有着正确的判断与认识，对其合理的成分加以选择与运用，从而丰富和推进中国的文学理论与批评实践。

二 批评理论对西方文学理论进程的影响与贡献

场外征用是张江强制阐释批判理论中最重要的概念。他提出这一概念，主要是为了批判西方文论存在的本体上的缺陷。他认为场外征用已成为当代西方文论诸流派的通病，除了形式主义及新批评理论外，其他主要流派和学说，基本上都是借助于其他学科的理论和方法来构建自己的体系。这些理论无任何文学指涉，也无任何文学意义，却被用作文学理论的基本范式和方法，直接侵袭了文学理论与批评的本体意义，改变了当代文论的基本走向。[①] 然而，按西方著名批评家诺思罗普·弗莱的论述，"文学处在人文学科的中间地段，其一侧是史学，而另一侧是哲学。由于文学自身并不是一个自成体系的知识结构，所以批评家只好从史学家的观念框架中寻取事件，又从哲学家的观念框架中借用理念"，[②] 场外征用，即借助于其他学科的理论来建构自身，因此也可以看成是文学理论与批评的惯例，对于文学研究不可缺少。

---

① 张江：《强制阐释论》，《文学评论》2014年第6期。
② [加]诺思罗普·弗莱：《批评的解剖》，陈慧等译，百花文艺出版社2006年版，第17页。

或许是意识到这一点，张江又提出场外理论的文学化问题，区分两种不同的场外征用：一种是归属于文学，以文学为研究对象的场外征用；另一种则是从理论自身的兴趣出发，与文学不发生直接关系的场外征用。对于前一种情况的场外征用，张江是肯定的，认为"场外理论的进入是可以的，但它合法化的条件是其理论成果要落脚于文学，并为文学服务"。他还以神话原型理论为例，肯定了这种场外理论的应用。他说："弗莱的研究对象是文本。他在自己的代表作《批评的解剖》中，分析评述了几百部文学作品，其目的是寻找关于文学作品的类型或'谱系'，力求发现潜藏于文学作品之中的一般文学经验，把精神分析学说转化为具有鲜明文学本真的原型批评理论，实现了场外理论的文学化。"① 对于后一种情况的场外征用，他是根本否定的。这种场外征用，在张江看来，突出地体现在兴起于20世纪60年代的西方批评理论中。对此，他批判道："与文学理论不同，批评的理论不限于文学，而且主要不是文学。它规划了一个跨学科的领域，哪怕就是以文学为起由，其指向也是哲学、历史、人类学、政治学、社会学等，文学以外其他一切方面的理论，而不是文学理论。更确切地说，批评理论的对象甚至也不是理论，而是社会，是理论以外的物质活动。"②

我们不否认张江这一区分和批评的合理性。因为，在传统的文学理论与批评中，场外征用的理论和方法运用，目的只有一个，那就是服务于文学和应用于文学。在这种研究中，文学是作为一种独特形式存在于各种思想和理论形态中的。那些涉及自然和社会的语言、哲学、历史、宗教、伦理、心理等方面的场外理论与方法运用，都是以文学现象的解释为中心的。而后一种场外征用，也就是张江所说的20世纪60年代兴起的西方批评理论的场外征用则不同，它并非从文学文本实际，而是从理论自身的兴趣出发，广泛借用其他学科的观念与方法来构建自己的体系，这种场外征用的确存在着张江所说的"抹煞文学理论及批评的文体特征，导引文论偏离文学"的理论弊端。对

---

① 张江：《场外理论的文学化问题》，《探索与争鸣》2015年第1期。
② 同上。

它予以警示与批判，以防止其对当代文论的有效性带来致命的伤害，是完全必要的。但是，这是否就意味着批评理论的场外征用与文学完全无关，根本脱离文学理论研究的实际呢？显然也不能这样说。为说明这一点，我们不妨简单回顾一下20世纪西方文论发展的历史。

　　考察西方文学理论发展的历史，不难发现这样一个事实，虽然文学理论与批评作为一种职业古已有之，但人们并没有建立起对文学理论这门学科统一清晰的认识，甚至连什么是文学这一概念也是随着浪漫主义批评的出现而开始被确立的。① 所以，随着学科分类的细化与文学批评的发展，西方文学理论家觉得有义务建立一门适合于文学研究对象与范围的学科与方法，以清晰界定文学的性质与边界。它首先体现在20世纪初的俄国形式主义理论中。1917年俄国形式主义文论家什克洛夫斯基发表的《作为技巧的艺术》，被认为是20世纪西方文学理论一个具有里程碑意义的文献，它的核心论题是讨论文学性。这一研究的目的是维护文学的独立性，将文学的研究与社会的、历史的、心理学的等学科的研究区分开来。这种学科意识，到了新批评派那里有了进一步发展。新批评提出一系列理论主张，如含混、张力、反讽、本体批评与非个人化、情感语言与科学语言的区分，其目的都是维持文学的自足性，维护文学批评的纯洁性。俄国形式主义和新批评关注文学形式和文学作品的本体研究，对文学理论发展做出了独特的贡献。但是这种研究又有着明显的局限，其最大的问题是把文学形式和文学作品孤立起来，忽视了文学与人类社会、历史、文化活动的深刻联系。俄国形式主义与新批评的理论局限，早在这一批评阵营内部就有人清楚地意识到。韦勒克就是如此。所以，他把文学研究的重心放在文学文本和语言形式的同时，还提倡一种透视主义的研究，认为文学研究作为一种知识体系，核心问题是将文学"作为一种艺术和

---

① 参见特里·伊格尔顿的论证："我们自己的文学定义是与我们如今所谓的'浪漫主义时代'一道开始发展的。'文学'（Literature）一词的现代意义直到19世纪才真正出现。这种意义的文学是晚近的历史现象：它大约是18世纪末的发明，因此乔叟甚至蒲伯都一定还觉得它极其陌生。"［英］特里·伊格尔顿：《二十世纪西方文学理论》，伍晓明译，北京大学出版社2007年版，第16—17页。

作为我们文明的一种表现"。① 神话原型批评的代表人物弗莱对形式主义和新批评理论的缺陷有更清醒的认识,所以他提倡一种更为宏观的文学理论研究。他将文学批评(理论)界定为"涉及文学的全部学术研究和鉴赏活动",② 认为文学批评不但是人类文化的基础部分之一,而且是一门独立的学科。它既不是哲学、美学、语言学以及任何文学以外的理论系统的附庸,也不是文学艺术的派生形式。"批评是按照一种特定的观念框架来论述文学的。这种框架并非就等于文学自身的框架,否则又沦于寄生的理论了;但是批评也不是文学之外的某种东西,因为那么一来,批评同样会丧失自主性,整个学科就会被其他东西所吸收了。"③

弗莱的批评观念,对 20 世纪后半期的西方文论产生了很大影响。从弗莱开始,西方文学理论界已比较自觉地意识到,文学理论可以作为一门学科和知识体系被建构起来。文学理论与批评的对象并非只局限于文学作品自身,它也是人类文化或人文科学研究的一部分。文学理论作为一种思想和知识的结构,不是文学的寄生形式,它本身也是一种艺术,是一门独立的知识系统与价值评判。张江所说的 20 世纪 60 年代开始兴盛的批评理论,正是在这样的背景下发生的。不过,批评理论之所以兴盛并成为 20 世纪 70—80 年代西方文学理论的主导,不仅是因为来自文学理论学科内部的观念与方法的变化,还受到来自外部社会斗争的压力和哲学思潮的影响,所以与弗莱的批评理论也有着很大的不同。弗莱的批评理论指向的是文学自身,它将批评作为一门独立学科,重视批评自身的理论诉求。即使将文学作为人类文化或人文科学研究的一部分,借用人类学和心理学的理论观念与框架来阐释文学,也是为文学服务的,是为了揭示文学自身的价值。而批评理论则不同,它将对文学的关注转向了对文化的关注,将理论为文学服务转向了文学为理论服务,对理论政治的兴趣远大于对纯粹的文

---

① [美]雷内·韦勒克:《近年来欧洲文学研究对于反实证主义的反抗》,《批评的概念》,张今言译,中国美术学院出版社 1999 年版,第 267 页。
② [加]诺思罗普·弗莱:《批评的解剖》,陈慧等译,百花文艺出版社 2006 年版,第 4 页。
③ 同上书,第 8 页。

学理论知识的兴趣。批评的目的也不再是用理论来解释文学对象,而是让理论服务于哲学与政治,用哲学和政治的方式来完成其对文学经验的思考与阐释。

我们所关注的不是这种转向的重心是在文学还是在文化,是从理论政治还是从纯粹的文学理论知识的兴趣出发,而是它作为一种阐释模式对于文学理论研究是否有效和具有合理性。卡勒曾深刻分析文学批评家为什么要吸取其他领域的理论,由文学转向文化。他认为这种转向的原因之一是:"文学研究在过去的理论化程度不高。很多文学研究都是历史的苍白无力的版本:研究作者所处的历史语境及其他们对文学史的贡献等等,而不是反思文学作为一种文化实践的功能以及如果文学有其历史那将会怎样……,过去的文学研究建立在某种'细读'的观念之上,这种研究方式假定:直接接触文本的语言就足够了,根本不必去顾及什么方法论框架的问题。来自其他领域的著作为文学学者们重新思考文学和文学研究提供了强有力的资源","因此,当文学学者们从某种并不足以阐释文学作品的文学史中解脱出来之后,他们赫然发现:他们能够利用各种各样最令人激动、最有趣的理论来阐释他们在文学中所遇到的问题和材料"。"理论从总体上丰富了人文学科,使人们可以更深入地思考文本中的各种事物。理论也使人们在文学阅读中更加注意预先的假设、方法论上的不同选择、语言功能的构想等等问题。"① 从卡勒的论述可以看出,20 世纪 60 年代兴起的批评理论重在理论自身的兴趣和方法论建构,重在反思文学作为一种文化实践的功能而不是对文学作品的分析和文学史现象的解释,这种理论研究虽然会造成如场外征用、主观预设一类强制阐释方法,对文学本体的阐释带来伤害,但是它也体现了文学理论学科自身的一些特点,即理论的反思性、理论作为"一种方法上的工具"(韦勒克语)以及理论对现实的关注,所以对西方文学理论进程的影响与贡献亦不容忽视。伊格尔顿谈到 20 世纪 70—80 年代批评理论的兴衰时,承认这一理论(文化研究)存在着疏离文学本体的缺陷,但是仍然肯定了理论所取得的成就以及在文学研究方面的进展,认为它主要体

---

① [美]乔纳森·卡勒:《当今的文学理论》,《外国文学评论》2012 年第 4 期。

现在三个方面：一是使性别和性欲不仅是个具有紧迫政治意义的话题，而且成为文学研究的合法对象；二是确立了大众文化研究的价值；三是在恢复受到正统文化排挤的边缘文化的地位方面做了至关重要的工作。① 他批评了那种认为"只有当理论用以说明艺术作品时该理论才有价值"的观点，认为"理论能有力地阐述艺术作品"，更重要的是"理论可以凭自身能力使人大开眼界。文化理论的任何一个分支——女性主义、结构主义、精神分析学、马克思主义、符号论等等——在理论上都不只局限于对艺术的讨论，或只源自对艺术的讨论"。② 从这种理论转向中，伊格尔顿还意识到文学理论作为一门传统的人文学科的分支所面临的危机。在他看来，传统的文学理论试图通过文学来传达一种普遍的价值观念，如自由、平等、普遍人性等，这种理论教育渗透在大学人文学科教育体制中，而今天已经失效，这也导致了文学理论作为一种单一与独立学科存在的合法性的消失，所以它必须向理论即文化研究方面转换。③

批评理论对西方文学理论进程的影响与贡献，在笔者看来，主要表现在以下两个方面。一是它深化了文学与政治的关系。希利斯·米勒将文化研究视为"对一种新的意欲使文学研究政治化和重新历史化的回摆"。④ 的确，兴盛于20世纪70—80年代的文化研究或者说文学理论向"理论"的转向，其深层原因亦在政治。按伊格尔顿的说法，20世纪70年代（或者至少是其前半段）是社会希望、政治斗争和高级理论相会合的年代，正是在这样的背景下，文化研究兴盛起来。文化研究使人们对社会和政治的关注有了合法性，也极大地唤起了文学工作者参与社会和公共事物的热情，唤起了人们运用理论批判与反思社会的意识，使文学不再是游离于社会政治和经济文化的边缘性事业。阶级、种族、族裔、性别、权力/知识、霸权、身份、差异、意

---

① ［英］特里·伊格尔顿：《理论之后》，商正译，商务印书馆2009年版，第5—15页。
② 同上书，第84页。
③ ［英］特里·伊格尔顿：《二十世纪西方文学理论·后记》，伍晓明译，北京大学出版社2007年版。
④ ［美］希利斯·米勒：《全球化对文学研究的影响》，《文学评论》1997年第4期。

识形态、后殖民一类的词汇成为文学研究的热门话题,也大大拓展了文学理论研究的场域。正因为如此,伊格尔顿才自豪地宣称:"现代文学理论的历史乃是我们时代的政治和意识形态的历史的一部分","文学理论不应因其政治性而受到谴责。应该谴责的是它对自己的政治性的掩盖或无知"。① 二是它赋予理论更确切地说是哲学对于文学现象解释的特殊意义与内涵。强制阐释常常由于追求真理的冲动和解构的冲动而夸大了理论自身存在的价值,造成了阐释理论与阐释对象的脱节,脱离了文学实际,背离了文学本体的研究,对西方文学理论的发展带来了危害。但是它作为一种思想资源和思维方式却深刻地影响到文学理论方法的运用。比如,福柯关于性的研究就具有这样的意义,如卡勒所描述的那样:在福柯的理论中,性是由与各种社会习俗和实践联系在一起的话语建构起来的,虽然福柯在这里对文学只字未提,但已经证明他的理论对文学研究人员非常重要。首先,因为文学是关于性的,文学是众多可以使性的理念形成的领域之一,人们在这里找到了对一种思想的支持,即人的最深层的属性是与他对另外一个人怀有什么样的欲望联系在一起的。福柯的理论不仅对研究小说的人很重要,对研究男同性恋或女同性恋的人,以及对做性研究的人都很重要。另外,福柯发明了性、惩训、疯狂等概念,把它们看成是历史的建构。这种建构虽然不是对文学作品的具体分析研究,但由于其思想的高度和对人的本性的深刻研究,它对文学研究的观念与方法的形成亦具有重要意义。② 张江批评弗洛伊德不是文学批评家,他的文学观以及对文学和文艺的表达,都是为了印证他的精神分析理论,而不是建构文学和艺术理论。张江这一批评的确指出了弗洛伊德用场外征用方式评价文学的理论缺陷,那就是主观预设,背离文学实际,但是我们并不能因此而否定弗洛伊德精神分析学方法分析文学的意义。因为它将文学批评的视野引向了一块尚未开垦的处女地——人类的深层

---

① [英]特里·伊格尔顿:《二十世纪西方文学理论》,伍晓明译,北京大学出版社2007年版,第196—197页。
② [美]乔纳森·卡勒:《当代学术入门·文学理论》,李平译,辽宁教育出版社1998年版,第9页。

心理，使人们开始注意本能欲望和无意识心理对于文学创作的重要性。这一分析方法其本质是属于哲学而非文学的，它的意义在于从哲学心理层面丰富了文学现象的解释而非拘泥于具体文学事实的解释与分析。

正因为如此，我们才能理解，20世纪西方从事批评活动的主体为什么常常是一些哲学家而非文学家。作为哲学家的文学理论研究自然有着不同于文学家的研究目的。他们所提出的理论观点虽然疏离文学本体和对象，却有一种知识的兴趣与理论的自觉，体现了文学理论作为元理论和元语言的方法论特色，对文学理论的学科发展并非毫无价值。它最重要的意义就是强化了文学理论的批判与反思意识，使哲学与文学联姻，使人们对文学的兴趣上升到哲学理论的层面，也使不同学科的知识领域可以更好地碰撞与交融，这深刻地改变了文学研究的原有格局。正是看到这一点，卡勒将理论（文学理论）看成是常识性观点的好斗的批评家，认为它具有反射性，是关于思维的思维，可以"提供非同寻常的、可供人们在思考其他问题时使用的'思路'"。① 美国康奈尔大学的教授劳伦·迪布勒伊亦注意到这一现象，他认为像德勒兹、德里达，以及此后的巴迪乌、朗西埃等人，实际上做的事，是以哲学的方式完成关于文学思考的经验，而不是试图将理论施用到文学上。也就是说，这些人本质上只是哲学家，而不是文学理论家。因此，强制阐释不是他们的错。同时，他还注意到中国文论家所出现的强制阐释问题，那就是用西方的理论来取代既有的文学理论，他认为这是没有任何理由的。② 劳伦·迪布勒伊的这一看法可谓击中了近几十年中国文论的要害。如果说西方文论中的强制阐释与西方社会现实和西方文学理论进程密切相关，具有理论自身的批判意识与反思精神，因而还具有某种合理性的话，那么中国近几十年来对西方文学理论顶礼膜拜的强制阐释冲动，则完全失去了其存在的合理性。因为它只是盲目照搬和机械模仿西方的文学理论，以西方的文学

---

① [美]乔纳森·卡勒：《当代学术入门·文学理论》，李平译，辽宁教育出版社1998年版，第8页。
② [美]劳伦·迪布勒伊：《保留文学激情》，《中国文学批评》2015年第3期。

理论来取代中国的文学理论，对西方文学理论缺乏任何辨识与批判眼光，也缺乏理论自身的反思兴趣，并且根本脱离中国文学实际。所以，中国当代文论要走出理论困境，最应该警惕和批判的是这样一种强制阐释的冲动与倾向，而不是去放大西方文论强制阐释的理论弊端，甚至将中国文论与西方文论对立起来，抵制西方文学理论观念与方法的引进。

三　重建中国文学理论必须注意的几个问题

张江提出强制阐释概念、批判西方文论的本体缺陷是为了中国文论的重建。他认为："对西方文论的辨析和检省，无论是指出其局限和问题，还是申明它与中国文化之间的错位，最后都必须立足于中国文论自身的建设。"① 他看到中国当下文学理论面临的现状，一方面是理论的泛滥，各种西方文论轮番出场，似乎有一个很繁荣的局面；另一方面是理论的无效，能立足中国本土，真正解决中国文艺实践问题，推动中国文艺实践蓬勃发展的理论少之又少，所以明确提出"重建中国文论必须有自己的理论基点"的主张。这个基点就是：第一，抛弃对外来理论的过分倚重，重归中国文学实践；第二，坚持民族化方向，回到中国语境，充分吸纳中国传统文论遗产；第三，认识、处理好外部研究与内部研究的关系问题，建构二者辩证统一的研究范式。②

对于张江"重建中国文论必须有自己的理论基点"的主张，笔者深表赞同。中国当下文学理论存在的问题，确如张江所说，是理论的泛滥和理论的无效，即盲目引进和机械照搬西方文学理论造成虚假的繁荣而根本脱离中国文学实际，所以重归中国文学实践和坚持民族化方向对中国未来文学理论发展是至关重要的。而处理好外部研究与内部研究的关系，建构二者辩证统一的研究范式，对于消除当下文学理

---

① 张江：《当代西方文论若干问题辨识——兼及中国文论重建》，《中国社会科学》2014年第5期。
② 同上。

论研究的片面性和无序性，建构完整有序的理论体系，亦具有重要的意义。近20年来，随着中国文论"失语症"问题的提出，要求回归中国文学实践，回归本土化的中国文学理论研究的呼声日益强劲。不过，尽管有这种主张和声音的存在，中国文论的面貌事实上没有发生真正的改观，以西释中，盲目模仿和机械照搬西方理论，轻视本民族的理论遗产，脱离文学实践的风气依然盛行，依然主宰着中国当下文学理论的研究。如何使这种状况得到改变？笔者以为，关键并不在于是否从理论上认识到回归中国文学实践、坚持民族化方向等对于重建中国文论的重要性，而是要将这些理论主张落实到实处，形成一套行之有效的批评方法与策略。同时，要意识到回归中国文学实践、坚持民族化的方向，建立外部研究和内部研究统一的批评范式，只是中国文学理论建设应该坚持的方向而不是最终的目的，不能以一种文化自大的心态夸大本民族理论的价值和抵制对西方文学理论的接受与引进，排斥其他理论形态和资源对于重建中国文论的价值和意义。具体说来，重建中国的文学理论必须注意以下几方面的问题。

第一，要正确处理坚持民族化方向与引进接受西方文学理论的关系。张江认为"当代西方文论生长于西方文化土壤，与中国文化之间存在着语言差异、伦理差异和审美差异，这决定了其理论运用的有限性"，因而提出重归中国文学实践和坚持民族化方向以实现中国文论的重建问题。这里便存在着这样的问题：中西文论之间还存不存在理论的通约性？还存不存在古今共通的"诗心""文心"和价值评判标准？对此，张江并没有做出正面的回应。这就容易使人们产生这样的感觉，好像中西文论之间只存在着差异，只要明确了差异，坚持民族化的方向，充分吸收中国传统文论遗产，就能实现中国文论的重建。如果是这样，又如何理解百年来中国文学理论进程中的其他理论形态，包括马克思主义文学理论、西方文学理论、乃至中国现当代文论对于重建中国文论的意义？我们并不赞成那种以追求人类真理和价值的普遍性而祛除民族性的理论主张，因为文学理论离不开历史性、民族性的知识建构，没有民族性，缺乏民族的精神、民族的语言、民族的思想情感、民族的审美经验与特色，中国文学理论想要真正走向世界是很困难的。所以我们提出坚持民族化的方向，将本土化、民族化的文学理论建设放在优先地位,但这并不意味着排斥来自其他民族和文化传统的美学与文学观念。在全球化时代的今天,不同民族、不同文化的思想观念的交流融合也必然成为文学理论建构的重要选择,一个国家、一个民族的文学理论想要真正得到发展,真正在世界上发出声音,绝不能把自己封闭起来,必须接受来自于其他传统的美学与文学观念。对于20世纪西方文学理论的态度亦应如此,绝不能因为20世纪西方文论存在着严重的强制阐释倾向就否定和排斥其理论价值,将其拒之于国门之外,而是应该以一种平等对话的心态看待西方文论的引进与接受,充分吸取其中合理的、有价值的东西,并加以融合贯通,以推进民族化的文学理论研究与批评实践。

第二,要正确处理宏观、系统的文学理论建构与具体的文学现象和具体的理论问题研究的关系。张江认为,当代西方文论的理论范式形成有一个突出特点,那就是各种思潮和流派的狂飙突进,以抵抗传统和现行的秩序为目的,它们只是"提出一个方向的问题,从一个角度切入,集中回答核心的焦点问题,攻其一点,不及其余,不求完整,不设系统,以否定为基点澄明自己的话语",这种理论范式的长处是突出了理论的锋芒和彻底性,但其弱点也是致命的,那就是使文学理论走向碎片化、走向解构,其结果必然是文学理论及其学科的存在受到质疑。[①] 所以他提倡一种宏观的、整体的、系统的文学理论研究,认为:"实践证明,一个成熟学科的理论,大体上应该是一个完整有序的系统,在这个系统中,各方向的专业分工相对明确,配套整齐,互证互补。在理论生成和发展的整个过程中,某个方向的理论可能走得快一点,具有开拓和领军的作用。但是,随之而来的,其他方向的配套理论必须接续上来,逐步构成一个能够解决本学科基本问题的完整体系。"[②] 毫无疑问,宏观系统的理论研究对于文学理论的学科建设非常重要。因为文学理论是一门科学,它不仅要形成系统的知识和研究方法,形成对文学理论发展规律的总体认识,而且还要通过逻辑系统的理论建构来提升文学

---

① 张江:《强制阐释论》,《文学评论》2014年第6期。
② 同上。

学科的思辨水平。所以，文学理论绝不能只是一些不相关联的知识、概念、术语、范畴的经验总结，它必须有宏观整体的理论建构与研究思路。不过，在提倡这种理论建构与研究思路的同时，我们也应该看到，任何宏观的理论建构和系统性研究，都有自己的理论盲点与局限性。大一统、宏观的理论体系建构无法取代具体流派、方法、学说、思想观点的研究。福柯曾提出"理论工具箱"的看法，他认为，理论不过是对事物的解释，世界上有多少种事物就有多少种解释，所以多元化和差异性而不是系统性和总体性成为理论的根本特点。我们并不赞成福柯只强调多元性和差异性的"理论工具箱"的观点，但是这种观点却说明每一种理论都有自己所适应的对象与范围，不能夸大某一种"大理论"的理论建构而忽视具体的文学现象和理论问题的研究。20世纪后期，西方文论出现了"理论之后"的转向。所谓"理论之后"，按照伊格尔顿的表述，就是在经历了20世纪70—80年代的理论高峰之后，西方文学理论正在逐渐告别"关于真理、理性、科学、进步、普遍解放的宏大叙事"[①]而转向更为具体的文艺现象，也就是人们通常所说的"小理论"的研究。由于在中国学术界长期存在着一种对"大理论"迷恋的研究倾向，人们习惯于宏观叙事，习惯于空疏、宏大的理论体系建构而忽视具体的文学现象和理论问题的研究，这种研究不仅严重脱离文学实际，而且也造成研究者理论兴趣的缺乏，所以西方文论的"理论之后"的转向是很有启示意义的。对于中国当下的文学理论界来说，当务之急就是要实现这种转向，提倡"小理论"的研究，也就是要重视具体的文学现象和理论问题的研究，把解决文学创作和文学批评实际存在的问题作为优先考虑对象，而不是继续沉浸在"大理论"的幻象中。联系文学实际，做具体的理论问题的研究，常常比宏观的、系统的理论建构更容易生长出有意味、有原创性的思想和观点。这样的例子在中国现当代文学理论进程中并不少见，比如，王国维的境界理论，朱自清的"诗言志辨"，朱光潜《诗论》

---

① [英]特里·伊格尔顿：《二十世纪西方文学理论》，伍晓明译，北京大学出版社2007年版，第234页。

对中西诗歌意象、节奏韵律的比较,郭绍虞对神韵与格调范畴的解读,钱锺书的"诗具史笔,史蕴诗心"说,叶维廉对中西诗中山水美感意识的阐发,浦安迪对中西长篇小说文类的比较以及奇书修辞形态的研究,叶嘉莹、徐复观、童庆炳等人对赋比兴审美意味的阐发,刘若愚对中国古代诗歌时间和空间关系的分析,余宝琳对中国诗歌传统意象的解读,陈世骧等人对中国文学抒情传统的阐发,等等,都是从中国文学实践出发,从具体的文学现象和理论问题的研究出发,提出了有意味、有原创性的理论观点。这种从具体文学现象和理论问题出发的研究思路,如何转化为有效的文学批评方法与路径,以丰富中国当代文学批评实践,亦是中国文论重建过程中值得认真思考与探索的问题。

第三,要正确处理文学创作与文学批评、文学研究与文化研究的关系。首先看文学创作与文学批评的关系。文学理论的发展,自然离不开文学创作经验的总结,但是必须明确的是,文学理论并不是只是对创作现象的解释,也不是作为创作的附庸存在。文学理论作为一门独立的学科,有自己的独特对象,这种对象就是文学批评。文学批评当然离不开文学创作,但它绝不是创作的寄生形式。它本身也是一种思想和知识的结构,有独立的价值。如弗莱所说,批评是一种"说话的艺术",它不是仅仅基于对某一个作家作品的判断,而且更是基于整个文学的实际,对文学现象和规律的整体描述。张江提出要回归中国文学实践,这种实践在我们看来,不仅指文学创作的实践,也应该指向文学批评的实践。中国当下学术界有一种观点,强调文学理论要介入创作实践,对创作起指导作用,并把创作界出现的许多问题都归结为缺乏正确的文学理论指导。这种观点显然将文学理论与文学创作的关系简单化了。在历史上,真正对创作起到引导与改变创作方向的理论并不多。许多优秀的文学作品都是作家根据自己的人生体验与艺术实践,在突破原有的理论框架与范式基础上创造出来的。批评对于文学实践来说还有一个重要的领域,那就是对文学经典的解读,它是超越作家个体创作经验的。它不是对作家创造力的简单模仿,而是伟大的文学批评传统的体现;它可以给作家的创作提供启示,但是不会成为创作的附庸而失去批评自身的价值与品格。所以,单纯强调文学理论的意义在于指导文学创作,是无法解释文学理论的功用的。文学理论的功用还应该指向批评活动自身,理解批评在文学活动中的地位和作用。法国批评家塔迪埃将批评看成是"亚历山大港的灯塔",认为"20世纪里,文学批评第一次试图与自己的分析对象文学作品平分秋色"。① 为什么这样说?他认为"热爱文学,亦即欣赏发现的乐趣,'最终发现和澄清真理'的欢乐,发掘陌生园地的欢乐,只有批评才能揭示这块有时甚至令人生厌的园地,批评是第二意义上的文学",所以批评可以在我们的时代得到无限膨胀与发展。② 张江提出"以文本为依托的个案考察"的建构中国特色文学理论体系的研究思路,强调"选取一定数量有代表性的诗作,逐一进行文本细读",然后形成系统化、理论化的观点,认为"这才是中国诗学及中国文学理论应有的生成路径"。③ 这一研究思路固然有可取之处,但须注意的是:(1)批评不应只是对文学作品的一种解释,它本身也充满思想表达的乐趣,亦可以作为一种文学体裁和类型来看待,所以文学理论建构意义上的文本细读不限于诗歌、小说一类的文学作品,也应该包括批评文本的细读;(2)须谨防重蹈将文本孤立起来进行研究的西方文本中心主义的老路。弗莱曾提出著名的"向后站"的批评理论。他认为,在文学批评中,人们"得经常与一首诗保持一点距离,以便能见到它的原型结构"。④ "向后站"的批评显然不同于张江所提倡的文本细读。它强调的是要与具体文学作品保持一定距离,不拘泥于作品细节的解读,从大处着眼,从宏观整体把握文学作品的重要性。这为文学作品的解读提供了一种新的方法,同时也是对批评自身权利的维护。正是由于这种"向后站"的批评思

---

① [法]让-伊夫·塔迪埃:《20世纪的文学批评》,史忠义译,百花文艺出版社1998年版,第1页。
② 同上书,第9页。
③ 张江:《当代西方文论若干问题辨识——兼及中国文论重建》,《中国社会科学》2014年第5期。
④ [加]诺思罗普·弗莱:《批评的解剖》,陈慧等译,百花文艺出版社2006年版,第198页。

路,弗莱才提出了原型批评理论,强调要超越个别、具体的文学作品研究,从宏观整体来把握文学类型及其演变规律的重要性。这种"向后站"的批评思路,对于中国文学理论路径的生成,同样是有借鉴意义的。

其次看文学研究与文化研究的关系。文学理论应该坚守文学的本位,这是毫无疑问和无可争议的。卡勒在阐释20世纪兴盛的文化批评理论时说:"这可不是指关于文学的理论,而是纯粹的理论……有时理论似乎并不是要解释什么,它更像是一种活动——一种你或参与、或不参与的活动……。我们被告知,'理论'已经使文学研究的本质发生了根本的变化。不过说这话的人指的不是文学理论,不是系统地解释文学的性质和文学的分析方法的理论。"① 这自然是20世纪西方文化批评衰落的重要原因。不过,谈到这一点时,我们必须看到,文学意义的生成与发展,又无法脱离社会历史和文化的语境,所以文化研究对于文学研究的意义又不可忽视。法国著名文学理论家克里斯蒂娃提出"互文性"(intertextuality)概念。在互文性的语境中讨论什么是文学的问题,自然不能忽视文学文本、文学语言和文学形式研究的重要性,同时又不能把文本的阅读与解释只局限在文学文本与语言形式自身,还应该指向更大的社会历史和文化关联域,关注文学文本与文化实践、文本的边界等问题,所以必须重视文化研究对于文学研究的意义。20世纪70—80年代西方由文学研究向文化研究的理论转向,不管存在着什么样的理论积弊,有一点不可忽视,那就是在传统人文学科遭遇危机、文学日益疏离社会现实与公众领域的现实面前,这种理论转向突出了文学文本与文化、社会实践之间的关系,为文学研究打开了新的天地,也为文学理论学科赋予了新的内涵。虽然文化研究作为一种理论新潮已不复存在,但是它作为一种研究思路对今天的文学理论仍具有启示意义。经历了文化研究的思潮洗礼,人们已经不可能像20世纪初的形式主义与新批评理论家那样站在纯文学的立场上来思考问题,文化、哲学和政治的思考已成为理解文学现

---

① [美]乔纳森·卡勒:《当代学术入门·文学理论》,李平译,辽宁教育出版社1998年版,第1页。

象的重要理论与方法。所以，当今的文学理论重建，不是简单地从文化研究向文学研究的理论回归，而是应该以文学经验的阐释为中心，将文化研究与文学研究统一起来，既要防止文化研究对文学对象和文学经验的销蚀，将文学研究变成文化研究；又要有一种跨学科、跨文化的研究视野，将文学纳入到人类的各种文化和社会活动中，使文学理论发挥它应有的影响与功能。

"局域"的阐释力空间
——发现中国当代文论话语生长点的一种途径[*]

黄肖嘉[**]

对于从事文学理论研究和知识生产的人来讲,发现本土当代文论话语生长点、建构新的文论话语系统,是十分重要的。作为文化软实力的重要表征,文学理论的话语输出有助于重建中国文论领域的"文化自信"。在当代中国的学术语境中,对这一课题的思考需要在西方文论对中国文学及文论的"话语功能"层面上进行,因为中国近代以来的文学与文论话语塑型少不了西方话语的建构作用。西方文论对文学质素的发掘既拓宽了中国现代文学的表现领域,也为中国文论的现代转型提供了理论原则和概念资源,成为作用范围最广的知识范式。在认识到这种建构作用之后,我们可以考察"局域性"的西方文论与中国文学及文论在"阐释"维度上所牵带的历史和现实理论问题,由此来指认中国当代文论话语生长的路径。"局域性"描述的是西方文论以偏概全、片面垄断的话语传统,这一范畴的含义近似于童庆炳先生提出的"元素论",即认为西方文论在研究文学时,采用的是"元素论"的研究方法,"都企图从文学的某一因素、某一关系、某一部分来规定文学的整体"[①];"局域性"在此基础之上更强调西方文论用割裂和排他的方式对文学质素进行本质性规定的特点。而二十余年来中国学界在审视局域性的西方文论与中国文学及文论的关系时,谈论频次最高的是文学理论的

---

[*] 本文原刊于《北京师范大学学报》(社会科学版)2018年第2期。
[**] 作者单位:内蒙古大学文学与新闻传播学院。
[①] 童庆炳:《文学活动的美学阐释》,陕西人民出版社1992年版,第38页。

阐释品格，特别是文学理论对文学作品与文学现象的阐释力强弱。可见，阐释这个话题成了当代中国文论研究的焦点，可以作为中国当代文论话语建设与知识产出的向度之一被深挖。不过，此处并不拟从学术规则的导出、理论范畴的厘廓等角度进行具体的话语观点给定，而只探索一种寻找话语生机的途径或方向；途径或方向明确之后，经过大量的学术史爬梳等基础工作，理论话语体系的搭建与文化自信的建立才有可能获得学理支撑和实践方案。

一　作为话题焦点的"阐释"：中国当代文论的历史选择

　　西方文论在中国所发挥的理论话语功能之一便是在文学批评实践层面作为阐释工具、以相对完整的理论框架来赋予中国文学以陌生化的意涵。这种强调理论的应用价值的"工具化"行为有着中国传统实用哲学的思想背书。中国文脉中几乎没有纯粹自足的文学、艺术、学术等，"中国对艺术皆用实利的眼光去看"①，连抒发男女相悦之意的《关雎》也被安上移风易俗的政治功能。在这种实用主义的集体心理原型中，近现代中国学界对西方文论有着工具理性层面的价值定向选择。比如郭沫若曾将弗洛伊德的"力比多"说当作重新阐发传统作品的工具，视《西厢记》为自然情欲受到压抑后的隐曲之作，"《西厢记》也可以说是'离比多'的生产……是个体的性欲由其人之道德性或其他外界的关系所压制而生出的无形伤害"②。又如孔罗荪曾以马克思主义"经济基础决定上层建筑"理论来解读鲁迅小说《明天》，认为单四嫂子对儿子的不舍乃出于经济失怙之虑，"儿子长大了能养活她……这里只有'经济'的意义"③。可见一种理论在中国能否立足，很大程度上取决于其对文学问题阐释力的强弱。"西方现代当代文论在解释中国的现当代

---

　　① 夏丏尊：《中国的实用主义》，《夏丏尊散文译文精选》，中国文联出版社2003年版，第15页。
　　② 郭沫若：《〈西厢记〉艺术上的批判与其作者的性格》，《郭沫若全集·文学编》第15卷，人民文学出版社1990年版，第326页。
　　③ 罗荪：《关于鲁迅的〈明天〉》，《抗战文艺》1940年12月1日。

文学时要相对合适一些。"① 当然，除文学阐释力外，西方文论的话语功能也有其他表征，如范畴或学说之间意义的相互阐发。杨绛先生曾对比亚里士多德与李渔戏剧理论中关于结构整一性的观点②；童庆炳先生曾将中国古典艺术观念中的"物我同一"境界与西方美学中的"移情"论进行平行比较③；而张世君教授曾探索中西叙事理论中"脱卸"与"转换"概念通用的可行性④，等等。

由此可见，这种肇始于近代的将西方文论当作本土文学阐释工具的实用惯习使得当代中国文论话语建构的生机之一体现在阐释功能维度，这也是中外文论的共同使命，"为了阐释文学作品和把文学当作人们一种特殊的传达模式来看待，我们必须掌握文学理论"⑤。特别是在当代文学边界不断扩充，图像化、网络化、碎片化的文学新形态不断冲击传统书写印刷文学的语境中，中外文论也共同面临着由阐释对象"指空"、阐释品性降低带来的身份危机。

在此认识上纵观历史，中国学界近年来的多次文论话题大讨论也都涉及了文论的阐释力，以各种视角反思西方文论对中国文学事实的阐释有效性，争论中国古典文学思想的阐释能力以及可供其发挥阐释功能的话语空间，从阐释的向度思考中国当代文论发展的症候。1995年至今，学界先后发生了关于中国文论失语症、变异学、西方文论中国化、中国古代文论的现代转型、重建中国文论话语、文化诗学、反本质主义、文学理论批评化、强制阐释、中国古代文论研究中的阐释学重构等理论命题的集中讨论。曹顺庆等学者自 1995 年起便陆续指出，中国文论话语存在"失语症"⑥ 隐忧，若用西方文论来解读中国

---

① 陶东风：《关于中国文论"失语"与"重建"问题的再思考》，《云南大学学报》（社会科学版）2004 年第 5 期。
② 参见杨绛《李渔论戏剧结构》，《春泥集》，上海文艺出版社 1979 年版。
③ 参见童庆炳《现代诗学问题十讲》，中国海洋大学出版社 2005 年版，第 127 页。
④ 参见张世君《明清小说评点叙事概念研究》，中国社会科学出版社 2007 年版。
⑤ ［荷］佛克马、易布思：《二十世纪文学理论》，林书武等译，生活·读书·新知三联书店 1988 年版，第 1 页。
⑥ 参见曹顺庆《21 世纪中国文论发展战略与重建中国文论话语》，《东方丛刊》，1995 年第 3 辑；《文论失语症与文化病态》，《文艺争鸣》1996 年第 2 期；《再说"失语症"》，《浙江大学学报》（人文社会科学版）2006 年第 1 期等文。

传统文学与文论,便会遇到话语方式及修辞与逻辑难以合拍的难题。要解决这一隐忧,应"重建中国文论话语"①,要么使"西方文论中国化","对我国的文艺现象不能解释,陷于盲视者则补充之"②,要么完成"中国古代文论的现代转型","对古代文论与现代范式展开思考"③。在此论断前提下,蒋述卓、靳义增等学者进一步指出,在"中国化"或"现代转型/转换"时,应避免"将转换理解成一种挪移,用古代文论的范畴去解释当代文学问题"④,更不可"用西方文论来切割中国古代文论,切割中国古代和现当代文学创作实践"⑤。而后,曹教授又在比较文学学科理论的基本观念层面提出"变异学"构想⑥,对话赛义德的"理论旅行"说,强调跨文明研究中的异质性问题,由追求不同国家文化或文学的共同规律转而追求差异与非本质性,并反思中国学界在面对西方文论对中国文学的阐发作用时的"求同不知异"现象。而这种"去同存异"的思维倾向随着南帆主编《文学理论(新读本)》、王一川著《文学理论》、陶东风主编《文学理论基本问题》三部文学理论教材的出版⑦,演化为学界反本质主义的理论立场和话题焦点,即认为中国当代文论对20世纪90年代以来新的文艺现象的阐释力是虚弱甚至充溢着悖谬的,这是因为本质主义的思维方式,应将文学的本质问题语境化、历史化,主张研究具体文学问题,以及对此类质疑性观点的"反质疑"。进而,出现了"文学理论批评化"的声音和争议。盖生等学者担心,这种轻学理而重操作

---

① 参见曹顺庆、李思屈《重建中国文论话语的基本路径及其方法》,《文艺研究》1996年第2期;《再论重建中国文论话语》,《文学评论》1997年第4期等文。
② 陈厚诚、王宁主编:《西方当代文学批评在中国》,百花文艺出版社2000年版,第14页。
③ 曹顺庆、邱明丰:《重建中国文论话语的三条路径》,《思想战线》2009年第6期。
④ 蒋述卓:《多维视野中古代文论的现代转换》,《浙江大学学报》(人文社会科学版)2006年第1期。
⑤ 靳义增:《论文学理论"中国化"的基本途径》,《江西社会科学》2006年第5期。
⑥ 参见曹顺庆等《比较文学论》,第4章,四川教育出版社2002年版;《比较文学学》,第3章,四川大学出版社2005年版等教材或著作。
⑦ 此三部教材分别初版于浙江文艺出版社2002年版、四川人民出版社2003年版、北京大学出版社2004年版。

的理论指向易导致"理论维度的降解"和"思想蓄势的消散"①,针对是否应以某种理论在批评实践中的落实程度来判断理论阐释品格的高低而展开讨论。不过这很快引起了关于文学理论身份的论争,主要发生在主张扩充文学边界的"文化研究"与谨守审美本质的"文化诗学"两种理论持有者之间。而后,问题进入了文学理论学科本身的反思,即强调文学理论"走向阐释"的动向。李春青、毛宣国等学者指出,作为总体化意识形态的专业化形态,前现代文论多以"独白式的宏大叙事"方式存在,以"立法"的姿态统照文学问题,而 20 世纪以来,学界越来越强调文论学科的"阐释"向度,强调其言说对象的重要性,这也是未来的文论发展方向。②

以上的回顾不仅为了列举历史事件,我们从中更应看出这种历史构成本身便是话题性的。上述多次大讨论的思想构成和延伸方向固然是多元的,意义空间之间的界限也较模糊,但均言及中西文论作为方法论的合法性问题,反对对西方阐释话语的僵化模仿,思考它们对具体文学问题的阐释力大小及适用范围与强度,或是质疑中国古典文学思想的阐释实践及其作为阐释话语传统在当代的断裂。这些理论话题聚焦从历史相关性的角度生成了问题域的内在脉络,把"话语生长点"这一问题纵向语境化了,从而为当代文论向阐释皈依写好了前史。

在此趋势中,张江、朱立元、王宁、周宪等学者以"强制阐释"③为话语符号,把中国学界关于当代文论阐释品格的思考推向新的高度。张江认为,20 世纪以来,西方文论带有"背离文本话语,消解文学指征,以前在立场和模式,对文本和文学作符合论者主观意

---

① 盖生:《质疑反"本质主义"并商榷"文学理论的批评化"》,《浙江社会科学》2003 年第 1 期。
② 参见李春青《走向阐释的文学理论——文学理论学科性反思之一》,《学术研究》2001 年第 7 期;毛宣国《走向阐释的文学理论》,《华中师范大学学报》(人文社会科学版)2013 年第 4 期等文。
③ 参见张江《当代文论重建路径:由"强制阐释"到"本体阐释"》,《中国社会科学报》2014 年 6 月 16 日;《当代西方文论若干问题的辨识——兼及中国文论建设》,《中国社会科学》2014 年第 5 期;《强制阐释论》,《文学评论》2014 年第 6 期等文。及《清华大学学报》2015 年第 2 期、《学术研究》2015 年第 4 期张江、王宁、朱立元、周宪专题通信文章,《文艺争鸣》2015 年第 2、3 期"强制阐释论"研究专辑等。

图和结论的阐释"① 的根本缺陷,应回归以实践为"原生话语"、理论为"再生话语"的"文学阐释"与"阐释文学"。而西方文论从"场外""征用"来的理论资源能够与文学理论传统达成融合、落脚文学并形成长期有效的阐释力的先例并不够多,弗莱将荣格的集体无意识学说转化为文学原型说可算一例,而许多理论体系是不够具体化的,文论研究也存在理论推演与文本阐释的脱节,而某种"场外理论"能否"文学化",也应视其能否激活"文学性",而这,便需要在文本阐释实践中加以检验了。

若在张江等学者对西方文论强制阐释缺陷的研究基础上反观中国情况,便会发现,这种缺陷也存在于西方文论与中国文学的关系中。西方文论与中国文学相遇时,不仅携带了其先天的"强制阐释"性,其在中国的学科落脚更是明显存在类似"难接地气"的实践悬置或"接错地气"的误用现象,这才使当代中国文论的研究者的理论话语不约而同聚焦在"阐释"命题下。西方文论的阐释力一度被片面放大,其影响虽然既深且广,但其与中国文学的内在契合度曾被漠视,中国文学事实作为问题意识的应然出发点亦被漠视,这样一来,西方文论自身的"强制阐释性"尚在,而面对中国文学,又出现了"二次强制",连带中国古代文论无论从范畴、原理还是从体系、标准上,也对中国自己的文学失去了阐释效力。

更有甚者,连20世纪80年代以来的西方学界自身内部也弥漫着"理论已死""理论无用""理论终结""后理论时代"等末日气氛,如斯坦利·费什在其1980年出版于哈佛大学的著作《这门课里有没有本文》(*Is There a Text in This Class*) 中提出"理论无用"观,又如伊格尔顿在2004年的著作《理论之后》(*After Theory*) 提出"理论的黄金时代已成为过去",等等,同样担心文学理论越来越远离文学,既不纯然地来自文学实践,也不能有效地对文学实践做出解释,呼吁挖掘文学阐释的合理性和有效性。可见,文学理论对文学创作的阐释力已成为当代中西文论发展的共同挑战,理论与批评的双重品格作为西方文论的原生特质,二者的失衡或错置使西方文论话语在中国的接

---

① 张江:《强制阐释论》,《文学评论》2014年第6期。

受也出现了阐释难题。

由上可知，文学理论向阐释皈依便有一定的合理性与必然性了，而对中西文论阐释力的正视也便成了中国当代文论话语生长点的源发场域之一。何况，当前的文论话语生产需要"统合"的机制，因为在"替变"式思维已成为西方文论话语和思想史的主要生成方式时，"一种新的理论必须在否定过去的理论的基础上才能使自己得以存在"①，由此，文论研究的拆解性被强调，而建构性被弱化了，文论本身面临着理论能指无限漂移和碎片化的危险。

这不仅是西方文论的进展表征，也是深受西方影响的中国当代文论的问世姿态。那么，不妨在"阐释"的命题下寻找统合的平台。如果说，当代文论在内容层面上的总体性缺失已成为既定事实，不妨以阐释的名义在功能层面对碎片性加以整合，寻找对话的渠道，就如希利斯·米勒的《小说与重复》（*Fiction and Repetition*）在"重复"的线索周围融合了精神分析学说、神话原型理论、解构主义、社会历史批评、新批评等诸种理论流派的思想取向，在小说叙事批评方法上实现了不同理论的合作。如此，在历史化与语境化的问题提出背景下，阐释力也可以作为磁场与光源，提供话语生长的资源集散地与建构性动力。

反过来看这个问题，也会有相同的发现。文学理论毕竟不是文学实践，无法对每一种创作个例提供意义价值的完全同构性依据，而应持有天然的距离审视姿态与批判质疑意图。因此，我们现在提出在弹性范围内考察中西文论在当代的阐释力空间、吃透并探索中西文论与中国文学现状的意义可能，也是试图找到一种平衡。事实上，在将外来理论与本土文学进行耦合时，出现关于理论能指"空洞性"的焦虑与争论是必然的。特别是当"观念先行"成为中国近现代文学发展的基本模式后，文学成了"后知后觉"的理论图解者，对"什么是文学"这个理论问题的理解差异成了许多作家的灵感来源，也形成了文学理论对文学创作与文学研究的"倒挂"关系，关于文论阐释品格的焦虑和争论便更不

---

① 黄药眠、童庆炳主编：《中西比较诗学体系》，人民文学出版社1991年版，第20页。

可避免，更易由此出现新的理论生长点。上述"失语症""强制阐释"等议题中关于文论脱离文学实践的争论点均源自文论与文学、或西方文论与中国文学之间同构性与异在性价值的不平衡，每每不是用文学个例的特殊性去丰富理论的意义，而是用理论的普遍性霸权强行同构或遮蔽文学的特殊性。正因如此，学界才会有人主张让西方文论接受中国文学经典的阐释考验，找到文学意境与人物的新解与溢出理论边界的文学例证，寻求最有可能派生新的理论范畴的地方。① 本文试图打开的文论建设思路也正是延伸了这种观念。当然，这是在正视西方文论"局域性"的基础上进行的。

二 基于"局域性"让理论"思维化"：中西文论阐释品格对话之可能

近现代被大量引入我国学界的西方文论是各自具有"局域性"的。这种性质不仅体现在理论范畴本身的囊括面上，也体现在理论的阐释实践史上。这种"将有限总体化"的排他式意图和垄断性话语方式既是西方文论的传统与缺憾，也是中国当代文论建设应予正视的事实。特别是在"文化自信"成为当前国人精神追求的主流时，更不应让局域性的西方文论话语遮蔽我们的自主性理论建构视野。上文提及的"失语症""强制阐释""西方文论中国化""中国古代文论的现代转型"等理论探讨固然是个体的学术行为，但也暗含了整个学术界自发的民族文化自强意识；时至今日，这种意识已上升为自觉的文化自信诉求，便有必要基于西方文论资源的"局域性"特质来促成中西文论阐释品格的对话。

西方文论的体系建构通常从具体而细微的现象切入，剖解其机理，扩展其元素辐射面，得出本质性的结论。这种由小及大的局域模式埋下了自我解构的隐患。不同的理论流派立足于不同的文学事实，或对同一类文学事实以不同的角度将之"现象化"，其"片面的深刻"无法穷尽

---

① 参见孙绍振《西方文论的引进和我国文学经典的解读》，《文学评论》1999 年第 5 期等文，及上文提及的《西方当代文学批评在中国》等著作。

一切理论指向。文学事实的可通约性与不可通约性之间的消长转化造成了文论阐释力边界与总体性追求之间的不稳定平衡。当片面的有效性以普遍真理的姿态进行自我认证时,理论便会面临合法性危机。况且,当代西方文论体系的生成方式带有浓厚的二元割裂意味,即通过否定前人体系来树立自己的话语,如形式主义文论通过批判社会历史批评来引出文学内部研究方法,接受美学通过打破作家作品中心论来确立读者批评维度等,故而,其体系的完整性只相对地存在于不同理论流派内部。这是因为当代西方文论是在"科学理性"的分析性逻辑中诞生的论证进程和概念规范,它们发挥作用的场域也应是有限的。所以,我们应在认可差异的前提下承认这种"局域性",意识到依靠某种理论改写整部文学史的不可行,以某种理论将全部文学问题的讨论出发点作同一化处理也是不可行的,而在文本阐释中为许多理论和方法的局域性建立融合的契机,让具有相对普遍性和相对独立性的理论转化为可变适的方法。

鉴于此,我们可以在承认局域性事实、克服局域性缺陷的基础上对西方文论作用于中国文学事实的问题进行思索,并让中西文论在阐释的命题下对话。那么,是否可以设想这样一种理想状态:让西方文论对中国文学的作用"思维化"或"视角化",而非"范畴化"或"套路化"?让理论内容在无意识层面引导阐释方向,与文学文本进行视界融合,令文意自行生发,此种态度是理论对文学作品和作者的尊重,所以,理论的阐释特性是可调适的。在这里,某种理论特有的范畴、或"某某作品中的某某理论特征/现象"及"某某理论视野中的某某文学现象"一类的表述方式可不必直接出现,理论超越范畴概念等语言外观,以思想观念的形式存活在应用领域。这样一来,由理论范畴所承载的封闭式内涵变为开放性的思想基因。在上一节提及的诸位专家的论著里,钱锺书、宗白华、朱光潜、王国维等人的学术思路所受称道最多。这些人也多是在尊重文学事实、重视阐释实践的基底上,从思想化合的层面完成中西文论对话的。在他们的著述中,西方文论话语并未被整套引进,也少见范畴术语的搬用,中国传统文论潜在地影响着他们的审美观念,决定着他们对西方文论的选择、理解和评价,经他们的变异或改造后,用在文学阐释中。这是文化自信的合理性在学术逻辑上获得的支撑,也说明了学术问题所携带的文化自强意义。甚至,若把视野突破中西文学与中西文论范围,便会发现,在文学理论的总体话题中,近年由张江教授提出并与朱立元教授商榷过的"场外理论文学化"问题,亦主张思想的跨界借用,而非范畴结构的照搬,无论政治理论、心理学理论、哲学理论,其落脚点都是具体化的文学文本阐释,那么,被征用理论的内涵体系本身便成了形态相对含混的思想资源。①

其实,忽视局域性、把西方文论的某种范畴体系与中国文学或文论进行两两对应的强制阐释方法非但容易使我们的文化自信心"被他者文化所吞噬"②,也恰恰不是真正的文学通约性表达,如一见生态批评便认为中国的"天人合一"思想乃是古老的生态思想,殊不知,西方与中国对文学的基本定位便有差异,一为"摹仿",一为"诗言志","单纯的移用并不能达到预期的效果"③,鉴于此,要从知识论意义上找到理论术语在指称对象与路径上真正的对接点,只好回到文本的具体语境。在这一意义上,经验性、感悟式的中国古代文论也可以作为一种无形的思想资源来产生影响,它们在显性话语表层上的"断裂/失语"并不能抹煞它们在隐性线索层面上的延续,例如在借鉴苏联社会历史批评理论来评析文学作品的社会价值时,传统的"兴观群怨""知人论世"等对文学进行外部研究的思维习惯早已为此类理论的认可铺好了底色,这也是在阐释实践得到升华之后,本土文学理论以对话性、自主性的面貌进行知识生产的开始。

三 立足"局域"阐释力探索中国当代文论话语建设之实践方案设想

那么,如何定位西方文论的"局域"阐释力、进而发现当代中国文论的话语生长点、并且回应重拾民族文化自信心的时代要求呢?窃以

---

① 参见张江《场外理论的文学化问题》,《探索与争鸣》2015年第1期;朱立元《关于场外理论文学化问题的几点补充意见》,《探索与争鸣》2015年第1期等文。
② 曹顺庆等:《中国文化的"失根"和文化自信力的缺失——以中国文学领域的表现为例》,《探索与争鸣》2013年第10期。
③ [美]韦勒克、沃伦:《文学理论》,刘象愚等译,江苏教育出版社2005年版,第4页。

第四编 重建中国文论的可能路径

为,有必要梳理学术史,特别是西方文论在中国的落脚历史。界定理论学说的话语局限与阐释实践边界,回溯阐释力的生成机制和构成情况,考察理论在应用时的局域性厘清情况,甄别术语搬用嫌疑及将文学问题解决方式一统化的意图,以求形成一定的示范效应。从前"失语症""反本质主义"等批判性思考属于"破"的阶段,而"重建中国当代文论话语"等属于"立"的意图。当代西方与中国文论的发展,总要沿循"反思—批判—建构"这样一个以"破"求"立"的过程,文化自信的实现也不能止步于批判西方文论的话语霸权,而应有本土理论的切实创立。而当前中国文论研究界的话语焦虑在于,重建当代文论话语的呼声很高,但有建树性、指导性与可操作性的观点不多。[①] 所以,在形成知识性的话语系统之前,我们还是静下心来,首先寻找从何种途径可以实现这一目标,这便需要对学术史进行回望了。

而如前文所述,诸多理论思考均涉及了阐释力维度,我们不妨从阐释力的历史沿革切入。关于这一点,国内学界许多著述在涉及具体理论问题时已对某些理论的阐释力作了历史梳理[②],并意识到历史梳理的重要性,"整理借鉴西方理论进行中国文学创作、研究和批评的优秀案例是否更有助于中国文论的建设"[③],"'重建',则要清理'重

---

① 顾祖钊、张玉能等学者认为,童庆炳先生等提出的"文化诗学"观与张江先生等提出的"本体阐释"观可算作为数不多的理论话语有效建构,参见顾祖钊《文学理论的未来与中国文化诗学》,《社会科学辑刊》2013年第4期;《论中国文论的三部曲——兼及中国文化诗学的建构》,《陕西师范大学学报》2012年第1期;张玉能《本体阐释论质疑》,《上海文化》2015年第12期等文。

② 李春青教授曾反思后殖民主义在中国的"理论越界"(《"强制阐释"与理论的"有限合理性"》,《文学评论》2015年第3期);杨冬曾对比王国维与朱自清运用西方文论阐释中国文学的方法合理性(《理论的限度》,《文艺争鸣》2015年第8期);李啸闻对张隆溪、周蕾等擅用西方理论阐释中国文学的学者学说有所比较(《"过度阐释"与"强制阐释"的机理辨析》,《文艺争鸣》2015年第10期);陈梦熊曾批评运用弗洛伊德理论对杜甫诗歌进行强制阐释的作法(《从杜诗研究谈强制阐释》,《重庆工商大学学报》2016年第2期);刘亚律曾梳理中国学者在阐释本土叙事文学问题时对西方叙事学理论的选择性接受(《西方文论中国化的若干策略问题》,《江西社会科学》2009年第4期);刘锋杰曾研究梁实秋采用心理学视角对文学的解读(《文论创新的"现代"资源——对中国现代人文主义文论的一种期望》,《文艺理论研究》2008年第6期),等等。

③ 夏秀:《从"妄事糅合"到"强制阐释":20世纪以来关于西方文论与中国文学关系的三次省思》,《文艺争鸣》2015年第5期。

建'之前的文论和批评"①。特别是，当国内外学界充满着对"后理论时代"的身份忧虑，更应通过重新审视理论的问世背景以及登陆中国的始末，发现新的理论热点，延续理论生命。而对于中国文论发展，则可在阐释功能领域里对每一种理论观点在中国学界的旅行脉络做微观考察，通过弄清理论"不应是什么"或"不应如何发生意义"之后，找出相对合理的意义生产方式。其实，新的本土理论话语生长点已经在阐释的节点上萌芽了。张江教授的"本体阐释论"化用了艾柯的"文本意图"论②，提出"文本的自在性"，认为本体阐释应"以文本的自在性为依据"，"从文本出发而不是从理论出发，拒绝前置立场和结论，一切判断和结论生成与阐释之后"③，可作一种理论研究的"前见"。

在梳理学术史时，既可梳理理论本体的研究史，也可梳理理论作为阐释工具的批评实践史，让知识论层面的理论与方法论层面的经验互动在话语言说过程中，找到阐释力与基础知识生产的互动发展机制，实现本土理论建构。每一种理论流派在进入中国学界的阐释实践时，都遇到了"借用"与"征用"的交织，以及作为"思想资源"与作为"预设结论"的转换，也曾与中国古典文学思想进行碰撞，生发出新的理论品格甚至概念范畴。其中，尤值得注意的是上文提及的一种现象，即"强制阐释"不仅是西方文论的话语弊端，也是在中国接受语境里被工具化过程中的惯常形式，存在"二次强制"的缺陷。因此，在进行学术史爬梳时，还应重视区分理论是作为思想资源或"前见"被借鉴的情况，还是作为"前置立场"被搬用的情况。知识生产来自实践，理论话语的生产性建构也源于阐释实践，而我们在对理论阐释力及阐释史的回顾方面所作的工作是稍嫌欠缺的，尚未真正获得抛弃阐释维度来创造理论范畴的能力，发现与探索的道路依然很长。当然，关注文论的"阐释力"、并通过整理学术史来对其进

---

① 王尧：《"强制阐释"与中国当代文学研究》，《文艺争鸣》2015年第11期。
② 参见艾柯等《诠释与过度诠释》，王宇根译，生活·读书·新知三联书店1997年版。
③ 毛莉：《当代文论重建路径：由"强制阐释"到"本体阐释"——访中国社会科学院副院长张江教授》，《中国社会科学报》2014年6月16日。

第四编 重建中国文论的可能路径

行挖掘和清理,并不意味着进入"理论批评化"或"批评理论化"的纯粹形而下层面,而是兼及学理纯度与操作实效。"阐释力"之"力"便体现在知识构成及生产与知识实践的互动上,带有理论对接或互补、平衡理论"立法"与批评操作的互文性空间。它试图发现以文学审美体验为基础进行互动的过程,通过对阐释过程的重新理解及对理论阐释能力的整体性概括,避免理论的"指空",这正是进行原创性思想生产、进而引发具有相对普遍性的实体理论"立法"的前期工作或起点。"文学理论如果不植根于具体文学作品,这样的文学研究是不可能的。文学的准则、范畴和技巧都不能'凭空'产生。可是,反过来说,没有一套问题、一系列概念、一些可资参考的论点和一些抽象的概括,文学批评和文学史的编写也是无法进行的。"[1]但与以往带有本质主义嫌疑的理论不同,统照在阐释命题下的理论话语不是认知性的,而是生成性的,根植于那些有待于理论概括的文学事实与学术事实。换言之,为解构主义思维所诟病的传统文论提问方式多偏重回答"文学是什么"这一逻各斯中心主义意味浓厚的问题,为文论体系大而无当、概念能指过于抽象、理论再生遵循"从理论到理论"途径等弊病埋下隐患。而"阐释力"则希望将理论范畴这一知识论层面的问题与价值论意义上的文学结合起来,在"是什么"的基础上多问些"文学为何存在"或"文学如何产生意义"一类欢迎开放式思维、并可能形成理论对话张力的问题。这与理论知识生产并不矛盾。例如,曾军教授曾对比传统"别车杜"现实主义理论与巴赫金"复调小说"理论对陀思妥耶夫斯基小说的阐释实践,由实践效果对比过渡到两种理论体系的文学阐释力对话,再上升到理论影响层面,发现两种理论各自的学理指向这一独立的诗学问题,在这里,理论的阐释品格与知识构成是相谐的。[2] 并且,我国现代文论建设史上有诸多西方话语参与中国文学阐释、进而形成文论知识建构的

---

[1] [美] 韦勒克、沃伦:《文学理论》,刘象愚等译,江苏教育出版社 2005 年版,第 33 页。

[2] 参见曾军《问题意识的对话——中国巴赫金接受 30 年的回顾与反思》,《学习与探索》2009 年第 5 期。

成功先例。例如，朱光潜《文艺心理学》第十三章"艺术的创造（一）"曾立足姜嫄履巨人足迹而生后稷等中国早期神话，联系弗洛伊德"欲望升华说"，来解释艺术创作的原始动机，"文艺是一种慰情的工具，所以都带有几分理想化，艺术家不满意于现实世界，才想象出一种理想世界来弥补现实世界的缺陷"①。这既是对西方理论视角的借鉴，又不是以文艺作品当作理论注脚的"强制阐释"；中国古典文学思想中亦有"白日梦"的说法，如《红楼梦》批评才子佳人俗套"他自己看了这些书看魔了，他也想一个佳人"，由此产生的理论话语是在中国传统文论脱胎于审美经验而形成的现象论话语方式基础上，化用西方理论思维，在具体文学作品或文化现象的阐释实践中形成的知识系统，可以作为当代文论话语建设的示范性个案。

以上对当代中国文论话语建设的历史反思、现实缺憾与未来倾向做了粗略的评析和猜想，其实只涉及了一个简单的道理：文学理论研究负有学术进步与文化担当的双重使命，中国当代文论的健全发展，起因于研究者文化意识的自觉，有赖于研究者对话语生长点的准确把握与深度思考。所以，可以尝试让中西文论在阐释的维度上对话之后，激活其中最能阐发当代"中国式"文学问题的思想因子，用现代语言范式加以表述。文学理论的意义本就应当发生在认识论、理解论、工具论、反思论、价值论、方法论等多维度的交叉点上，其研究与产出的生命场本来就是由应用研究、发展研究与基础研究互相激发的，故而，局域性理论阐释力历史的梳理无法穷尽问题的全部，而仅仅是通往文论话语创新与文化自信重建的路径之一，其所追求的"空间"效应是做好开放式对话准备的，是留有与作品意图、其他理论相互阐发及自我修订的余地的，当然，也留有与理论平行研究、理论互释研究等其他理论创新可行之路的互补余地。

---

① 朱光潜：《文艺心理学》，安徽教育出版社2006年版，第181页。

返道·立本·致用·诗性
——中国文论建构的四个关键词思考[*]

潘链钰[**]

引 言

一定之语境产生一定之理论。中国文论是在中国文化语境影响下产生和发展的理论，这是对中国文论最为简单与基础的理解。但中国文论的语境生成绝非如此简明。近来随着西方"强制阐释"种种弊端的显现，[①] 文论家们开始反思并建构中国文论自身之独特路径。早在20世纪，季羡林就论断："我们中国的文艺理论不能跟着西方走，中西是两个不同的思维体系，用个新名词，就是彼此的'切入'不一样。"[②] 季先生拿严沧浪的"羚羊挂角，无迹可求"、王渔洋的"神韵"、袁枚的"性灵"、翁方纲的"肌理"与王国维的"境界"为例，说这些极具中国特色的文论话语是西方语言难以完全翻译与传达的。因为中国文论话语所处的语境是独特的。

之所以说中国文论的语境独特，可以从四个角度考察。一是中国文论本身扎根于悠久的学术传统和深厚的文化基壤，这给文论提供了不竭源泉。二是以儒家思想为核心的中国文化所具有的兼容精神，为

---

[*] 本文原刊于《中国文学批评》2017年第3期。
[**] 作者单位：湖南师范大学文学院。
[①] 参见张江《强制阐释论》，《文学评论》2014年第6期。
[②] 季羡林、林在勇：《东方文化复兴与中国文艺理论重建》，《文艺理论研究》1995年第6期。

中国文论当代发展提供了吸收外国资源与采纳异域视野的能力。因而当代文论的发展要有一种全球意识，要具有兼收中西的气魄。三是中华民族刚健有为之精神一直引导中国文论走向"致用之思"与"有用之文"。因而中国文论不能走向空谈，而是要走出为国、为民、为人生、为艺术的姿态。四是华夏文化中讲求的诗性智慧深刻影响着中国文论之建构。

由此可见，欲对中国文论建构做出努力，则不可忽视其内在之力。欲把握其内在之力，则不可遮蔽其应有语境。因此，深刻把握与分析"返道""立本""致用""诗性"四个关键词，应是对中国文论建构的一种有益求索。

一　返道之动：知其源，则知其然

中国文论话语建构在当代有着深刻的历史困境。一方面来源于当前传统文论话语的无力态势，另一方面来源于西方文论话语的强势发展。面对这样的困境，很多致力于文论研究的学者提出了应对策略。从整理古代文论的精粹之思，到衔接现代文论的新型语境；从借鉴西方优秀的文论思维，到融通中西文论思想的不断尝试；从反思古代文论的不适应症状，到提出建构中国自身文论话语的强烈意识。中国文论的每一步都饱含着艰辛与勇气，其发展的每一个环节都凝聚着前辈们和学者们的心血。纵观各种建构中国文论的话语，实际上归纳起来就是四个字：中西合璧。意即借鉴西方优秀资源和思想理论，重新建构属于中国文论自身的话语体系。这样的看法几乎应该是一种历史必然。因为从晚清开始，包括中国文学与文论在内的中国文化都在向世界汲取新的知识与理念。因此，中西融通应该是一个不错的道路。

很多学者提出并实践着中西融通，然而，还是有一个非常重要的问题挡在途中。中西融通的前提是二者的融通条件达到成熟，但是反观中国文论自身的条件，实际上还不是非常成熟。原因在于当下我们建构中国文论话语的基壤很大程度上依旧是西方舶来的。我们自身的传统去了哪里？这是非常值得反思的。因此，面对中西融通这样的学术战略，我们的首要目的是真实而深刻地把握自身的话语优势。我们的话语优势又从何而来？其实，中国文学与文论一次次的复古与追圣，实际上就是给我们认清自身话语优势提供了一个非常适合的模式。强调让中国当代文论研究回归中国思想文化之源将成为一种有力的呐喊。正如党圣元所说："中国当代文论研究应当回到中国思想文化和文论的原点去理解和阐释传统文论，并以此为基础强化中国文论的文化身份意识，树立中国文论的文化主体性。"[①]

老子《道德经》第四十章的首句云：反者，道之动；弱者，道之用。天下万物生于"有"，"有"生于"无"。[②] 老子认为"反（返）"是道之能动的必然规律，天下万物从"无"到"有"，正是道之能动的表现。这种"动"其实也是一种追寻、溯源与回归，也就是老子所谓的"反（返）"。"道"正是这样一种不断追寻、溯源、回归进而升华的过程。这个观点跟马克思主义认为的社会发展乃是一种循环上升的观点极为相似。

我们必须强调的是，此种"返道"之"道"，重点是儒道之道，而核心是儒家之道。因为儒家之道被认为"是人类思想体系最具有生命力的体系之一"。[③] 儒家之道不仅开创了一套完善的伦理规范，而且不断躬身实践自我提出的家国理想。更令世人惊讶与赞叹的是，儒家强调的"和"促使华夏民族成为古代最重视文教的民族。返儒家之道，归文化之源，从根本上有利于人民教化与社会和谐，有利于国富民强。当然，历史需要淘洗与扬弃，中国文化尤其是儒家之学也应如此。儒家文化中存在的封建等级秩序与重男轻女等糟粕思想是需要摒弃的。当下文论是建设国家富强与人民民主之文论，是构建和谐自由之文论。这些思想在儒家之学中多有体现，不失为一个建设当代文论话语的可取泉源。

可见，欲求中西文论思想之融通必先发扬自身文化资源之精粹，

---

① 党圣元：《传统文论的当代价值与民族美学自信的重建》，《中国文化研究》2015秋之卷。
② 《老子》，饶尚宽译注，中华书局2006年版，第100页。
③ 金观涛、刘青峰：《兴盛与危机——论中国社会超稳定结构》（增订本），香港：中文大学出版社1992年版，第275页。

欲扬华夏文化之光辉又必先以返归文化本源为首术。返，是冷静澄澈的回望，是文化之追溯与灵魂之坚守。

二 立本之能：体悟天地，以本为先

如果说"返道"是一种文化回归层面的扶正，那么"立本"则是在"返道"基础上的固本。之所以要固本，是因为很长时间以来，学界一直存在着文学理论无国界的论断。然而，我们认为，自然科学可以没有国界与民族性，但包括文学理论话语在内的人文科学是存在国别与民族差异的。毕竟历史不同、审美不同，一味在文论话语上"崇洋媚外"必然导致自身文论话语民族性的消解。因此"正视文艺理论的民族性，坚持民族化方向，这是中国未来文艺理论建设必须遵循的原则"。① 然而，加强本土话语，并非固步自封，也不是自以为是。正相反，"立本"乃是认清当下中国文论话语发展与困境局势的一种突围。正如顾祖钊认为全盘西化或者西方理论中国化之毒害最深者莫过于民族文化主体性的丧失和理论创造力之萎缩。② 因此，立本乃是加强文化主体性的建构，是重铸中国文论话语与化解文论失语危机的必要环节。

立本之思亦可以从文论源头之一的经学找到一丝明晰的线索。原本中国文论就是紧密联系着经学发展的，这也是中国文论的特点之一，二者实际上是一脉相承的。文化生成视域下的经学与诗学有一种天然的同体共源之关系。先秦时期的经学与诗学多是政治建设下的文学表征。自刘勰始，有关经学与文论关系的研究要么内化成为一种批评标准，比如诗之"六义"；要么外显为一种卫道原则，比如韩柳的复古思潮。其他研究则散见于各类诗文评点之中。经学与诗学的关注热度持久不衰，至清代桐城派还有迹可循。

---

① 张江：《当代西方文论若干问题辨识——兼及中国文论重建》，《中国社会科学》2014 年第 5 期。
② 参见顾祖钊《中国文论家：该换一种"活法"了》，《文艺争鸣》2013 年第 1 期。

具有意识形态特性的经学思想生成之初便有勾连天人、达通文史、统贯身心的巨大包容力度。在经学经典性生成的先秦两汉时期,经学思想又深化为治国方略与文化根基,成为影响中华文明进程最重要的因素,对中华民族的精神与个性、素养与心态、思维与抒情产生了重大影响。作为心灵外显与情志表达的诗学思想,在其生成之初便追求物我同一、意象交融、至臻至美的澄澈境界。在诗学的人文厚度不断加强的先秦两汉时期,诗学思想继续内化为文化修养与个性生成,至中古世纪以空灵神韵、诗思交融、境象兼美的诗性表达,成为中国文学发展最明显、最重要的风格因素,对中国诗学认知与批评、领略与感受、交流和表达都颇有影响。

更为重要的是,体系宏深的经学与审美交融的诗学并非是平行发展、无甚交集的两个范畴。恰相反,它们之间有着千丝万缕、互促互进的特殊关系。这种关系,在先秦表现为"共体同源",在两汉表现为"经尊诗丽",在六朝表现为"经乱诗显",在唐宋表现为"经定诗雅",在明清表现为"经综诗则"。

经学与文论乃是相互交融的。按照这样的思维,由汉至宋的经学发展,有一个明显的线索便是由强调大众修为到强调个体修为。汉代勾连天人的经学气魄,经由唐代经学的转型,至宋明则更为强调个人身心的修养。程朱理学与心学实际上是一种修身之学。从修身到平天下,一环紧接一环,它的起点却是自身。这与唐代禅宗思想强调的自性自悟实际上是同属于唐宋文化转型下的思维产物。

因此,立本是宋明以来一以贯之的文化要求。面对西方话语的强劲势头,中国文论话语并非毫无是处,做到自身话语的诚与正,是建构中国文论话语的重要环节。中国文论话语要敢于突破西方,敢于立足当代,真正打造出姚文放所说的与当下转型期的中国现实发展相适应、学术上与中国当代现实发展相匹配的"精神层面的新格局"。[①]毕竟文化与文论乃是一种活性之体,"其身正,不令而行;其身不正,

---

① 参见姚文放《大众文化批判的"症候解读"对当代中国文论重建的启示》,《中国社会科学》2015 年第 4 期。

虽令不从"(《论语·子路》)。做好中国文论之立本,既是"返道"的进一步深化,也是话语建设的目的和归宿。

三 致用之力:以成因用,有的放矢

"致用"是中国人文学术的特征。北宋张载曾有名言传世:"为天地立心,为生民立命,为往圣继绝学,为万世开太平。"① "为"即是目的之用。致用也是中国古代文论的传统。古人之"用"为国为民,今之"用"亦然。于中国文论话语建设而言,如果"返道"和"立本"是话语建构的方向,那么"致用"则是建设手段。毕竟一种理论如果没有明确的致用之力将会变成假设与空谈。朱立元就认为中国文论话语要以"我"为主,立足国情,从现实出发,发现和解决特殊问题。② 朱立元正是针对当代文论话语现状而发。当代文论话语与古代相比,较为缺乏明确的致用意识。因此,注重文论话语的致用性,既是对经世致用思想的回归,也是强化当代中国文论话语的责任意识和担当意识。因为,"为人生而艺术"才是中国艺术的正统。③

所谓责任意识,即要认识到文学与文论的主体必须是人,具有情感与思想,并且文论为人是文论本身应当具备的性质。因而,文论的致用之力,首先就是要为人承担应有的责任。一方面,人的内在情感与志向需要文论进行引导和陶冶。《诗经》开始的"诗言志"传统,正是一种内在的文论为人的表现,是对内在情感与志向的倡导。反观当下中国文论话语建构,虽然有着保守主义与自由主义之别,但实际上,无论是保守主义的卫道原则还是自由主义的唯美倾向,落脚点都应在人本身。毕竟,文学是人学,文论亦人论,是人的审美认知与评价标准的符号化与话语化。因而必须重视文论话语的内在致用之力。

另一方面,文论之致用还应该坚守人的外在关系。人是一切关系

---

① 《黄宗羲全集》第3册,吴光点校,浙江古籍出版社1985年版,第795页。
② 参见朱立元《以我为主,批判改造,融化吸收——关于西方文论中国化的思考》,《中外文化与文论》2015年第2期。
③ 参见李维武编《徐复观文集》第4卷,湖北人民出版社2002年版。

的总合，纷繁复杂的社会就是一张人与人建构的关系网。一部中国历史，很大程度上就是意识形态话语体系与文学文论话语体系的双向互动构成。明确和强化文论话语的致用性是文论话语建构不能也不应该逃避的原则性阵地。在当下文论语境中，始终保持为人服务，始终认识到意识形态的致用之力，应该说对于文论发展是有很大益处的。

所谓担当意识很大程度上是说中国文论话语本身具有极强的文化属性的内在要求，重新建构文论话语时，不可放弃或者忽视它本身的传承效应。代迅就认为中国古代文论的基本概念（如"风骨""气韵"等）和现代文艺基本处于绝缘的关系，原因是中国文论讲求的一种所谓注经式的思维形式妨碍了理论与现实的互动，而中国文论注重的领悟性思维又相对模糊了概念与范畴的清晰度，他认为这样的方式极不利于古代文论的新生。[①] 因此，注重对社会现实与文艺现实的把握，实际不是排斥文艺理论的对外理性，正相反，是对文论发展的外在之功的深度把握。

中国文论并非纯粹的唯美的文论，中国文论的发生、发展始终紧密联系现实与社会。应该说在中国文论大环境下，这样一种担当意识不会凭空消失，不会衰落无声，而应大胆发出自己的声音，因为"能够代表中国文论最高水准的优秀文论，一定是能够解决实际文学问题的文论"。[②] 之所以这样说，是因为文论本身所具有的实践力量乃是校验文论话语好坏的唯一标准，同时它也是衡量中国文论话语能否成立的一把最重要的标尺。

责任意识和担当意识是致用之力的一种文化承载。拿诗歌来说，中国新诗人并不能跟西方现代主义诗人一样张扬个性与自我，"从中国新诗发生的那一天起，种种社会现实和人生问题就一直挤压在中国新诗诗人面前"，[③] 使得产生于国家动荡时期的新诗总是热切关注民族危亡和人民灾难，表现出与西方截然不同的态度，体现出"致用"

[①] 参见代迅《中国文论话语方式的危机与变革》，《文学评论》2011年第6期。

[②] 王学谦：《用自己的眼光看西方文论——张江的"强制阐释论"与中国文论建设》，《文艺争鸣》2015年第3期。

[③] 赵小琪：《西方话语与中国新诗现代化》，中国社会科学出版社2012年版，第115页。

背后的责任与担当。而这种责任与担当与经学经营意识及儒家兼济天下的精神是一脉相承的，既然如此，那么面对中国文论现代化与当代发展的大局，更应加以秉持与重视。毕竟这种责任意识和担当意识，不只是一种为大我的文学表现，还是一种为整体的文学表现。因此，"中国的文论建设，必须从中国文学实践出发"。①

四　诗性之心：博采天地，灿烂于文

"话语方式是思考和阐述问题的方式，因为语言是思维的直接现实，是思想的外衣。我们用什么样的方式来思考，也就决定了用什么样的话语方式来阐述。"② 中西方的语言观有着极大区别。要而言之，中国古代文论话语注重诗性之抒情，"文"与理相得益彰，论文如赋诗，极具可读性，这是典型的诗性化语言。中国古代文论的话语方式明显涵盖着古人的诗性智慧与民族的诗性光芒：《毛诗序》的风雅之美，汉赋论的庄华之气，陆机《文赋》之字字珠玑，表圣《二十四诗品》之诗眼画境，论诗诗之含彰思理，旁批下注之隐秀谐趣，凡此种种，皆能感荡心灵，沁人心脾。与此相比，西方文论话语则侧重逻辑推理的演绎，文论语言深构哲思，内契推论，可算是典型的理性化语言，但有时难免会理过其辞而稍有"嚼蜡"之嫌。诗性语言与理性语言作为两种不同的话语表达与思维方式，本无对错高下之分，但语言与表达是民族思维审美的缩影，是极具国别性、民族性和地域性的，因此对于中国文论话语的建设来说，吸收古代文论之文心诗性，发扬华夏文明诗性智慧具有极其重要的意义。文论本身的书写是中国文论话语重建的基本问题之一，面对当前中国文论话语多偏重于逻辑演绎的表达方式这一状况，我们的文论话语应更多地体现出华夏文明与智慧的光芒与本色，将中国文化与传统带有的诗性之灵充分展现出来。古代文论家刘勰一再提倡文质彬彬之文："圣贤书辞，总称文章，

---

①　张江：《当代西方文论若干问题辨识——兼及中国文论重建》，《中国社会科学》2014年第5期。

②　代迅：《中国文论话语方式的危机与变革》，《文学评论》2011年第6期。

非采而何！夫水性虚而沦漪结，木体实而花萼振，文附质也。虎豹无文，则鞟同犬羊；犀兕有皮，而色资丹漆，质待文也。"① 刘勰并不一味赞同六朝讲求绮丽之文，也非"殆同书抄"式地一味说理。刘勰深刻意识到"文"之诗性与"理"之逻辑必须兼采而无偏废才能深得文理。

然而反观西方文论，它似乎具有这样的特点：多从概念出发，越抽象越是形而上和超验，就越被认为有学术价值。但这却与文学文本"义在咫尺，思隔山河"。文学仿佛陷入了自我循环与消费的封闭怪圈。② 其实，文学理论与审美阅读经验越来越远，既是理论现代性所促使，更是诗性脱离所致。因为"当代西方文论生长于西方文化土壤，与中国文化之间存在着语言差异、伦理差异和审美差异，这决定了其理论运用的有限性"。③

当然，面对文论现代化的历史语境，古代文论的话语环境跟当下的话语环境截然不同。但文学更多是一种内在情感之力，荒凉的沙漠之中尚有绿洲的可能，更何况在兼容并蓄的儒家思维为主体的文化环境下保持一颗能与现代化并行不悖的诗心呢？

从文体与风格的角度而言，诗性之文也可以说是一种极符合民族特性的要求。"中国古代文论的简短之美、含蓄之美、内敛之美、静穆之美、转喻之美、灵动之美，全部在紧跟西方文论表达之下失去了应有的色泽。甚至很多中国文化传统中早就成熟的文论范畴，成为了当下文论话语建设为'匹配'西方话语而刻意摆出来的精美古董。"④

文学很多时候是一种生存态度。古代文论反映出古人对文学有着极强的诗意生活的态度。无论是春花秋月、夏蝉冬雪，还是古往今来、逸闻趣事，古代文论都用生活化与诗意化的态度去面对。把

---

① （南朝梁）刘勰：《文心雕龙注》，范文澜注，人民文学出版社1958年版，第537页。
② 参见孙绍振《建构文学文本解读学》，《文艺报》2013年9月6日第2版。
③ 庄伟杰：《中国文论的当代性反思与本土性建构——兼及对当下文学批评存在问题的思考》，《文艺争鸣》2015年第3期。
④ 潘链钰、李建中：《"经""文"视阈下的中国文论话语范式研究》，《华侨大学学报》（哲学社会科学版）2016年第5期。

"人"跟"文"结合起来,追求天人合一、诗境和谐的境界,是一种真正把文学视为人学的态度。所以,汉赋之恢弘有着赋家天地之心的气魄,《二十四诗品》之精妙有着华采天文与人淡如菊之静穆,诗话有着诗人个性的展现与生活的情趣,它们全部是一种"诗意的栖居"。因而即使中国文论面对现代化挤压,中国文化重视内涵与心性的内在之力,加上民族风骨的诗性之灵,其实能够很好地化解所谓的危机并弥补其不足。其实,文体书写在中国是一种成熟的形式,只要专注于文化传承,提倡诗性之文,保持文化特色与文论话语本色,诗性智慧的传统就可以一直得以延续。这应该是中国文论话语重建可以为之自豪的事情之一,也是中国文论话语应该重视的环节之一。

从返道到立本,从致用到诗性,文论本身的建构实际代表了理论家反思的高度。毕竟文艺理论的高度往往与民族文学反思的力度成正比,而且文论批评能够明显反映出文学思想家自我关注的深度和思想交锋的力度。[①] 因此,"返"是为了一种文化语境的寻根;"立"是一种文论自信的重铸;"用"是一种话语立场的启用;"诗"是文论表达的一种升华,这四者,正是一种舍后之得,目的就是要让中国文论焕发出新的活力与生机。

---

① 参见王岳川《中国镜像:90年代文化研究》,中央编译出版社2001年版。

论"强制阐释"之后的当代中国文论重建[*]

李自雄[**]

从 2014 年以来，张江先生针对西方文论存在的弊端提出强制阐释的观点，并发表了系列论述。① 这一观点的提出，正如有学者所言，"如同一块巨石，在国内外的文艺理论领域激起了千层浪，而且涟漪不断"②，引起了持续的关注与讨论，成为一个重要的理论事件，这一方面无疑有利于我们对西方文论做出重新审视与认识，而另一方面，正如张江先生所指出的，"对西方文论的辨析和检省，无论是指出其局限和问题，还是申明它与中国文化之间的错位，最后都必须立足于中国文论自身的建设"③。也就是说，我们做出强制阐释的批判，

---

[*] 本文原刊于《厦门大学学报》（哲学社会科学版）2017年第2期。
[**] 作者单位：山东大学威海校区文化传播学院。
① 参见张江《当代西方文论若干问题辨识——兼及中国文论重建》，《中国社会科学》2014年第5期；毛莉《当代文论重建路径：由"强制阐释"到"本体阐释"——访中国社科院副院长张江教授》，《中国社会科学报》2014年6月16日；张江《强制阐释论》，《文学评论》2014年第6期；张江《关于"强制阐释"的概念解说》，《文艺研究》2015年第1期；张江《场外理论的文学化问题》，《探索与争鸣》2015年第1期；张江《关于场外征用的概念解释》，《清华大学学报》（哲学社会科学版）2015年第2期；张江《强制阐释的主观预设问题》，《学术研究》2015年第4期；张江《前见与立场》，《学术月刊》2015年第5期；张江《阐释模式的统一性问题》，《社会科学战线》2015年第6期；张江《前置结论与前置立场》，《北京师范大学学报》（社会科学版）2015年第4期；张江《关于"强制阐释论"的对话》，《南方文坛》2016年第1期；李晓华《关于"强制阐释"的追问和重建文论的思考——张江教授和王齐洲教授对话实录》，《江汉论坛》2016年第4期。
② 白烨：《"强制阐释论"在文论界引起热议》，《光明日报》2016年4月11日。
③ 张江：《当代西方文论若干问题辨识——兼及中国文论重建》，《中国社会科学》2014年第5期。

并不是为批判而批判,而是基于当代中国文论的重建需要。那么,在"强制阐释"之后,我们应该如何探寻当代中国文论的重建之路?这显然是我们亟需解答的问题。目前学界也有些不同的看法,亦存在一些理论误区。下面,笔者即拟对此做出必要的厘清与分析探讨,以期对问题的研究思考能有一种更为准确的理解与把握。

一 "回归文学论"及其强制阐释困境

我们知道,对于"强制阐释"之后的当代中国文论的建设发展,张江先生提出了从"强制阐释"到"本体阐释"的重建路径。对此,尽管不同的论者从不同的角度或方面有一些不尽一致的观点与主张,但总体说来,都赞同实现当代中国文论建设的本体回归,并有两种主要倾向及思路值得注意:一种是主张回到文学本身进行当代中国文论重建,另一种是主张回到中国传统进行当代中国文论重建。我们可分别称为"回归文学论"和"回归传统论"。对于张江先生提出的强制阐释的观点及其做出的批判,正如有论者所指出的,它"既体现了极强的文学本位(本体)意识,同时也体现了极强的文化本位(本土)意识"。[1] 就此而言,如果说"回归文学论"的重建思路与主张是基于"文学本位(本体)意识"而提出来的,那么,"回归传统论"的重建思路与主张则是出于某种"文化本位(本土)意识"而得到申张的,而自有其理论的针对性,但却又都走向了某种理论重建的误区。

先看"回归文学论"的重建思路与主张。这种重建思路与主张认为,"文学理论应紧紧围绕文学本体进行,即以文本为起点、为核心、为落脚点进行阐释,让理论回归文学自身",[2] 也即是"坚持文学的文本细读原则,回到文学文本",并以此将中国文学理论的建设推向

---

[1] 刘方喜:《具体性误置:强制阐释论的哲学方法论探讨》,《云南师范大学学报》(哲学社会科学版)2016年第1期。

[2] 张玉勤:《强制阐释论的逻辑支点与批评策略》,《学术研究》2016年第1期。

"新阶段"。① 我们知道，张江先生提出的强制阐释的观点，从其所体现出的"文学本位（本体）意识"来看，是主要就当代西方文论，具体来说是 20 世纪 60 年代年代兴起的批评理论存在的理论弊端而做出批判的。批评理论作为一种文化研究理论，诚如张江先生所指出的，这样一种理论"与文学理论不同，批评的理论不限于文学，而且主要不是文学。它规划了一个跨学科的领域，哪怕就是以文学为起由，其指向也是哲学、历史、人类学、政治学、社会学等，文学以外其他一切方面的理论，而不是文学理论。更确切地说，批评理论的对象甚至也不是理论，而是社会，是理论以外的物质活动"②，而表现出"背离文本话语，消解文学指征"，及"抹煞文学理论及批评的文体特征，导引文论偏离文学"的强制阐释问题。③ 也正是在这个意义上，一方面，我们并不否定上述"回归文学论"的重建思路与主张具有某种补弊纠偏的理论诉求及其合理方面的因素，但另一方面的问题，也是我们这里要探讨的，即：如果按照这种重建思路与主张，回到其所谓的文学自身，我们的文论研究及理论构建是否就能走出强制阐释的理论困境呢？

我们不难发现，在这样一种"回归文学论"重建思路与主张看来，其所谓对文学自身的回归，也就是回到文学文本，这实质上是将文学视为一种文学文本的自足对象，亦即一种文学自足的观点。对于这种文学自足的观点，我们可追溯到 20 世纪初的俄国形式主义文论，它主张关注文学自身，也就是文学文本自足的语言形式及文学性。这种观点在英美新批评那里通过对含混、张力、悖论、反讽等文学语言与文本特质的强调而得到了进一步的发展，英美新批评的代表人物兰色姆所提出的"文学本体论"即是主张以文学文本为本体和自足的对象来展开其理论阐释与批评，并把这一自足对象视作理论阐释与批评的"出发点"和"归宿"。④ 这种文学自足的

---

① 范玉刚：《强制阐释论的意义阐释》，《学术研究》2016 年第 2 期。
② 张江：《场外理论的文学化问题》，《探索与争鸣》2015 年第 1 期。
③ 张江：《强制阐释论》，《文学评论》2014 年第 6 期。
④ 张隆溪：《作品本体的崇拜——论英美新批评》，《读书》1983 年第 7 期。

观点强调理论研究的文学指向,这本来没有错,诚如张江先生所指出的,任何理论都有其特定的理论指向与对象,"这个指向不是可有可无的小问题。在逻辑上讲,这是理论的定性根据。一个理论,它的本质或者说理论基点是什么,将决定它的分类和性质"。① 文学理论也不例外,其理论指向也必然是文学。但需要注意的是,作为这种理论指向的文学,也并非是以成品的形式存在,而是以一种活动而存在的。显然,上述文学自足的观点将文学视为一种文学文本的自足对象,其问题也在于此。

文学作为一种活动,正如艾布拉姆斯所指出的,是由世界、作品、作者、读者等四个要素组成,并构成了文学理论研究应该把握的四个维度,即社会历史维度、文学文本维度、作者维度与读者维度,而不能单一、孤立地以某一维度或方面来理解与认识文学,否则就难免会从一个理论极端及误区走向另一个理论极端及误区。而具体到上述"回归文学论"所针对的那种背离文学文本及文学对象的理论极端及误区,这种所谓"回归文学论"的重建思路与主张在反拨这一理论极端及误区的同时,显然是走向了另一个理论极端及误区,即:以所谓文学自足而把文学文本孤立起来,拒绝掉了它与社会历史、人类文化活动的关系。从这个意义上来说,如果说批评理论,其作为一种文化研究理论所忽视的是文学文本的存在价值,这样一种对文学的理解与认识,使"文学研究及其文本分析的方法就只能遵从社会学意味很强的文化研究的模式,沦落为文化研究的一种'症候式解释'"②,并最终远离文学文本及其文学特征,而出现了张江先生所批判的强制阐释问题,那么,上述所谓"回归文学论"的重建思路与主张则是以一种文学自足的观点,在将文学视为一种文学文本的自足对象的同时,也就人为割裂了文学与社会历史、人类文化活动应有的深刻联系,这种对文学的理解与认识,也显然是一种强制阐释。

---

① 张江:《场外理论的文学化问题》,《探索与争鸣》2015 年第 1 期。
② [英] 拉曼·赛尔登、彼得·威德森、彼得·布鲁克:《当代文学理论导读》,刘象愚译,北京大学出版社 2006 年版,第 329 页。

二　"回归传统论"及其强制阐释困境

我们再看"回归传统论"的重建思路与主张。这种重建思路与主张是建立在对中国传统文学理论的独特价值的充分认同的基础之上的，在这种观点看来，中国传统文学理论是有其独特价值的，只是中国传统文学理论及其独特价值在西方理论话语的主导下被遮蔽不显了。

这种"回归传统论"的重建思路与主张对中国传统文学理论的独特价值的认同，是与它所认为的中国传统文学理论不同于西方异域的独特的文学审美体验及话语方式相联系的。这种观点指出，"中国传统文学理论以独特的文学审美体验与话语方式显示出中国文学理论的独特性，在世界诗学体系中可谓独具一格"，而呈现出与西方文学理论及文论话语不同的风貌和特质，但中国现当代文学理论的发展却"主要立足于西方话语"，并构成了一种来自异域理论立场的批判关系，即"以西方的文学观念与话语范畴批判中国传统文学理论的话语与文学经验"，从而体现出了相当"鲜明"而持续"动态"的"批判性"。也由此，"文学理论的西方价值观念在中国文学理论界获得了极大的优势力量，甚至形成了主导的文学观念"，并对中国文学理论格局的变化与走向产生了重要影响。"随着西方文学理论的风起云涌，不同观点的文学理论，从语言学符号学、精神分析心理学、结构主义与解构主义、存在主义、后现代主义、新历史主义、女性主义、生态主义，到文化研究、媒介理论等等，不断涌入中国文学理论的场域，形成了文学观念的多元化、复杂化，形成了文学理论的概念范畴的漂浮与泛滥，形成了中国文学理论界对西方文学理论的复制、模仿、套用。"① 而也正是在这样一种情况下，中国传统文学理论各方面的研究一直都是"或被忽略，或被遗忘"，而那些"原本属于它们的理论领地被西方文论纷纷占去"，并在"被颠覆、被抛弃"中"移向了边缘"，这也"最终促成了西方文论独大的局面，西方文论在中

---

① 傅其林：《强制阐释论的范式定位》，《学术研究》2016年第3期。

国这片土地上,正在创造和演绎着一个'外来的和尚会念经'的传奇神话"。①

质言之,以这种"回归传统论"的重建思路与主张来看,中国现当代文学理论在西方理论话语的主导及对"中国传统文学理论的话语与文学经验"的批判下,"创造了西方文论阐释一切、解释一切、无所不能的神话",而中国传统文学理论则被置于了"从属者的位置"②,或被湮没的处境,从而也"失去了中国文学理论家探索的根基,失去了中国文学理论的原创性与独特的话语体系建构与阐释"。③这也就是说,中国文学理论要走出西方理论话语的主导及其强制阐释,必须祛除"西方的文学观念与话语范畴"对"中国传统文学理论的话语与文学经验"的批判性盲视,改变对西方文论的"顶礼膜拜",扭转"长时间以来,我们视西方文论如珍宝,弃传统文论如敝屣"的局面,④并通过对这种传统的回归,实现当代中国文论的重建。

如我们前文所指出的,张江先生提出的强制阐释的观点,在对当代西方文论进行"辨析和检省"的同时,也申明了"它与中国文化之间的错位"。对此,张江先生指出,"当代西方文论生长于西方文化土壤,与中国文化之间存在着语言差异、伦理差异和审美差异,这决定了其理论运用的有限性",⑤中国文论界对西方文论的亦步亦趋与简单移植,就会导致理论语境的误置与强制阐释的出现。不容否定,所谓"回归传统论"的重建思路与主张在很大程度上是出于对上述这样一种理论倾向的不满,但问题在于,这种"回归传统论"的重建思路与主张显然是把中国文论等同于中国传统文论了,也正是在这一逻辑下,当代中国文论的重建也就成了向中国传统文论的回

---

① 李小贝:《当代西方文论神话的终结——强制阐释论的意义、理论逻辑及引发的思考》,《学术研究》2016 年第 6 期。
② 同上。
③ 傅其林:《强制阐释论的范式定位》,《学术研究》2016 年第 3 期。
④ 李小贝:《当代西方文论神话的终结——强制阐释论的意义、理论逻辑及引发的思考》,《学术研究》2016 年第 6 期。
⑤ 张江:《当代西方文论若干问题辨识——兼及中国文论重建》,《中国社会科学》2014 年第 5 期。

归，那么，这种回归是否就能使当代中国文论走出强制阐释的理论困境而为其建设发展获取新生呢？

在当代中国文论界，对于这种"回归传统论"的重建思路与主张，其实我们并不陌生，如果我们联系20世纪90年代中后期发起的有关中国文论失语症问题的讨论①，就会发现它针对西方文论的强制阐释问题而提出的内在关联性。如果说张江先生的强制阐释批判侧重的是"西方文论怎么坏"的问题②，那么，这种"回归传统论"的重建思路与主张，则是以"中国传统文论如何好"来解决这一问题的。这显然是与失语症论者解决中国文论失语症问题的方案如出一辙，只不过是在目前强制阐释批判的语境下得到了更进一步的强调与申张。在这种"回归传统论"的重建思路与主张看来，我们的文论建设不能满足于对西方话语的照搬照抄，而需要进行中国话语的构建，这无疑是对的，也是我们积极努力的方向。但值得注意的是，这种观点的所谓中国话语的构建是建立在一种什么样的基础上的呢？他们的回答是：回归传统。显然，在中国文论话语的构建方面，我们要充分吸收利用中国传统思想及文论资源的有益成分，这也应该是没问题的。然而，正如有学者所指出的，"传统中国的东西，可能是好的，也可能是坏的"，对于中国传统的理论资源，我们也要有这样的分辨，而不能"以它的中国性证明它的正确性"，否则，就会在故步自封中"导致理论上的'裹脚布'现象"，并产生理论认识的误区。③ 对此，上述这种"回归传统论"的重建思路与主张显然是缺乏分辨的，而正是"以它的中国性证明它的正确性"了，这样一种理论认识的偏差，用张江先生提出的强制阐释观点来看，显然也就构成了这种重建思路与主张的前置立场，并也必然是一种强制阐释。

---

① 自1995年始，曹顺庆先生连续发表《21世纪中国文化发展战略与重建中国文论话语》（《东方丛刊》1995年第3期）、《文论失语症与文化病态》（《文艺争鸣》1996年第2期）、《重建中国文论话语的基本路径及其方法》（《文艺研究》1996年第2期）等系列文章，提出中国文论的失语症问题，引发文论界持续讨论。

② 许徐：《"强制"之后，如何"阐释"？》，《文艺争鸣》2015年第6期。

③ 高建平：《从当下实践出发建立文学研究的中国话语》，《中国社会科学》2015年第4期。

三 回归实践与当代中国文论重建

由上文的分析可知,对于"强制阐释"之后的当代中国文论的建设发展,尽管目前有所谓"回归文学论"的重建思路与主张,还有"回归传统论"的重建思路与主张,但都未能走出强制阐释的理论困境。那么,在"强制阐释"之后,我们的文论重建如何才能突破强制阐释的理论困境并为当代中国文论的创新发展提供可能呢?

我们知道,张江先生对强制阐释的批判是从其四个逻辑支点展开清理的,一是"场外征用"对具体文学对象及实践的偏离;二是"主观预设"将"实践沦为证明理论的材料";三是"非逻辑证明"对具体常识的无视;四是在"认识路径"上"用理论阉割、碎化实践"。我们可以看到,张江先生对强制阐释的这些批判与清理实质上都有着同一个问题指向,即对具体文学实践的忽视,从认识论根源来看,也就是张江先生所指出的,"理论构建和批评不是从实践出发","而是从既定理论出发,从主观结论出发,颠倒了认识和实践的关系"。[1] 而背离了实践这一理论构建的根本出发点,这正如有学者所认为的,"离开了文学实践,理论就成了无源之水、无本之木。然而,这一常识却常常被人们忽视"。[2] 这就要求我们的理论构建从具体的文学实践出发,而不是也不能在一种理论的封闭和孤立状态中制造话语。

联系上述两种文论重建思路与主张,我们不难发现,这两种思路与主张的理论误区也正在于:将文学与文论封闭起来,并造成了理论构建与具体文学实践的疏离。如果说"回归文学论"的重建思路与主张是封闭在了一个文学自足的范围,那么,"回归传统论"的重建思路与主张则在认为"中国存在着一种古今一脉相承的文论体系"[3]

---

[1] 张江:《强制阐释论》,《文学评论》2014 年第 6 期。
[2] 高建平:《从当下实践出发建立文学研究的中国话语》,《中国社会科学》2015 年第 4 期。
[3] 同上。

的同时，也陷入了这样一种脱离具体时空语境的自我体系的封闭，并最终都在一种理论的封闭和孤立状态中远离了具体的文学实践，而这也正是它们终究未能走出强制阐释的理论困境的根源所在。

基于上述分析，我们认为，当代中国文论的重建要走出强制阐释的理论困境，实现从"强制阐释"到"本体阐释"的理论构建，就必须从强制阐释的认识论根源入手，将其理论构建的认识逻辑从理论与实践倒置的强制逻辑校正过来，从而重新恢复理论与实践的正确关系，回归到实践这个根本出发点上来，从具体的文学实践活动出发，并在这一基础上进行一种有效的理论重建。具体来说，又需要正确把握和处理好以下两个方面的关系问题。

一是理论构建的学科性质与其他学科理论的关系问题。

文学理论是关于文学的理论，它是对文学的属性、特点和规律的研究，这也决定了其理论构建的学科性质。也正是在这个意义上，我们的理论构建，就如张江先生所指出的，"必须指向文学并归属文学"[①]，并建立在"对文学实践的深刻把握"的基础上，否则，"其必然结果是，理论的存在受到质疑，学科的建设趋向消亡"。[②] 而正是在这一点上，张江先生在针对当代西方文论，尤其是批评理论那种偏离文学对象，"抹煞文学理论及批评的文体特征，导引文论偏离文学"的强制阐释问题作出批判的同时，也表现出了对文学理论学科性质的坚守与维护。[③]

但同时需要指出的是，我们坚持文学理论的学科性质，也并不意味着把文学及文学理论封闭起来进行理论建设，忽视对其他学科理论的借鉴吸收。而这也正是我们针对前面论及的所谓"回归文学论"的重建思路与主张及其文学自足观点所要进一步探讨的问题。我们在这里也并不是要否定这种"回归文学论"的重建思路与主张是出于对文学理论学科性质的某种思考，这从它对文学文本的重视就可以看出，张江先生也强调我们的理论阐释不能背离文学文本，这无疑也是

---

① 张江：《场外理论的文学化问题》，《探索与争鸣》2015 年第 1 期。
② 张江：《强制阐释论》，《文学评论》2014 年第 6 期。
③ 同上。

对的。但正如有学者所指出的,我们的理论构建不能没有对"文学理论学科性质的严肃思考","文学理论必然也必须是关于文学的理论",而"所谓的关于文学",从文学实践的层面来说,自然不能忽视文学文本的重要性,但同时也"不仅是指文学文本",而是包括与之相联系的各种"人类生活"及"相关的活动",① 并构成了文学理论研究的对象。我们前文提到的艾布拉姆斯也曾指出,文学作为一种活动,其由世界、作品、作者、读者等四个要素组成,显然也不是以所谓文学自足而把文学文本孤立起来,而是将文学视为与人类社会、历史、文化相联系的一种实践活动。这就需要我们的文学理论研究与建设从这一实践活动出发,广泛吸收借鉴其他学科理论的观念、方法与理论成果,从哲学的、社会的、历史的、政治的、文化的、心理的等多维角度打开文学研究对象的阐释空间,认识和理解文学的生成与发展,而不是也不能将文学这一研究对象置于一种封闭与孤立状态中去理解与阐释。这也是我们前面提到的俄国形式主义与英美新批评在西方文论发展道路上最终难以为继的原因。而张江先生所说的兴起于20世纪60年代年代的批评理论也正是以对这一理论倾向的反拨姿态而出现的,从这一点来看,这种批评理论对社会历史和文化的关注在当时对于打破上述的理论封闭无疑有其积极意义的一面。

正是从这个意义上来讲,张江先生所批判的批评理论的强制阐释问题,就其对其他学科理论的运用而言,并不在于它这样一种理论的运用及从社会历史文化的理论视野为认识、理解文学提供的思想资源、观念与方法,而在于它运用这些理论时走向了脱离文学实践、无关文学对象的"泛文化"领域。② 也正因此,尽管张江先生反对上述这样一种对场外理论脱离文学实践、无关文学对象的强制征用,但也并不否定文学理论研究与建设对其他学科理论成果的吸收与借鉴,而是"从来都赞成,跨学科交叉渗透是充满活力的理论生长点"③,他

---

① 高建平:《从当下实践出发建立文学研究的中国话语》,《中国社会科学》2015年第4期。
② 张江:《当代西方文论若干问题辨识——兼及中国文论重建》,《中国社会科学》2014年第5期。
③ 张江:《强制阐释论》,《文学评论》2014年第6期。

同样反对将文学视为一种文学文本的自足对象而"重蹈西方文本中心主义的老路"。对此,张江先生指出,文学文本只是"整个文学实践活动"中的一个环节,其"生成和定型"受到各种社会历史文化等复杂因素的影响和制约,把文学及文学理论看作一个自足封闭的体系同样是一种"偏执与极端"。① 正如乔纳森·卡勒所指出的,"来自其他领域的著作"可以为"思考文学"提供"强有力的资源"②,然而也不是说变为一种"根本与文学无关的'理论'"的"捣乱"。③ 这就要求我们的文学理论建设坚持理论构建的学科性质,但并不是走向一种理论的封闭,也需要向其他学科理论的借鉴吸收,并必须立足于具体的文学实践活动,也就是张江先生所说的,将"其理论成果落脚于文学,并为文学服务"。④

二是理论构建的中国话语与西方文学理论的关系问题。

我们的文学理论需要有自己的声音,用张江先生的话来说,就是"不能以引进和移植代替自我建设"⑤,这是张江先生对当代西方文论进行强制阐释批判得出的结论,并关涉一个理论构建的中国话语与西方文学理论的关系问题。

张江先生曾指出,"重建中国文论必须有自己的理论基点",我们要"坚持民族化方向,回到中国语境,充分吸纳中国传统文论遗产"。⑥ 我们认为,对于中国传统文论遗产的合理成分的充分吸纳,自然是必要的,也是我们需要的,但同时要明确是,这也并不意味着对西方文学理论的排斥与抵制。而这也正是前述所谓"回归传统论"的重建思路与主张"以它的中国性证明它的正确性"所出现的问题,

---

① 张江:《当代西方文论若干问题辨识——兼及中国文论重建》,《中国社会科学》2014 年第 5 期。

② [美]乔纳森·卡勒:《当今的文学理论》,生安锋译,《外国文学评论》2012 年第 4 期。

③ [英]拉曼·赛尔登、彼得·威德森、彼得·布鲁克:《当代文学理论导读》,刘象愚译,北京大学出版社 2006 年版,第 326 页。

④ 张江:《场外理论的文学化问题》,《探索与争鸣》2015 年第 1 期。

⑤ 张江:《当代西方文论若干问题辨识——兼及中国文论重建》,《中国社会科学》2014 年第 5 期。

⑥ 同上。

在这种观点看来,"是西方话语的引入使得中国话语矮小化、苍白化,使我们进而失语的,因此要清洗掉西方影响"①,这种观点的排他性是显而易见的。

对西方文学理论及文论话语的排斥与一味否定,和张江先生所指出的那种对它缺乏辨识的盲从②一样,都是一种不科学的做法,是从一个极端到了另一个极端。我们并不否认不同国家、民族及文化存在着不同的文论话语,正如有学者所指出的,"各个国家、民族和文化,都有依托自身语言的自己的文论话语",显然,中国文论话语亦是如此,但它也"不是一种与世界绝缘的独特话语",更不意味着与其他民族和文化的文论话语的"相互排除、相互封闭"。③ 巴赫金曾指出,任何思想都不是生活在自我"孤立"状态,"它如果仅仅停留在这里,就会退化以至死亡",思想只有同"别的思想发生重要的对话关系之后,才能开始自己的生活,亦即才能形成、发展、寻找和更新自己的语言表现形式、衍生新的思想"。④ 中国文论的发展与理论创新显然也不是在自我封闭的孤立话语状态中可以实现的。对于不同民族和文化的文学理论及文论话语,我们应该看到,它作为一种对文学性质及原理的理论概括,"具有普遍性的诉求",但"民族性本身所依附的民族语言载体,既会给它带来优势,也会给它带来局限性"。因此,"一种文学理论不可能放之四海而皆准,也不能只局限于一个国家、民族和语言。不同的理论要对话,在对话中丰富和成长",而不是不同话语间的彼此隔绝,不同理论间的相互沟通与对话,交流和借鉴,会"改进并成就彼此"。⑤ 所以,正如张江先生所指出的,尽管当代西方文论存在着严重的强制阐释问题,但我们"并不是要否定西

---

① 高建平:《从当下实践出发建立文学研究的中国话语》,《中国社会科学》2015年第4期。
② 张江:《当代西方文论若干问题辨识——兼及中国文论重建》,《中国社会科学》2014年第5期。
③ 高建平:《从当下实践出发建立文学研究的中国话语》,《中国社会科学》2015年第4期。
④ 《巴赫金全集》第5卷,河北教育出版社1998年版,第114页。
⑤ 高建平:《从当下实践出发建立文学研究的中国话语》,《中国社会科学》2015年第4期。

方文论"①，也不能因此将西方文学理论与中国文论的建设发展对立起来，甚至拒之于国门之外，而应以更加开放的理论态度看待西方文学理论及文论话语的引入，加强不同理论间的交流对话，而对于其中有价值的部分，我们也要予以充分的借鉴吸收。

一种理论话语的价值，最关键的在于它能否对现实的实践问题做出有效的理论阐释，这也是张江先生提出的强制阐释观点对我们的重要启示。就此而言，无论是中国传统的文论话语，还是西方文论话语，都只是我们重建中国文论与构建中国话语的理论资源，对于这种理论构建来说，它们还有一个有效性的问题。这正如有学者所指出的，这些理论资源与我们当下的理论构建之间的关系，是"横向的"，"古代与外国的思想作为资料，是必要的"，是在理论构建中"随时需要'拿来'的"，是我们进行理论构建的"空气"和"营养"，然而，从理论构建的纵向关系来看，"就像树要有根一样"，对这些思想资源及理论话语的吸纳与利用，还要从"根"，也就是实践出发，建立在对当代中国的文学实践有效性的基础之上。② 只要是在这一有效性的基础之上，无论中西的理论资源都是可以用于我们的文论重建及中国话语构建的，而不是像"回归传统论"的重建思路与主张那样"以它的中国性证明它的正确性"，更不是由此形成一种排他性。也正是在此意义上，中国文论话语的建设，要立足于当代中国文学实践及其现实需要，"广泛吸收人类文明的一切优秀成果"，而不是在一种对狭隘的"民族主义话语的迎合"中走向对西方理论资源及文论话语的拒斥，③ 否则，不仅不利于我们自身理论的发展，也会在一种自我封闭中变成一种自言自语，更遑论走向世界发出自己的声音，而这也就最终违背了我们构建中国话语的初衷。

总之，对于"强制阐释"之后的当代中国文论的建设发展，尽管目前有所谓"回归文学论"的重建思路与主张，还有"回归传统论"

---

① 李晓华：《关于"强制阐释"的追问和重建文论的思考——张江教授和王齐洲教授对话实录》，《江汉论坛》2016年第4期。

② 高建平：《从当下实践出发建立文学研究的中国话语》，《中国社会科学》2015年第4期。

③ 同上。

的重建思路与主张,但都未能走出强制阐释的理论困境。无论是"回归文学论"的重建思路与主张,还是"回归传统论"的重建思路与主张,都表现出了理论构建的封闭取向及误区,前者是封闭在了一个文学自足的范围,后者则陷入了一种中国传统文论的自我体系的封闭,并最终都在一种理论的封闭和孤立状态中远离了具体的文学实践,而这也使它们终究没能走出强制阐释的理论困境。当代中国文论的重建要走出强制阐释的理论困境,实现从"强制阐释"到"本体阐释"的理论构建,就必须从强制阐释的认识论根源入手,将其理论构建的认识逻辑从理论与实践倒置的强制逻辑校正过来,从而重新恢复理论与实践的正确关系,回归到实践这个根本出发点上来,从当代中国具体的文学实践活动出发,在理论建设中坚持应有的学科性质与中国话语构建,并处理好与其他学科理论和西方文学理论的关系,从而既克服张江先生所批判的当代西方文论那样直接征用场外理论而造成的文学研究对象的偏离和当代中国文论话语自身构建的不足,又避免所谓"回归文学论"和"回归传统论"的重建思路与主张将文学视为自足的研究对象和在自我封闭中与西方文学理论对立起来而出现的那种重建误区,以突破上述理论误区及强制阐释困境,推动当代中国文论的创新发展,并参与到世界文论的大合唱中去,发出中国的声音,通过彼此的交流互鉴促进共同的发展。

问题导向与"强制阐释"之后的文论突围路径[*]

李圣传[**]

近几年来,在全面反思当代西方文论缺陷与重建当代中国文论的学术潮流中,围绕着"强制阐释论""理论中心论""公共阐释论"等学理问题,学界掀起了一波又一波的争鸣和研讨,不仅在"焦点议题"的争锋中摆脱了过去"自说自话"的文论尴尬局面,实现了学科话语的聚焦与对话,更在"热点问题"的总体反思中显示出学科不断克服"话语危机感"寻求"理论突围"的自觉走向。这种不断反思与超越西方文论话语霸权,并试图在中国传统文论以及当下现实基础上重构当代文论话语体系进而重建民族美学的理论自信,亦成为2017年文艺学研究的总体精神状况。适时回顾与总结过去一年文艺学各领域研究的新动向,既能有效捕捉"强制阐释"之后文论突围与建构的学理趋势,亦能为学科不断超越模式积弊、实现理论突围提供经验借鉴。

一 "意图""阐释"与当代西方文论的方法论问题

2017年文艺学研究的焦点仍是对西方当代文论缺陷的辨识,尤

---

[*] 本文得到教育部"霍英东青年教师基金"资助、北京市科技创新平台项目资助,本文原刊于《文艺评论》2018年第3期。
[**] 作者单位:首都师范大学文学院。

其侧重对方法论的批判，并随着"强制阐释论"的不断纵深，逐渐延伸到"作者意图"和"阐释边界"这两个重要议题的反思中。尤其是围绕张江先生《意图岂能成为谬误》及《开放与封闭》引发的关于"作者意图"及"阐释边界"的研讨，激起学界广泛热议。

其一，"强制阐释"的相对合理性及其必由之路。早在"强制阐释论"提出之初，李春青教授便基于中西文论总体脉络指出了"强制阐释"与理论的"有限合理性"问题，[①] 张玉能教授也十分警醒地指出强制阐释的"历史的必然"[②]。近来，张隆溪教授同样指出："阐释是一种艺术，文学的阐释尤其如此，这当中没有一个机械硬性的规定。"文学阐释既是"多元的"也"不应各执一端"[③]。事实上，"强制阐释"的确指出了西方后现代文论的某些问题，却也是"文化转向"后西方文论建构的话语特征。无论是解构主义、女权主义、新历史主义还是文化研究，其突出特点就是要走出过去"文本中心主义"的模式，并在克里斯蒂娃提出的"互文性"层面上注重跨学科知识的"打通"。正是这种跨学科知识的流通与互动，一方面极大拓展了理论视野，另一方面也将阐释重心逐渐由文本过渡到读者。因此，应该看到：这种研究路径已然成为当前中西方文论的阐释常态，因而在反思其弊端的同时须在一定界限内看到"强制阐释"的合理性及其必然性。

其二，尊重"作者意图"固然重要，但切不可"唯意图论"。"意图"是英美新批评流派的关键词，尤其是维姆萨特与比尔兹利提出的"意图谬误""感受谬误"影响极大，到罗兰·巴特"作者之死"的提出，更将"文学四要素"中的作者抛离了阐释视界。在张江等学者看来，正是对"作者意图"的放逐，导致文本无限开放并最终远离了文本。对此，周宪教授借用美国哲学家厄文教授关于"源作者"与"事实作者"的区隔，认为："对文本阐释来说，要建构的不是这个事实的个体，而是透过文本语言所呈现出来的那个想象的或

---

① 李春青：《"强制阐释"与理论的"有限合理性"》，《文学评论》2015年第3期。
② 张玉能：《西方文论的有效性不应该否定》，《青岛科技大学学报》2016年第2期。
③ 张隆溪：《过度阐释与文学研究的未来》，《文学评论》2017年第4期。

隐含的作者。"即"源作者",如果在文本阐释的实践中忽略了这个差异,"对文本阐释就会采取一种简单的还原论,把事实的作者的某些话语、事件、活动直接当作文本意义阐释的根据"①。的确,作者意图固然在场,但文本阐释并非"作者还原论","作者中心论""文本中心论"及"读者中心论"作为文本阐释的不同路径指向,也有其重要意义。

其三,"阐释的边界"与"文本的开放性"。张江先生曾指出,阐释有效性的依据就在于"对作者意图和文本自在含义的积极追索",而不应"片面推崇阐释的无限开放与任意结果"②。对此,南帆教授回应认为,文本"始于作者"其意义却"终于读者",尤其是"形形色色的阐释是读者对于作品生命不同方向的延续",而解决的可行方案就是"恢复'读者'的历史身份,亦即回到历史语境之中"③。有效性并不局限于作者意图,凡能在文本中找到依据的阐释都是有效的,这可以说是代表了很大部分学人的看法。

事实上,理论的阐释都有一定的倾向,作者、文本、读者、世界作为"艺术品——阐释对象"的钟摆,必然倾向到某一个要素上,这也恰恰构成了西方文论"心理学转向""语言学转向""文化转向"的不同侧面。这些"作者中心"文论范式、"文本中心"文论范式等不同阐释路径,无所谓高低,也不分对错,而是不同历史阶段哲学思想潮流在文论上的体现。正如艾布拉姆斯所言:"把握住一种批评理论的主要倾向,还只是恰当的分析工作的开始。这四个坐标并非一成不变,而是随着各自处所的理论不同而产生不同的含义。"④ 因此,对于"作者意图"与"阐释边界"的研讨,也应置于更宏大的理论脉络和历史语境中予以洞悉,既要"防止拒绝作者意图、泛化读者阅读所造成的文学文本意义的消失",又要防止"黑格尔式的逻辑主义强势话语对评者评论自由性的遮蔽,凸显文学评论的真理性、公共性

---

① 周宪:《文本阐释与作者意图》,《社会科学战线》2017年第2期。
② 张江:《不确定关系的确定性》,《学术月刊》2017年第6期。
③ 南帆:《作者、读者与阐释的边界》,《社会科学战线》2017年第2期。
④ [美] M. H. 艾布拉姆斯:《镜与灯:浪漫主义文论及批评传统》,郦稚牛、张照进、童庆生译,北京大学出版社2015年版,第5页。

和普遍有效性"①。或许,在文学文本阐释问题上,这种态度也显得更加开放与辩证。

二 "本质主义""反本质主义"与当代中国文论的方法论问题

文艺学界的"本质主义"与"反本质主义"问题近期再次引发学者关注,尤其是杜书瀛先生与南帆先生关于"文学本质论"问题的通信发表后,部分学者对之加以了再思考,进而引发争鸣。相关争论大体可归为两类。

一是对"反本质主义"的反思,认为当前文艺学的"反本质主义"并不彻底,仍然陷入"本质论"的范式中。早在2016年年底,单小曦教授与李自雄教授便对中国当代文艺学的"本质论"迷失进行了严厉批评,认为:当代文艺学的理论争鸣基本属于"本质论"范式之中的内部矛盾,而"反本质主义"主张(如"建构主义""关系主义""穿越主义"等理论模式)总体上也未能脱离"本质论"文艺学范畴,乃至当前反对"强制阐释"而主张"本体阐释"的"本体阐释论",其理论根部也仍深藏着"本质论"的基本观念②;近期,孙秀昌教授也指出,尽管"反本质主义"在世纪初"营造出了一种文论狂欢的氛围",但至今"对问题重重的中国文论界来说,问题依旧是问题"③。对此,王坤教授则更加理性地指出,"反本质主义"的成功在于以建构论消解本质论的僵化或固化对象的弊病,但建构论真正要消解的还是"本质论"的先在性及其背后的自然本体论,因此,"从学理层面看,本质论不应该就此消失、由本体论取而代之",否则"现在取代本质论的本体论,将来也会发展为反本体主义"④。

---

① 张政文:《文学文本的意义之源》,《社会科学战线》2017年第8期。
② 单小曦:《从"反本质主义"到"强制阐释"》,《山东大学学报》(哲学社会科学版)2016年第5期。
③ 孙秀昌:《"反普遍主义"的文艺学知识生产之反思》,《文艺争鸣》2017年第12期。
④ 王坤:《反本质主义和本体论学理问题》,《学术研究》2017年第9期。

二是对"本质主义"文论中国进程的反思,试图提供一种更加合理的文论建构方案。赖大仁通过"文学本质论"的历史、嬗变及影响进行了考辨:一方面,文学本质论是现代文论的核心问题,反映了文学理论的转型和发展;另一方面,通过文学本质问题的反思,也可获得经验教训并在克服反本质主义论争带来的消极影响和自我迷失的困惑中进行当代文论的探究。① 部分学者还指出,解构当代中国"反本质主义"文学理论,需要摆脱传统、文化、政治的桎梏,并从历史的、现实的维度建构文学研究的方法论,以求重回文学的本源。

事实上,无论在西方还是中国,因直接关乎对文学特性与功能认识的判定,文学本质问题都是一个无法回避的重要而又基本的问题,因而才屡遭争议。在市场媒介与大众文化的促发下,中国在20世纪90年代后期"文艺学的学科反思与重建"浪潮下,便将"反本质主义"明确提出,力图在"去中心化"的"日常生活审美"中重建文学与社会、文化的广泛关联。然而,正如赖大仁先生所批评的,"反本质主义"在文学理论的"文化转向"中造成了当前"文学阐释对象的迷失""文学理论问题的迷失"及"文学理论信念与价值立场的迷失"等消极后果。因此,无论是"本质主义"文学观,还是"反本质主义"文学观,均有其合理性,关键是如何将"是什么"与"不是什么"这种"实然性本质"转向到价值论层面的"应然性本质"的探索中,进而在对文学问题的"现实接地性"思考中探究与建构当代中国文论。

三 马克思主义文论研究的问题与方法

在"新时代"语境中,马克思主义文论仍是文艺学学科的热点,尤其是习近平总书记关于文艺的系列讲话以及党的"十九大"的召开,进一步激发了马克思主义文论相关话题的研讨,既显现出鲜明的问题意识与现实关切,又在史案剖析中不断夯实与拓展了学科话题。

---

① 赖大仁:《文学本质论观念的历史嬗变及其反思》,《文艺理论研究》2017年第1期。

一是对"习近平关于文艺问题系列讲话"的理论探讨。董学文教授认为,习近平文艺思想是"构建和发展21世纪中国马克思主义的有机组成部分,是马克思主义普遍真理与当代中国革命文艺实践结合的最新产物",其特征不仅在于"坚持以人民为中心的创作导向",还表现在"实现了文艺理论从引进依赖到主体自信的认知模式转变"以及"全方位地提供出新时代中国特色社会主义文艺思想的新范本"两个方面。①丁国旗研究员基于习近平文艺思想创新发展基础上,对其理论贡献进行了五个方面的总结,即:"对文艺本质属性的新界定、对文艺功用的新阐释、对艺术家素养的新要求、对文艺精神价值的新期盼、关于文艺人才培养的新思路。"②范玉刚教授则围绕"人民性"这一核心概念,认为与此前"人民"作为"历史的主体"这一"集合性意义"不同,习近平总书记进一步强调了基于个体意义上的"人民"概念,这不仅"明确了社会主义文艺的人民性本质,阐述了文艺与人民的内在关系,重申了文艺创作的人民性取向,重新定位了文艺发展的人民坐标",还"发展了马克思主义文论的人民性内涵"并"体现了对中华民族伟大历史复兴中个人的尊重"③。这些研究在习近平总书记系列讲话基础上,有分析、有论断,为当代中国特色马克思主义文论话语注入了活力。

二是对"当代中国马克思主义文论研究"的问题反思,这集中体现在两个方面:一是对"反映论""审美意识形态论"等马克思主义元理论问题的批判;二是对马克思主义文论研究中的方法论反思。高楠教授指出,当代中国文论的多元建构始终盘踞着"马克思主义文论"的"在场性幽灵",发展当代马克思主义文论需要不断克服思维方法上的"简单化等倾向",要注意从"马克思主义文艺学的体系性问题""审美意识形态问题""马克思主义文论的时代性与民族性建

---

① 董学文:《习近平文艺思想是中国化马克思主义文艺理论新形态》,《中国文化报》2017年11月1日。
② 丁国旗:《习近平总书记文艺思想论纲》,《贵州省党校学报——习近平文艺思想的人民性研究》2017年第6期。
③ 范玉刚:《"以人民为中心的创作导向"》,《文学评论》2017年第4期。

构问题"① 等多元角度进行理论新构。范永康教授则将"审美意识形态论"纳入中西文论发展史的脉络比较中，认为：中国的审美意识形态理论隶属于传统马克思主义的"问题式"，当代西方的审美意识形态理论则归属于后马克思主义的"问题式"；前者的理论路径是"反映论"和"观念论"，后者的是"建构论"和"实践论"，更强调"政治干预功能、文化治理功能和社会区隔功能"②，这恰恰启示我们建构日常生活审美意识形态理论并为审美意识形态研究打开了全新的视野。

　　三是对马克思主义文论研究方法的学理创构。阎嘉教授通过对哈维、威廉斯、伊格尔顿等新马克思主义理论家的翻译、阐释和研究，认为新马克思主义不仅为马克思主义理论传统作出了重要的贡献，还深刻影响中国文学理论在百年历程中的发展和走向，因而急需进行"创造性的本土转化"，以防止出现"理论走向上的迷误"③，因此，建构新马克思主义文学理论并尝试构建起一门新马克思主义理论的分支——"当代文化理论研究"则显得十分必要。

　　四是对马克思主义文论家及相关问题的个案考察。季水河教授对新文化运动时期马克思主义在中国的传播路径、传播主体、传播媒介、研究内容、研究特点、研究贡献进行了翔实深入的考察，有力辨识并澄清了相关问题上的分歧。④ 黄念然教授也对中国早期马克思主义文艺理论的译介传播途径进行了考察，尤其是对俄苏、日本和欧美三种马克思主义文艺理论话语系统进行了区分和考辨，并指出，由于"极端残酷的现实条件下难得拥有进行正常的学术活动所必需的客观

---

　　① 高楠：《当代中国马克思主义文论研究的尴尬及问题性建构》，《山东社会科学》2017 年第 5 期。
　　② 范永康、刘锋杰：《后马克思主义的审美意识形态论》，《文艺理论研究》2017 年第 1 期。
　　③ 参看阎嘉教授近年来发表的《西方马克思主义理论和文论研究的重要性和迫切性》(《中外文化与文论》2016 年第 3 期) 及《文学创作中的地域抒写》(《中国社会科学报》2017 年 7 月 24 日) 等系列文章。
　　④ 季水河：《马克思主义在中国的传播与研究》，《求索》2017 年第 7 期。

条件与精神氛围"以及"救亡图存、不断革命的紧迫现实"①两方面原因,导致了中国理论家对马克思主义理解、把握与运用上的片面化和实用化。

以上研究围绕中西马克思主义文论,在现实关切、方法反思、史案剖析等路径上,鲜明凸显出当前中国化马克思主义文艺理论构建思想体系、加快话语创新、凸显问题意识、介入文学实践的总体性倾向,也在基础理论问题的重视以及现实理论关切的回应中,预示着马克思主义文论学科建设的未来方向。

四 "强制阐释"之后的文论重建路径

"强制阐释论"对当代中国文论的重建与发展,影响难以估量。仅就当前学科发展趋势而言,受其刺激、启发或影响,文艺学各领域内皆试图从多条路径重新出发,借此不断突破西方文论话语霸权以及百年中国文学研究中的西方规范,以此重建当代中国文论。

(一)激活与重构:中西文论关键词比较研究

在深入批判当代西方文论话语霸权及其流弊影响的学术声浪中,唯有构建起中国特色的文学理论话语体系,方能真正摆脱"失语"症候、彰显民族文论话语的"合法性"。为此,"关键词研究"——对文学理论关键词进行不断清理、激活、重构与创造,成为"强制阐释"之后学界学人共同倡导的一条理论突围路径。

其一,通过"关键词"构建,返回原初根基,实现理论转场,重建中国文论合法性。关键词是学科最为核心的概念、范畴、术语和命题,也是学科发展脉络的灵魂线索。过去文论所谓的"失语症",病因不仅在于"文学理论撤离中国火热的文学现实生活""与中国本土

---

① 黄念然、李耀威:《论中国早期马克思主义文艺理论的译介与传播》,《重庆三峡学院学报》2017年第2期。

文论传统自断血脉""误读西方理论,食洋不化"①,更在于缺乏学科发展的本土性支撑,缺乏理论话语建构的逻辑支点。重现重视并积极发掘学科话语的理论支点,是当前文论摆脱困境的重要方法。通过"关键词"构建获取理论话语的支撑这一基本途径,则是实现当代中国文论的本土性、当下性和现实性,尤其是突破西方文论话语模式、重建中国文论合法性的有效策略。

其二,通过中西文论关键词比较,在互文见义、互识互证中激活中国传统文论的生命力。当前文论的危机或困境,根源之一在于"身份焦虑",这一焦虑的核心又在于"话语困惑"。近百年来,现代中国文论始终在西方模式话语、苏联模式话语、西方模式话语间游移振摆,甚而在"自我他者化"中纯然不觉、乐在其中。在"自我"与"他者"中,民族性文论话语愈来愈边缘,进而被"他者"所宰制。那么,如何借助"他者"理论话语,既实现本土文论话语模式的更新,又不断重建和丰富"自我",则不仅是当下文论研究的诉求,更是创造中国文论话语系统的要求。这其中,通过中西文论关键词比较,在"考其原始、释其内涵、辨其演变、别其异同"中"激活中国传统文论蕴含的多重面相"②,则是重建"自我",激活古代文论现代意义、彰显民族文论理论品格的有效方式。

其三,"中西文论关键词比较研究"的实践尝试。在重建中国文论合法性、激活古代文论现代意义的层面上,诸多学人在中西文论关键词比较上进行了积极探索。如:李春青教授对古代学术的"体认"模式与19世纪后期以来西方哲学中的"体验、存在之领悟、默会"进行了沟通;③ 胡亚敏教授对中西"空白"概念在"空间关系""读者关系"及"哲学本源关系"上进行了比较;④ 刘方喜研究员对中国古代诗学之"体用"与西方哲学诗学之"本体"范畴进行了比较⑤,

---

① 张政文:《当代中国文论"关键词"构建的基本途径》,《文艺争鸣》2017年第1期。
② 罗剑波:《问题导向与中西文论关键词比较》,《文艺争鸣》2017年第1期。
③ 李春青:《在"体认"与"默会"之间》,《社会科学战线》2017年第1期。
④ 胡亚敏、刘知萌:《中西"空白"概念比较研究》,《学术研究》2017年第1期。
⑤ 刘方喜:《诗学"体用"与"本体"比较研究》,《学术研究》2017年第3期。

等等。这些实践尝试，绝非牵强比附，而是十分注重关键词的概括性、代表性，并在此基础上强调关键词比较的"可能性"和"会通处"，真正实现为解决自身问题、为摆脱自身困境而寻找原初诗意根基的意旨。

（二）从"危机"到"突破"：发现传统文论的"当代性"

除"关键词"清理比较外，还有一批文学基础理论、古代文论领域的学者，试图从"百年中国文学批评史"出发，通过对中国传统文论与美学话语的激活，克服当代文化无根性危机，破除西方话语的"强制遮蔽"及其"庭训的困局"，并在"文化自信"的时代回应中重建民族美学的理论自信，实现中国当代文学理论的整体突围。

其一，发掘传统的文论、思想、概念、话语方式、思维方式，参与当下文论建设。当前中国文论建构所面临的双重尴尬处境是：一方面源自西方文论话语的强势霸权而中国传统文论话语日渐淡出；另一方面源自当代中国社会文化转型而经典文论话语又无法有效回应和涵盖。据此，党圣元研究员提出以"当代眼光""国学视野""文化通识"意识对传统文论进行"现代阐释""当代选择"和"大文论"话语体系建构①以应对其挑战。李春青教授则提出要"积极地、主动地"弘扬传统资源，"把传统的文论、思想、概念、话语方式、思维方式能够激活，进入我们当下的文论建设中"②，这才是当下文艺理论重建突围的重要任务。应该说，无论是"建构大文论"，还是"激活传统"，都是当前文论建设的必由路径。

其二，重视传统文论话语资源的选择、综合和重构。在"激活传统"路向上，如何选取对象，又该怎样激活？这些问题同样值得重视。张晶教授认为，"阐释选择"的基础非常重要，因为"有些问题

---

① 党圣元：《传统文论的当代价值与民族美学自信的重建》，《山西大学学报》（哲学社会科学版）2017年第4期。

② 李春青：《百年"文学批评史研究"之反思》，《山西大学学报》（哲学社会科学版）2017年第4期。

是可以越过去的"否则"仅仅停留在原来的问题"便毫无意义,而选择阐释的对象后更要重视"综合与重构",以便"同当代的、当下的文论建设结合起来"①,真正推动、发展与繁荣文艺理论。韩经太教授也认为现代、当代与古典之间并非简单的"新对旧的否定",而是"交融与糅合",因此,建构当下的文艺理论体系必须"更多地依靠中华民族五千年所积淀的丰富多彩的文艺理论思想,包括一些范畴、概念、术语等,不是全盘接受,是依靠,要结合我们当下以及西方的经验完成建构"②,同时还需积极回应"新形态样式"对文艺学学科的挑战和冲击,以不断重构当下文论话语。

其三,以科学的态度面对"他者"话语,冲破"规范"实现"打通"与"对话"。在当代文论建设中,必须借助"他者",但需从"驻足于对西方的崇拜"中解脱出来,回到"汉语的思维"及"中华民族传统文化血脉"中,以建立"中国特色的文艺理论体系"③。此外,在中西学观念上秉持"客观公允的理解"并在"比较、对话"中采取"真正科学的态度"而非扮演"裁判官"④,这一研究态度同样重要。或许正如刘毓庆教授所言,解决当下的文艺学的问题,重点要打破"西方概念对中国学术和文学研究的规范",更要从"当下人当下需求的角度"将中西理论体系、话语体系视为"一个精神资源去接受"⑤,进而真正实现转换。

(三) 重提"文化诗学":一种行之有效的"文学阐释学"路径?

著名文艺理论家童庆炳先生逝世后,文论界在福建连城举行了

---

① 张晶:《传统文化与阐释的选择、综合和重构》,《山西大学学报》(哲学社会科学版) 2017 年第 4 期。

② 韩经太:《漫谈百年研究中的三个"三十年"》,《山西大学学报》(哲学社会科学版) 2017 年第 4 期。

③ 王秀臣:《当代文艺学生态与古代文论研究》,《山西大学学报》(哲学社会科学版) 2017 年第 4 期。

④ 侯文宜:《现代早期批评史研究中的史观问题》,《山西大学学报》(哲学社会科学版) 2017 年第 4 期。

⑤ 刘毓庆:《百年文学研究中的西方规范及其弊端》,《山西大学学报》(哲学社会科学版) 2017 年第 4 期。

"文化诗学与童庆炳学术思想研讨会",会议就童庆炳学术思想,尤其是晚年倡导的"文化诗学思想"进行了集中研讨,由此将"文化诗学"这一世纪之交十分"时髦"近年却一直"不温不火"的学理思潮再次跃入理论视界。

其一,文化诗学为当代中国文论打开了新的视界。马大康教授认为,童庆炳基于"文学活动的基点"上提出的"文化诗学构想",真正找到了将文学与历史相关联的内在机制,并在"各种资源有机整合"中为"文学理论建设打开了新视界";江守义教授基于当前文论界在马克思主义文论、西方文论和古代文论之研究现状上,同样认为"童庆炳的文化诗学显出独特的价值,它是在和三种文论对话基础上提出的一种研究路径,是对当前中国文论走向的一种探索"①。客观说,文化诗学作为文化与诗学的互动互构,强调历史文化语境的重要性,关注文本内外之间的沟通交流,因而在跨学科的"互文性视野"中极大拓展了文学研究的视野,具有普遍有效的阐释力。

其二,文化诗学为文学研究与文化研究之"综合"提供了未来拓展的方向。赵勇教授在历史脉络中全面回顾与总结了童庆炳"文化诗学"思想形成的语境、脉络及思想内核,更在当前文论发展趋势下对"童庆炳文化诗学思想"进行了反思,直陈其思想在"文学、文化现实交往互动的通道"关闭中难于将"关怀现实"与"介入现实"落到实处,而这恰恰为拓展"文化诗学"提供了方向,即"把'审美中心论'的单维结构变为'审美/非审美'的矛盾组合(二律背反)"进而在"纯文学与大众文化的'结合部',在文学研究与文化研究之间"实现"文化诗学"的更新与发展。② 因童庆炳先生对于"审美诗学"的情怀,其"文化诗学"基点也建立在"审美"的地基上,但正如李春青教授所质疑,"审美诗学"是前现代特征,"文化诗学"是后现代理论特征,两者存在根本差异,无法关联。因此,"审美/非

---

① 参看马大康《文化诗学——行为结构——历史化》及江守义《从文论格局看童庆炳文化诗学的研究路径》,见《文化与诗学》2016年第2辑。
② 赵勇:《从"审美中心论"到"审美/非审美"矛盾论》,《北京师范大学学报》(社会科学报)2017年第6期。

审美"矛盾律的提出,既使得童庆炳先生的文化诗学构想具有了融通处,更在"文学/文化"结合部上具有了广阔的拓展空间。

其三,中国文化诗学作为一种有效的文学阐释路径,仍是文学理论发展的重要选择。作为中国文化诗学实践的重要代表,李春青教授曾反复指出"文化诗学不是一种理论,而是一种实践",中国文化诗学作为一种有效的文学阐释路径,它不"预设立场与原则",不标榜"解构与建构",而是在学术史的流变中"呈现研究对象生成过程的复杂关联及其所表征的文化意蕴",进而在文化语境重建中"对所阐释的对象产生新的理解,获得新的意义",这种"历史化、语境化"的研究策略在当前文化语境中,① 对于处理"古"与"今"、"中"与"西"的关系问题尤具实践意义。

可以说,无论是"关键词研究",还是"激活传统文论",抑或是"文化诗学"的拓展,都是强制阐释"之后文艺学界超越西方文论模式积弊、实现理论突围所做出的积极回应,也在各自路径的探索中迈出了有益的尝试。综合看来,在问题与反思中不断调整、重构,在古与今、中与西的跨文化阐释中不断融通、交流与对话,仍是实现中国特色文论话语体系建设与发展的根本宗旨。

五 媒介、图像与当代中国文化研究的视听转向

随着"全媒体时代"之媒介社会的到来,媒介化生存一方面在"读图"中深刻影响着人们的日常生活,由媒介塑造的"视觉""听觉"等"媒介观"与现实关系也变得更加密切,另一方面人们的生存生活也愈来愈"曝光"或"置身"于微信、微视频等"微时代"的"媒介区间"中,进而引发人们对"表象"背后之媒介逻辑的警惕。据此,媒介、图像与视觉文化、听觉文化日益成为文艺理论的增长点,并在"微时代"审美范式、语图关系、文学精神、媒介阅读、媒介文艺批评和视听文化政治等领域不断更新与拓展,预示着文论研

---

① 李春青、程正民、赵勇等:《中国"文化诗学"研究的来路与去向》,《河北学刊》2017年第2期。

究的未来。

首先,"微时代"之审美范型、空间意识及文学精神成为关注焦点。鉴于"微时代"空间体验方式的变化,王德胜教授提出"美学批评的空间意识建构"问题,充分利用"移动互联网"这一更大的场域,实现对"大众艺术经验"[①]的影响,进而实现美学批评的有效性。对于媒介语境中审美范型与文学镜像从"形象"向"拟像"的异变,胡友峰则认为"摆脱媒介的形式偏好,面向文学的实践召唤"并"恢复文学的想象和形而上学功能"进而"呼唤一种'尊灵魂'的文学创作原则"[②],是走出这种文学异变的有效途径。

其次,网络与媒介文艺批评标准日渐形成。随着网络文学日趋得到主流文学史的认可,网络文学中存在的问题引起了人们的关注,尤其是当下网络文学中"作者匿名和主体性虚位"对"传统写作的责任、良知、使命感、意义追问等价值依凭和审美担当"[③]的消解,使得建构媒介文艺批评以便进行价值引导,成为发展网络文艺的重要任务。对此,单小曦教授认为,构建出一种与学者批评、读者批评、作家批评、编者(编辑)批评等形式不同的"契合网络文学批评"的"'媒介存在论'批评"[④],是有效建立网络文学批评标准和理论体系并对网络文艺现象进行有效阐释的重要方法。

再次,文学图像学转向以及文化研究的视觉转向、听觉转向成为新的文论增长点。后现代特征已然将时下的文学包裹于图像之中,或者说,文学、图像与生活愈来愈融为一体。为此,在所谓的"图像转向"的"读图时代"中,文学、图像、视听文化及其所表征的政治意识形态等问题,成为理论研究与反思的热点。诸如,基于图像叙事之"叙事趣味浅表化、图像话语权力化"的双重局限,龚举善教授提出建构"语图互文诗学"的构想,力图兼顾文学创作的既有传统

---

① 王德胜:《"微时代":美学批评的空间意识建构》,《浙江社会科学》2017年第1期。
② 胡友峰:《电子媒介时代审美范式转型与文学镜像》,《浙江社会科学》2017年第1期。
③ 陈定家:《试论新媒介文化的批评标准与叙事逻辑》,《中州学刊》2017年第3期。
④ 单小曦:《网络文学评价标准问题反思及新探》,《文学评论》2017年第2期。

和图像展示的现实情境,并"将批评视角由日常生活审美化延伸到了审美生活日常化",以"响应全球化时代的生活风尚、艺术向往和价值取向"①。王海洲副教授则对瓦尔堡学派的"图像政治学"、米歇尔的"图像的政治心理学"、贝尔廷的"图像人类学"和彼得·伯克的"图像的历史人类学"等多条理路有关"政治"概念的详尽爬梳,提出了两条"图像政治学"研究路径:一是"政治史的方向",即"侧重于从图像之中观测和评估政治体制的变迁与冲突";二是"政治学的方向",即"关切何种政治机制对图像产生何种影响,以及图像如何作为政治机制中的一种组件发挥作用"②。张伟副教授也对"图像时代"之视觉转向与视觉批评进行了有益探索,认为"图像对文学的挤压造成了现代意义上的'图—文'张力"并"孕化出视觉批评这一新的文本阐释形态",这一视觉景观既"得益于速度社会、消费意识乃至日常生活审美化等多元文化因素的现实滋养",也因"图像主导机制"而显露出"表意缺陷"③。近来,更有"视觉文化"向"听觉文化"转移的倾向,对"听觉有机体""声音政治"、电影声响等文本关注④,亦成为一种趋势。应该说,"图像转向""视觉转向""听觉转向"之后,包括文艺理论在内的人文社会科学均面临着诸多新的课题,正如米歇尔的图像跨越人文社会实践而与认知、精神、语言、无意识、艺术等密切关联一样,图像思维模式取代语言文化模式后,不仅图像成为视觉的焦点,也成为文学与文化的表征方式,由此势必带来文学总体格局的转换,这也是文艺理论未来发展不容回避的课题。

总之,电子媒介的不断渗透、网络衍生品的不断涌现、技艺的不

---

① 龚举善:《图像叙事的发生逻辑及语图互文诗学的运行机制》,《文学评论》2017年第1期。

② 王海洲:《图像学的政治维度:兼论文艺理论中的"政治"概念》,《文艺研究》2017年第1期。

③ 张伟:《视觉批评何以可能:图像时代文学阐释的视觉转向与审美创构》,《河南社会科学》2017年第3期。

④ 可参阅傅修延《"你"听到了什么》(《天津社会科学》2017年第4期)、周志强《声音与"听觉中心主义"》(《文艺研究》2017年第11期)以及张聪、王姮《聚焦中国当代文艺研究的听觉转向》(《中国社会科学报》2017年11月22日)等系列文章。

断复制、文学的审美形态与文学观念的巨大变化，均需我们对行之改变的审美范式、审美观念、审美精神予以反思，而图像、视觉文化、听觉文化对经典文学叙事的冲击也必然吁求人们对视觉性、视觉建构、图像政治，乃至听觉文化、声音政治予以理论回应。可以预见，在这样一个"泛审美时代"中，"微时代"的精神询构、媒介文艺批评的价值引导、视听文化形态下的视听话语建构，乃至城乡互动审美及公民社会的审美想象力等话题，仍是"新时代"文艺理论的话语趋势和增长点，也是当前文艺学学科重建与发展的一大现实方向。

符号的本体意义与文论扩容

——兼谈"强制阐释"与"本体阐释"[*]

王 坤 喻 言[**]

文艺学的强大生命力主要表现在能够随历史进程和社会发展而不断扩展其研究内容。这种扩容是外在要求和自身动力结合的必然,亦是西方文论中国化中的趋势。目前的特殊性是所扩之容为何？

文艺学就其本意来说,当然是基于文学艺术而产生的理论,但中国当代文论界、尤其是在西方文论领域的研究现状却并非完全如此。关于文论研究与文学的关系问题,周宪先生精辟地指出,当下文论界存在两种偏向：观念先行,以文学文本来证明理论的有效性；理论本身自在自为的运作。他的主张是："文学阅读所产生的是最具体的文学经验,它是任何文学理论赖以存在的根基。任何谈论文学的理论,就必须基于这些鲜活的文学经验。"[①] 时下的文论扩容有两种：基于文学经验的与基于理论自身的。

张江先生在整体把握百年中外文论进程以及精细体味文学意蕴的基础上,对基于理论自身的文论扩容,进行了系统深入的辨析,认为当代西方文论,是一种运用非文学理论对文学所作出的"强制阐释"；而这种思路对中国当代文论的研究格局和思维方式,恰恰产生了支配性影响,因而呼吁文论研究要面对文学自身,也即"本

---

[*] 本文原刊于《学术研究》2015 年第 9 期。
[**] 作者单位：中山大学中文系。
[①] 周宪：《文学理论导引》,高等教育出版社 2014 年版,第 14 页。

体阐释"。① 然而，无论观念先行还是强制阐释，其核心都是离开文学本身。中国当代文论的发展，要想保持直面文学的本体阐释，在自立型扩容的轨道上前进，除了以文学经验为基础，在理论上也必须正视文学本体论问题。因而，对基本上已经定论的本质主义，还须进一步探讨。

一 中国当代文论的瓶颈：本体论滞后

我国当代文学理论，中华人民共和国成立之初开始全面师从苏联模式，经过多年实践，形成了完整的文论体系：以马列文论、中国古代文论、西方文论为支柱的文学原理，主要由本质论、作家论、作品论、读者论、源流论这五大部分组成；本质论恒定排在第一位，其余四者在不同文论教材中的排列顺序因编著者而异。高等院校文艺学专业的教师，以及社科院系统文学理论室的研究者，在进行文学研究与课堂教学时，所遵循的思路基本相同：首先必须解决的关键问题是追问文学的本质，给出"文学是什么"的答案。

朱立元先生对这种思维方式的反省，不仅精辟，还着意强调自己也曾受其支配："在文艺理论界，本质主义长期以来成为多数学者（笔者本人亦不例外）习惯性的思维方式，其突出标志是，认为文学理论的主要任务是寻求文学固定不变的一元本质和定义，在此基础上展开其他一系列文学基本问题的论述。"② 中华人民共和国成立以来的文论研究，确实就是在这种思路的支配下展开的。只是，关于文学的那个"固定不变的一元本质和定义"，几十年来都难以推陈出新，一以贯之地延续下来，从而成为当代文论研究的本质论瓶颈，从哲学层面亦可以称之为本体论瓶颈。

---

① 参见张江《当代西方文论若干问题辨识——兼及中国文论重建》（《中国社会科学》2014年第5期），《强制阐释论》（《文学评论》2014年第6期），《关于"强制阐释"的概念解说——致朱立元、王宁、周宪先生》（《文艺研究》2015年第1期）；毛莉：《当代文论重建路径：由"强制阐释"到"本体阐释"——访中国社会科学院副院长张江教授》（《中国社会科学报》2014年6月16日）。

② 朱立元：《试论后现代主义文论思潮在当代中国的积极影响》，《上海大学学报》2014年第1期。

第四编　重建中国文论的可能路径

中国当代文论研究的现状，除了本体论滞后，其他各方面做得很好，并且越来越好，不亚于西方一流，但整体上尚有距离。这个距离就是我们没有、而他们却能不断推出新的文学本体论，尽管其中确实存在"强制阐释"的问题。西方现代文论能对我们产生那么大的影响，学理根源与此密切相关。

20世纪50年代初至70年代末，关于文学"固定不变的一元本质和定义"，给出最权威解答的，莫过于文论教材、尤其是全国统编文论教材，基本上都没有超出反映论、意识形态论的范围。建国之初，在苏联专家的直接指导下，文学本体论得以确立，经典标志就是毕达可夫（И. С. Бидаков）①的《文艺学引论》②，以及毕氏老师季摩菲耶夫（Л. И. Тимофеев）的三卷本《文学原理》。③ 1954年春到1955年夏，按照教育部部署，北京大学中文系举办文艺理论研究班，请毕达可夫前来开设"文艺学引论"，毕氏讲授内容基本上未出其师季摩菲耶夫的体系，授课讲稿后来交付出版社，是我国当代文论第一代教材范本，为文学艺术的本体奠定了反映论、意识形态论的基调。而研究班的学员则来自全国各高校，当代文论界人物大多出自该班，如蒋孔阳、霍松林等。其后，就是影响极大的两本全国统编教材，一为蔡仪先生主编的《文学概论》④，一为以群先生主编的《文学的基本原理》。⑤ 前者于1961年夏成立编写组，1963年形成讨论稿，1979年正式完稿出版；后者与之同时起步，于1963—1964出版上下册，1979年出修订本。两种教材的内容延续、丰富了毕氏师徒体系，但所涉材料转为以中国文学为主。20世纪80年代以来，最有代表性的

---

① 毕达可夫的俄文原名，一直没有出版物注明，他的《文艺学引论》中译本也没有，笔者多方寻查均无确论；最后求助于中国社会科学院外国文学研究所文艺理论室的周启超教授，他通过同行，几经周折才得以确认。

② ［苏联］依·萨·毕达可夫：《文艺学引论》，北京大学中文系文艺理论教研室译，高等教育出版社1958年版。

③ ［苏联］季摩菲耶夫：《文学原理》，第一部《文学概论》、第二部《怎样分析文学作品》、第三部《文学发展过程》，查良铮译，平明出版社1953年、1954年版。

④ 蔡仪主编：《文学概论》，人民文学出版社1979年版。

⑤ 以群主编：《文学的基本原理》上下册，上海文艺出版社1963、1964年版；1979年修订。

全国统编教材是童庆炳先生主编的《文学概论》，该系列教材将文学基本原理的五大块内容予以系统化、模式化，对文学艺术本体的定位进行不断探索，比如将本质论改为观念论。①

相对于教材的稳定性，文论界由个体发出的声音则活跃得多，各种论争热闹得多，一系列重大变化在振聋发聩的同时，总会将学界的思考引向对本体的探讨。新时期以来，从破除文艺是阶级斗争工具论开始，到方法论热、主体性热，乃至在短短十余年间将百年西方文论全部引入、操演一遍后，与西方文论的最新进展几乎同步，这些牵动文论研究全局的聚焦点及其背后的推力，始终与本体论息息相关。

工具论的要点在于文艺是政治的附庸：认为文艺就是运用有文采的形式，表达特定（政治）内容；形式为内容服务，不能独立存在。破除工具论的同时，文论界还产生另一重大突破：文艺美学学科兴起。1980年春，全国首届美学会议在昆明召开，胡经之先生在会上提出，应当开拓和发展文学美学，并于1981年在北京大学中文系招收全国首届文艺美学硕士研究生，随后出版专著《文艺美学》。② 文艺美学的要义，是肯定文学艺术具有独立的审美本体，并非他者的附庸。80年代中期方法论热，包括老三论和新三论，其主要目的也是拓展思路，以便从不同学科、不同视角确认文学具有自身的独立本体。文艺美学的创立有着双重意义：不仅从理论上解除了工具论对文学功能的禁锢，更为突破文论研究的本体论瓶颈开先河。到了90年代，由于没有继续出现具有文艺美学那种本体意义的成果，而西方文论中的本体论却时有出新，曹顺庆先生便从话语规则的角度，提出当代中国文论的"失语症"③问题：中国传统文论的话语规则，要义在

---

① 这些教材包括武汉大学出版社1989年、2000年版；北京大学出版社2007年版；高等教育出版社1992年及修订版等。本文写作之际，童先生遽然离世。敬录《玄秘塔碑》句痛悼童先生：峥嵘栋梁一旦而摧；徒令后学瞻仰徘徊。

② 胡经之：《文艺美学》，北京大学出版社1989年版。

③ 参见曹顺庆《文论失语症与文化病态》（《文艺争鸣》1996年第2期），《再说"失语症"》（《浙江大学学报》2006年第1期），《论"失语症"》（《文学评论》2007年第6期）。

"意义的不可言说性",并衍生出"微言大义、文约而指博"等言说方式,著述也以注、疏、传、笺等为主;然而充斥中国当代文论界的却是西方话语规则,如现实主义、浪漫主义、表现主义、唯美主义、象征、颓废、感伤等等。至于具体阐释个案,比如运用内容与形式范畴来解释中国古代文论中的"风骨",其结果除了方枘圆凿,别无收获。曹先生文中虽然没有明言,但其中有一种认知逻辑:当代文论研究中的"失语症"与理论创造力的低下是互为因果的关系。

其实,中国当代文论界所失之语,倒不一定是话语规则,运用西方文论的概念术语来阐释中国当代文学与文论,并不是"失语"的经典表现。"歌谣文理,与世推移"①,在经济全球化浪潮的席卷下,任何一个民族的对内对外交流,尤其不可能囿于传统的话语规则。在信息时代,运用中国古代文论的概念范畴来言说文学,评判优劣,个别的、小范围的应该可以,要想整体如此,实在无法做到。所以,当代文论的真正失语,还是 20 世纪 90 年代以来本体论创新局面的停滞。曹先生用以说明"失语症"的典范事例,即解释"风骨"所用的"内容与形式"这一对范畴,其实是由西方传统本体论来的,现在,特别是后现代思潮对此是否定的,因为本体论发生了变化。文论本体论不是孤立的存在,是由世界本体论所支配的。这个本体论,是指世界的最终本源,或者唯一本源。从古希腊开始,人们就一直在寻找这个本源,有人说是水、有人说是火、也有人说是数,再就是著名的理念论了。传统的世界本体论,可称之为自然本体论,因为人们所探究到的世界本源,都在与人相对的外在自然世界。现象与本质、内容与形式这样的根本性二元对立范畴,就由此而来:本质、内容指的是世界本源;现象、形式指的是对这本源的表现。在哲学史上,本体论的原意可追溯至古希腊巴门尼德的存在论。"存在"一词作为概念,在英文里的表达方式,为系动词 to be(是、存在),本无实际含义。"存在一词,古希腊文原本写作 on。作为系动词'是'、或英文中的'be',它代表生成流变、万物运转。启蒙之后的欧洲语言,将它错误限定成了动名词(onto 或 being)——从此删除了存在(to be)

---

① (南朝梁)刘勰:《文心雕龙》,周振甫注,人民出版社 1981 年版,第 476 页。

的活力，使之沦为僵化的本体论（ontologie）。"① 在我国，存在论曾有好几个译名："（万）有论""在论"或"是论"。随着英语在我国的流行，尤其是随着以英语为主要参照系的现代汉语语法体系的建立与大规模普及，to be 的译名固化为"是"，原本表示某物"存在"的本体论，也逐步演变为追问某物是"什么"的本质论。"是"或"是不是"的思维方式，经由现代汉语的合法途径得以确立，融入普通民众的日常生活之中，亦扎根于学术研究领域。在这种自然本体论的支配之下，文论研究自然也会追究文学的最终本源是什么，也就是说，本质主义是自然本体论在文论研究中的演变和延伸，反本质主义的最终矛头，归根到底还是指向自然本体论的。

研究文学，追问一下文学是什么，这是情理之中的事，为什么要对这种追问发起一场席卷全球思想界的声讨与批判呢？道理很简单：如果把文学当作一种存在，丝毫不会影响文学的丰富与变化；如果确认文学是什么，丰富多彩、变幻无尽的文学就被所"是"的这个点限制死了。而且，为了完成这个"是"，必须对文学动大手术，以削足适履，本质主义的"死穴"或"命门"正在于此。

二 符号的本体意义：从自然本体论到社会本体论

我国当代文论中最基础也最关键的本质论，从学理上看，演变、延伸于西学的自然本体论。而文论界对本质主义的整体扬弃，又与20世纪90年代大规模引入的后现代思潮直接相关。这一轮学术思路的大循环，与几十年来文论研究深受西学影响的发展轨迹是基本吻合的。

同时，我国文论界有不少大家，在研究过程中逐步认清本质论的弊病，进行了深刻的独立反省，提出了切实可行的新思路，以拓宽由

---

① 赵一凡：《从卢卡奇到萨义德——西方文论讲稿续编》，生活·读书·新知三联书店2009年版，第678—679页。赵先生学风谨严且精通外语，特地标明：此处要义"参阅海德格尔《存在与时间》，陈嘉映中译本，生活·读书·新知三联书店，第4、245、359诸页，以及495页译者对于存在一词的讨论"。

自然本体论而来的本体论瓶颈。他们以复式界定取代单一界定或线性界定。如蒋孔阳对美的界定，采用的就是四句话：美在创造中、人"是世界的美"、美是人的本质力量的对象化、美是自由的形象。随后，由蒋孔阳和朱立元主编的《美学原理》，就是用这四句话来给美下定义的，为打通本体论瓶颈提供了具有典范价值的先例。① 童庆炳先生在其主编的《文学概论》系列教材中，除了用"观念论"替代"本质论"，以避免对鲜活文学的限制，也用四句话来界定文学：文学是人类的一种文化形态、文学是一种审美的意识形态、文学是作家体验的凝结、文学是语言组织。② 这种情况说明，我国当代文论界并非真的"失语"了，仅就反本质主义而言，除了西学思路在发挥巨大作用，产生于本土的学理思路同样在发挥巨大作用，在思维方式上已经体现出迎头赶上国外前沿的势头。

然而，就具体成果和研究现状而言，文论界本体论研究滞后的局面，实在不容乐观：文学一下子"是"不完，继续"是"下去又看不到明显的希望。研究"文学是什么"绝对吃力不讨好；反对研究"文学是什么"既容易出成果，还显得跟上了国际前沿。由此形成一种马太效应：越难研究的，研究者越少；越容易出成果的领域，研究者越多。一段时间以来，特别是西方文论的最新进展能够大致同步引入以来，关于不能追问"文学是什么"的文章、专著越来越多，相应地，正面谈论"文学是什么"的文章、专著越来越少。究其根源，文学研究要想把"文学是什么"说清楚、说明白、尤其是说得令人信服，实在不易！瓶颈无人去拓展，相应的坦途却越拓越宽，那么瓶颈就会显得越来越窄。而西方文论在整个20世纪却能一直往前推进，不断出场新的本体论，比如俄国形式主义、英美新批评、法国结构主义、接受美学，以及彻底颠覆西方形而上学传统的后现代解构思潮等。文论界面对本体论研究的瓶颈，同时又能够清清楚楚地看到西方在这方面的突破，因而，积极地、甚或带有一点羡慕意味地去学习西

---

① 蒋孔阳、朱立元主编：《美学原理》，华东师范大学出版社1999年版，第96—109页。
② 童庆炳主编：《文学概论》，武汉大学出版社2000年版，第43—176页。

方文论，接受其影响，不仅难免，也是情理所在、大势所趋。

仔细审视西方文论界不断推出的本体论，可以看到它们的理论基点或出发点，大多都指向或出自人们在日常生活中不可或缺而又熟视无睹的现象。比如弗洛依德精神分析文论的出发点，就是围绕着人人都会有的意识展开的。俄国形式主义、英美新批评等文论的出发点，则围绕着人人都在使用的语言来展开。本体论身上所笼罩的高远、玄妙的理论色彩，在这一简单明了的事实面前不得不烟消云散！

在本体论建构问题上，出发点不离开社会现实与日常经验。那些影响巨大的思想理论，在起步处总会与日常经验、生活常识密切相连，否则，难以得到全社会的普遍认可、接受。作为后现代大师之一的福科，也从最不像学问、极为日常化的地方入手，揭示监狱、疾病、精神病院以及知识、真理等等与权力的关系，终于做成大学问，为后现代对抗本质论的建构论打下了坚实基础。文学领域的本体论，以及诸如此类的本体论，它们都不是孤立存在的，其背后还有着更深层的支撑点：关于世界的本体论。像剩余价值理论，就与唯物史观密切相连。文学本体论也这样，一定是有世界本体论作为深层支撑点的。

综上所述，文论研究要想真正达到国际一流水平，实现自立型的不断扩容，必须在"文学是什么"与"世界是什么"这两个方面同时有所建树，单单执着于文学本体论是难以真正创新的。要能够确认一个基点，由此出发，将人类文学活动的重要问题串联起来；同时，这个基点又直接指向世界本体。

几十年的文论研究历程表明，大家其实都清楚应该如何去做，关键是在实践中要找到新的基点，确实不易：文学不好"是"，很难"是"。但西方文论界怎么就能不断冒出新的"是"呢？即便后现代对"是"的思路予以彻底否定，某种意义上，那也不过是另一种方式的"是"呀！这其中的奥秘，就在于他们关于世界的本体论发生了变化：在西方已经延续了几千年的自然本体论，近代以来一直受到挑战，直到被后现代思潮彻底扬弃，并以社会本体论取而代之。

古希腊以来的自然本体论，指的是人们普遍认为：茫茫世间，有一个最根本的东西，那是万物的基始。人的求知天性的最高体现，就在于孜孜以求地寻找那个惟一本源；对它的探讨，最初称为宇宙论，其后是存在论，最后定位于本体论。经过几千年的发展演变，本体论如今的表现形态之一是以符号学为基础的构成论。以前的本体论是自然本体论，近代以来遭到了现象学的质疑并开始动摇，至符号学兴起，自然本体论就被彻底颠覆。在时间节点上，大约至20世纪60年代，自然本体论差不多就全面让位给社会本体论、人类本体论了，文化论的兴起，其实也是社会本体论的主要表现。而福科等人的后现代知识论，可谓社会本体论的典型代表。针对自然本体论的万物基始，社会本体论的两大突破，主要蕴涵于现象学与符号学：现象学告诉人们，世界上不存在那种纯粹的客观和纯粹的主观：任何客观，都是经过了意识的客观；任何主观，都是对客观的意识。而符号学则更加简明扼要：这世界上的一切，都是由人类运用符号建构起来的。没有人类之前，"有、无、物质、意识"等范畴不可能出现。自然本体论所追寻的万物基始等等，在人类诞生之前，根本就不存在；或者人类并不知道，恰如康德的"物自体"那样。说到底，"万物基始、存在、物自体"等这些概念范畴，都是人类符号建构的产物。

自然本体论的"万物基始"极为简单，无非就是那个惟一的本源。而它的复杂在于：由那个"惟一本源"衍生出来的，最少有两个东西永远铭刻在今人的记忆之中：先在性与同一性。比如，正是对它们的坚信，使得黑格尔自觉地、执着地要将大千世界纳入其中，因而花费大力气动大手术，把人的五官压缩为三官；把世界地理的中心归为欧洲，欧洲的中心又在德国。[1] 罗素对此表现出来的幽默，尽显诺贝尔文学奖大师的风范："宇宙渐渐在学习黑格尔的哲学"[2]，然后才进化为现在的模样。

社会本体论的根本之处尤其简单：一切都是人创造出来的。其衍

---

[1] ［德］黑格尔：《自然哲学》，梁志学等译，商务印书馆1997年版，第533—536、392页。

[2] ［英］罗素：《西方哲学史》下卷，马元德译，商务印书馆1982年版，第282页。

生出来的复杂在于：没有人类以前，一切皆无；自有了人类，才有了世界及其一切变化。人类社会进入工业革命时代以来，世界变化尤其巨大："资产阶级在它的不到一百年的阶级统治中所创造的生产力，比过去一切世代创造的全部生产力还要多，还要大。"这种前所未有的巨变，"第一次证明了，人的活动能够取得什么样的成就"①。它的巨大影响，经过若干环节的传递，一定会体现在人类的理论思考中。西方本体论的变化，就是结果之一。我国当代文论本体论瓶颈的暂时存在，亦属正常：理论变化难免相应滞后于物质财富创造速度的变化。认清这一点，对于意识到符号的本体意义，生发破解本体论瓶颈的思路，是大有裨益的。

当今信息时代与农耕时代的最大不同，从人类生存的物质条件角度看，就是丰盈社会与贫困社会的区别。这是观察当代文学以及文论的重要切入点，虽不可忽略，但所受到的重视却并未在文论研究中得到足够体现。人类历史进程中的不同社会阶段在文学领域的体现，并不直接却极为充分，一望而知：比如，在原始社会，人类物质生产能力极为低下，大自然对人类而言，主要作为严酷无情的外在力量而存在。在这种力量面前，人类几乎无能为力，只能"用想象和借助想象以征服自然力，支配自然力"。②而随着实际操控自然的能力日益增长，人类文学创作中的神话题材就不复存在了。如神话那样消失的事物乃至观念，随着历史的进程会不断出现。比如丰衣足食，这个在贫困社会激励人们为之奋斗的美好目标，在丰盈社会已经没有丝毫理想色彩了。相应的变化翻天覆地：符号在社会生活中的作用，极大改变了人的日常需求，"人类生活的各个方面都出现了'符号满溢'：几乎任何活动都浸泡在符号之中，这是几千年世界历史上从未出现过的现象"。③ 比如，有人为追求名牌，获得最新款的苹果手机，竟然会去卖肾④……由此而产生的文学变化，因时段长度不够的缘故，现在

---

① 《马克思恩格斯选集》第1卷，人民出版社1972年版，第256、254页。
② 《马克思恩格斯全集》第30卷，人民出版社1995年版，第52页。
③ 赵毅衡：《符号学》，南京大学出版社2012年版，第22页。
④ 参见《三湘都市报》2012年8月9日。

尚未以划时代的方式体现出来，当代文论对这种变化的转捩点尚未予以足够的把握。但符号的重要性以及符号学的兴起，对人文社会科学的发展方向，已然产生了重大影响。就文论研究而言，符号学所带来的变化，意味着全新的发展机遇。

从理论角度看，索绪尔的语言学将语言符号分为两大功能：所指与能指；并指出人类运用语言符号的两个原则：组合与联想。① 俄国形式主义、英美新批评以及法国结构主义等，全都以此为基石，引申出新的文学本体论。罗兰·巴尔特将索绪尔关于组合与联想这两个原则称为"语言的两根轴"，② 雅科布逊（Roman Jakobsn）、洛特曼（Juri Lotman）等国际学界泰斗的学说，也全都围绕着这两根轴而展开。③ 后现代思潮所张扬的关于自我指涉的文学，亦全仗索绪尔对符号功能所做出的能指与所指之分。文学是通过符号表达意义的，符号对文学的本体价值正在于"意义"。索绪尔认为，符号通过所指与能指的结合来生成意义。到了皮尔斯（Peirce, Chailes Sanders）这里，意义生成由三环节组成：能指即再现体（representatum）；所指则分为两部分，对象（object）和解释项（interpretant）。最基本而简单的东西，两人几乎一样；但衍生开来就有区别了。皮尔斯的理论，动态性极强：对象通过再现体，衍生出解释项；上一级解释项成为下一级再现体，并指向新的次生对象与解释项。这个过程永无终结，形成"无限衍义"（infinite semiosisi），直至囊括人类所创造的一切意义。正是因为这种动态性，到了 20 世纪 70 年代，对皮尔斯理论的评价，开始大大超出索绪尔："目前符号学界对皮尔斯符号学的极高评价，以及对索绪尔的系统模式符号的贬低，是对 20 世纪 60 年代结构主义极盛期过高名声的反拨。"④

---

① ［瑞士］费尔迪南·德·索绪尔：《普通语言学教程》，高名凯译，商务印书馆 1980 年版，第 102、170—176 页。
② ［法］罗兰·巴尔特：《符号学原理》，李幼蒸译，中国人民大学出版社 2008 年版，第 42—67 页。
③ 关于俄国形式主义等流派、尤其是雅科布逊、洛特曼等人对索绪尔理论的继承与发扬，详细内容当另文阐述。
④ 赵毅衡：《符号学》，南京大学出版社 2012 年版，第 70 页。

三 "强制阐释"的发生原因:两种本体论、 两种文论与两种文学的并存

在西方文论中国化的过程中,对于那种唯西是尊的风气来说,"强制阐释"的提出具有"扳头"意义。它所引起的思考是多方面、多层次的,本文只想提出一个简单问题:"强制阐释"为何会发生?

文论研究如果过于追求所采用的理论——不管这理论是生成于文学经验还是其他领域——的体系性,难免发生剪裁事实以符合理论的强制阐释,张江先生在文章中所列举的弗洛伊德精神分析文论的事例,就是如此。① 对此种现象,罗素已有评定:"不能自圆其说的哲学决不会完全正确,但是自圆其说的哲学满可以全盘错误……我们没有任何理由设想一个自圆其说的体系就比像洛克的那种显然有些错误的体系含有较多的真理。"② 西方学者对于体系性追求所导致的弊病早有警惕,并正式宣告:"构造哲学体系已经完全过时。"③ 从学理上讲,20世纪下半叶以来,为了满足理论的体系性建构而刻意剪裁事实这种现象,是为西方学界所竭力杜绝的。艾耶尔《20世纪哲学》的第二章,就以"叛离黑格尔"为题,原因就是黑格尔为了体系的完满而不惜对宇宙进行剪裁。

"强制阐释"现象的出现,显然不是追求理论的体系性所导致,而是由于存在两种本体论、两种文论与两种文学。从古希腊时期自然本体论开始,文论界由先在性的理念引申出来的本质问题,围绕着本质而产生的艺术真实问题等,一直延续了两千多年。在中国当代文论界,本质问题、真实问题以及典型问题,像红线一样贯穿新时期之前的30年。新时期以来的30多年里,其被关注的程度虽有所下降,但它本身所具有的理论分量,仍然厚重。一旦明白了存在着两种本体

---

① 张江:《当代西方文论若干问题辨识——兼及中国文论重建》,《中国社会科学》2014年第5期。
② [英]罗素:《西方哲学史》下卷,马元德译,商务印书馆1982年版,第143页。
③ [英]艾耶尔:《二十世纪哲学》,李步楼等译,上海译文出版社1987年版,第20页。

论，文学艺术中本质与真实等核心问题，就需要换一种思路来思考了。文学本体论是受世界本体论支配的。不同本体论支配下的文学，其主旨泾渭分明：以自然本体论为基础的文学，强调一切都有待发现，作家就是独具慧眼，善于发现的人，大作家甚至能够发现那惟一的根源。作家的发现是否具有价值，首先必须用是否真实来衡量，最终则要看是否吻合那个惟一本源。所以，真实论永远都是评价文学的基本标准和最高标准。以社会本体论为基础的文学，否认固定不变的先在性和同一性，认为绝对的艺术真实是不可能的，客观揭示世上惟一本质更是不可能的：因为那个东西根本不存在。它强调一切皆为人的创造，而文学创造的核心在于随人的变化而变化，所追逐的是意义的生成。即便面对 1+1=2 这样的简单事实，文学的目的也不是去发现它、吻合它，而是根据现有的、并非已经消逝的参照系，创造出它在当下的意义。

以往关于真实问题的探讨和争论，是以自然本体论为基础的；社会本体论确立后，探讨和争论如要继续下去，一定得分清所持的本体论。否则，探讨有可能是徒劳的，争论有可能是无效的。有了两种本体论，自然会有两种文学。建基于自然本体论的文学，先天被赋予再现并揭示世界真相的使命，所以必须言之有物，言物相契。建基于社会本体论的文学，强调现有的一切都是被人类建构起来的，写作本身也是一种建构，这种观念赋予文学以无限变化的空间。时下最显得突兀、也最让常人难以接受的变化，就是文学不再言之有物，言物分离。文学写作成为探测符号能指性的活动，创作主旨变为运用符号进行自我指涉的建构实践。在后现代那里，这两种文学就是读者的文学与作家的文学。"在读者的文本中，所指是在队列行进，而在作者的文本中，能指在手舞足蹈。"① 这是对两种文学各自特点的最精炼概括。读者的文学是指古典文学，静态的文学，在后现代文论家眼里，这种文学实在不值得一提，认可这种文学的读者都是"笨蛋"。因为，它"实际上是'阅读文本自身'，因而使一种关于现实的'公认

---

① ［英］特·霍克斯：《结构主义和符号学》，瞿铁鹏译，上海译文出版社 1987 年版，第 117 页。

的'看法和一种价值观的'确定'格式永远存在下去，它是僵死的东西，但仍然可以作为我们世界的一个过时了的模式"；读者的文学以"天真无邪的假说为先决条件，并依赖于这种假说，于是所指和能指的关系不容置疑，那种假说还为这种关系提供论据，说，'世界就是如此，而且将永远如此'"；这种假说包含"人是笨蛋"① 的意思。而作家的文学是现代文学，它让读者也成为作家或进行与写作相同的创造，"不鼓励也不要求自动提及所指"，"不要求我们通过它观察预先规定的'真实世界'"。在欣赏作家的文学时，"注意力应当集中在能指，而不应当听凭我们的自然冲动越过能指转到能指所暗示的所指"。② 但是，问题的困难恰恰就在于持读者文学观念的人，是没法克服或难以克服这种"自然冲动"的。

　　文学从读者的文学变成了作家的文学，根本原因就在于本体论的变化。前者基于自然本体论，强调是作家发现了这个世界，告诉读者这个世界是怎样的，读者唯有接受而已；后者基于社会本体论，强调世界是由人建构起来的，没有现成的东西等待你去发现，一切都未知而杂乱，恰如文章成形前的点滴思绪那样。作者运用符号建构世界，读者也运用符号建构世界，把文本当作杂乱未知的对象来重构。

　　两种文学对待所指与能指的态度，也是对待审美本体与自我指涉的态度。与"强制阐释"相对的"本体阐释"，其实就是审美阐释。在自然本体论阶段，鲍姆嘉通所创立的美学学科，发现了以前忽略的情感领域也即审美领域；鲍氏之后，审美被确定为文学的本体，文学是审美实践的主要方式之一。围绕文学的审美属性是独立的还是附属的这一问题，美学界与文论界一系列争论或分歧至今未止，不过在潜意识里，争论各方都还认可文学是人类的审美实践的。

　　到了当代，自然本体论进化至社会本体论，意味着人们的认识已经发生了根本性变化：一切观念皆为人类自身的建构结晶。既然在自然本体论阶段，人类可以建构出文学是审美实践的观念，到了社会本

---

① ［英］特·霍克斯：《结构主义和符号学》，瞿铁鹏译，上海译文出版社 1987 年版，第 116 页。
② 同上书，第 109 页。

体论阶段，人类也可以建构出文学是自我指涉、知识生产的观念。文学的理念变了，文论的理念也必然会变。时下共存的，不仅有两种本体论、两种文学，还有两种文论：有关审美教育的文论和有关知识生产的文论。当知识生产①这个名词在西方出现之后，人们发现知识生产也是产业，几乎所有门类的科学都可纳入知识生产的范畴。于是，文论也顺理成章地成为人文社会科学知识生产的领域之一。

西方现代文论注重知识生产，中国传统文论倾心于审美教育；前者重心为拓展视野，后者重心为人文养成。目前，前者的影响更大些。西方文化体系中，存在着建构功能极为强大的宗教，所以其文论可以忽略审美教育而专注于知识生产。近百年来的西方现代文论，尤以知识生产的高产领域著称，在深化对文学和社会的认知以及理论思维训练方面功莫大焉，但却将文学当作知识生产的原材料仓库，从而令文学陷入支离破碎、诗意全无的窘境。中国传统文化体系中，没有居于主流的宗教，古典文论的重心始终不离审美教育，其人文养成的化育之功，突出体现为三大层次：就直接目的而言，属于创作鉴赏的指导理论；就思维方法而言，不是肢解而是整体把握文学；就本体意识而言，则为主客相融，所用概念、范畴均为韵味、格调、意境等，没有主客二分，不会把文学当作外在于人的对象。由于是两种文论并存，西方文论界仍有不少人站在传统读者角度看待问题。比如伊格尔顿，就非常重视文学的愉悦、教导和替代衰落宗教的作用："如果你不抛给群众几本小说，他们也许就会给你扔上几颗炸弹！"②

至此，对于为什么会发生"强制阐释"的问题，就可以明确回答了：社会本体论与自然本体论共存之后，相当一部分文学转向自我指涉乃至知识生产，背离了审美本体。基于这部分文学以及社会本体论而产生的文论，对审美本体的文学所作出的评判、剖析，是一种强制阐释，而非本体阐释（审美阐释）；对自我指涉、知识生产的文学所

---

① [美]弗里茨·马克卢普：《美国的知识生产与分配》，孙耀君译，中国人民大学出版社2007年版。

② [英]特雷·伊格尔顿：《二十世纪西方文学理论》，伍晓明译，陕西师范大学出版社1986年版，第31页。

作出的评判、剖析，不是强制阐释，亦非本体阐释，只是以文学为原材料的知识生产建构。基于审美本体文学以及自然本体论而产生的文论，对审美本体的文学所作出的评判、剖析，是本体阐释；对自我指涉、知识生产的文学所作评判、剖析，是勉为其难的本体阐释，亦是另一含意的"强制阐释"。

　　文论扩容是一定会持续下去的，在中西方文化交流中，西方文论中国化是必经阶段，一时不会停止，但难免出现一些不尽如人意的现象。目前文论研究的要义之一，就是探讨这些现象产生的原因。离开西方话语，我们还能说些什么？！当代西方文论游走于自然本体论与社会本体论之间，故有时与我们相似、吻合；有时从合理基点走向深刻的片面；有时则大张旗鼓地违背常识。其参考价值与借鉴意义不可忽视，但不能直接套用。中国当代文论应认清并突破本体论瓶颈，促进文论扩容从学习型走向自立型。

反对"强制阐释"与"中国审美阅读学"的兴起*

范永康**

一 反对"强制阐释"与倡导"本体阐释"

张江在《文学评论》2014年第6期上发表了《强制阐释论》，对当代西方文论中的文本阐释或曰文学阅读问题进行了深度分析和深刻批判，在中国文论界引起了较大的反响，也引发了国际学术界的关注和对话，可以说，这是继20世纪末中国文论"失语"问题讨论之后的又一次重要的"文化事件"，是一场与西方文论霸权的正面交锋，是对"重建中国文论话语体系"的再度呼吁。张江在文中指出，所谓"强制阐释"，指的是"背离文本话语，消解文学指征，以前在立场和模式，对文本和文学作符合论者主观意图和结论的阐释"，强制阐释的主要特征包括"场外征用""主观预设""非逻辑证明"和"混乱的认识路径"①。与此同时，他又提出了一个与之相对的概念——"本体阐释"，也即"以文本为核心的文学阐释，是让文学理论回归文学的阐释"②。笔者以为，可以这样来加以理解，"强制阐释"是一种流行于当代西方的"去审美化""去文学化"和高度"理

---

* 本文原刊于《学术论坛》2018年第1期。
** 作者单位：绍兴文理学院人文学院。
① 张江：《强制阐释论》，《文学评论》2014年第1期。
② 毛莉：《由"强制阐释"到"本体阐释"——访中国社会科学院副院长张江教授》，《中国社会科学报》2014年6月16日。

论化"的文学阅读方式,"本体阐释"则是中国文论应当建构的以文本为中心、以审美为本位的文学阅读方式。

不过,结合中国当代文学批评史,不难发现,反对"强制阐释"和倡导"本体阐释"事实上由来有自,甚至颇具规模。大约在1985年之后,以西方文论范畴和批判话语来"强制阐释"中国文学作品的做法渐成气候,这一现象引起了部分学者的忧思,譬如,早在20世纪90年代,周国平在《哲学与文学批评(论纲)》一文中就痛陈"强制阐释"之弊:"当今批评界的时髦做法是,在批评文章中食洋不化地贩运现代西方某些哲学性批评理论,堆砌各种哲学的、准哲学的概念。这类文章的共同特点是对所要批评的作品本身不感兴趣,读了以后,我们丝毫不能增进对作品的了解,也无法知道作者对作品的真实看法和评价是什么。在多数情况下,它们只是把作品当作一个实例,用来对某一种哲学理论作了多半是十分生硬的转述和注解。"[①]他进而指出,合格的文学批评(即"本体阐释")必须具备两个前提:第一,"批评者对该作品本身真正感兴趣,从而产生了阐释和评价它的愿望。他的批评冲动是由作品本身激发的,而不是出自应用某种理论的迫切心情"[②]。第二,"批评者具有相当的鉴赏力和判断力,他不是一个普通读者,而是巴赫金所说的那种高级接受者,即一个艺术上的内行"[③]。朱立元、赵宪章、王先霈、姚文放、胡亚敏、吴炫、刘锋杰、曹文轩等一大批学者均对当代西方的"去文学化"文学阐释模式提出了类似的批评意见。近年来,孙绍振在大量的审美阅读实践的基础上,已经初步构建出具有中国特色的"文学文本解读学",针对西方文论的失误,他强调:"建构我们自己的理论体系,和他们对话,在文学文本的解读方面和他们一较高下,迫使他们也洗耳恭听一下我们的声音,也许正是历史摆在我们面前的大好机遇。"[④] 由此可见,张江对"强制阐释"的批判,对"本体阐释"的倡导,绝非

[①] 周国平:《哲学与文学批评(论纲)》,人大复印报刊资料《文艺理论》1999年第4期。

[②] 同上。

[③] 同上。

[④] 孙绍振、孙彦君:《文学文本解读学》,北京大学出版社2015年版,第4页。

个体话语，而代表了中国当代文艺学界相当一部分有识之士的一种共识。基于此，本文试图探讨以下几个问题："强制阐释"作为一种"去审美化"的阅读模式，它是如何炼就的？与"本体阐释"相比，其方法路径有何特点？在批判和反思西方文论的思潮中，"中国审美阅读学"（"本体阐释"）何以兴起？能否粗略地梳理出其理论谱系？对照"强制阐释"，"中国审美阅读学"的理论创新点何在？"中国文学阅读学"的理论价值及其未来走向如何？

二 "强制阐释"的特征和弊端

关于"强制阐释"，部分西方学者其实已经有所自觉和反思。卡勒指出，"从解释学的视角看，通常被看作文学批评'派别'的，或者用理论'研究方法'研究文学的都会对一部作品到底是'关于'什么的这个问题作出某些独特的回答"①，比如说在马克思主义批评框架下"是关于阶级斗争的"，在"新批评"那里"是关于统一经验可能性的"，在精神分析批评模式中"是关于恋母情节矛盾冲突的"，在新历史主义视域下"是关于遏制颠覆力量的"，女权主义关注的对象"是关于性别关系不对称的"，解构主义所追问的又"是关于文本自我解构本质的"，后殖民主义从文本中索取的"是关于帝国主义的阻碍的"，同性恋研究探讨的话题则"是关于异性恋根源的"②。瓦伦丁·卡宁汉的观点与之相近，他认为，"理论化阅读"（即"强制阐释"）"在单一化，使文本单一化，使读者单一化。理论邀请你像一个女人，一个马克思主义者，一个解构主义者，一个新历史主义者，一个后殖民主义者，或德里达派，或拉康派，或福柯派那样去阅读"③。可见，"强制阐释"最显著的特征就是用先在的理论模式套弄和切割文学作品，无视文本的差异性、独特性、鲜活性，使之成为批

---

① ［美］乔纳森·卡勒：《文学理论入门》，李平译，译林出版社2008年版，第68页。
② 同上。
③ Valentine Cunningham, *Reading After Theory*, Blackwell, 2002, p. 123.

评者的前置立场和主观预设的证明材料而已。其弊端正如卡宁汉所说,"理论化阅读"将文学文本"装进"一套套理论程式或一个个理论模型,从而扼杀了文本,最终也抛弃了"文学"。

那么,当代西方"强制阐释"思潮是如何形成的呢?笔者以为,这与当代西方"文学理论"的"理论"转向有直接的关联。罗兰·巴特、阿尔都塞、福柯、拉康、德里达、雷蒙德·威廉斯、萨义德、露丝·伊瑞格瑞、克里斯蒂娃、朱迪斯·巴特勒、斯皮瓦克、海登·怀特、伊格尔顿、詹姆逊等人堪称"理论大师";解构主义、女性主义、文化唯物主义、新历史主义、后精神分析主义、后殖民主义、后马克思主义均为红极一时的"理论流派"。然而,这些"理论"的一个共同趋向便是"去审美化"和"去文学化",理论家们并不关注文学本身的研究,而是借助于哲学、政治学、社会学、人类学、语言学、心理学、符号学、文化学等其他学科的理论资源,去呼应民权运动、黑人运动、学生运动、同性恋运动、城市运动、生态运动、女性运动、消费运动、和平运动、宗教运动、种族—民族主义运动等兴盛于晚期资本主义社会的"新社会运动",每当牵涉到文学作品,他们更愿意关注其反思性、政治性、批判性、社会性和公共性,而非审美性、想象性、人文性、体验性和超越性。因此,安东尼·伊斯特霍普才作出这样的论断:当代西方文学阅读的关键词不再是传统文学研究所关注的"审美""价值""经验"和"作品有机体",而改变为"符号系统""意识形态""性别""身份认同/主体位置""他者"和"机构/机制"[1]。

稍加索解便会发现,在"强制阐释"扼杀文本的表象背后,隐藏着当代西方文论抹杀(审美的)"文学"观念之实质。正如彼得·威德森所说:"在20世纪后期,'文学'作为一个概念、一个术语,已然大成问题了。"[2] 俄国形式主义、英美"新批评"乃至"自由人文主义"的审美文学观念在种种激进批判理论的解构之下,不得不"处于被抹去的状态",被打上了"×"号。伊格尔顿的观点极具代

---

[1] Antony Easthope, *Literary into Cultural Studies*, Routledge, 1991, p. 127.
[2] Peter Widdowson, *Literature*, Routledge, 1999, p. 2.

表性，他认为，"在性质上属于被断定为美的"，"具有确定不变之价值的作品，以某些共同的内在特性"的"文学"其实并不存在，"任何东西都能够成为文学，而任何一种被视为不可改变的和毫无疑问的文学——例如莎士比亚——又都能够不再成为文学。任何这样一种信念，即以为文学研究就是研究一个稳定、明确的实体，一如昆虫学是研究各种昆虫，都可以作为妄想而加以抛弃"①。在罗兰·巴特、福柯、德里达等人的联合绞杀下，"人""作者""文学"都相继"死亡"了。因此，文学文本的特殊价值也无需顾及，与非文学文本一样被视为"理论"操演的工具，当代西方批评"没有把注意力集中在文学和非文学作品的区别上。理论家们把文学作为一个历史的和意识形态的范畴去考虑，考虑它的社会的和政治的功能，人们一直认为文学应该具备这样的功能"②。

三 "中国审美阅读学"的理论谱系

新时期以来，随着西方文论的大量引进，"强制阐释"的弊端在中国文学界也日渐凸显。有人指出，"自1990年代以来，当代文学批评形成了新模式：批评者借用某种理论去解读作品——西方理论成了很多批评家解读作品的'拐杖'，甚至是'权杖'。另一种模式是，批评家把文本当做'社会材料'去分析，不关心作品本身的文学性，不注重自己作为读者的感受力。……这使阐释文学作品的工作变成阐释'社会材料'的工作，进而这种隐蔽的教条主义形成了可怕的从社会意义出发阐发作品的阅读/批评习惯——一部作品是否具有可讨论的'文学性'，是否真的打动了你完全被人忽略"③。孙绍振认为，"西方文论轻率地否认对象的存在，就放弃了理论的生命线，造成了

---

① ［英］特里·伊格尔顿：《二十世纪西方文学理论》，伍晓明译，北京大学出版社2007年版，第10页。
② ［美］乔纳森·卡勒：《文学理论入门》，李平译，译林出版社2008年版，第38页。
③ 张燕玲：《今日批评百家：我的批评观》，广西师范大学出版社2016年版，第237页。

文学理论空前的危机",以至于出现了如此怪现状:"文学理论越是发达,越是与文学的审美阅读赏心悦目,惊心动魄的经验为敌,文学文本往往被理论弄得语言无味面目可憎。"① 由此,"重回文学本身""探索中国文学批评新模式""建构中国审美阅读学"已经成为当代中国文论最强劲的声音之一,而且,这种文论的自觉绝不仅仅停留于口号层面,童庆炳、赵宪章、孙绍振、王一川等一大批学者结合文本分析的实践,已经初步构建出"中国审美阅读学"的理论谱系。

第一,童庆炳的"文化诗学"批评。童庆炳指出,具有"强制阐释"特点的"文化批评""越来越成为一种无诗意或反诗意的社会学批评",而"文学批评的第一要务是确定对象美学上的优点,如果对象经不住美学的检验的话,就值不得进行历史文化的批评了"②。因此,"文化诗学"要"以审美为中心",以"文学"为研究对象,"审美在文学艺术中的实现反映了文学艺术的特征",正是"审美"才能将文学与非文学区别开来,也能够对好的文学和坏的文学加以鉴别。但又不能像形式主义批评那样仅仅满足于文学修辞分析,而要做到宏观与微观的双向拓展,"既向宏观的文化视野拓展,又向微观的言语的视野拓展","恢复语言与意义、话语与文化、结构与历史本来的同在一个'文学场'的相互关系,给予它们一种互动、互构的研究"③,从而创构出一种能够贯通"内部研究"与"外部研究"的文化诗学批评模式。

第二,赵宪章的"形式美学"批评。赵宪章坚持认为:"我们的文学研究往往跳过形式直奔主题(思想、价值等),文学被简单化为思想的载体或历史的文献,这显然是政治家、思想家、社会学家对待文学的方式,不是文学研究的本色,不是严格意义上的文学研究。"④文学研究的专业与非专业之间的重要区别在于,"前者最大的特点在

---

① 孙绍振:《文学的坚守与理论的突围》,人民出版社2015年版,第21页。
② 童庆炳:《文化与诗学丛书·总序》,北京师范大学出版社2001年版,第6页。
③ 童庆炳:《文化诗学:理论与实践》,北京大学出版社2015年版,第125页。
④ 赵宪章:《文体与形式》,人民文学出版社2004年版,第9页。

于它是通过形式阐发意义,而不是超越形式直奔主题"①。但他所理解的"形式"又不限于纯粹的文本修辞层面,而是与思想内容有机地融合在一起的形式化了的精神存在物,所以研究文学的起点当然是"语言形式",但由此还可以通达深层的思想文化和意识形态,"'语言形式'应当是文学研究最直接的'现实',不仅不是文学研究不可逾越的'存在',进一步说,它就是文学本身。通过文学语言形式的研究,就可以发现我们希望从中得到的一切"②。

第三,孙绍振的"文学文本解读学"。据笔者所知,孙绍振是国内做文本细读最为持久和专注的学者。他对伊格尔顿、卡勒等人的"文学虚无主义"进行了质疑和批判,而坚守审美文学观;在"强制阐释"风行之际,他则重新举起"审美阅读"的旗帜。他认为,当代西方文论固然在文化价值和意识形态方面的研究取得了突出成就,但"在文学审美价值方面表现得极其软弱"③,进而言之,擅长逻辑演绎而忽视经验归纳乃是西方批评理论在方法论上的致命缺陷,以至于它们在文学阅读上表现得低效和无效,而"文学文本解读的目标恰恰相反,越是注重审美的感染力,越是揭示出特殊、唯一,越是往形而下的感性方面还原,就越具有阐释的有效性"④,因此,孙绍振走出了一条以微观分析为基础,从批评实践到理论提升的学问之道,创构了"审美价值的错位结构""意象、意脉、形式规范三层次结构""审美感知变异""情感逻辑变异""文本分析的七个层次"等一系列具有原创性的文学阅读理论。

第四,王一川的"感兴修辞批评"。王一川先后研究过"体验美学"和"修辞论美学",但他发现,过度追索个人的生存体验容易堕入神秘化,一味强调语言修辞分析又容易落入形式主义的陷阱,于是,他在融合"体验美学"和"修辞论美学"这两种美学思路的基

---

① 赵宪章:《形式美学与文学形式研究》,《中南大学学报》(社会科学版)2005年第2期。
② 赵宪章、曾军:《新时期文艺学的学科建设与反思——赵宪章教授访谈录》,《甘肃社会科学》2007年第4期。
③ 孙绍振、孙彦君:《文学文本解读学》,北京大学出版社2015年版,第2页。
④ 孙绍振:《文论危机与文学文本的有效解读》,《中国社会科学》2012年第5期。

础上，建立起"感兴修辞批评"理论。所谓"感兴修辞批评"，"是由注重个体体验的感兴论与突出特定语境中的语言效果的修辞论两者融会起来的批评框架。这是一种在特定语境中阐释文本语言并由此显示其感兴蕴藉的批评方式"①。在具体操作路径上，"感兴修辞批评"具有五个循环互动的阐释圈：文本感兴激活、文本语言阐释、文本深层结构阐释、文本与语境的相互阐释、文本独特意义阐释。其显著特色，"是致力于文本体验、分析与语境阐释汇通的路径"②，是"'内转'（向内转向语言与体验）与'外突'（向外突现文化与历史）的融合"③。

总之，童庆炳的"文化诗学"批评、赵宪章的"形式美学"批评、孙绍振的"文学文本解读学"、王一川的"感兴修辞批评"（还可包括叶嘉莹、王先霈、谭学纯等学者的文学阅读理论）是在不满于纯粹形式主义文论和以意识形态批评为特长的"强制阐释"模式的前提下，汲取传统阅读学的资源，结合中国文学经验，通过大量的文本细读实践，最终提炼和建构出来的"中国审美阅读学"，这显然属于中国学者的原创性学术成果，具有重要的理论价值。

四 "中国审美阅读学"的理论创新

如前所述，在西方"强制阐释"阅读模式试图一统天下之际，相当一部分中国学者对之采取的是质疑和批判的态度，童庆炳、赵宪章、孙绍振、王一川等人在阅读实践的基础上，构建出"中国审美阅读学"的理论体系和理论谱系。那么，与"强制阐释"相比照，"中国审美阅读学"的理论创新点何在呢？笔者认为，坚持以审美为本位，贯通文学的内部研究和外部研究，发掘民族资源进而创建中国气派，乃是"中国审美阅读学"的三大理论创新。

第一，坚持以审美为本位。西方"强制阐释"的特点是"去审

---

① 王一川：《文学理论》，四川人民出版社2003年版，第358—359页。
② 同上。
③ 同上书，第357页。

美化""去文学化"和高度"理论化",其基本理念是"文学虚无主义"和"文学工具论"。而遭受过"极左"文艺思潮重创的当代中国文论恰好对这两种文学观念极其警觉和反感,惨痛的历史教训让中国学人对文学的审美特性备加偏爱和珍惜,文学审美观早已深入人心,"蒋孔阳、李泽厚、钱中文、王向峰、孙子威、胡经之、王元骧、童庆炳、杜书瀛、陈传才、畅广元、王先霈等文学理论界的学者都力图从'审美'这一视角立论,力图给文学一个新的界说"①。"美是艺术的基本属性""文学的特征是情感性""文学反映具有审美价值的生活""文学是人学""文学是语言的艺术"等一系列观念得以确立和深化。所以,童庆炳一再强调要以审美为中心,赵宪章坚持认为审美是文学的基本属性,王一川坚守审美体验在文学阅读中的基础性地位,孙绍振才会说:"我们欣赏文学作品的时候有一个指导思想,就是以人的价值观念、审美的价值观念、人的情感的价值观念、人的自由、个性、想象的特殊逻辑为指导。"② 坚持以审美为本位的文学阅读观在批评界同样得到了广泛的认可,如谢有顺指出,如果批评只限于知识和材料,不能分享文学精神的内在性,必然会造成一种审美瘫痪,因此需要重新"为批评立心"③;饶翔提议批评家们要"重回文学本身",必须克服批评权力的滥用,要"有走进并了解一个陌生人心灵世界的细心和耐心"④。可以说,坚持以审美为本位的"中国审美阅读学"是对以"人的死亡""作者的死亡""文学的死亡"为指导思想的西方"强制阐释"模式的极其有力的反驳和矫正。

第二,贯通文学的内部研究和外部研究。"中国审美阅读学"一方面要突破俄国形式主义、英美"新批评"、结构主义等形式主义文论的封闭性,另一方面要戒除过往中国社会政治批评和当代西方各类文化批评理论完全向外转的弊端,总体思路是要打通文学的内部研究和外部研究,打破文学的自律与他律的魔圈。在他们看来,语言与意

---

① 童庆炳:《新时期文学审美特征论及其意义》,《文学评论》2006年第1期。
② 孙绍振:《审美阅读十五讲》,北京大学出版社2013年版,第28页。
③ 谢有顺:《文学如何立心》,昆仑出版社2013年版,第182页。
④ 饶翔:《重回文学本身》,作家出版社2014年版,第28页。

义、形式与内容、文学与文化、文本与语境本来就是相互汇通的,如童庆炳所言:"文学是诗情画意的,但我们又说文学是文化的。诗情画意的文学本身包含了神话、宗教、历史、科学、伦理、道德、政治、哲学等文化含蕴。在优秀的文学作品中,诗情画意与文化含蕴是融为一体的,不能分离的。中国的文化研究应该而且可以放开视野,从文学的诗情画意和文化含蕴的结合部来开拓文学理论的园地。"①在汇通文学内外研究的具体阅读策略上,他们几乎都采取了以审美为本位,以文本分析为核心,由内而外、由下而上,最终又循环阐释的方法。这与西方"强制阐释"彻底向外转的思路有很大的差异,譬如,伊格尔顿呼吁,真正值得研究的是文学观念和文学理论背后的权力关系和意识形态领域;托尼·本尼特主张,要"在审美之外构建一种话语空间",要将"文学"视为"文本的使用和产生效果的历史特定和制度地组织的领域",要研究建构文学活动的话语实践、机制/制度、权力关系和意识形态,"将文学历史地、制度地理论化,是要使其浸染更加具体的存在,而不是从任何审美观中获取的,因而,也会使文学政治问题以一种更加具体特定的方式来提出"②。与这种偏激的阅读方法相比,"中国审美阅读学"显然更加辩证和通达。

第三,发掘民族资源进而创建中国气派。在反对西方学术话语霸权,创建有中国特色和中国气派的哲学社会科学这一思潮的鼓荡之下,"中国审美阅读学"各家纷纷将眼光投向中国传统的民族文化和古代文论资源,从审美理念、概念范畴、方法路径等多种层面来打造自身的特色和价值,力图改变以西方理论来"强制阐释"中国文学的批评现状。叶嘉莹从"兴"这个美学范畴获得了极大的灵感,将"兴发感动"作为文学阅读的核心观念:"我有时竟会不惜辞费地用上几百甚至几千字来评说一篇短短的小词,那便因为我以为对于诗歌这种以兴发感动之作用为生命的美文,我们在对之加以评说时,不该只是简单地把韵文化为散文,把文言变为白话,或者只做一些对于典

---

① 童庆炳:《文化与诗学丛书·总序》,北京师范大学出版社2001年版,第6页。
② [英]托尼·本尼特:《文学之外》,强东红等译,人民出版社2016年版,第10页。

故的诠释,或者将之勉强纳入某种既定的理论套式之内而已,更应该透过自己的感受把诗歌中这种兴发感动的生命传达出来,使读者能得到生生不已的感动,如此才是诗歌中这种兴发感动之创作生命的真正完成。"① 王一川的"感兴修辞批评"更是直接受到清代叶燮《原诗》中关于"兴起"和"修辞"一段论述的启发。孙绍振认为,"文学文本解读学"的建构策略不能再像西方文论那样进行悬空的理论演绎,而应当学习中国古代文学阅读学的生成方式,即在微观的文本分析的基础上建构解读理论,再回到文本阐释,进而拓展衍生解读理论,譬如,"金圣叹对整部《水浒》作了评点、删节改写,才提出了'性格范畴';清代沈雄和贺裳、吴乔解读了大量的诗词,才提出了抒情的'无理而妙'说"②。

五 "中国审美阅读学"的发展愿景

综上所述,以童庆炳、赵宪章、孙绍振、王一川为代表的中国学人对当代西方文学批评理论("强制阐释"阅读模式)加以质疑和批判,在汲取传统文论资源的基础上,初步创构出具有中国气派和中国风格的"中国审美阅读学",实现了文学阅读理论的重大创新,具有重要的学术价值。

长期以来,国内文艺学一直处于西方文论话语霸权的统辖之下,唯西方马首是瞻,"以西律中"的做法极其普遍,曹顺庆认为:"这种借用他人以言说自己的理论批评模式是造成理论与本土生活世界相疏离、造成文学理论失语症的直接原因。……20世纪整个中国的理论批评,从内在的精神气质到外在的话语形态已经严重地西方化、西语化,丧失了中国文化的独创性和特殊性。"③ 因此,他呼吁构建"汉语批评"的重要性和必要性,提出应当以汉语的语体形态为核心,在思维方式、体验结构、知识形态、价值精神等层面突出中国文

---

① 叶嘉莹:《迦陵文集》第10卷,河北教育出版社1997年版,第29页。
② 孙绍振、孙彦君:《文学文本解读学》,北京大学出版社2015年版,第12页。
③ 曹顺庆:《汉语批评:从失语到重建》,《求索》2001年第4期。

学批评的民族性和原创性。由此观之,"中国审美阅读学"的现有成就让我们看到了中国文论复兴的希望,使我们找到了如何与西方文论进行平等对话的可能路径。

当然,"汉语批评"也非完美的阅读方式,有学者指出,"'汉语批评'是为了更好地发挥汉语以少胜多的包容性、语义的模糊性、不确定性以及汉语思维的整合性特点,这与传统印象式或感悟式批评极为相似。因此,与其说'汉语批评'是一种新的批评方式,不如说它是对传统印象式批评的回归,并未增加多少新的内涵"[①]。毋庸置疑,西方批评理论中的逻辑思辨和理性精神,仍然是值得我们借鉴和领会的。譬如,叶嘉莹在《论词学中之困惑与花间词之女性叙写及其影响》《对传统词学与王国维词论在西方理论之观照中的反思》等文章中就放弃了传统解读学的印象式、感悟式的书写套路,而采用了西方理论思辨的思维方式,做到了逻辑谨严,议论深刻。所以说,"中国审美阅读学"的良性发展之路没有必要再去重复诗话和小说评点的古典阅读模式,而应当接受"现代性"的洗礼,在汲取古今中外文论资源的基础上走向综合创新。

另一方面,应当承认,当代西方的文学阅读理论也绝非一无是处,它"去审美化"和"去文学化"的目的显然是更加便利和直接地展开对社会现实和意识形态的反思与批判,在"文化政治"已然成为当代政治的重要组成部分之际,它在底层阅读、边缘阅读、性别阅读、族裔阅读中正在发挥着重要的文化批判功能。希利斯·米勒称之为"批判式阅读",他认为,这种"批判式阅读"的主要特长是对渗透在文学作品中的种种意识形态迷雾进行"去神秘化方式"的揭露和批判。[②] 在笔者看来,高度"理论化"的、"强制阐释"式的"批判式阅读"在西方仍然会盛行下去,在性质和功能上将与"中国审美阅读学"构成分庭抗礼之势。这也提醒我们,发展和完善"中国审美阅读学",很可能是建构具有原创性的中国文论话语的重大契机。

---

① 肖翠云:《中国语言学批评》,黑龙江人民出版社2010年版,第213页。
② [美] 希利斯·米勒:《希利斯·米勒文集》,王逢振等译,中国社会科学出版社2016年版,第90页。

中国文论的当代性反思与本土性建构
——兼及对当下文学批评存在问题的思考[*]

庄伟杰[**]

一

时间是人力所无法抵御的。倏忽间,新世纪已旋转了十五圈年轮。尽管20世纪被称为"批评的世纪",但回首百年中国文论的运行轨迹,不难发现,20世纪中国文论史俨若一部精神蒙难的问题史。如果说,从先秦到晚清的文学理论,才能作为正宗的中国文学理论;[①]那么,进入20世纪,承受欧风美雨熏染、入侵与冲击的文论,就难以归属为"正宗"的中国文学理论了。因为,在西方强势话语笼罩的尴尬处境中,尤其是20世纪80年代之后从西方搬来的许多"新名词""新花样"的大轰炸,令人如堕烟海,莫衷一是。对此,更多的中国知识者是不加分析地将西方话语装进自己的大脑沟回中,而自身则糊里糊涂地迷失在理论的路上,或变成为西方话语的整体挪用,或把最大热情双手捧献给西方文论,或在丧失参照系之后加剧了自身理论话语的严重匮乏。

毋庸讳言,在整个20世纪中国文学理论嬗变中,的确面临着一系列亟须审理的重要问题,譬如:怎样把握和权衡中西之争、古今之

---

[*] 本文原刊于《文艺争鸣》2015年第3期。
[**] 作者单位:华侨大学文学院。
[①] 参见刘若愚《中国文学理论》,台湾联经出版事业公司1981年版。

争这个语境中的文学理论在发生学与发展进程中交错变化的复杂关系；怎样厘清一个世纪文学理论遗留的关键性问题，寻求重构新世纪的中国文论与话语形态的风貌；怎样不断扬弃那些过时的理论框架，解决文论话语的本土化与全球化的问题，铸造全新意义上的中国文论品格或模式；等等。着实非同小可，值得深加探究。然而，自90年代至今的学术界却有重学术（史）而轻思想（史）、重作家作品流派研究而轻理论整体把握透视的倾向，导致中国当代文论的研究变得相当艰难。加之在百年文论史的背景上，当代中国文学理论总是处于古代文论、西方文论、马列文论的"三角关系"纠缠的紧张语境中，且难以达成新的整合和价值重构。足见当代中国文论一直在漂流中浪迹，尚未能找到自己的根和本体。以此观之，置身于全媒体和全球化时代，如何以中西文化思潮大冲撞大汇合为出发点，对中国文学理论批评由古代向现当代的转型，进行历史与逻辑的叙述和阐释，为当代文学研究全面深入展开并找到真正属于自身（本土）的理论阐释模式，就显得十分重要而迫切了。

二

其实，关于文化界的本土性话题，近年来在海外文学艺术、比较文学、美学和社会学等领域方兴未艾。例如，20世纪八九十年代海外汉学家刘若愚、叶维廉、程抱一等在《中国诗学》《中国诗画语言研究》等著作中，皆对中国诗学思想和诗歌语言展开了有的放矢的论述，尽管较少涉及清晰的"本土性"意识。令人欣慰的是，为了改变中国当代文艺理论批评界唯西方文论是瞻的积习，从而有效地克服西方文论的局限与缺陷，个别清醒、睿智且富有远见卓识的当代学者，以个体化的方式，直面真理，自信从容，或听从生命本真的召唤，或拒绝盲从任何绝对理念，以开阔的学术视野，注重对当代现象加以审视，并梳理流行思潮中那些潜在的问题，重新思考当代文论的本土性建构。引人注目的是，孙绍振、张江等重要学者已经意识到，并直截了当地展开了带有创意性和开拓性意义的深入思考。孙绍振近年来极力倡导"建立中国特色的文学批评学"①，并提出"建构文学文本解读学"②。他从西方文论中发现并注意到：我们引进的那些西方理论，我们热情追随的"大师"，是不是"一匹特洛伊木马，或者是一种计算机病毒"呢？是不是"反过来控制了机内原有的程序"，对我们的理论建构"产生破坏性效果"呢？孙绍振以自己的深厚学识和敏锐眼光，觉察到西方文论（家）的"野心"和"无知"，一针见血地指出："他们的理论预设涵盖世界文学，可是他们对东方，尤其是对中国古典文学和理论却一无所知，他们的知识结构和他们的理论雄心是不相称的。西方文论失足的地方，正是我们的出发点，从这里对他们的理论（从俄国形式主义到美国新批评，从文学虚无主义的解构主义到结构主义，从读者中心论到叙述学）进行系统的梳理和批评，在他们徒叹奈何的空白中，建构起文学文本解读学，驾驭着他们所没有的理论和资源，与他们对话，迫使他们和我们接轨，在文学文本的解读方面和他们一较高下，也许这正是历史摆在我们面前的大好机遇。"③ 因为，"西方文论一味从概念（定义）出发，从概念到概念进行演绎，越是向抽象的高度、广度升华，越是形而上和超验，就越被认为有学术价值，然而，却与文学文本的距离越来越远。文学理论由此陷入自我循环、自我消费的封闭式怪圈。文学理论越发达，文本解读越无效，滔滔者天下皆是，由此造成一种印象：文学理论在解读文本方面的无效，甚至与审美阅读经验为敌是理所当然的。文学解读的目标恰恰相反，越是注重审美的感染力，越是揭示出特殊、唯一，越是往形而下的感性方面还原，就越具有阐释的有效性。归根到底，这使文学理论不但脱离了文学创作，而且脱离了文本解读"。

孙先生结合自己长年积累的经验和思考，经过一番细致考察和充分论证，认为"不论是反映论还是表现论，不论是话语论还是文化论，不论是俄国形式主义的陌生化还是美国新批评的悖论、反讽，都

---

① 熊元义：《建立中国特色的文学批评学——文艺理论家孙绍振访谈》，《文艺报》2013年6月17日。
② 孙绍振：《建构文学文本解读学》，《文艺报》2013年9月6日。
③ 同上。

囿于单因单果的二元对立的线性哲学式的思维模式。文学解读上的无效、低效似有难以挽回之势"①。的确，正视西方对之徒叹奈何已长达百年的问题，如今我们理应抓住机遇发出自己的鲜明声音，"以寻求新的解决方案和道路"。这是他个人以雄辩的思考力和理论洞察力所做出的坚实回应。

如果说，孙绍振已然意识到中国当代文艺理论在接受西方文论时应该有所批判和反思，一方面应在创造与借鉴中厘清中国传统文论与西方文论各自的优劣势；另一方面是立足本土的现实并在文化上主动反映和创造新的文艺理论形态，而非被动接受。那么，张江则是在充分肯定了当代西方文论建设产生的积极影响的同时，有必要对当代西方文论本身进行辨析，考察其应用于中国文艺实践的有效性，并最终思考中国文论的重要问题。近年来，他在《当代西方文论若干问题辨识——兼及中国文论重建》②《当代西方文论的理论缺陷》③《强制阐释论》④等一系列文章中，全面、系统而深入地对当代西方文论存在的问题和局限进行充满学理的思辨和分析，并富有创见地提出了当代西方文论的根本缺陷是"强制阐释"的观点，在学界产生了振聋发聩的效应和反响。在张江看来，尽管当代西方文艺理论在中国受到学界的高度推崇，却始终面临着一个难以解脱的"悖论"，即一方面是理论很"繁荣"的局面，另一方面是推动中国文艺实践蓬勃发展的理论少之又少。譬如，影响广泛的弗洛伊德的精神分析文论就无法提出科学的审美标准，指明文学理论生成和丰富的方向，更无法指导文学创造和生产。盖其因在于，当代西方文论诸多学派本身的重大缺陷和通病使然。其主要局限有：脱离文学实践，用其他学科的现成理论阐释文学文本、解释文学经验，并将之推广为普遍的文学规则；出于

---

① 熊元义：《建立中国特色的文学批评学——文艺理论家孙绍振访谈》，《文艺报》2013年6月17日。
② 张江：《当代西方文论若干问题辨识——兼及中国文论重建》，《中国社会科学》2014年第5期。
③ 张江：《当代西方文论的理论缺陷》，《文学报》（新批评专刊）2014年7月31日、8月14日连载。
④ 张江：《强制阐释论》，《文学评论》2014年第6期。

对以往理论和方法的批判乃至颠覆，将具有合理因素的观点推延至极端；套用科学主义的恒定模式阐释具体文本。当代西方文论生长于西方文化土壤，与中国文化之间存在着语言差异、伦理差异和审美差异，这决定了其理论运用的有限性。对此，张江高屋建瓴地提出了自己精辟而独到的见解，表明中国文论建设的基点：一是抛弃对外来理论的过分倚重，重归中国文学实践；二是坚持民族化方向，回到中国语境，充分吸纳中国传统文论遗产；三是认识、处理好外部研究与内部研究的关系问题，建构二者辩证统一的研究范式。

从张江和孙绍振的理论洞见和发出的急切呼声中，看得出他们共同关注的焦点是中国文论的当代性反思和本土性建构。并在无形中构成了一种理论空间的合力，即既涉及当代中国文论的现实境遇、话语形态、价值基点等多重层面，又涉及中国文论重建的问题。同时，驱使我们思考如何在中国文论的实践中实现本土性（中国特色），如何在本土性的理论批评实践中提炼出当代中国文论发展的有效路径。因为"文艺理论表明一个民族文学反思的高度，而文论批评则表明文学思想家群体自我关注和思想交锋的程度。文学理论既是体验性的精神活动，又是理论构筑的理性活动——通过一种体系性的宏观阐释，舍弃那些偶然局部的东西，而将其整合在统一话语模式中"。[①] 唯其如此，理论的逻辑活动与文学的体验活动才能在文学理论批评中产生互动和呼应，让"灰色的理论"还原为文学"生命的常青"，并以理性之光烛照被历史遮蔽的文学文本。

三

由于中国文论在当代中西文化碰撞和交流中，走了一条曲折逶迤的道路，于是在当代话语场中，存在着成堆的问题。譬如传统与现代文论的持续位移，让创作与批评阐释常常处于"混战"中而难以获得相近相通的意向性；文学理论与批评的话语紧张，致使难以走出西

---

① 王岳川：《中国镜像——90年代文化研究》，中央编译出版社2001年版，第367页。

方的阐释框架而形成自己的独特气质；文学理论批评精神的多维失落，远离了文学文本的特殊语境和价值关怀；独断决定论与绝对相对论文论，造成了学术研究的深度匮缺和文学的大面积失衡；而文论的基本问题转向、文学研究的"中心"转移、文学性让位于文化性、文论批评的思维转向等，则给当代文论批评造成了诸多的话语断裂。如是，致使文学理论批评仅仅满足于"炒事件"，或沉醉于文本形式的漩涡，或局限于学术规范的讨论，让文学批评变成为一种表演，其直接结果是批评出现了对象的缺席。而且问题背后还潜藏着更深的问题，且连带着其他诸多问题，所有这些问题尚待揭示和厘定，使得中国文论的重建在21世纪的今天依然显得十分艰难和沉重。然而正是艰难与沉重，才更有开拓的价值和重构的必要。

　　直面当代中国文坛，我们看到，在批评的缺席中，出现了多元乃至无序的零散状态，或呈现出一种媚俗化和非学理化的倾向。从当下文学批评的现状来看，或脱离当代文学的问题语境和价值关怀，或对文学本质理解上存在严重的偏差，或在批评中缺乏基本的原则和标准。至于那种热衷于不断抛出新组合词和生硬堆砌各种术语，好讲一些新大话、新套话和充斥其中的"正确的废话"，云里雾里，佶屈聱牙，却未能触及问题的要害和具体的评价，纯属是一种不负责任的"伪批评"，对文学创作既无法产生互动效应，对文学受众也毫无启发之益，对文学批评领域及当代文论的建设更是一种莫大的伤害。

　　当代文学批评存在的诸多问题，认真盘点，关键的是缺乏问题意识与历史意识，以及急功近利思想的作祟，致使批评丧失了最基本的价值评判，进而失去独立思考的立场，也失去了最基本的可信度。而缺乏真正批判精神和学理规范的语言失禁，以及标榜"怎样都行"的言说方式，往往无视"问题"本身，任意解释和界定文学文本。无论玄学式、酷评式批评，还是操作式、廉价式批评，其可信度都是值得质疑的，也造成了当代文学批评的困境及其危机的表征。追根究源，一方面是在文学日趋边缘化和大众化的境况下，面对那种跟着消费走、跟着市场跑的写作，由于现行的理论疲软或乏力，缺少对当代文学实践主动介入的有效性，更缺少当今时代所需要的文学观念的积极建构，导致文学批评在价值判断和思想方法上出现严重的错位。另一方面，由于在当代消费文化转型中，现实越来越在物化的过程中变得与精神相疏离，文学理论似乎陷入眩晕状态。而在现实撞击之下和理论界的重新分化之中，多数批评家要么奉行于谈论一些关于文学"本质主义"与"反本质主义"之类的高深话题，缺乏现场感和介入能力，也缺少对批评对象的整体了解和把握；要么干脆扮演"帮闲"的角色，过度顾及人情因素，简单理解作家对批评的需求，竭尽所能地一味说好；要么热衷于投身研究国外引入各种热门时兴的"主义"或更为时髦的"文化研究"。凡此种种，其结果使当代文学理论与当代文学实践越来越疏离，对当代文学的阐释力和浸透力越来越弱化。所有这些，与当代批评没有建立自己的主体性精神有关，"因而在本土化与全球化的张力中，显得目光游移不定，脚跟不稳，方法论或此或彼，既多元又无元，最终丧失了自己的判断力和批判品格"[①]。这无疑提醒我们，要捍卫文学批评的尊严，必须从批评的品质做起。因为文学批评作为一种社会存在，首先是一种文化存在，是文化的一个重要组成部分。真正的文学批评应是一场审美层次和创作观念的角逐式的对话，需要批评家具备哲学与美学史观，具有良好的理论思维训练和历史分寸感，并以人类思想的最高视点，对关涉文学的诸多问题，或融学理与艺术感受为一体，以美的形式传达批评立场和真知灼见；或进行归纳、总结、分析、判断以营造交流对话氛围。从某种意义上说，批评是良知的体现与文化精神的确认，是一个批评家审美能力和理论修养的表征。倘若文学批评从价值判断中、在思想对话中、在意义发现里逃遁，那么文学批评就等于从生存的根基中自我放逐，就等于让批评的思想品格自动流失。不仅如此，随之也会丧失了批评的灵魂和自信，从而削减了对研究对象的感应激情，继而失去对作品的评判依据。

四

如何解决当下文学批评存在的问题？或者说，在今天这样一个时

---

① 王岳川：《中国镜像——90年代文化研究》，中央编译出版社2001年版，第391页。

代,文学批评应该是什么样的?一句话,我们需要什么样的文学批评?直面现状,的确需要深入反思一下当代文学理论存在的问题,以现代人文精神为价值关怀坐标,从而对其自身的理论立场和理论观念进行必要的调整或重新确立。为此,笔者以为,至少需要从以下几个方面入手解决问题,才能进一步介入并推动当下中国文论及其话语体系的自身构建。

首先,应当自觉寻找文学理论创新的立足点,重构自身的话语谱系。重提文艺理论创新这个老话题,是因为它关系到当下文学批评如何冲破观念的藩篱,立足于中国当下的现实,重新确立文学批评与当代生活的关系。如果中国文学理论家能原创性地提出问题和思考问题,并通过对当代生活的介入,建立自己的问题意识,重塑批评主体,就有可能使文学创作的积累创新与文学批评的学术增长互动协调,保证文学研究的资源共享和知识增长。尽管从中国文学理论研究的现实来看,自20世纪八九十年代以来随着社会变革和文化潮流的涌动,中国文论在总体上有所突破、调整和变化,但中国文论的现代型知识体系转换及完整的理论建构仍属于未完成状态。确切地说,目前仍未找到进入中国当下文学的理论,为"原生性"文学理论建设服务或有效地阐释当下文学实践的理想路径。可见,唯有面对中国社会现实和文学现实原创性地提出问题,才能从根本上进行文学理论的整体创新。而对中国文论的传统资源进行有效的现代性转换,无疑是其立足的基点。至于西方文论,倘若搞不清其理论来源、现实语境和演变逻辑,而是盲目地生搬硬套,就难以在"拿来"中变成为中国文论创新的有机元素。诚如张江在《强制阐释论》一文所言:"一个成熟学科理论必须是系统发育的。这个系统发育体现在两个方面。从历时性上说,它应该吸取历史上一切有益成果,并将它们灌于理论构成的全过程;从共时性上说,它应该吸纳多元进步因素,并将它们融为一体,铸造新的系统构成。"① 因此,中国文论及其话语谱系的创新或重构,应立足于中国当下的社会文化和文学的现实,反思各个层面上文学理论研究中存在的问题,从根本上增强问题意识、历史意识

---

① 张江:《强制阐释论》,《文学评论》2014年第6期。

和价值关怀,即找到与变动的现实生活相关联的连接方式,驱使文学理论与批评成为对当代社会和思想富于洞察力的回应,在重新建构自己的话语系统中找到自己的文化位置。

其次,应以文学本体价值观有效地构建新的文学评价体系,并确立自主意识。如何才能构建新的当代文学评价体系呢?首要任务是作为中国本土的文学本体要从西方的"强制阐释论"中剥离出来,使之具有相对独立的价值、独立的艺术品格,并获得自身独立的合法性和文化空间。因为"文学创作是作家独立的主观精神活动。作家的思想和情感支配文本,以在场者的身份活动于文本之中。即便有真正的零度写作,作家的眼光以至呼吸仍左右文本内在的精神和气韵。作家的思想是活跃的,作家的情感在不断变化,在人物和事件的演进中,作家的意识引导起决定性作用。文学的价值恰恰聚合于此。失去了作家意识的引导和情感投入,文学就失去了生命"[1]。显而易见,文学批评研究是对文学的批评研究,如果脱离了文学,离开文学本体,不对文学文本进行分析和解释,文学批评研究根本就无从存在。而一旦脱离了文学文本,所谓的文学理论只能陷于空谈,抑或成了后殖民、后现代性、技术理性、权力话语、性别等西方流行话语的注脚。一切外部因素只能作为文学本体存在的一种文化场景,而不能作为影响文学自身价值的合理因素。如是,文学本身就能真正获得一种自主的话语权。这方面,我们可以从当代文学场景中真切感受到这种变化的迹象。例如曾被遮蔽于历史烟雾中的张爱玲、沈从文等作家,还有"民间文学形态"中的"潜在写作"等现象,就是在回归文学本体之后才得以引起世人的广泛关注。

可见,构建当下新的文学评论体系或美学原则,乃是顺应文学创作规律的历史需要。当然,忽略了在中国本土上生长出问题以及围绕这些问题所形成的中国经验,其带来的后果只能使当下文学批评研究产生惰性以至于伪命题的四处横生。因而,反对"不读而论"的概念推理式研究,倡导富有情感交流且具有个人洞见的对文本的解读式

---

[1] 张江:《当代西方文论的理论缺陷》下,《文学报》(新批评专刊)2014年8月14日。

批评，显得相当重要，这方面恰恰是西方文论（在文学审美价值方面）表现得极其软弱之处。诚然，随着当代社会发展的日新月异，文学在艺术形式、创作观念、审美情趣等方面也必然会随着时代的发展而变化，与之相适应的文学评价体系，也只有在不断修订和完善中才有可能符合文学的发展流程。而摒弃对西方流行理论和学术运作模式的机械仿效，从中国当代文学内部寻找标准和方法，重构自成体系的新的美学原则和理论体系，其独立价值就有可能自主地凸显出来，从而与西方文论展开平等的对话。比如，近年来李泽厚提出的"情本体"论就是从中国经验出发而生成的一种美学原则，当然还需要在具体实践和运用中加以检验。再者，以开放的视野和思维方式丰富文学批评的手段，确立中国文论的整体观。在全球化浪潮中，特别是进入全媒体时代和后工业社会思潮的影响下，这个世界变得太快了。置身于这种特定的氛围中，我们看到一切事物都在加速变化或者转型，从物质层面到精神层面，似乎都浸淫着后工业社会商品化、市场化的气息。文学，作为人类文化的审美创造和存在方式，总是受到文化形态的直接影响。文学身份的认定、文学形式的选择、文学审美标准的形成，总是与文化形态的表现以及文化模式的选择相关联或互动，因为文学毕竟是文化的产物。处于动态的社会文化伴随着各种因素的作用而发生变化，文学同样在社会文化思潮中出现一系列变化。而与之相关的对于文学的批评姿态、批评话语及其理论也会随之变化。对于当下中国文学叙事来说，由于蕴含着相当复杂而丰富的历史文化内涵，驱使我们必须以开放的视野和思维方式，寻找更为多元的途径和理论思考以及诠释模式来加以解读。如近年来由中国学者提出的文学伦理学批评，作为一种新的文学批评方法，旨在从伦理视角阅读、分析、阐释和评价文学，认为文学是特定历史阶段社会伦理的表达形式，其在本质上是关于伦理的艺术。从某种意义上来说，文学伦理学批评不仅立足中国文学批评的特殊语境，解决当下中国文学研究的问题，同时又放眼整个世界文学研究的发展与进程，也是中国学者对世界文学研究的一个重要贡献。可见，只有拓宽视界，广泛汲取其他各种文化资源，才能提出新的问题、打开新的切口，在调整和转化中构建一套与之相适应的批评模式，以便进入文学文本所能呈现的意义空间。进一步说，才能真正建立起批评与现实、历史的有效关系，让创作实践与理论批评产生真正的互动，有力地促进当下文学创作的发展可能，从而确立中国文学理论批评的整体观。

综观所述，走出西方文论"脱离文学实践""偏执与极端""僵化与教条"所形成的"强制阐释"（张江语）的阴影，增强独立自主意识，树立起真正属于中国文学理论自身的学术尊严、思维导向与精神气质，充满自信地创造出自己的理论方法和美学原则，势在所趋。中国现当代文学坎坷的历史文化命运表明，文学的存亡兴衰与整体文化息息相关。文学理论与批评的现实力量和文化维度，除了体现在微观意义上的对作家个案或具体作品优劣的价值判断，更为重要的还体现在对于文学史的"重写"可能。当代中国文论一旦建立起自己特色的价值尺度和话语谱系，以求更加切实地符合当代文学自身的发展特点，那么可以断言，文学批评研究其实维系着文学史的整体命运。换言之，一部当代文学史假如失去文学批评研究的参与，将会失去活力和明确方向。当然，作为一个文学评论家或文学研究者，面对当代复杂多元的文学现象这一问题，要做出令人信服的解析和深刻独到的审美判断，就必须以开放的胸怀吸收多方面的养分，武装和强大自己的精神世界，甚至要充满怀疑精神和探索意识，拥有一种独立不倚的生命姿态，包括评论家人格的独立和批评风格的独立，"也许只有这样，才能评论今天以世界文学为营养的中国作家的作品；也只有这样，才能有资格做文学的领航者和守夜人"[①]。而这，正是我们所热切期待的。

[①] 雷达：《重建文学批评的精神形象》，《文艺报》2013年2月6日。

"后理论"时代文学理论建构方式的思考[*]

郝智毅[**]

20世纪90年代以来,对文学理论进行反思研究是中国文艺学界研究的热点之一。"什么是文学理论""如何进行文学理论研究""文学理论的现状及未来"这类把理论自身作为观照对象的反思性研究,增强了文学理论研究的学科自觉,开创了文学理论研究新的格局和面貌,文学理论建设进入了一个新的历史时期。围绕着文学理论的存在形态、特性表征、价值意义、发展前景等问题都可以进行反思性探讨,反思的维度可以是多种方向的,其中一个重要的维度是文学理论的建构方式。文学理论的建构方式追问的是"文学理论何以形成"的问题。文学理论作为一种知识生产,必然有一个话语建构的过程,对其建构方式进行思考,也自然成为对文学理论进行反思的重要内容。本文着眼于文学理论的建构方式,回溯到马克思主义文学理论,以期对当下"后理论"时代的文学理论建设有一些启发意义。

一 文学理论建构方式的多种路径

文学理论的建构方式,可以有多种路径,最主要的有自上而下的哲学思辨型,由外及里的理论推演型,自下而上的经验抽象型。自上而下的哲学思辨型是指由哲学思想和观念推演生成文学理论。这在西

---

[*] 本文原刊于《求索》2017年第12期。
[**] 作者单位:河北大学文学院。

方精神传统中,有着深刻的存在基础。毕达哥拉斯学派认为宇宙万物的"始基"是"数",用"数"的观念对世界作整体理解和抽象表述。"据亚里士多德说,毕达哥拉斯学派确实把数看做是万物的本源,万物都是这个本源的'模仿品'"①。柏拉图"把整个可以知觉的宇宙变成了各种理念的象征"②,"理念"成为世界的本源。尤其是自笛卡尔开始的理性形而上学,要达到的就是对绝对的认识与把握,黑格尔将这样的传统推到了极致。黑格尔的《美学》是其整个哲学体系的一个组成部分,"美是理念的感性显现"这一著名命题涵盖于他的哲学体系之中,文学艺术的产生和发展,是绝对精神自我运动,"异化"与"扬弃"辩证发展的结果。追求本源的同一性是传统形而上学思维方式的基本理论支点。"本源的同一性,这既是保证世界秩序的基础,也是世界能构成整体的前提与条件。但这里起源不再是发生学意义上的开端,而是被剥夺了空间与时间维度的抽象始基,是作为有限世界根据的无限物。"③ 从这种源远流长的形而上学思维方式出发进行有关文学艺术的思考和表述,自然就会在某种先验的、不言自明的概念或命题之上建构文学理论的话语言说。马克思对"抽象存在"进行了批判,颠覆了这一形而上学传统。"人们的'存在',就是人们的'现实的生活过程';人们的'现实生活'的根基,则是人们的物质生活资料的生产——劳动。'劳动'是人的'存在'。"④ 马克思恩格斯考察文学艺术,将其放置于历史中人的生产劳动实践及在此基础上形成的整个社会结构之中,在纷繁复杂的社会存在之中确定文学的位置。以黑格尔为代表的哲学思辨型的文学理论建构方式,在西方文学理论史中,是常见的一种基本路径。如分析美学、现象学、阐释学、存在主义等文学理论和美学派别,都建立于各自哲学观念和思想体系基础之上。这种文学理论,脱胎于哲学的"母体"之中。这样,我们就不难理解,相当多文学理论家的本来身份是哲学家、思

---

① [英]鲍桑葵:《美学史》,商务印书馆1985年版,第62页。
② 同上书,第64页。
③ 仰海峰:《马克思与形而上学的颠覆》,《哲学研究》2002年第4期。
④ 孙正聿:《辩证法:黑格尔、马克思与后形而上学》,《中国社会科学》2008年第3期。

想家，弄明白这样的文学理论一定要回溯到产生它的哲学体系、思想体系中。这样的文学理论，特点非常鲜明：因参与了对世界的整体解释而获得了自身存在的巨大意义，因依据于更为权威性的哲学话语而带有了强烈的理论自信，染有"母体"哲学的强烈色彩，体系完整严谨。

随着社会的发展和知识的进步，科学研究中学科分工势在必然、理所应当。科学研究从哲学统合时代逐渐发展到分门别类、条分缕析。当今时代，学科分工越来越细密，越来越专业化和制度化。各个学科明确自己的研究对象和学科边界，在一个相对狭小的范围内精耕细作，这对于凸显学科特性、促进学科进步、推动研究向纵深发展无疑有积极意义。但学科发展过分细密也带来很多弊端，各个学科之间壁垒森严、不相往来，使各自的研究视野局促，只见树木不见森林。这样，就产生了各学科之间交叉融合渗透的内在需求，学科分工日益细密和学科之间走向交叉渗透成为时代的共同特点。

在这样的背景下，文学理论的建构方式出现了一种新的路径：由外及里的理论推演型，这种建构方式借助于外部其他学科的思想资源而生成内部的跨学科的新的理论自我。"面对作为人的精神创造的文学现象，各种政治的、宗教的、哲学的、伦理道德的乃至自然科学的立场、观点、方法论都试图通过言说来予以解释和干预，这种言说也就构成形形色色的文学理论话语。"[1] 文学是一个异常丰富复杂的存在，这也就决定了不可能有什么仅仅局限于"文学性"和审美特点的"纯而又纯"的文学理论，文学理论与其他学科的交叉渗透、其他学科和文学理论的相互"跨界"是一种必然现象。可以进入我们视野的有语言学对文学、经济学对文学、政治学对文学、心理学对文学、伦理学对文学、人类学对文学、社会学对文学、传播学对文学，甚至自然科学等对文学的渗透交叉。当今时代，其他学科向文学理论的渗透，文学理论与其他学科的主动融合成为文学理论发展的一个显著特点。如弗洛伊德将其精神分析学说应用于文学研究而形成了精神分析批评；福柯等人的理论无法按照传统的学科分类对其进行归类，

---

[1] 李春青：《文学理论：从哲学走向历史》，《探索与争鸣》2011年第10期。

其理论跨越了诸多领域,成为包括文学理论在内的诸多学科进行言说时的重要思想资源和理论依据;文化研究更是"越界"的典范,打破了以往文学理论的单一理论来源。"文化研究没有现代学科的精细分类,它打破了政治、历史、文学、哲学等传统上人为的科际疆界,研究领域横跨文学研究、传播研究、女性主义、解构主义等各学科,形成一个学科的大联合。"① 从以上例子看出,这种由外及里的理论推演型文学理论的建构方式,拆解了学科壁垒,将无限丰富的理论资源引入文学研究中,丰富了我们对文学的多元认知,极大扩展了文学理论的问题视域,在各种文论资源的碰撞对话中进行了文学理论知识的更新和创造。

还有一种文学理论建构方式的路径:自下而上的经验抽象型。这种路径指的是从鲜活生动的文学实践和文学经验中通过文学批评的中介,提炼、概括、抽象而生成理论的过程。如果说由前两种方式建构的文学理论属于"派生型""外生型"理论,那么这种方式生成的理论就属于"原生型""内生型"理论。我国古代文学理论,大多是这种生成方式。如《诗品》提出的"滋味"说,是在概括了一百多位诗人的创作后才提炼而成的。司空图主要针对陶渊明、王维一派的山水田园诗创作经验,总结提炼为24种不同的诗歌艺术风格和境界。王国维"有我之境""无我之境"的理论,建立在对大量词作分析基础之上。中国古代意境理论的发展,一方面是继承前人理论遗产的结果,另一方面,和历代理论家紧密结合文学创作实践,及时从实践经验中进行理论概括提炼密不可分。金圣叹、李贽、李渔等为代表的小说、戏曲理论批评家的贡献更是小说和戏曲创作经验理论提升的产物,如金圣叹深刻分析了《水浒传》的人物塑造特点,"他在总结和吸取李卓吾及容与堂评本等的成就之基础上,对《水浒传》中创造独特性格的艺术经验,作了全面而深入的研究和分析,提出了许多有价值的重要思想"②。由此可见,自下而上的经验抽象型是我国古典文学理论生成的主要路径。西方文学理论也有一些理论家善于从具体

---

① 高建平等:《当代中国文论热点研究》,中国社会科学出版社2016年版,第418页。
② 张少康:《中国文学理论批评史教程》,北京大学出版社1999年版,第249页。

作品的分析中进行普遍规律的总结和概括。莱辛在评论《拉奥孔》基础之上，论述了诗与画的关系并进一步总结了各门艺术的区别。别林斯基现实主义文学理论也是建立于他对果戈理和一系列俄国作家的小说评论基础之上的。新批评名著《含混七型》中，燕卜荪分析了近四十位诗人、五位剧作家和五位散文家的二百多部作品片段，提出了"含混"的概念，成为新批评理论的重要核心概念。巴赫金的"复调"理论和"狂欢化诗学"，正是从他对陀思妥耶夫斯基和拉伯雷的名著的精彩阐释中得出的。叙事学理论也是建立于批评家大量文本细读的基础之上，如果没有热奈特对《追忆似水年华》的批评，没有对批评中闪光思想的进一步提炼、概括、总结，他的叙事学理论也就难以建构起来。

二　对"大写的理论"的反思

以上所说这几种不同的路径，在理论生成过程中同时存在。在不同的国家和地域，在不同的历史时期，这几种不同的路径往往呈现为一种复杂的存在和演变状态，20世纪西方文学理论的发展历程鲜明地体现了这种复杂性。20世纪初，形式主义、新批评先后以其对社会历史批评的激烈批判而登上历史舞台。形式主义孜孜探寻的"文学性"。新批评建立的"复义""反讽""悖论""张力"等批评术语都表明它们对文学文本的异常重视。这两派的代表人物，通常既是理论家，又是批评家，他们的理论观点正是从对文本的细致入微甚至有些繁琐的细读中提炼而成。原型批评以其宽宏的视野敲响了批评格局日益逼仄狭小的新批评的丧钟，但原型批评与形式主义、新批评一致的地方是它的理论也是从对文学现象、文学作品的阐释中生成的。

"批评的公理和基本原理不能不从它所论及的艺术中生长出来。文学批评家必须做的第一件事情是阅读文学，对他自己的领域做一个归纳性的概览，并从他关于那个领域的知识中自行产生出他的那些批评原则来。批评原则不能从神学、哲学、政治学、科学或任何这些学科的合并中现成地照搬过来。"① 弗莱的这番话清楚表明了他所建构的原型批评理论生成于文学实践之中。上面所说的形式主义、新批评、原型批评,包括叙事学理论在内的20世纪的这些理论流派差异很大,但在理论生成的路径上却是一致的,都是由下而上的经验抽象型。

观照20世纪西方文论的整体面貌,更多理论流派走的是另一条道路,其理论生成更多依赖于一个更为权威的话语体系:或是哲学,或是心理学,或是语言学,或是社会学,或是人类学等。20世纪的文学理论研究,成为引人注目的"显学",各种理论纷纭聚会,都试图在文学理论的阵地施展拳脚,占据一席之地。精神分析批评、解释学、女性主义批评、后殖民主义批评、新历史主义、结构主义、解构主义等等,考察它们的理论生成路径,都属于自上而下的哲学思辨型或由外及里的理论推演型。毫无疑问,这些理论在扩展人们对文学的理解、深入思考文学的多维存在以及展现人类逻辑与思辨所能达到的程度方面,都是极为必要和有益的。然而我们也应该看到,20世纪西方文学理论的发展,似乎走上了一条与文学渐行渐远的道路。卡勒在《当代学术入门:文学理论》一书的第一章,专门解释了"理论是什么"。他说:"在近代的文学和文化研究中有许多关于理论的讨论——我要提醒你注意的是,这可不是指关于文学的理论,而是纯粹的'理论'。""'理论'已经使文学研究的本质发生了根本的变化。"那么,这种"理论"究竟是什么?"'理论'的种类包括人类学、艺术史、电影研究、性研究、语言学、哲学、政治理论、心理分析、科学研究、社会史和思想史,以及社会学等各方面的著作。"他概括理论的第一个特点就是"跨学科的"②。卡勒对理论的这番论述,清晰表明了"文学理论"向"理论"的转变,或者说,是"理论"对"文学理论"的侵占和覆盖。由此,西方学术研究中出现了一个"理

---

① [加]诺思罗普·弗莱:《论辩式的前言》,《批评的剖析》,百花文艺出版社1998年版,第6—7页。

② [美]乔纳森·卡勒:《当代学术入门:文学理论》,辽宁教育出版社、牛津大学出版社1998年版,第1—16页。

论帝国",“理论”成了一个巨无霸,它无所不包,凌驾于诸多具体学科之上,许多人将这种理论称之为"大写的理论"。

面对这种"理论",许多思想家和学者进行了深刻的反思。乔治·斯坦纳对理论持有一种高度怀疑和批判的态度,他认为理论在文学、历史学、社会学等领域的胜利是一种自我欺骗,"无论是情感、知识及专业各方面,我都不信任理论",因为"理论不过是失去了耐心的直觉"。斯坦纳认为人文学科和自然科学有明显不同,而在文学研究等领域对理论的过分看重,源自于人文科学的一种想要模仿自然科学的自卑心态。"我们对人文学科的反应是直觉的叙事。在语意无拘无束的活力中,在意义的长河里,在诠释不受限制的交互作用里,唯一的命题是个人选择、品味、回音的相近或听而不闻。"① 威廉斯详细考察了"theory"一词在西方的演变过程,"Theory 有一个有趣的词义演变和意义范围,而且它与 practice(实践)有明显的区别(后来演变为对立状态)"②。与之相似,伽达默尔也从希腊文的源头考察了"理论"一词:"'理论'一词的希腊文是 theoria,它表现出人的存在这种宇宙间脆弱的和从属的现象的明晰性,尽管在范围上微弱有限,他仍然能够纯理论地思考宇宙。但是根据希腊人的观点,构造理论恐怕是不可能的。那样说像是我们制造了理论。……Theoria 一词的原初意义是作为团体的一员参与那种崇高神明的祭祀庆祝活动。对这种神圣活动的观察,不只是不介入地确证某种中立的事务状态,或者观看某种壮丽的表演或节目;更确切地说,理论一词的最初意义是真正地参与一个事件,真正地出席现场。"③ 这种梳理表明,理论并非天生就具有君临天下睥睨一切的权威,这就从词源学的意义上建立了破除人们对理论的迷信和崇拜的可能性。法国当代思想家埃德加·莫兰也对理论进行了反思:"一个理论不是认识,它只是使认识可能

---

① [美]乔治·斯坦纳:《斯坦纳回忆录:审视后的生命》,浙江大学出版社 2012 年版,第 6 页。
② [英]雷蒙·威廉斯:《关键词:文化与社会的词汇》,生活·读书·新知三联书店 2005 年版,第 486 页。
③ [德]伽达默尔:《科学时代的理性》,薛华等译,国际文化出版社 1988 年版,第 15 页。

进行的手段；一个理论不是目的地，它只是一个可能的出发点；一个理论不是一个解决方法，它只是提供了处理问题的可能性。换句话说，一个理论只是随着主体的思想活动的充分展开而完成它的认识作用，而获得它的生命。"①

事实上，理论渐趋强势之时，对理论的质疑、反思和批判一直在其内部滋生着。理论君临天下之日，也是其逐渐走向衰落之时。福柯、德里达等后现代思想家，高举解构大旗，将"理论"瓦解得支离破碎。整个西方思想界，在20世纪80年代之后，庞大的"理论帝国"衰落了，曾经风光无限的"理论黄金时代"已经过去。一时间，"理论衰落""理论终结""理论死亡"的说法风行于整个人文研究领域。不管我们对这种说法怎么理解、持什么态度，一个不争的事实是：那种包容一切、席卷一切的"大写的理论"确实已经出现了危机，走到了它的尽头。那么，理论为什么会出现这种转折？理论的征候表明了它的限度，这种限度是如何产生的？这些问题是我们在反思理论过程中必然的追问。一些学者对西方文论进行了系统深入的反思和清理，如张江先生提出的"强制阐释"概念。"强制阐释是指，背离文本话语，消解文学指征，以前在立场和模式，对文本和文学作符合论者主观意图和结论的阐释。"强制阐释的基本特征有："场外征用"，"主观预设"，"非逻辑证明"，"混乱的认识路径"等②。"场外征用"指出了哲学、历史学、社会学等文学之外的理论对文学理论的进入，理论的跨学科性在此充分体现。问题的要害不在于其他理论能不能进入文学理论，而在于这种理论是不是"强行"进入，是不是能有效地解释文学，正是这些问题的否定的答案，让人们对这种什么都有但就是没有文学的文学理论产生了厌烦。从理论生成方式的维度来看，强制阐释是理论生成方式严重不均衡导致的：理论更多依赖于自上而下的哲学思辨、由外及里的理论推演的路径，而自下而上的经验抽象的理论生成路径却被严重忽视。"西方文论中诸多影响重大的

---

① [法]埃德加·莫兰：《复杂思想：自觉的科学》，北京大学出版社2001年版，第270页。

② 张江：《强制阐释论》，《文学评论》2014年第6期。

学说与流派不同程度地脱离文学实践和文学经验，运用文学以外其他学科的现成理论阐释文本、解释经验，进而推广为具有普适性的文学规则。这些理论发生的起点往往不是鲜活的实践，而是抽象的理论。"① 这种"没有文学的文学理论"必然导致"混乱的认识路径"。

三 马克思主义文学理论的一种建构方式

考察马克思、恩格斯等马克思主义经典作家文学理论的建构方式，我们发现，自下而上的经验抽象型是其中非常重要的一种路径。这种文学理论的生成路径，表明马克思主义文学理论有着鲜明的文学性倾向，体现了作为一种思想形态的文学理论最终来源于文学实践的唯物主义的规定性，也印证了文学理论和文学经验、文学现实不可分割的密切关系。

文学理论毕竟是关于文学的理论，是有关文学的一系列理性思考的结晶，文学作品、文学现象、文学活动是文学理论的特定研究对象。文学理论可以有多种形态和类型，但毫无疑问，重视文学阅读经验，强调面对作品的领悟和感受，从这些经验、领悟和感受出发，把感性经验和直观表象经由反复抽象、提炼和概括，是一条基本的理论来源之路。在理论建构的这条道路上，对文学发自内心的亲近和喜爱保证了这样的理论不会干瘪枯涩，而是生机勃勃、富有阐释力和生命力的。马克思恩格斯自幼喜爱文学，终其一生，都保持了对文学的亲近。他们在青少年时期，如饥似渴地大量阅读文学作品，并以极高的热情投入于文学创作，写了大量的诗歌、小说和剧本等，甚至还有终生献身于文学事业的想法。他们成为革命领袖后，没有继续从事文学创作，但文学阅读依然持续着。在他们创作的经典文本中，对文学作品的引用是不计其数的，从古希腊罗马的神话传说到与他们同时代的作家作品都大量出现在他们的写作中。甚至可以说，没有文学作品的无比丰富的引用，他们的文本不会是现在我们看到的这种样子。与文

---

① 张江：《当代西方文论若干问题辨识——兼及中国文论重建》，《中国社会科学》2014年第5期。

学终生结缘，使他们有极高的艺术鉴赏力，对语言文字极为敏感，对文学有独特的感受能力，这些都为他们文学理论的产生积累了丰富而又宝贵的感性经验。

马克思恩格斯虽然没有专门的文学理论著作，但马克思主义文学理论具有内在的整体性和系统性，呈现出严密的逻辑性和科学性，是一座壮丽的理论大厦。而构成这一大厦基石的，是一系列概念和命题。马克思恩格斯基于阅读感受和文学经验，从大量文学事实、文学现象中抽象、提炼和概括出了一大批经典概念和命题，如"莎士比亚化"和"席勒式"、"老巴尔扎克的伟大胜利"、"真实地再现典型环境中的典型人物"、"艺术生产和物质生产的不平衡"、"美学原则和历史原则"等。马克思恩格斯论述的"莎士比亚化"，要求从现实生活的本来面目出发，严格按照现实的本来面貌再现现实，这是现实主义的根本规定性。马克思恩格斯正是从莎士比亚的创作中，从对他的文本阅读中提炼出莎士比亚的现实主义特征。"不管剧中的情节发生在什么地方——在意大利、在法兰西，或在纳瓦腊，——其实展现在我们面前的基本上总是欢乐的英国，莎士比亚笔下古怪的乡巴佬、精明过人的学校教师、可爱又乖僻的妇女全都是英国的，总之，你会感到，这样的情节只有在英国的天空下才能发生。"①

马克思恩格斯文学理论的建构，目的不是要创建书斋中的学问，而是要运用文学进行思想领域的战斗，澄清种种错误思想，最终推动社会的进步和发展。"尽管我们说马克思恩格斯散存于各种著述中的文学批评言论和针对各种社会哲学思潮展开的文化批判主要不是为文学的，而是服务于其思想理论和精神战斗的，但通过文学介入所提出的一系列重要的文艺思想，毋庸置疑都是实践的产物，是在对各种文艺现象全面占有基础上思想理论智慧的结晶。"② 马克思恩格斯文学理论批评发展的一个直接推动力就是介入文学现实、促进文学事业的发展，他们的文学理论就有了鲜明的现实针对性和强烈的实践品格。如马

---

① 《马克思恩格斯论艺术》第1卷，中国社会科学出版社1982年版，第335页。
② 李定清：《元典的文学维度——马克思恩格斯文艺思想与欧洲文学》，华中师范大学出版社2014年版，第257页。

克思恩格斯1859年分别给拉萨尔的信中谈到了"席勒式"的创作倾向,"这样,你就得更加莎士比亚化,而我认为,你的最大缺点就是席勒式地把个人变成时代精神的单纯的传声筒"①。"我认为,我们不应该为了观念的东西而忘掉现实主义的东西,为了席勒而忘掉莎士比亚。"②席勒式的创作倾向是从观念出发,以主观观念的演绎代替对客观现实的真实描写,把个人变成时代精神的单纯的传声筒。德国文坛从19世纪30年代到50年代,都程度不同地存在着席勒式的创作倾向,这种创作倾向在拉萨尔的剧本《济金根》中有集中表现。马克思恩格斯对席勒式的批判,针对的就是当时德国文坛的这种不良倾向。"与倾向于封闭的理论推演和脱离实际的理论建构比较起来,马克思恩格斯文艺思想的科学性和最大魅力就在于它根植于文学的实践品格。"③

四 马克思主义文学理论建构方式的启示

马克思主义文学理论的生成,路径并不唯一,既有自上而下的哲学思辨的路径,也有自下而上的经验抽象的路径,我们在上文重点分析了后者。在"大写的理论"的有效性和合法性出现危机的当下,如何进行"理论之后"的文学理论建设,需要我们对各种文论资源进行梳理。马克思主义文学理论是我们进行当前文学理论建设的宝贵资源,马克思主义经典作家文学理论生成方式的路径考察,对我们有极大的启示意义。"莎士比亚化"、"席勒式"、物质生产的发展和艺术生产的不平衡关系、现实主义理论等以自下而上经验抽象的路径生成的经典文学理论,至今依然闪耀着理论的光芒,比20世纪曾经风光无限的"大理论"有着更强的理论生命力。20世纪西方文学理论的诸多流派,或多或少地有强制阐释的缺陷,一个极为重要的原因在于它们对文学经验的疏离,对文学现象的漠视,与文学实践的隔膜。

---

① 《马克思恩格斯文集》第10卷,人民出版社2009年版,第171页。
② 同上书,第176页。
③ 李定清:《元典的文学维度——马克思恩格斯文艺思想与欧洲文学》,华中师范大学出版社2014年版,第267页。

马克思主义经典作家的这种理论生成路径提醒我们：文学理论毕竟是关于文学的理论，如果文学理论失去了对文学的关注和阐释，远离了文学，和文学实践没有必然的联系，一味地沉浸于关于政治和社会的"宏大叙事"中，那这种文学理论的有效性与合法性就值得怀疑。我们并非反对文学理论对哲学、历史学、政治学、人类学等其他学科的联系和借鉴，事实上，这种联系赋予了文学理论以深度和广度，我们反对的是文学理论对文学的粗暴抛弃与避而不谈。在文学理论的生成路径上，"原生型""内生型"理论和"派生型""外生型"理论都有存在的理由和价值，但"原生型""内生型"理论无疑符合唯物主义的根本规定：从根本上来说，理论最终都来源于实践，因而自下而上的经验抽象的理论生成路径应成为最基本的理论建构方式。

马克思主义经典作家这种对文学阅读的重视，对文学事实的尊重，对审美经验的崇尚，在"理论之后"的时代，已经成为文学理论重拾自信自尊的基本保证之一，也成为文学理论发展的一个基本态势。许多学者也正是在"回归文学"这一原则之下，讨论当今时代的文学理论建设问题。彼得·威德森在谈到20世纪后期"文学"一词的复杂状况时说："看来，这似乎表明它依然是人类活动与经验至关重要的组成部分，这也就表明，需要将'文学'拯救出来，使之再度获得资格，这总比不尴不尬地混迹在近来盛行的诸如'写作'、'修辞'、'话语'或'文化产品'泛泛的称谓之中好一点。"这种"拯救"的努力，就需要"在一般文化生产的范围内思考文学的当代性，包括它的本性、它的产地、它的功能。"[①] 乔纳森·卡勒的理论也出现了向文学回归的转变，他的学术历程表明了西方理论界某种变迁的趋势。卡勒是"理论"的代表人物之一，他的《文学理论》的小册子，核心词汇就是"理论"——"我要提醒你注意的是，这可不是指关于文学的理论，而是纯粹的理论。"这种"理论"，是"非文学的讨论"，是"关于综合性问题的争辩"，"这些问题与文学几乎没有任何关系"，要弄懂这些理论，就"要读那么多很难懂的心理分

---

① [英]彼得·威德森：《现代西方文学观念简史》，北京大学出版社2006年版，第2页。

析、政治和哲学方面的书籍"①。但卡勒在"理论"之后,又有了向文学理论回归的转折,"为了弥补我为现代语言学会写了那篇有关文学理论的文章之后对文学理论的忽略,我写了一本小书,名为《文学理论:简要的导论》。这本书抛开了纳泼和米查尔斯,不但提出了'文学是什么?'的问题,还讨论了叙述、诗与诗学,以及身份确认、表行语言的问题。由此,我着手将文学成分保留在理论之中,我希望它留在那儿"②。有学者认为卡勒的理论有鲜明的"后理论"特征,卡勒也成为"后理论"大潮中的中坚人物,"'后理论'的特征有若干,但说到底,其核心是向文学回归的问题"③。确实,向文学回归,向文学性回归,已经成为当代文学理论建设的一个发展方向。"即便是在文化批评仍大有市场、文化研究势头似乎不见衰减的美国,也还有另一些声音,出现了新的迹象——传来要回到文学文本、回到文学作品的'文学性'的呼唤与主张。"④

当今时代,文学实践、文学现实发生了巨大的变化,现实的变化召唤着理论的介入,也为理论准备了充分的历史条件。文学理论如果无视文学现实的变化,轻率地抛弃了文学、远离了文学现场、漠视文学的特性和规律,只是进行逻辑推演和思辨运行,这样的文学理论因失去对文学世界的解释能力而让人生疑。在理论和文学都发生巨大变化的今天,回顾马克思主义文学理论的建构方式,对我们有深刻的现实启发意义。当然,"后理论"时代文学理论的建设,并不是要回到纯而又纯的"文学性"问题之中,"理论"的跨学科性、反思意识和强烈的政治属性已经成为我们今天建设文学理论的精神养料。换言之,曾经被我们有意无意忽略的自下而上的经验抽象型的文学理论生成路径,在当前应该被我们重视起来。

---

① [美]乔纳森·卡勒:《当代学术入门:文学理论》,辽宁教育出版社、牛津大学出版社1998年版,第1页。
② [美]乔纳森·卡勒:《理论的文学性成分》,《问题》第1期,中央编译出版社2003年版,第119页。
③ 姚文放:《从理论回归文学理论——以乔纳森·卡勒的"后理论"转向为例》,《文学评论》2013年第4期。
④ 周启超:《多方位地吸纳 有深度地开采》,《当代国外文论教材精品系列》,北京大学出版社2006年版,总序第6页。